Inhalt

Vorwort 9

New York
    Gomorrha und Jerusalem 11
Kosmos aus Dörfern
    Eine Stadt für Fußgänger 18
Landschaftsspuren
    Der grüne Atemraum 29
Architektur
    Die vertikale Unvollendete 43
Downtown
    Wo New York beginnt 58
City Hall
    Turnierfeld der Vielvölkerstadt 70
Greenwich Village
    Freistaat der widerspenstigen Geister 81
Die Deutschen
    Menge ohne Macht 89
Die Iren
    Die Geburt des Funktionärs 103
Die Italiener
    Die transatlantische Familie 112
Die Juden
    Man sagt »New Yorker«, wenn man Jude meint 125
Lower East Side
    Das Stetl auf Orchard Street 136
Seventh Avenue
    Herrscher im Nadelreich 148
Broadway
    Der dauerhafte Invalide 160
Die kulturelle Szene
    Gefährdete Glorie 174
Presse
    Die große alte Dame 192
Läden und Lokale
    Paradies der Möglichkeiten 211
Harlem
    Kapitale der schwarzen Nation 225

Puerto Rico en Nueva York
  Das spanische Element 241
Stadt der Angst
  Leben am Rande des Dschungels 253
Der New Yorker
  Die Stadt der Überlebenden 263
Gebrauchsanweisung für New York 278

Nachweise 286
Ausgewählte Literatur 288
Register 289

Das Buch

»New York scheint todgeweiht, Gomorrha, an dem sich Gottes Zorn vollzieht ... New York ist auch die hochgebaute Stadt, die Stadt aus lauterem Gold, in der ein stolzes und hochgemutes Volk lebt. New York ist auch Jerusalem, verheißenes Land und hochgelobte Stadt, die ihre Bürger frei macht wie die Städte des Mittelalters.« Diese Vielvölkerstadt, die noch immer Traumziel und Wahlheimat für Emigranten aus allen Kontinenten ist, ist für Sabina Lietzmann eine Weltstadt von vibrierender Vitalität. Immer wieder totgesagt oder als moribunder Gigant gescholten, triumphiert die Stadt am Felsenkap von Manhattan über alle Kassandrarufe. Sie ist zum Überleben und für die Überlebenden geschaffen – ein Kosmos aus Dörfern, Labyrinth der Volksquartiere, in denen Italiener, Iren, Deutsche, Juden, Portorikaner, Neger die Legende vom Schmelztiegel widerlegen. Die Autorin kennt sich aus in dieser Stadt, sie berichtet weithin unbekannte Einzelheiten aus Geschichte, Kultur und Wirtschaftsleben, sie beschreibt die Presse und den Broadway, Museen und Architektur. Sie durchwandert die Quartiere der Völkerschaften und macht Station in deren Kirchen und Lokalen. Sie entdeckt die Geschichtsträchtigkeit der Stadt und ihre Nähe wie ihre Ferne zu Europa. Aus dieser Stadtgeschichte erklärt sich manches von den Krisen der Gegenwart. »Sabina Lietzmann ist dieser Stadt New York mit kritischer Zuneigung erlegen, und ihr Buch ist eine große Liebeserklärung aus fundierter Kenntnis, ›eine Huldigung an New York, die seine Mängel und Verfehlungen nicht übersieht‹. Ein Temperament und ein Terrain sind hier eine ideale Liaison eingegangen.« (Die Zeit)

Die Autorin

Sabina Lietzmann ist geboren in Jena und aufgewachsen in Berlin, wo sie Geschichte und Germanistik studiert hat. In Berlin begann sie ihre journalistische Karriere, zunächst als freie Mitarbeiterin an Zeitungen und Rundfunkanstalten; seit Gründung der ›Frankfurter Allgemeinen Zeitung‹ 1949 als deren Korrespondentin in Berlin. Seit 1961 lebt sie als Korrespondentin dieser Zeitung in New.York.

Sabina Lietzmann:
New York
Die wunderbare Katastrophe

Deutscher
Taschenbuch
Verlag

Ungekürzte Ausgabe
Dezember 1979
6. Auflage März 1991
Deutscher Taschenbuch Verlag GmbH & Co. KG,
München
© 1976 Hoffmann und Campe Verlag, Hamburg
ISBN 3-455-08966-6
Umschlaggestaltung: Celestino Piatti
Gesamtherstellung: C. H. Beck'sche Buchdruckerei,
Nördlingen
Printed in Germany · ISBN 3-423-01504-7

*Ah, what can ever be more stately
and admirable to me
than mast-hemm'd Manhattan?*

Walt Whitman,
›Crossing Brooklyn Ferry‹

Vorwort

Über New York zu schreiben heißt, Zeichen in den Sand zu malen. Der Wind des Wandels verweht, was gestern noch auszumachen war. Was sich fixieren läßt, gilt nur, bis die Tinte trocknet; morgen mag es schon überholt sein. Wer weiß, ob dies Gebäude, jene Aussicht noch bestehen, wenn ihre Beschreibung den Leser erreicht. Dauerhaft an New York ist nur sein steter Wandel.

Deshalb soll dies Buch kein Reiseführer im hergebrachten Sinne sein. Der Leser wird hier weder die Namen von U-Bahn-Linien noch die Öffnungszeiten von Museen erfahren. Es werden vielmehr die Elemente vorgezeigt, aus denen diese Stadt besteht, Bausteine, aus denen sich jeder sein eigenes New York zusammensetzen kann.

Kein New York-Panorama kann vollständig sein. Ausgewählt wurde, was mir zum Verständnis dieser Stadt unerläßlich schien. Anderes, was kein spezifisches New Yorker Phänomen ist, rückt aus dieser Perspektive notwendig an den Rand. Dies Buch will weder komplett sein noch auf letzter Aktualität bestehen.

Zugleich wird der Versuch gemacht, dem Mythos vom Moloch, vom Asphaltdschungel und anderer verbreiteter Klischees die Wirklichkeit der humanen Stadt entgegenzusetzen. In diesem Sinne ist dies Buch parteiisch: eine Huldigung an New York, die seine Mängel und Verfehlungen nicht übersieht.

Meine Bekanntschaft mit dieser Stadt verdanke ich der ›Frankfurter Allgemeinen Zeitung‹, die mich 1961 als ihre Korrespondentin hierher geschickt hat. Einige Auszüge aus den folgenden Kapiteln sind in der ›Frankfurter Allgemeinen‹ im Vorabdruck erschienen. Für ihre verständnisvolle und großzügige Duldung redaktioneller Arbeitspausen während der Fertigstellung dieses Buches weiß ich der Zeitung besonderen Dank. Den unverzagten Helferinnen Renate von Viebahn, Mary McNitt und Inge Godenschweger, die ihre Freizeit an die Abschrift des Manuskripts gegeben haben, sage ich Dank und Respekt für ihre Entzifferungsmühen.

Im übrigen ist dies Buch ein Ein-Personen-Unternehmen. Alles Material ist von mir allein zusammengetragen und organisiert, vorliegende Literatur von mir ausgewertet worden, und so sind auch alle Fehler, Mängel und Unterlassungssünden niemand anderem anzulasten als nur der Autorin.

New York, im Februar 1976 *Sabina Lietzmann*

New York
Gomorrha und Jerusalem

Alles, was über New York gesagt wird, ist wahr: daß man auf seinen Straßen des Lebens nicht sicher ist, daß Leute in seinen Parks am hellen Tag erschlagen werden, daß seine Fenster vergittert und seine Türen verriegelt sind und manche seiner Bürger wie in einer Festung leben. Das Gesetz des Dschungels bedroht die öffentliche Sicherheit, durchfrißt als böses Geschwür die Lebensfunktionen der Stadt. Eine bankrotte Stadtverwaltung ist im Gestrüpp von Ämtern und Zuständigkeiten, die einander überlagern und paralysieren, nahezu unbeweglich geworden. Menschenmassen werden von überalterten Transportsystemen mehr gepeinigt als befördert. Wohnkisten, für schnellen Profit gestapelt, verstellen den Horizont, die Luft ist verpestet, und aus den Wolken regnet es Asche und Chemie. In dieser Stadt, welcher der Name Rockefeller unübersehbar seinen Stempel aufdrückt, breiten sich verrottende Quartiere wie eine Ruinenlandschaft aus. Über ganze Straßenzüge scheint Brechts Vision schon halb verwirklicht, daß von ihnen geblieben ist, »der durch sie hindurchging, der Wind«. Nur halb: denn als Gesellen des Windes nisten in den verkohlten Häusern der Mörder, der Taschendieb, der Rauschgiftschieber. New York scheint todgeweiht, Gomorrha, an dem sich Gottes Zorn vollzieht.

All das ist wahr. Doch es ist nur die halbe Wahrheit, und damit unwahr. New York ist auch die hochgebaute Stadt, die Stadt aus lauterem Gold, in der ein stolzes und hochgemutes Volk lebt. New York ist auch Jerusalem, verheißenes Land und hochgelobte Stadt, die ihre Bürger frei macht wie die Städte des Mittelalters. Die Freiheitsstatue im Hafen ist nicht das rührende Relikt vergangener Zeiten, als welches die Kriegsdenkmäler anderer Nationen erscheinen mögen. Ihre Botschaft, in Emma Lazarus' eingängigen Versen ins Podest gemeißelt, gilt immer noch: die hocherhobene Fackel über der Einfahrt erleuchtet wie je den Erschöpften und Verfolgten, *your huddled masses yearning to breathe free*, den Weg zum Goldenen Tor. Dies ist noch immer die Stadt der Rettung, Asyl der Überlebenden, Versprechen der abertausend Möglichkeiten. Die amerikanische Legende gilt weiter: noch heute kann der Schuhputzjunge aufsteigen zum Vertreter seines Landes vor den Vereinten Nationen, keine zwei Kilometer von der Ecke entfernt, an welcher er vierzig Jahre zuvor täglich seinen Stand aufschlug. Wer New York ins Auge faßt, muß beides sehen, seinen Fluch und seine Glorie, die unauflöslich ineinander verschränkt sind. Es ist die wunderbare Katastrophe, wie Le Corbusier gesagt hat.

New York hat einen schlechten Ruf im Lande. Seine Bürger werden von Boston bis Birmingham zugleich bedauert und beargwöhnt, und nicht ohne Schadenfreude betrachtet die Außenwelt seine Probleme. Als Erbschaft der Gründerväter hat Jeffersons Mißtrauen gegen große Städte und seine Überzeugung, daß Tugend nur im Ländlichen zu finden sei, in weiten Teilen des Volkes überdauert. Die Großstadt gilt als Hort der Sünde, Korruption und lockerer Lebensart. Und selbst urbane Abgeordnete im Kongreß, auf dessen finanzielle Großmut die Städte weithin angewiesen sind, betrachten New York als die Superstadt, die sich übernommen hat.

New York, so heißt es, sei nicht Amerika: eine andere Halbwahrheit. Denn New York birgt mehr Provinz in sich, als es gern zugibt. Iowa beginnt nicht erst jenseits des Hudson, wie die New Yorker oft behaupten; Mittelamerika nistet schon außerhalb Manhattans. Was Bürger von Brooklyn, Queens und Staten Island denken, unterscheidet sich wenig von dem, was man in Kalamazoo oder Phoenix hören kann. New York, gewiß, ist die ungewählte und ungeliebte Kapitale, in der die kulturellen, die textilen, die Konsum- und die Meinungsmoden des Landes entworfen werden, und niemand akzeptiert Diktate gern und ohne Widerspruch. Doch New York ist auch das Modell-Labor fürs ganze Land, der Prüfstand für neue Ideen, ein Experimentiergelände, das anderen Risiken erspart. Was hier erprobt wird, kommt jedermann zugute, und was hier schiefgeht, braucht niemand anders auszubaden. New York ist die Metropolis schlechthin, der Musterpatient für jedermann, über dessen krankem Körper sich besorgte Ärzte fragen, ob ein Organismus dieser Größe und in so schlechter Verfassung überhaupt noch lebensfähig ist.

Seine Probleme sind nicht alle selbstgeschaffen. In hohem Grade trägt die Empire City die Schulden des Südens ab. New York, mit anderen Städten des Nordens, doch weit mehr als diese, büßt für die Sünden von Mississippi und Alabama. Es hat gutzumachen, was sich an Ungerechtigkeit und Bosheit zwischen Schwarz und Weiß seit Generationen zugetragen hat. Indem es den Rückstoß der Entwicklung zur Rassengleichheit abfängt – mit einem generösen Wohlfahrtsprogramm –, überzieht es seine Finanzen bedrohlich, die öffentlichen Dienste werden überfordert, die Mittelklasse wandert ab, die Steuerbasis schrumpft, die Armen wandern zu, die Wohlfahrtskosten steigen. Es ist ein Circulus vitiosus, den New York den anderen Städten vorexerziert.

New Yorks Errungenschaften indessen steckt sich die Nation als Feder an den Hut. Macht und Selbstbewußtsein von Amerika stellen sich in New Yorks himmelstürmender Vertikale dar, in der vehementen Silhouette von Manhattan, in der »Stadt der Türme und Masten«, die Walt Whitman besungen hat. Wer das nächtliche New York unter sich gebreitet sieht, kann wie Le Corbusier verstehen, »warum die Amerikaner auf sich selber stolz geworden sind und warum sie ihre Stimmen in der Welt erheben«.[1]

Selbst die kritischsten Geister haben sich der Dynamik von New York nicht entziehen können. Henry James, dem bei der Rückkehr aus Europa die Heimatstadt als ein Monument des Vergänglichen erschien, teuer nur für den Tag gebaut, bemerkte doch »die Macht der extravagantesten der Städte, die wie mit der Stimme des Morgens die eigene Kraft, ihren Reichtum, ihren unübertrefflichen Zustand bejubelt«.[2] Eine Generation später rühmt Lewis Mumford die von noch so krasser Profitgier unverdorbene Majestät der New Yorker Szene: die Lage der Insel in der dramatischen Großartigkeit der Hudson-Mündung und den Kontrast ihrer stalagmitisch hochgeworfenen Türme zu der holländisch fetten, flachen Moränenlandschaft von Long Island. Dem einen ist New York die Insel, die im Flußwasser wie ein Diamanten-Eisberg schwimmt (Truman Capote), dem anderen das Bagdad-an-der-U-Bahn (John Henry O'Hara), die größte Konzentration von Menschheit auf der Welt (E. B. White), The Big Apple (Damon Runyon), der Hauptgewinn, das Große Los, das jeden Einsatz lohnt. Denn in New York, bemerkte ein enthusiastischer Zeitungsschreiber schon 1829, »gibt es an einem Tag mehr Leben, Geist und Vielfalt als in sämtlichen anderen Städten zusammen in zwei Wochen«.[3]

So ist New York die Stadt der Paradoxe, in der äußerster Luxus und elendeste Armut durch den gleichen Straßenstrang – Fifth Avenue – verbunden sind. Wo Grundstücksspekulation, vom Gewinntrieb angefeuert, rücksichtslos ins Kraut schießt, da wird zugleich so zäh wie zärtlich um jedes alte Haus, um jeden Gebäuderest gekämpft, und noch die Überbleibsel abgerissener Fassaden rettet man, die Säulenstümpfe, Giebelecken, Karyatiden, und bereitet ihnen im Museum von Brooklyn einen Ehrenhof. Wo man mit Küchenschaben, Kakerlaken, Ratten lebt, bricht sich die Liebe zur Natur um so entschlossener Bahn: ein Dutzend Vereine von Vogelfreunden zählt die Stadt, wetterfeste Enthusiasten, die mit dem Fernglas Parks durchwandern und alle 400 Vogelarten kennen, die hier nisten. Manche New Yorker pflanzen neue Straßenbäume und legen Gärten auf Terrassen und Hinterhöfen an, andere pflücken wilde Kräuter und Salate im Central Park, und unser ganzer Block hält eine herrenlose Straßenkatze am Leben. Noch die New Yorker Sonnenuntergänge sind ein Geschenk der luftverpestenden Chemie: die Dunstschwaden, die von New Jersey her die Stadt mit Ruß und Staub beregnen, filtern die blauen Töne des Abendlichts fort und lassen die Sonnenscheibe in brillantem Rotorange hinter den Hudson-Höhen verschwinden, während Manhattan im Alpenglühen leuchtet.

Im Widerspiel der Gegensätze muß der New Yorker sich in einem permanenten Balanceakt behaupten. Er nimmt die Stadt an wie ein Schwimmer die Ozeanwelle, entschlossen, sich von ihr nicht überrollen, sondern von ihr erheben zu lassen. Ihre Bewohner fühlen sich von der Stadt herausgefordert, und wen sie nicht unterkriegt, der wächst mit ihr. Wo anders könnte eine Kunstkritik über spätmittelalterliche Miniaturen so beginnen: »Meine Miete ist wieder erhöht, und ein Freund ist letzte Woche überfallen worden, so wie auch die bejahrte Schwiegermutter eines anderen Freundes. Mein Telefon funktioniert nicht, und als neulich die U-Bahn ohne Anlaß fünf Minuten lang zwischen Fifth und Third Avenue verhielt, brach ich in kalten Schweiß aus. In einem überfüllten Aufzug hatte ich vor einigen Wochen ein seltsames Gefühl, und als ich mich umsah, merkte ich, daß der nett aussehende Mann neben mir eine Hand in meiner Jackentasche hatte, in der nichts steckte als ein Taschentuch. Er sah mich traurig an und sagte: ›Ich kann mir nicht helfen, ich kann mir nicht helfen, es ist ein Zwang, es ist ein Zwang.‹ Ein herrliches Städtchen also, unser liebes New York, und ich denke die ganze Zeit, ich muß bald raus. Aber wo sonst könnte ich einen Job finden, der mich ins Asia House brächte für eine Ausstellung japanischer Wandschirme und in die Morgan Library für ein Gebetbuch aus dem 15. Jahrhundert? Und überdies, in wieviel Städten außerhalb New Yorks würden Gebetbücher aus dem 15. Jahrhundert und japanische Wandschirme ein so großes Publikum finden, darunter sehr wenige, die zwanghaft in unsere Tasche greifen, außer vielleicht für wohltätige Zwecke, und von denen keiner, möchte ich behaupten, jemals jemanden überfallen hat.«[4]

Die Klagen über die schlimmen Zustände in der Stadt sind so alt wie diese selbst. Gleich der erste Generaldirektor der jungen Kolonie mußte von der Gründergesellschaft, der Dutch West India Company, abberufen werden, weil er die Felle der Firma auf eigene Rechnung buchte. Ein Reiseführer aus dem vorigen Jahrhundert mahnt Besucher, alle Menschenansammlungen zu meiden, besonders nachts, und rät, die Stadt möglichst bei Tage zu erreichen. »Hüten Sie sich« – heißt es weiter – »besonders abends vor Leuten, die Sie nach der Zeit fragen; sie haben es auf Ihre Uhr abgesehen.« Im Sommer 1857 wurden die Leute am hellen Tag auf dem Broadway mit vorgehaltener Waffe ausgeraubt, und schon auf der ersten Untergrundbahnfahrt reiste ein Taschendieb mit: am Eröffnungstage der Strecke zwischen Rathaus und 145. Straße am 27. Oktober 1904 wurde einem Passagier eine diamantene Krawattennadel im Werte von 500 Dollar gestohlen. Auch der Verkehr war stets ein Sorgenkind. »Die Fahrt mit einem New Yorker Omnibus kann als modernes Martyrium gelten«, schreibt in den sechziger Jahren der ›New York Herald‹, und Bürgermeister Hewitt stellte 1887 fest, daß die »vorhandenen Schienenbahnen die Grenze ihres Fassungsvermögens erreicht haben«.

Verbrechen und Minderheiten wurden gleichfalls schon früh in Kausalzusammenhang gebracht. Bereits 1819, als die Stadt kaum 5000 Ausländer zählte, beklagte die Society for the Prevention of Pauperism den desolaten Zustand der Einwanderer: »Mit Bedauern müssen wir feststellen, daß Habgier, Laster und Gewohnheit sie allzuoft dazu verführen, sich zu Raub und Plünderungen zusammenzurotten; damit vermehren sie das Verbrechertum in unserer Stadt und füllen unsere Gefängnisse mit Übeltätern und Verbrechern.« Jeder siebte New Yorker lebte um die Jahrhundertwende von privater oder öffentlicher Unterstützung, fast der gleiche Prozentsatz wie heute. Die Association for Improving the Condition of the Poor stimmte 1858 den Klageruf an, dessen Echo bis heute widerhallt: »Unsere Stadt wirkt wie ein Sieb, das die Unternehmenden und Arbeitsamen durchläßt, während es die Nichtstuer, die Alten und Kranken einbehält, die sich nirgendwo ihren Lebensunterhalt verdienen können.«

Auf den Anspruch, den die Völkerwanderung der Jahrhundertwende an die Stadt gestellt hat, antwortete New York mit einer fürsorgerischen Gebärde, die an Weitsicht und Großmut nicht ihresgleichen im Lande hat: es bot seinen Bürgern eine kostenfreie Stadt-Universität, ein weitgestreutes System öffentlicher Krankenhäuser, hohe Löhne und generöse Pensionen für städtische Angestellte und ein Wohlfahrtsprogramm, das die höchste Unterstützungszahlung im Lande leistet. Doch eben diese städtische Großzügigkeit hat New York in finanzielle Misere gebracht. Was progressiv begonnen und gedacht war, wird heute zur lebensbedrohenden Last. Zu viele erheben Anspruch auf die Fürsorge der Stadt, die von zu wenigen finanziert wird. Die Gewerkschaften, einst die Vorhut des Arbeitsvolks, üben in dieser *strong union town* eine Macht aus, die häufig die Stadt zur Geisel macht. So schrumpfen die Arbeitsstellen durch Auszug von Industrie; New York wird immer mehr zum Angestelltenmarkt mit einer Arbeiterbevölkerung, die sich durch steten Zuzug ungelernter Kräfte vermehrt.

Ausgaben und Einnahmen klaffen immer weiter auseinander. In den letzten zehn Jahren haben sich die Ausgaben der Stadt um jährlich zwölf Prozent vermehrt, während die Steuereinkünfte (ein Viertel davon Grundstückssteuern) nur um fünf Prozent gewachsen sind. Im Finanzjahr 1975/76 war das Defizit im städtischen Haushaltsbudget auf 4,5 Milliarden Dollar angestiegen. Der New Yorker Bürgermeister mußte den mittlerweile schon gewohnten Bittgang nach Albany und Washington unternehmen, von wo er, auch dies schon eingespieltes Ritual, mit nur dünn gefülltem Säckel zurückkehrt. Kein Wunder, daß die Klagen über die Abhängigkeit von dem »Bauernparlament« in der Staatshauptstadt Albany immer wieder in die Forderung münden, New York zum 51. Staat der Nation zu machen. Ob das viel Besserung schaffen würde, ist fraglich. In jedem Falle steht Besserung ohne Radikalkur nicht in Sicht. Der drohende Konkurs der Stadt konnte im Winter 1975 nur durch eine Kombination von Bundeskrediten, drastischen Sparmaßnahmen und fiskalischer Vormundschaft über die Stadtregierung abgewendet werden. In solcher Situation erinnert sich New York daran, daß schon vor hundert Jahren das Ende bevorzustehen schien. Ohne weitgreifende Veränderung, schrieb damals ›Harper's Weekly‹, »sind der Bankrott der Stadt und der

Verfall ihrer kommerziellen Macht nur noch eine Frage der Zeit«.

New York hat Übung darin, mit Kassandra-Rufen zu leben. Längst hätte die Stadt, versichert jeder Kenner, sich selbst zerstören müssen; alle zehn Jahre wieder scheint das Ende unaufhaltsam. Doch New York hat die Unheilspropheten überlebt, ein moribunder Goliath, der sich immer wieder aufrafft. Überdies ein gelehriger Patient, vor dessen Ohren die Predigten der Kritiker nicht ganz ungehört verhallen. Die Stadtregierungen der sechziger Jahre haben sich den Vorwurf der Menschenfeindlichkeit zu Herzen genommen, den man New York seit hundert Jahren immer dringlicher gemacht hat. Wo immer das möglich ist in einer Stadt, in der privater Profit als Gift und Lebenselixier zugleich das oberste Gesetz ist, hat man versucht, das Kolossale und das Intime, Natur und Menschenbau, Ruhe und Energie, Kommerz und Kunst miteinander zu versöhnen. Wenn nicht alle Zeichen trügen, wird seit den sechziger Jahren versucht, die Sünden der Väter gutzumachen, soweit das möglich ist. So wird das Wasser, das Manhattan umgibt und von dem es ganz abgeschnitten war, wieder zugänglich, und in den Beton-Cañons und Glasalleen haben sich Oasen eingenistet. Begrünte, verspielte Ruheplätze sind zu Füßen der Wolkenkratzer entstanden, die Stadt ist dem Fußgänger freundlicher gesonnen, und sie ist grüner als zuvor. Gewiß, es mußte erst ein Tiefpunkt des Verfalls erreicht sein, ehe die Behörde dem Drängen ihrer Bürger nachkam. Heute haben ihre Straßen hellere Lampen, mehr Bäume und mehr Schutzpatrouillen. Die apokalyptische Stimmung der vergangenen Dekade hat, kaum mehr erwartet, den Versuch gezeugt, die Stadt wieder lebenswerter für Bewohner und Besucher zu machen.

Wieviel Erfolg solcher Bemühung beschieden ist, hängt ab von jedem einzelnen, der mit New York zu tun hat. Je nach Charakter und Temperament wird sich der Betrachter beim Blick auf diese Stadt von ihren Dimensionen erhoben oder zur Ameise erniedrigt fühlen. Das Gute und das Böse drängen sich gemeinsam in den Blick, und kaum einem wird erspart, die Glorie getrübt von der Bedrohung wahrzunehmen. Nur der Naive und der Unaufrichtige können leugnen, daß eine Liebeserklärung an New York nur wagen kann, wer die Geliebte auch als Medusa gesehen hat.

Kosmos aus Dörfern
Eine Stadt für Fußgänger

Wenn es wahr ist, daß die großen Städte Stimmung und Bemühung ihrer Besucher erwidern, daß sie dem Mürrischen störrisch erscheinen und vor dem Aufgeschlossenen ihre Liebenswürdigkeit ausbreiten, dann trifft das auf New York vor allen anderen zu. Diese Superstadt zahlt in exakter Münze aus, was man in sie investiert; sie stellt Ansprüche an den Besucher, eine Stadt, deren Wirkung von seiner Mitarbeit abhängt. New York teilt die Menschheit wie eine Wasserscheide: die einen fühlen sich davon erhoben, bereichert und belebt, sie verspüren einen Zuwachs an Kräften und an Lebenslust, andere verängstigt und bedrückt die Stadt, sie fühlen sich von ihr eingeengt und angewidert. Wer hier lebt, erfährt, wie sehr die Stadt die eigene Laune spiegelt. Sind wir gedrückter Stimmung, stellt sich New York uns dar als tobendes Gewitter von Verkehrslärm und epileptisch zuckenden Lichtreklamen; wir nehmen nur noch wahr, was Henry James *that note of vehemence in the local life* genannt hat: vulgären Lunapark und Menschenfalle, die offenen Wunden der Gesellschaft, die sich schamlos und in einem in Europa unbekannten Grade von Verwüstung offenbaren, den Katastrophenton schrillender Ambulanzen, krasse Geldgier, verdorbene Luft, gereizte Bürger. Gar zum Büroschluß in die Stadt geraten, von Menschenmassen gestoßen, gedrängt und attackiert wie von grimmig entschlossenen Horden, erscheinen uns als teuflische Heerscharen, was doch nur arbeitsame Bürger sind, die zur Heimfahrt streben. Wir trotten durch die Stadt, fortwährend aufs Schlimmste gefaßt, geduckt wie jemand, der im Luftschutzkeller auf den nächsten Einschlag wartet. Wer New York mit Mißmut begegnet, erntet nichts als trübe Impressionen.

Indessen braucht es nur ein wenig Neugier und Toleranz, Gelöstheit, Aufbruchstimmung und Abenteuerlust, und New York belohnt die Geneigtheit des Betrachters mit freundlichem Entgegenkommen. Die Operettenuniformen der Doormen, die plätschernden Springbrunnen in den Lobbies der Apartmenthäuser, die wir gestern noch kitschig und albern fanden, heute scheinen sie uns lustig und verspielt. Wir begegnen nur gutgelaunten Menschen, erkennen die Feuerleitern vor den Häusern und die Wassertanks auf den Dächern nicht mehr als Scheußlichkeiten, sondern als aparte New Yorker Signatur; neugierig geworden, erkunden wir, daß diese runden hölzernen Strukturen das Werk eines Mister Rosenwach sind, dessen Großvater Fässer für Sauerkraut und eingelegte Gurken fabrizierte. Wir entdecken das Intime und Skurrile: die Bankfiliale, in der an jedem Mittag eine Dame Klavier spielt, Raymond the Bagelman mit seinem Wagen, dem das City College für 25 Jahre treuen Brezelverkaufs auf dem Campus den akademischen Titel »Bachelor of Pretzel Purveyance« verlieh; die Säulengruppe, von einem abgerissenen Haus gerettet, vor dem modernen Hauptquartier der Polizei, den kleinen Gemüsegarten, komplett mit Vogelscheuche, auf Third Avenue. Der Aufgeweckte nimmt die New Yorker Folklore mit allen Sinnen auf: die Hängewaagen der Gemüsehändler und die Straßenlaternen in der Form von Bischofsstäben, den Duft der Röstkastanien im Winter und den Ozeangeruch im Sommer, Möwenschrei und Klageruf des Nebelhorns, das rapide Stakkato der New Yorker Redeweise und die warme Intimität der Drugstore-Theke mit ihrem unverkennbaren Geruch, der aus Parfüm und gebratenem Speck gemischt ist. Der aufgeschlossene Besucher fühlt sich erhoben und belebt von einer Stadt, die sich ihm in ekstatischer Dynamik präsentiert: in Wucht und Eleganz der Skyline und in dem Impetus der Wolkenkratzer.

So wird sich New York der Erinnerung einprägen: in den intensiven Farben der Abenddämmerung, mit denen die Nähe des Meeres seine Türme vergoldet, wenn die sinkende Sonne sich in den Fenstern des Glasgebirges spiegelt; im Gefunkel von abertausend Sternentalern, die nächtlich vor dem Blick aus der Höhe ausgeschüttet sind; in der eleganten Geste seiner Brücken und in den unvermuteten Landschaftsfernen von Manhattan; in der grandiosen Dramatik des Hudson-Ufers und in der kompakten Fähigkeit, mit der sich Dorf- und Gildengeist der alten Heimat in der neuen Block für Block bewahrt.

New York ist eine paradoxe Stadt. Alles hat hier seinen Widerspruch. Sie ist ruppig und herzlich, barbarisch und verfeinert, hilfsbereit und roh, hektisch und geruhsam. Jeder muß dem urbanen Dschungel sein eigenes New York entreißen.

Der Besucher bewegt sich fast ausschließlich in Manhattan, es sei denn, er hat Freunde in den vier anderen Stadtprovinzen. Manhattan ist Herz und Hirn der Stadt, die Insel, die eigentlich gemeint ist, wenn man von New York spricht. Ausflüge führen den »Manhattanite« nur gelegentlich in andere Boroughs: in den Zoologischen oder Botanischen Garten in Bronx oder nach Brooklyn ins Museum, in den Prospect Park oder ins Aquarium auf Coney Island. Im übrigen dienen die anderen Stadtteile als Aussichtspunkte, von denen sich Manhattan dramatisch präsentiert.

Um die Proportionen dieser Großstadtlandschaft zu begreifen, muß man sich indessen klar sein, daß Manhattan von fünf Distrikten nur der kleinste ist. Seine 57 Quadratkilometer machen gerade ein Fünfzehntel der Bodenfläche von Groß-New York aus, und weniger als ein Fünftel der Stadtbevölkerung wohnt hier. Brooklyn, das holländische Breukelen (Bruchland), wurde den Mohegans nur wenig später als Nieuw Amsterdam abgehandelt, und es war eine eigene, expansive Stadtgemeinde, ehe es 1898 mit Manhattan und den anderen Boroughs zu Greater New York verschmolz. Brooklyn so gut wie Staten Island, Queens, the Bronx leiden unter einem Minderwertigkeitskomplex, den Bischof Mugavero von Brooklyn kürzlich der »Manhattanopia« zugeschrieben hat, der Tendenz öffentlicher und privater Stellen nämlich, den Blick nur starr auf Manhattan zu richten und darüber die anderen Stadtteile zu vernachlässigen. Der Vorwurf ist so berechtigt, wie Manhattanopia begründet ist. Denn die langgestreckte Insel zwischen Hudson und East River ist nicht nur der historische Kern, sie ist und bleibt auch in jedem Sinn das Zentrum von New York.

Sich in Manhattan zurechtzufinden fällt nicht schwer. Der New Yorker hat wie jeder Amerikaner einen ausgeprägten Sinn für Himmelsrichtungen, und der Besucher tut gut daran, sich gleichfalls nach dem Polarstern zu orientieren. Überall wird er Hinweise nicht nur auf uptown und downtown finden, sondern auch auf nordwärts (North bound) und südwärts, nach Osten und Westen führenden Verkehr. Obschon nicht exakt nach dem Kompaß ausgerichtet, ist Manhattan übersichtlich nach dem Meridiansystem gegliedert. Nordsüdlich ist die 21 Kilometer lange und knapp vier Kilometer breite Insel von schnurgeraden Avenues durchzogen, die von Osten nach Westen gezählt werden, von der Ersten bis zur Elften Avenue. Die Fünfte teilt die Stadt in Ost und West. Mit berechtigtem Mißtrauen gegen modische Neuerungen halten die New Yorker am Hergebrachten fest; so nennen sie hartnäckig weiter Sixth Avenue, was im amtlichen Sprachgebrauch (und auf Straßenschildern) seit Jahren Avenue of the Americas heißt, und Seventh Avenue bleibt die Siebente, auch wenn ihr Mittelstück neuerdings in Fashion Avenue und ihre Harlemer Strecke in Adam Clayton Powell Boulevard umgetauft ist. Mit Namen werden nur ein paar etablierte Avenues midtown, im Stadtzentrum, genannt: Lexington, Madison und Park.

Im Süden der Insel, downtown, schieben sich die Straßen ineinander. Sie sind älter als die 1811 erfolgte Numerierung und haben darum Namen; dieser Individualisierungsprozeß beginnt in Greenwich Village und reicht hinab über Little Italy, Chinatown und Lower East Side in den Finanzdistrikt um Wall Street, wo die erste, holländische Stadtbesiedlung ihre Nordgrenze hatte. In der Stadtmitte erstreckt sich über 50 Blocks entlang Fifth Avenue der Central Park, an dessen nördlichem Ende Harlem anfängt. Schräg über die ganze Länge der Insel schlängelt sich Broadway, der alte Indianerpfad, der sich außerhalb Manhattans fortsetzt in Autostraße 9, der alten Poststraße nach Albany, der Kapitale des Staates New York. Wo immer Broadway die Avenues schneidet, bilden sich Plätze, die kaum mehr sind als ausgeweitete Verkehrskreuzungen: Columbus Circle, Times Square, Madison Square, Union Square. Echte, angelegte Plätze sind in Manhattan eine Rarität. Sie sind dafür um so geschätztere Oasen: Washington Square, wo Fifth Avenue entspringt, Stuyvesant Square beiderseits Second Avenue, und der charmante eingezäunte Gramercy Park. Seine Atmosphäre ist so englisch, wie die Grand Army Plaza am Südostrand des Central Park mit Plaza Hotel, Brunnen, Kugellampen und Pferdedroschken als eine Vision von Montreux erscheint, mit den fernen Wohnburgen am westlichen Parkrand als Alpenhorizont.

New York ist eine Stadt zum Spazierengehen, eine der ganz wenigen Städte in Amerika, die sich dem Fußgänger anbieten. Von dem, was er hier sehen will, hat jeder seine eigene Idee. Für einen sind es Stadtlandschaft und Bauten, für den anderen Menschen, Museen oder Läden. Manchen Tag sind wir nur auf Gesichter aus. Wir wandern durch die Stadt, eingedenk des Rates eines Besuchers im vorigen Jahrhundert: »Hier sieht man Juden und Heiden, Priester und Leviten und alle anderen Klassen – Alte und Junge aus allen Völkern der Erde und in jedem Zustand, jedem Kolorit des *Genus homo*... Chatham Street allein ist wie ein Museum oder ein Kuriositätenladen, und Barnum wäre wohlberaten, all diese Männer, Frauen, Güter mit Sack und Pack zu kaufen und sie in seiner Kuriositätenschau Broadway Ecke Ann Street auszustellen.«[5] New York ist die große Vielvölkerschau: hereinspaziert und gründlich zugeschaut, wie sich hier die Legende vom Schmelztiegel stündlich in Wohlgefallen auflöst! Eine U-Bahnfahrt ist für den Amateur-Anthropologen unerläßlich. Die Pflichtaufgabe: Erkenne das irische, das italienische, das jüdische Gesicht. Durchwandere die Stammesdörfer der Stadt. Von den Norditalienern um Bleecker Street hinunter nach Sizilien und Neapel auf Mulberry Street, wohinein das überquellende Chinatown an allen Enden sickert. Entdecke die Reste der polnischen und ukrainischen Besiedlung im East Village: das Ukrainian National Home und den Ukrainian Gift Shop mit gestickten Blusen und bemaltem Holz, Volga Inn, Odessa Restaurant und Leshko's Coffee Shop am Tompkins Square, in dem der Schwatz der alten Männer, die einander Briefe in kyrillischer Schrift vorlesen, von den Steel Bands und Rasseln der jungen Portorikaner übertönt wird.

Wir unternehmen Entdeckungsfahrten auf die Märkte. Wie ein osteuropäischer Dorfbasar attackiert die Markthalle auf Essex Street die Sinne mit Stoffen, Töpfen und Gewürzen. Orchard Street ist nicht nur der Straßenmarkt der Lower East Side, das Paradies der billigen Gelegenheiten, über dem Blusen, Kleider, Unterröcke wie Flaggen wehen, es ist auch das Reich der koscheren Küche mit eingelegten Gurken, Räucherfisch und Pumpernickel. Stadtaufwärts, unter den Hochbahngleisen, schnuppern wir fremdartig karibisches Grünzeug in den Hallen von La Marqueta, oder wir wandern über den Viktualienmarkt von Ninth Avenue. Da schwimmen die grünen, schwarzen, purpurnen Oliven in Kassos' Fässern, da stapelt sich Philippinisches und Chinesisches bei Mabuhay; die Nudelpakete sind uns noch vertraut, doch was mag Pancit Patabok, was Tinolang Manok sein? In den Fleischereien gibt es Spanferkel und Kutteln, und Kaninchen hängen im weißen Fell vom Haken. An der schlafenden Oma an der Kasse der Supreme Maccaroni Company vorbei gehen wir in die kleine Trattoria, die sich hinter dem Laden verbirgt. Jugoslawische, griechische, spanische Läden mit riesigen Öldosen und Säcken voller Bohnen – 25 verschiedene Sorten zählen wir allein in einem Geschäft. Willie the Friendly Farmer stapelt Grünzeug, der Laden daneben breitet Fisch und Muscheln aus, der italienische Bäcker ein Haus weiter ordnet Zöpfe, Kränze und armlange Brotstangen. »Polytaste« steht über einem Food Shop wie als Thema und Verheißung für diesen Straßenzug.

Wie jede Metropole ist New York ein Mosaik aus einzelnen Distrikten mit spezifischem Charakter. Mehr als andernorts siedelt hier das Gewerbe unter sich in einem beinah mittelalterlichen Gildengeist. An das Konfektionsviertel in den dreißiger Straßen zwischen Sixth und Eighth Avenue, der größten Industrie der Stadt, grenzt südlich das Kürschnerviertel. Dort werden Kleider, Blusen, Röcke an Kleiderständern über die Straße gerollt und in Lastwagen verladen, hier hängen Pelze lässig von den Schultern der Lieferjungen. In der 30. Straße liegt jedes Schaufenster voller Nerze, Seehund, Biber, und die Läden sind mit Gittern verriegelt und mit Alarmanlagen versehen; die Werkstattüren in den oberen Geschossen öffnen sich nur von innen und mit Vorsicht. Zwei Straßen weiter südlich siedelt der Blumenmarkt; in den frühen Morgenstunden ist der Bürgersteig der 28. Straße bunt von Rosen, Nelken, Rittersporn. Zehn Straßen weiter nordwärts haust die Putzmacherei. Zwischen Fifth und Sixth Avenue sind die Schaufenster der 38. Straße voller Bänder, Quasten, Borten, Federn, Schleier und Pailletten, alles, was auf einen Hut zu bringen ist. In der 47. Straße, gleichfalls zwischen Fifth und Sixth, ist alles Gold und Diamant, was glitzert. Hier ist die Juwelenbörse der Stadt, jeder Laden ein Basar voll kleiner Stände, die vornehmlich von Hassiden betrieben werden. Selbst am Sabbat ist hier geöffnet: junge Männer werben, vor den Läden stehend, um Kundschaft wie Anreißer von Nachtlokalen.

Diese Konzentration von Gewerbe und Kommerz setzt sich durch ganz Manhattan fort: Madison Avenue, die Straße der Reklamefirmen, ist zum Signum der Branche schlechthin geworden. Park Avenue ist die Adresse der Ärzte und Diplomaten, Wall Street die Handelsstraße der Finanzwelt, auf Third Avenue siedeln die Verleger, und entlang First Avenue reihen sich die Krankenhäuser. In einem Block gibt es nur Nähmaschinen, in einem anderen nur kirchliche Gewänder, auf Murray Street Elektrozubehör, auf Grand Street Bettzeug. Fourth Avenue ist das Reich der Antiquare, und 45. Street ist Steak Row. Fulton Street am East River ist der Fischmarkt, die 13. Street am Hudson der Fleischmarkt, und nur die Gemüseschuppen, die noch vor zehn Jahren Washington Street säumten, sind hinaus nach Bronx gezogen.

Historische Neigung oder architektonisches Interesse führt den Wanderer, mit handlichen Broschüren versehen, durch die Viertel, in denen sich Stadtgeschichte kondensiert. So erkunden wir downtown, holländischen Siedlungskern, Hafen der Transatlantiksegler, Finanzzentrum der Stadt. Die Börse ist zu besichtigen von der Besuchergalerie, der South Street Seaport mit seinen Promenadenpiers, an denen alte Schiffe ankern, ist ein beliebtes Ausflugsziel. Wir schlendern durch Greenwich Village oder durchwandern den Gußeisendistrikt, der sich um SoHo (South-of-Houston) breitet. Unvermutet stoßen wir auf idyllische Enklaven, die zwischen Betonburgen und Glassäulen überleben: Washington Mews, MacDougal Alley, Patchin Place im Village, ehemalige Stallwohnungen und Domestikenquartiere. Umbaute, eingezäunte Höfe wie Grove Court, Milligan Place und Sniffen Court, deren Charme sich noch durchs Gitter mitteilt. Oder die alten Friedhöfe wie den Marble Cemetery auf 2. Street und die drei Ruhestätten der Sephardischen Gemeinde.

Ein Eigenleben führen die Städte in der Stadt, jene Komplexe, die zum Modell für Centers allerorten wurden. Das erste, klassisch gewordene Beispiel gelungener urbaner Planung ist das Rockefeller Center aus den dreißiger Jahren. Die ursprünglich uniformen Kalksteinfassaden mit ihren Art Déco-Details sind heute um Glassäulen entlang Sixth Avenue vermehrt. 20 Gebäude insgesamt machen das Rockefeller Center aus, durch ein unterirdisches Labyrinth von Korridoren, Ladenstraßen, Untergrundbahngängen verbunden.

Das Lincoln Center hat, 30 Jahre später, verwirklicht, was für das Rockefeller Center ursprünglich geplant war: der alten Metropolitan Opera ein neues, repräsentatives Heim mit einer umbauten Plaza als Vorhof zu geben. Was Rockefeller Center für den Kommerz, das hat Lincoln Center für die Kunst geleistet: eine Modell-Akropolis am Broadway, die von Pittsburgh bis Los Angeles Nachahmung fand.

Dies Ensemble, zu dem sich Oper, Konzertsaal, Theater, Balletthaus und Musikhochschule vereinen, erwacht im Sommer erst zum rechten Leben. Dann überspielen Fontänen, Spiegelteiche, belaubte Bäume, Terrassencafés, flanierende Menschen und Platzmusik im nahen Damrosch-Park die fade Monumentalität seines Neoklassizismus.

Ganz amtlich zum Sonderbezirk innerhalb der Stadt erklärt, obschon an alle ihre Lebensstränge angeschlossen, ist die Diplomaten-Zitadelle der Vereinten Nationen. Der Komplex von UN-Gebäuden, der in den fünfziger Jahren auf dem ehemaligen Gelände der Schlachthöfe am East River entstand, ist exterritoriales Gebiet mit eigenem Postamt, in dem nur UN-Briefmarken gelten. Beherrscht ist dieses Ensemble von Konferenzsälen, Bibliothek, Spiegelteich und Gärten von dem hochgestülpten Scheibenbau des Generalsekretariats, in dessen grünem Glasvorhang sich die neugotischen Zinnen von Tudor City, der Wohnburg auf dem Hügel gegenüber, spiegeln.

In seinem Äußeren wie in der inneren Struktur ist das Hauptquartier der Weltorganisation eine Gemeinschaftsleistung, angelegt nach Le Corbusiers Konzept, doch im einzelnen entworfen von Architekten aus verschiedenen Nationen. Alles Dekor ist von den Mitgliedstaaten beigesteuert. Es gibt persische, afrikanische, chinesische Teppiche, Glasfenster von Chagall und Wandgemälde von Léger; die Skandinavier haben die Säle der Vollversammlung und des Sicherheitsrates ausgestattet, und vor dem Sekretariat ragt aus dem Teich, den amerikanische Schulkinder gestiftet haben, eine schlanke Steinskulptur von Barbara Hepworth.

Wo die New Yorker einst schmackhafte Schildkröten fingen aus der längst überbauten Flußbucht Turtle Bay, die dem UN-Revier noch immer seinen Namen gibt, da werden heute im Speisesaal der Delegierten Gerichte von allen Kontinenten serviert. Die Barriere von Fahnenmasten, die das UN-Gelände gegen den fließenden Verkehr von First Avenue abschirmt, schließt eine Welt für sich ein, die mit der New Yorker Umwelt kaum Berührung hat. Die Vertreter von anderthalb hundert Nationen, die hier tätig sind und deren Zahl sich während der alljährlichen Vollversammlung im Herbst noch vervielfacht, fallen in dem ohnehin internationalen Gewebe der Stadt kaum auf. Für den New Yorker gelten die 25 000 Diplomaten unter seinen Mitbürgern gewöhnlich nur als Leute, die ihre Limousinen an verbotenen Stellen parken und Strafzettel nicht bezahlen.

Die Trennung von Stadt und UN-Stadtstaat gilt indessen nur für das Innere der Gebäude. Garten und Promenaden des Geländes sind wie die Läden im UN-Besucherzentrum zugänglich für jedermann. Die Anlage am East River ist ein ebenso beliebter Pausenhof für die New Yorker geworden wie die zahlreichen ausgesparten Ecken und kleinen Plätze im dichtbebauten Stadtgebiet.

Die Mini-Piazza ist eine willkommene Oase für den Wanderer im Betonmassiv. Clevere Stadtplaner haben sich des Fußgängers angenommen; seit 1961 versieht ein amtliches Bestechungsmanöver, das dem Bauherrn nutzbare Straßenfläche gegen ein paar Stockwerke mehr abhandelt, neue Bürobauten mit

Miniparks und offenen Plazas, Teichen und Passagen. Gläserne Alleen, aus denen jede Nische verschwunden war, trieben den Fußgänger zum eiligen, wenn nicht demütigen Vorbeihuschen an. Die neue Bauvorschrift indessen hat die Stadt mit Oasen versehen, von denen New Yorker und Besucher sofort entzückt Besitz ergriffen haben. Sie kühlen die Füße in den Spiegelteichen, bummeln durch Ladenstraßen und Passagen, spüren Würstchenbuden und Zeitungsstände auf den neuen Plazas auf, machen Mittagspause auf Brüstungen und unter Bäumen oder vor dem Lärmvorhang sanfter Wasserfälle, mit denen die hübschen Westentaschenparks im Zentrum versehen sind: Paley Park auf dem Gelände des ehemaligen Stork Club auf 53. Street, Greenacre Park auf 51. Street. Eine humanere Baugesinnung, von Stadtplanern angestachelt, hat in den sechziger Jahren Charme und Witz in eine Stadtlandschaft gebracht, die in Beton und Glas zu erstarren drohte. So braucht der Pflastermüde nicht mehr in den Central Park und in die altbewährten Museumsoasen zu flüchten – den Skulpturengarten des Museum of Modern Art, den Brunnenhof der Frick Collection, die Cafeteria der Met mit ihrem Wasserbecken –, er findet heute Rast zu Füßen der Wolkenkratzer. Und nicht nur Rast. In den Sommermonaten gibt es auf diesen Straßenplätzen zur Mittagspause oder bei Büroschluß Jazz-Konzerte und Streichmusik, Tanzgruppen und Blaskapellen, kostenlose Unterhaltung wie das Shakespeare-Theater im Central Park, wie Volkstanz, Jam-Session, Zirkus- und Theaterspiele auf Plätzen, Parks und Piers der Stadt.

Wem diese Fragmente von Natur nicht reichen, der findet Auslauf entlang der Flüsse und in dem hügelreichen Parkgelände an der Peripherie der Stadt. Alle diese Grünlandschaften sind mit Untergrundbahn oder Autobus erreichbar. Manhattan selbst bietet, außer dem Battery Park mit seiner frischen Ozeanbrise, zwei Flußpromenaden. Entlang des East River führt ein Fußweg nördlich der Vereinten Nationen bis hinauf nach Gracie Mansion und weiter, in seiner oberen Strecke zur breiten Terrasse und mit Auslauf in den Carl Schurz Park geweitet. Mit Aussicht auf das Steilufer von New Jersey läßt sich im Riverside Park und auf dem Flußweg neben dem Hudson spazieren. Das schöne Museum Cloisters auf den nördlichen Klippen von Manhattan ist von einem aussichtsreichen, mit Bänken und Blumenbeeten wohlversehenen Park umgeben, Fort Tryon Park, angelegt auf der Nordbastion des ehemaligen Fort Washington, das die Revolutionsarmee 1776 den siegreichen Briten (und Hessen) opfern mußte. An der Nordspitze der Insel durchwandert man die Wildnis des felsigen Inwood Park, und in den Long Island Sound hinein erstreckt sich das Marschgelände von Pelham Bay Park. Ausgedehnte Fahr- und Gehwege bietet der Botanische Garten in Bronx, der einzige Flecken im New Yorker Gebiet, in dem noch Urbestände vorkolonialer Vegetation zu sehen sind. Gleich nebenan liegt der Zoologische Garten mit seinen ausgedehnten Freigehegen, der »World of Darkness« und dem schönen Vogelhaus.

New York ist eingebettet in eine Landschaft von dramatischen Kontrasten zwischen Hudson-Höhen und Ozean-Weite, und erst aus der Umgebung stellt sich die angemessene Perspektive her. Die George Washington Bridge führt direkt auf die Höhen der Palisades. Vor diesen Steilklippen am Hudson-Ufer mit ihren zahlreichen Aussichtspunkten breitet die Flußlandschaft sich majestätisch aus; der Vergleich mit dem Rheinblick vom Drachenfels oder mit dem Panorama der Elbe bei Königstein drängt sich auf. Vor allem im Herbst, wenn die goldenen Farben der Laubwälder gegen Fluß- und Himmelsbläue flammen, wird begreiflich, warum die Landschaftsmaler der amerikanischen Romantik den Hudson und seine Ufer zu ihrem Lieblingsmotiv wählten; die »Hudson River School« wurde zum Begriff romantischer Malerei in Amerika schlechthin. Dieser Hudson-Blick von der Höhe der Palisades gehört zu den Elementen des New Yorker Abenteuers, die der Trotzgebärde von Manhattan Proportion verleihen: das babylonische Massiv von Menschenhand, umgeben von den vulkanischen Eruptionen der Natur. Ergänzung und Kontrast, vom eleganten Spann der Brücke verkettet.

Auf andere Weise wuchtig und intim zugleich stellt sich die Felseninsel dar in ihrem anderen Profil: vom Ozean her, aus dem sie aufsteigt wie eine Fata Morgana. Die Fähre nach Staten Island vermittelt diese Perspektive. Wer die intimere Annäherung sucht, der wandere – nur eine U-Bahnfahrt nach Clark Street – auf der Terrasse von Brooklyn Heights. Downtown Manhattan, Freiheitsstatue und Hafeneinfahrt verbinden sich über den Fluß hinweg zu grandiosem Panorama. Walt Whitmans Vision hat die Ära der Segelschiffe überdauert: *Stand up, tall masts of Mannahatta!* Dann über die Brooklyn Bridge hinüber nach Manhattan auf einem der schönsten Promenadenwege der Stadt. Wir gehen um die Abendstunde: der Himmel färbt sich vom Meer her golden rot, Möwen fliegen mit der Seebrise stadteinwärts, in der Ferne entfaltet sich das Hochgebirge von midtown, in den gläsernen Büropalästen vor uns entzünden sich die Lichter. Dies ist die Brücke, die Maler und Dichter inspiriert hat, Harfe und Flügelschlag, *how could mere toil align thy choiring strings!* Dies Wunderwerk aus steinernen Pfeilern und Drahtseilgespinst ist ein Werk des Thüringers John Augustus Roebling und seines Sohnes Washington, die beide Opfer der Brücke wurden: der Vater bei einem Arbeitsunfall umgekommen, der Sohn von Caissonkrankheit gelähmt. Brooklyn Bridge war, als sie 1883 eröffnet wurde, ein Wunder der Ingenieurkunst, dem Suezkanal vergleichbar und wie dieser gefeiert und bestaunt. Noch heute wird sie mit Preisen und Plaketten ausgezeichnet. Von allen Brücken der Stadt ist Brooklyn Bridge zum Signum von New York geworden und in den Versen des Dichters Hart Crane gar zum mythischen Symbol Amerikas:

> ... *O harp and altar, of the fury fused,*
> *(How could mere toil align thy choiring strings!)*
> *Terrific threshold of the prophet's pledge,*
> *Prayer of pariah, and the lover's cry, –* ...[6]

Funktionell und phantasievoll, solide und elegant, ein dauerhaftes Gespinst, ist Brooklyn Bridge der Eintrittsweg in die hochgebaute Stadt.

Landschaftsspuren
Der grüne Atemraum

Daß New York auf Inseln gebaut ist wie Venedig, das merken nur noch die Autofahrer, wenn sie über und unter Wasser in die Stadt einfahren. Andere Leute müssen schon auf Türme steigen oder sich in Schiffe setzen, um das Venezianische an New Yorks Lage zu entdecken. Nur der Stadtteil Bronx liegt auf dem amerikanischen Festland, alles andere ist Inselstadt. Doch erinnern fast nur noch die Möwen hoch über den Straßen von Manhattan oder das Tuten des Nebelhorns in Winternächten daran, daß dies eine Stadt am Wasser ist.

An der Südspitze von Manhattan fließt der East River, ein Meeresarm aus dem Long Island Sund, in den mächtigen Strom des Hudson, der über Buchten und Meerengen in den Atlantik mündet. New York hat eine Uferfront von 374 Kilometern, doch sie ist zum größten Teil durch Autobahnen und kommerzielles Gelände vom Zugang abgeschnitten. Nur eine Handvoll Parks und Promenaden, erst in neuester Zeit entstanden, geben dem New Yorker Bürger die Flußanlagen wieder, die Henry James sein »angestammtes Recht« genannt hat.

Dabei war die Stadt einmal von Wasser nicht nur umgeben, sondern auch durchzogen. Namen wie Canal Street und Water Street haben die Erinnerung daran aufbewahrt. Entlang Water Street verlief in holländischer Zeit die Küste, und Broad Street war eine breite, von der Hafenbucht gespeiste Gracht. Rund um das Südende von Manhattan hat sich seither die Küstenlinie vorgeschoben, und Marschland wurde trockengelegt. Die Gracht hat man in englischer Zeit zugeschüttet, ebenso ein Jahrhundert später den Collect Pond, über dem heute New Yorks Gerichtsgebäude stehen. Seine Quelle versorgte die Stadt mit Trinkwasser, und 1796 wurde auf diesem Teich der erste Schraubendampfer erprobt. Beim Bau des Kriminalgerichts machte der Bauunternehmer bankrott, weil das Wasser des Teichs unablässig um die Fundamente sprudelte.

Die Bäche und Flüßchen, die durch Manhattan strömten, wurden erst kanalisiert (»Canal Street«), dann zugeschüttet, doch sie sickern noch immer durch die städtischen Eingeweide. Kaum eine Baufirma kommt ohne den Vielé-MacCoun-Plan aus, der die unterirdischen Gewässer nach den Angaben kolonialer Landvermesser aufgezeichnet hat, noch immer zuverlässig und akkurat. Trotzdem stoßen Bauarbeiter immer wieder auf unvermutete Wasserläufe. Unter Greenwich Village schlängelt sich in kapriziösem Lauf Minetta Brook, der, in eine Glassäule gefaßt, im Hauseingang von 2 Fifth Avenue sprudelt. Ein Arm von De Voor's Mill Stream fließt durch den Ententeich von Central Park, speist die Wasserbecken des Corning Glass-Gebäudes auf Fifth Avenue und mündet in der Gegend der Vereinten Nationen – der ehemaligen Turtle Bay – in den East River. Manche Wolkenkratzer im Finanzdistrikt stehen auf zugefülltem Wasser und auf den Gebeinen versunkener Schiffe.

Nicht nur sein Wasser hat New York erfolgreich verdrängt. Auch die klare und reine Luft, die frühe Besucher der Insel priesen, ist nur noch selten zu atmen, vornehmlich in den Herbsttagen des Indian Summer oder an kalten Wintermorgen. »In diesem Lande gibt es keine lastende Feuchtigkeit oder stinkende Dünste, und kämen welche auf, so wehte eine Brise aus dem Norden sie alsbald fort und reinigte die Luft.« So schrieb vor dreihundert Jahren ein holländischer Siedler in sein Tagebuch; »die Sommerhitze ist auch bei wärmstem Wetter nicht drückend, denn Seebrisen, Nordwinde und Regenschauer mildern sie ständig«[7]. Heute, wenn der Westwind die chemischen Dämpfe der Industrieanlagen von New Jersey über den Hudson nach New York treibt und sie mit Autogasen und dem Ruß aus abertausend Müllverbrennern zu schierem Gift verrührt, erscheinen solche Worte wie blanker Hohn. Verschwunden mit der klaren Luft und ihrem »süßen Duft«, den Reisende so rühmten, sind auch die Bäume und Blumen, die sie parfümierten. Ein Offizier von Henry Hudsons Mannschaft, dessen Galeere »Halve Maen« 1609 in den (später nach ihm benannten) Hudson segelte, berichtet von den Eichen-, Walnuß- und Kastanienbäumen, die das Land in dichten Forsten bedeckten. Dieser originale Baumbestand ist längst für Häuser und für Schiffe abgeholzt; nur im Botanischen Garten in Bronx ist etwas von der ursprünglichen Vegetation dieser Region erhalten, das einzige Stück »Virgin Forest« in New York.

Sonst ist alles, was heute in und um die Stadt gedeiht, nur Zweitwuchs, von den Kolonisten angepflanzt. Vieles ist aus Europa importiert, auch aus dem Orient, von wo Schiffskapitäne Samen und Setzlinge von japanischem Ahorn, chinesischer Lärche, Magnolienbäumen und Zedern des Libanon mitbrachten. Die Bäume in den Straßen von New York sind sämtlich Fremdwuchs, orientalische Gewächse oder Kreuzungen aus Heimischem und Importiertem. Für den Europäer ist es überraschend, Goethes Urpflanze, *Gingko biloba,* einen Überlebenden aus dem Tertiär, weitverbreitet als kommunen Straßenbaum in New York zu finden. Seine bizarr hochgestreckten Zweige mit den gespaltenen Blättern überdecken im Sommer manche Straße wie ein grünes Dach. Andere häufige Straßenbäume sind die delikat langfingrige Robinie *(Honey Locust)* und die Londoner Platane mit dem gelb gefleckten Stamm und Samenkugeln, die winters von den kahlen Ästen hängen wie Christbaumschmuck, eine Kreuzung aus amerikanischer und morgenländischer Sykomore. Russische Oliven und japanische Schwarzkiefern säumen die Südküste von Brooklyn, und im flachen Marschland wächst das kräftige Gras, mit dem die Kolonisten ihr Vieh gefüttert haben.

Doch das häufigste Gewächs von allen und die botanische Signatur der Stadt New York ist der *Ailanthus,* das allgegenwärtige New Yorker Unkraut, der unverwüstliche Akazienbaum. Er wächst nicht nur, wie ein berühmter Romantitel behauptet, in einem störrischen Exemplar in Brooklyn; seine Zweige breiten sich über Bürgersteige, Schuttplätze und Hinterhöfe der ganzen Stadt, schattenspendend, Sonnenlicht durch grüne Blätterrippen filternd und zur Blütezeit in Frühjahr einen scharfen, bittersüßlichen Geruch ausströmend. *Ailanthus altissima,* aus Ostasien stammend, seinem landläufigen Namen »Tree of Heaven« zum Zeugnis (oder zum Trotz?) ein standhaftes Hinterhofgewächs, für manches Slumkind die einzige Verheißung von Natur und Sommergrün.

Die Natur hat in New York einen schweren Stand. Erbarmungslos hat die Besiedlung, vor allem das explosive Wachstum des späten neunzehnten Jahrhunderts, sie immer weiter verdrängt. Das Straßengitter des Bebauungsplans von 1811 hat das Land in regelmäßige Parzellen eingeteilt, jeder Block 200 Meter lang und 66 Meter breit, jedes Grundstück 8 Meter breit und 33 Meter tief. Was diesem Raster im Wege war, wurde nivelliert. Hügel wurden abgetragen, Täler ausgefüllt, die Bebauungslinien, keiner natürlichen Bewegung des Geländes folgend, wanderten wie mit dem Lineal gezogen stur voran. Nur noch leichte Steigungen und Gefälle im Verkehrsfluß und Namen von Bezirken wie Murray Hill, Lenox Hill oder Turtle Bay erinnern daran, daß hier einmal Hügel standen und Buchten die Ufer weiteten. Heute ist die ausgefranste Küstenlinie begradigt und ausgefüllt; über zehn Prozent von New York ist auf Land gebaut, das dem Wasser abgewonnen wurde. Battery City Park, die Wohnstadt im südlichen Manhattan, entsteht auf »Landfill«, den der Ausgrabungsschutt des World Trade Center als Baugrund in den Hudson River gesenkt hat. Auf dem F.D.R.-Drive am East River-Ufer gleiten die Autos auf Kriegstrümmerschutt aus England, den Schiffe aus Bristol in den vierziger Jahren als Ballast transportierten.

Nur hier und da sind noch die Spuren des Urzustands zu lesen. Auf Long Island schiebt sich die viele Kilometer lange Strandbarriere an der Atlantikküste still und unverdrossen weiter auf die Stadt hin vor. Von der Steilküste bei Montauk Point am Ostende von Long Island treiben Wind und Wellenbewegung des offenen Ozeans Gesteinsablagerungen und Sand nach Westen. Der 30 Kilometer lange Sandstrand des New Yorker Erholungsgebiets, der in die Stadtgrenzen hineinreicht, wächst alle 23 Jahre eine Meile. Während Erosion durch Wellen und Sturmflut Stücke der Südküste von Long Island abzwackt, liefert das Meer am westlichen Ende der Rockaway-Halbinsel beständig zentimeterweise neuen Strand.

Long Island, die 200 Kilometer lange Insel, zwischen Atlantik und dem Sund Manhattan östlich vorgelagert, ist ein Überbleibsel aus der Eiszeit. Sand und Geröll am Rande der letzten Eisschicht, die den amerikanischen Kontinent vor zwanzigtausend Jahren bedeckte, hinterließen die flache Marschlandschaft, welche die ersten Siedler an die Niederungen des heimatlichen Hollands erinnerte. Wer heute beim Anflug auf den internationalen John F. Kennedy-Flughafen über der Küste von Long Island kreist, der kann diese Marschbezirke des südlichen Brooklyn sehen, die noch heute Flatbush, Flatlands und New Utrecht heißen.

Die Endmoränen des Gletschers, der ganz Manhattan bedeckte, zogen sich über Long Island nach Staten Island hinüber; ihre Hügelrippe umschließt die Hafeneinfahrt von New York. Eiszeitliche Erbschaft sind auch die erratischen Blöcke, die im Central Park verstreut sind, Brocken von den Klippen der Palisades am Hudson-Ufer, die das Packeis mitgeschoben und nach seinem Abzug hinterlassen hat. Auf Manhattans Urgrund, der als Felsgestein im Park die Vegetation durchbohrt, läßt sich die Eisbewegung ablesen an den Kratzspuren und Schrammen, welche die fließenden Eismassen im Gestein hinterlassen haben. Geologische Spaziergänge, die das Naturkundemuseum veranstaltet, teilen die Lektionen von New Yorks Erdgeschichte anschaulich mit.

Denn die Geologie der Stadt ist bei aller Überbauung und Naturverdrängung noch immer deutlich wahrzunehmen. Daß die Skyline von Manhattan zwischen den Wolkenkratzerballungen von downtown und von midtown eine Mulde niedriger Bebauung aufweist, hat seine geologische Bewandtnis: der feste Baugrund von Manhattan, Glimmerschiefer (»Manhattan Schist«), weicht südlich der 30. Straße tief unter die Erdoberfläche zurück, um erst in der Gegend von Canal Street wieder »aufzutauchen« und den Türmen sichere Verankerung zu bieten. Die geologische »Serie von New York« besteht aus dreierlei Gestein, sämtlich metamorph, das heißt durch Hitze, Druck und Erdbewegungen im frühen Paläozoikum aus älterem Gestein verändert und »rekristallisiert«.

So ist der Stadtteil Bronx auf Gneis gebaut, dem ältesten Gestein der Serie, Manhattan ruht auf Glimmerschiefer bis auf seine nördliche Spitze, die aus Marmor ist. Dieser letzte Felsen ist der weichste und am wenigsten druckwiderständige von allen. Durch Marmor haben sich Hudson und Harlem River ihren Weg gegraben. In Marmortälern verlaufen die Verkehrsbänder des Broadway und der breiten Nord-Süd-Magistralen von Jerome und Webster Avenue in Bronx, und in einer breiten Marmorsenke, über die Jahrhunderte von den Elementen ausgehöhlt, liegt Harlem. Das weißlich-graue Gestein des »Inwood Marble« ist im Inwood Park zu sehen, im Botanischen Garten von Bronx tritt das helle, von Bändern wellig durchzogene Grau des »Fordham Gneiss« an die Oberfläche und der glitzernd dunkle Glimmerschiefer des »Manhattan Schist« im Central Park.

Hitze und Druck der rumorenden Erdkruste haben schmelzenden Granitfluß als Kristalleinschlüsse in das berstende Gestein getrieben. Als Resultat solcher Kristallisationsvorgänge haben sich 170 verschiedene Arten von Mineralien im New Yorker Stadtgebiet gefunden, manches davon Edelstein. Im Museum of Natural History sind solche Brocken zu sehen, die aus dem felsigen Grund der Stadt gelöst sind, meist bei Ausschachtungen für die Untergrundbahn gefunden: ein langer schwarzer Turmalin von Park Avenue an der 96. Straße, ein Beryll vom Südwestrand des Central Park. Der U-Bahntunnel unter dem Broadway förderte eine Feldspatader zutage, die mit Granaten gespickt war wie ein Rosinenkuchen. Ein paar Blocks weiter sprengten die Bauarbeiter eine Handvoll Aquamarine aus dem Fels, und im Zentrum von Manhattan fand sich ein zehnpfündiger Granat, der größte, den der Kontinent bis dahin hergegeben hat.

In der Erdgeschichte von New York macht die menschliche Besiedlung nur einen Augenblick aus. Die Spuren der Algonquin-Indianer, die um die Hudson-Bucht auf Jagd und Fischfang gingen, verlieren sich in vorkolonialem Dunkel; doch seit Ankunft der Kolonisten sind erst drei Jahrhunderte vergangen. Sie haben genügt, die Gegend zwischen Hudson und Atlantik gründlich umzustülpen, das Klima zu verändern, Wälder und Marschen zu ersetzen durch Baustein und Beton. Acht Millionen Menschen wohnen heute in dem, was die Statistik das New Yorker Metropolitangebiet nennt und was für die Geologen noch immer die »Zange von Manhattan« ist, zwischen der Senke von Newark und der Küstenebene von Long Island gelegen. Doch schon zu einer Zeit, als die Bevölkerung der Stadt erst eine halbe Million ausmachte, sehnte man sich bereits danach, »eine Zeitlang das Rattern des Straßenpflasters und den Widerschein der Ziegelmauern zu vergessen« und die Reize ländlicher Wege, die Ruhe rustikaler Landschaft zu genießen. Schon um die Mitte des vorigen Jahrhunderts, als New York erst bis zur 34. Straße hinauf bebaut war, hatte Frederick Law Olmsted, der Schöpfer des Central Park, die Vision der künftigen Stadt: »Es wird eine Zeit kommen, wenn New York vollkommen bebaut sein wird, wenn alles planiert und aufgefüllt sein wird und wenn die pittoresk vielfältige, felsige Landschaft der Insel in die reihenlange Monotonie schnurgerader Straßen und Haufen senkrechter Gebäude verwandelt sein wird. Jede Erinnerung an das heutige abwechslungsreiche Gesicht wird ausgelöscht sein mit der einzigen Ausnahme der paar Hektar Land, die der Park umschließt.«

Die Planer, die 1811 Manhattan für die Bebauung parzellierten, hatten versäumt, an Parks zu denken. Was sich im New York des frühen 19. Jahrhunderts Park nannte, verdiente den Namen nicht; es war, in den Worten eines Zeitgenossen, »nur Platz oder Koppel«. Das sogenannte Parkgelände für eine halbe Million New Yorker machte kaum 40 Hektar aus. Es waren überpflanzte ehemalige Gräberfelder wie Washington und Madison Square, auf denen die Opfer der häufigen Seuchen bestattet waren, oder umbaute Wohnanlagen wie Gramercy, Tompkins, Union Square. Wer sich im Grünen ergehen wollte, der fuhr sonntags hinaus zum Greenwood-Friedhof auf den Gowanus-Hügeln von Brooklyn. Das war einer jener damals modischen Gräber-Gärten, in denen es Grünanlagen und Spazierwege gab.

Seit den vierziger Jahren des letzten Jahrhunderts riefen prominente New Yorker nach einem Park, wie ihn die Metropolen Europas hatten. »Alle großen Städte haben ausgedehnte öffentliche Anlagen und Gärten«, schrieb 1844 der Dichter und Journalist William Cullen Bryant in seiner ›Evening Post‹: »Madrid und Mexiko haben ihre Alameda, London seinen Regent's Park, Paris seine Champs-Elysées und Wien seinen Prater.« Nur in New York gebe es nichts, wo Bürger promenieren oder kutschieren könnten. Wolle man sich ein Stück der Insel Manhattan »für Gesundheit und Erholung« reservieren, so sei höchste Eile geboten, ehe Handel, Gewerbe und Grundstücksspekulanten auch den letzten Zentimeter Land schlucken. Die Bevölkerung der Stadt, die so rapide zunimmt, brauche einen zentral gelegenen Park, um vor der drückenden Sommerhitze »und der korrupten Atmosphäre, die heiße und übervolle Straßen erzeugen«, ins Grün zu flüchten. Ein öffentlicher Park, so versicherte 1849 der Gartenarchitekt Andrew Jackson Downing, werde den nationalen Charakter zivilisieren und verfeinern; »es ist die rechte Politik von Republiken, den Geschmack für große öffentliche Bibliotheken, Parks und Gärten zu fördern, an denen alle ihr Vergnügen haben.«

Tatsächlich gab es noch ein unbebautes Stück Land im Zentrum von Manhattan, einen felsig kahlen Grund, sumpfig und abgeholzt, »einen pestilenzialischen Flecken«, wie ein Zeitgenosse schrieb. Zwei große Wasserbecken, eins davon noch heute in Gebrauch, fingen hier die Wasserreserven der Stadt auf, die über den Croton-Aquädukt aus den Hudson-Bergen nach New York geleitet wurden. Auf dem felsigen Land ringsum hausten in baufälligen Hütten Hunderte von Kleinsiedlern, meist irische und deutsche Einwanderer, mit Schweinen und Ziegen, die das dürre Gras abweideten. Dies unbebaubare Gelände schien vorzüglich als Park geeignet.

Im Bürgermeister-Wahljahr von 1850 wurde die Park-Idee zum politischen Programm; jeder der Kandidaten versprach den Wählern einen Stadtpark. Der Sieger und neue Bürgermeister Ambrose Kingsland beauftragte den Stadtrat mit der Wahl eines geeigneten Geländes. Man entschied sich zunächst für Jones Wood, ein Wäldchen am East River, nördlich des heutigen Sutton Place. Den Park-Verfechtern war dies Stück Land jedoch entschieden zu klein, auch lag es nicht zentral genug. Sie empfahlen das Gelände um die Croton-Reservoirs, und da die Geschäftswelt ohnehin ungern auf das kostbare Flußufer verzichtete, wurde die Parkanlage schließlich mit Hilfe des Staatsparlaments von New York in der Mitte von Manhattan beschlossen. Zunächst wurden die *Squatters* mit ihrem Vieh von dem künftigen Parkgelände vertrieben. Dann schrieb die Stadtverwaltung 1858 einen Wettbewerb für die Parkgestaltung aus. 35 Pläne wurden eingereicht. Viele offerierten patriotischen Denkmalsschmuck im Stil von Niederwald und Völkerschlacht: George Washington mit einer Krone zu Füßen oder die Göttin der Freiheit mit einem Adler auf der Schulter, von Wassern umspült. Den Preis erhielt Plan Nummer 33, der unter dem Stichwort »Greensward« (Grüner Rasen) eingereicht war.

Autoren des Planes, der die Anlage von Central Park bis auf den heutigen Tag bestimmt, waren der Park-Liebhaber Frederick Law Olmsted und der Architekt Calvert Vaux. Vaux, gebürtiger Engländer, hatte mit dem Gartenarchitekten Downing als Partner die Gärten der großen Besitzungen am Hudson entworfen und in Washington an den Parkanlagen für das Capitol und die Smithsonian Institution gearbeitet. Er überredete Olmsted, der als Aufsichtsbeamter die Säuberung und bauliche Vorbereitung des künftigen Parkgeländes leitete, zu der Partnerschaft am Wettbewerb.

Olmsted ist der Genius des Central Park, Amerikas größter Landschaftsarchitekt, obwohl er selbst sich bis zuletzt für einen Amateur gehalten hat. 1822 in Hartford (Connecticut) als Sohn eines wohlhabenden Kaufmanns geboren, hat er sich früh für Gärten und Natur interessiert. Seit er in der Schule Virgil gelesen hatte, zog ihn das Pastorale an. Er hat erst in Connecticut, dann auf Staten Island Farmen betrieben, sich mit Blumen und Obstzucht beschäftigt und Baumschulen angelegt. Auf ausgedehnten Reisen nach Europa studierte er die englischen Parks, in denen sich damals ein neues Landschaftskonzept verwirklichte.

Die Liebe zum Pastoralen war ein Zug der Zeit, der vom Rokoko in die Romantik überleitete. Wie alle Moden erreichte sie mit einiger Verspätung Amerika. Hier feierten die Maler der Hudson River-Schule diesen mächtigen Fluß, der eben (1807) für die Dampfschiffahrt bis Albany hinauf erschlossen war, als den »Rhein Amerikas«. Von den Steilklippen der Palisades, nur wenige Meilen nördlich von Manhattan, blickte man auf den Hudson nieder wie auf den Rhein vom Drachenfels, so wie Lord Byron ihn besungen hatte. Auf Asher Durands Gemälde ›Verwandte Geister‹ (in der New York Public Library) zeigt der Maler Thomas Cole dem Dichter William Bryant die schluchtenreiche Szenerie der Catskills, in Technik und Motiv nicht sehr verschieden von den andächtigen Naturbetrachtern bei Caspar David Friedrich.

Die geordnete, gebändigte Natur der Gartenanlagen italienischer und französischer Paläste hatte mit Beginn des 18. Jahrhunderts dem englischen Konzept der »wilden«, natürlichen Landschaftsparks Platz gemacht. Man gestaltete Natur »picturesque« nach den gemalten Landschaften der Poussin, Lorrain und Rosa. Die Romantik feierte nicht nur die Wildheit der Natur, sie verstand Natur auch als Gemälde. Die englischen Parks waren entworfen für den visuellen Effekt, der emotionelle Wirkung haben sollte. Natur wurde komponiert wie ein Bild; Baumgruppen und Rasenflächen waren zu betrachten wie in einen Rahmen gefaßt, zur Vignette verkürzt wie auf einer Landschafts-Miniatur und wie diese zur Erhebung und Läuterung des Gemüts gedacht. Die pittoreske Tradition ließ ihre Kompositionen von den natürlichen Konturen des Geländes bestimmen, sie vergewaltigte nicht. Sie schuf pastorale oder romantisch wilde Szenen. »Unsere Vorfahren«, so schrieb damals (1828) ein Baumzüchter in Brooklyn, »gaben jedem Teil des Gartens alle Exaktheit geometrischer Figuren; sie konnten offenbar Bäume nicht anders als in schnurgeraden Linien pflanzen, ein System, das jeden Blick ruiniert. Heute behandeln wir Gärten wie Landschaften, deren Reiz durch keine Kunstregel zu verbessern ist.«

Diese pittoreske Vision, die er in England und auf dem Kontinent gründlich studiert hatte, suchte Olmsted für Amerika im Central Park zu verwirklichen. Er hat damit geschaffen, was seine Bewunderer »das größte amerikanische Kunstwerk der romantischen Periode« nennen, ein Modell für alle weiteren Parks im Lande. Denn Olmsted hat nach Central Park nicht nur, wieder mit Vaux zusammen, auch dem Stadtteil Brooklyn seinen Prospect Park entworfen, er hat Parks und College-Gelände im ganzen Lande angelegt, von Berkeley bis Boston, von Chicago bis Montreal.

Central Park, »Stolz und Ornament der Stadt«, wie Bürgermeister Kingsland sagte, ist ganz und gar künstliches, nach

Vaux' und Olmsteds Plänen geschaffenes Gelände. Olmsted und sein Partner bemächtigten sich eines unbrauchbaren Baugeländes; sie nutzten Restland, welches die Grundstücksspekulanten übriggelassen hatten, und verwandelten es in blühende Parklandschaft. Aus Klippen und Sümpfen, die entwässert, bepflanzt, mit Rasenstücken und Walddickicht versehen, von Wegen durchzogen, überbrückt und untertunnelt wurden, aus Hügeln und Teichen, Baumgruppen und Bassins entstand so die Erholungslandschaft der New Yorker. Es war die erste wahrhaft demokratische öffentliche Anlage Amerikas, der »Lieblings-Erholungsort aller Klassen«, wie seine Planer es wünschten, eine »Erfrischung für Geist und Nerven, wie sie die meisten Stadtbewohner dringend brauchen«. Für viele war und ist es die einzige Erfahrung von Natur, die sie zeitlebens haben würden.

Das Terrain von Central Park erstreckt sich längs der Mittelachse von Manhattan über 50 Blocks von der 59. bis zur 110. Straße, vom Herzen des Shopping Districts um das Plaza Hotel bis an den Südrand von Harlem. Olmsted hatte den Park gegen Lärm und Staub der Stadt mit Baumreihen abschirmen wollen, doch die doppeltürmigen Wohnburgen, Hotels und Bürozinnen haben die Baumkronen längst überflügelt und umrahmen heute den Park mit einer glitzernd urbanen Silhouette. In seiner Anlage ist der Park jedoch noch so, wie Olmsted ihn geschaffen hat, mit einer pastoral sanften Südhälfte und einem »pittoresk« gebirgigen Nordteil. Zwar sind Teiche versandet, Bäume eingegangen, Pavillons zerstört; doch der Charakter dieser grünen Oase als »Tranquilizer« für die Städter, wie Olmsted es gedacht hat, ist unversehrt.

Alles sollte so natürlich wie möglich wirken. Die Substanz des Parks, so hatten seine Schöpfer gefordert, müsse in seinen Landschaften liegen, die der Phantasie des Besuchers ständig »die grenzenlose Weite ländlicher Situationen suggerieren« sollen. Darum folgen Baumgruppen und Rasenflächen, Fahr- und Spazierwege so weit wie möglich den natürlichen Konturen; alles sollte »in dem entschiedensten Kontrast zu den engen und formellen Linien der Stadt stehen«.

Immerhin mußte durch dies große Gelände, dessen 340 Hektar Fläche größer ist als der Berliner Tiergarten und doppelt so groß wie der ganze Staat Monaco, der städtische Verkehr hindurchgeleitet werden. Olmsted fand dafür eine zukunftweisende Lösung, die sich heute noch bewährt: Er schnitt vier Schluchten in ost-westlicher Richtung durch den Park, in denen der Durchgangsverkehr ohne Störung der Parkbesucher läuft. Die Fahrwege im Park kurven in sanften Windungen, »um die Karossen nicht zu Trabrennen zu verführen«. Unter Leitung des Österreichers Ignaz Anton Pilat, der in den kaiserlichen Gärten von Schönbrunn Erfahrung gesammelt hatte, wurden Millionen Bäume und Sträucher gepflanzt.

Mittelpunkt des Parks ist der bewaldete Hügel mit dem Belvedere-Turm, der heute die Meßinstrumente des Wetteramts beherbergt. Auf diese zentrale Erhebung richtete Olmsted achsengerecht die Promenade aus, die er als einziges geometrisch-formales Zugeständnis gestattete. Die Mall, ein breiter, schnurgerader, von doppelten Ulmenreihen gesäumter Spazierweg, war New Yorks Unter den Linden, seine Champs-Elysées. Trotz seiner Abneigung gegen symmetrische Baumbepflanzung hielt Olmsted »eine große Promenade für einen wesentlichen Bestandteil eines Stadtparks«. Die Mall, in deren Musikpavillon es sommers Konzerte gibt, führt über eine breite Treppe hinunter auf die »Terrasse« mit dem Bethesda-Brunnen, ein Wasserbecken mit (in München 1871 gegossener) geflügelter Zentralfigur.

Hunderte von Arbeitern, meist irische und italienische Einwanderer, schütteten Erde auf diese kahlgewaschene Eiszeitlandschaft im Herzen von Manhattan, sie trugen Hügel ab und bohrten Tunnel und legten Abflußrohre. Am 17. Oktober 1858 wurde der erste von fünf Millionen Bäumen gepflanzt, und als gleichzeitig der erste Parkabschnitt eröffnet wurde, war er ein sofortiger Erfolg.

Erst 1876 galt Central Park offiziell als »fertig«, doch schon lange vorher war er die neue Sehenswürdigkeit von New York geworden, die Fremde wie Einheimische entzückte. Auf den Fahrwegen fuhren die Karossen auf und ab; New York hatte endlich seinen Kutschierpark wie Paris und London. Ein Franzose auf Besuch wird von New Yorker Freunden stolz in den Central Park geführt und ist gebührend beeindruckt; der Park erscheint ihm als »ein gewaltiger amerikanischer ›Bois de Boulogne‹ mit Tälern, Felsen, Wasserfällen, Brücken, Aquädukten, Seen und Klippen, der sich am Ende von Fifth Avenue auftut ... Nichts ist amerikanischer als dieser anspruchsvolle Name, den man auf den ersten Blick hin einem wilden Gelände vor der Stadt gegeben hat ... Alles ist noch neu, kaum fertig, und wimmelt doch schon jeden Abend von Reitern und Kutschen«.[8] Die Stadt reichte damals immer noch nicht bis an den Parkrand hinan, die Pferdebahnen gingen nur bis zur 42. Straße; erst ab 1869 fuhren sie in den Park. Als Professor Oliver Wendell Holmes aus Boston den Park besuchte, klagte er, daß ihn die Fahrt von seinem Hotel in der eleganten Gegend um die untere Fifth Avenue vier Dollar Fahrgeld kostete. Doch er war »begeistert von meinem neuen Besitz«, von den guten Wegen, den schönen Wasserflächen, den hübschen Brücken und den eleganten Schwänen, die ein Geschenk der Stadt Hamburg waren; das Gras war »grün und kurz wie das Winterfell eines schnellen Pferdes«.

Doch das größte Volksvergnügen von allen war das Schlittschuhlaufen im Central Park. Sobald das Eis auf dem See fest genug gefroren war, ging auf dem Turm des Belvedere-Hügels ein roter Ball hoch, und die Pferdekutschen auf der Route zum Park hatten Fähnchen aufgesteckt. Der Eislauf im Park war so populär, daß die Stadtväter von Brooklyn bei ihrer Planung für Prospect Park, sieben Jahre später, größten Wert auf eine breite Wasserfläche legten, um die Eisbahn von Manhattan zu übertrumpfen. Vaux' Ausspruch, daß der Park »die republikanische Kunst-Idee in ihrer höchsten Form« sei, war hier verwirklicht.

Auch Olmsted betrachtete den Park als Kunst; »bis ins letzte ist der Park ein einziges Kunstwerk«, heißt es im Text zu seinem Greensward-Plan. Die Natur, die er als Substanz des Parks sah, sollte sich, obschon von Menschenhand geschaffen, ungestört entfalten. Störrisch und entschieden verwahrte sich Olmsted gegen jede Beeinträchtigung des Parks. Er wollte weder Spielplätze noch Sportfelder, weder Restaurants noch Eisverkäufer. Alles, was nicht reine Landschaft war, lehnte er beinahe sauertöpfisch ab. Er warnte vor den aggressiven Philanthropen, mit Recht; sie haben inzwischen den Park so sehr mit »Stiftungen« von zweifelhaftem Geschmack überschüttet, daß er Spöttern als »Central Park-Gedenkfriedhof« erscheint. Statuen und Brunnen, Fußballfelder und Pavillons hat Olmsted verzweifelt abzuwehren versucht, nicht immer mit Erfolg. Schon zu seinen Lebzeiten gab es einen freilich noch zierlichen, von Vaux im gotischen Stil gebauten Holzpavillon, der als »Little Carlsbad« drei Dutzend verschiedener Mineralwasser ausschenkte. Es gab Boote auf dem See und Ziegenwägelchen für Kinder auf der Mall, und schon 1859 wurde das erste Konzert im Park gegeben.

Manches hat Olmsted den heutigen Parkverwaltern vorweggenommen. Er wollte keine Gaslaternen im Park, weil seiner

Meinung nach der Parkbesucher nachts ohnehin nicht zuverlässig zu beschützen sei. Von Anfang an war der Park bei Nacht geschlossen, und nur an heißen Sommernächten blieb er bis elf Uhr offen. »Der Park wird bei Abenddämmerung nutzlos für jeden guten Zweck«, meinten die Parkkommissare, »denn der sichere Wandel des Publikums durch die ausgedehnten Flächen kann nach Einbruch der Nacht nicht mehr gewährleistet werden.« Seit 1947 ist Central Park zwischen Mitternacht und Sonnenaufgang offiziell geschlossen, und nur Polizisten patrouillieren regelmäßig.

Auch Autos wollte Olmsted im Park nicht zugelassen sehen. Als in den frühen neunziger Jahren die ersten Automobile auf den Straßen erschienen, war Central Park das einzige Gelände, das für sie versperrt war. Doch lange ließ sich das Verbot nicht halten. Im November 1899 erhielt ein gewisser Mr. Curtis O. Brady als erster die Erlaubnis, mit seinem Automobil die Fahrwege im Park zu benutzen. Allerdings sollte er größte Vorsicht walten lassen, »um die Pferde nicht zu erschrecken«, und die Geschwindigkeit wurde auf elf Kilometer in der Stunde begrenzt, »herabzusetzen auf fünf bei Annäherung eines Wagens oder Reiters«. 1912 wurden die Kieswege der Fahrbahn asphaltiert, und seit 1920 fließt der Autoverkehr regelmäßig durch den Park.

Heute gibt es über zwei Dutzend Kinderspielplätze im Central Park, Sportfelder, Schwimmbecken, eine betonierte Eisbahn, einen Zoo. Café und Karussell, Fußball- und Tennisplätze sind im Park, und wo noch bis in die dreißiger Jahre ein Stall die Schafherde beherbergte, die auf der großen Wiese graste und den Stadtkindern Landleben suggerierte, da steht jetzt ein Restaurant. Doch die Freunde des Central Park haben sich in Vereinen gesammelt, die jeden Meter Parkland so zäh verteidigen, wie Olmsted es getan hat. Erfolgreich haben sie Rennbahn und Weltausstellung, Garage und Flugfeld, Paradeplatz und Radioturm, Wohnblock und Reitstall abgewehrt. Mit der Regierung Lindsay Mitte der sechziger Jahre ist Central Park dank einfallsreicher Parkkommissare wieder zum zentralen Spielplatz der Stadt geworden. An jedem beliebigen Sonntag kann man improvisierte Musikkapellen sehen, kann Steel Bands, Gitarrenspielern, Volksliedsängern zuhören. Man kann Rad fahren oder Drachen steigen lassen, im Dauerlauf das große Reservoir umrunden oder auf der Großen Wiese Philharmonische Konzerte vor der abendlichen Stadtkulisse genießen. Man kann seit 1957 jeden Sommerabend kostenlos Shakespeare-Aufführungen auf der Freilichtbühne sehen. Mann kann Picknicks und Proteste veranstalten, Boot fahren oder einfach spazierengehen. »Bird Watchers« durchwandern mit dem Fernglas das Revier und beobachten Meisen, Finken, Häher im Gebüsch, und über Bänke und Rasenflächen hüpft in abertausend Exemplaren das graue Eichhörnchen, *Sciurus carolinensis*, eine robuste, aggressive Großstadtkreatur, weniger possierlich als sein rotbrauner europäischer Bruder und total unerschrocken. Seit 1966 ist der Park an Wochenenden, neuerdings auch tagsüber am Werktag für den Autoverkehr gesperrt. Radfahrer und Parkbummler sind unter sich, die Luft ist rein, und der »grüne Tranquilizer« ist wieder die Oase aller Klassen, wie Vaux und Olmsted es wünschten.

Central Park ist nicht nur Erholungsort, er ist auch die Versammlungsstätte der New Yorker geworden, dies nicht ganz im Sinn der Planer. New York hat keinen zentralen Platz, kein »Common Green« wie Boston; Bowling Green und City Hall Park sind »way downtown« und längst nicht mehr im Zentrum. Die Stadt hat keinen Platz, wo sich das Volk zu Ehrung oder Protest versammeln kann. So ist der Stadtpark zum Ersatz dafür geworden, zum Ort, wo man demonstriert. Das tut dem Rasen nicht gerade gut, doch es bestätigt den Park als kommunales Eigentum. 1965 hat die Regierung Central Park zur »National Historic Landmark« erklärt und ihn unter Denkmalsschutz gestellt, ein später und berechtigter Tribut an das Kunstwerk von Olmsted und Vaux.

Architektur
Die vertikale Unvollendete

Was haben »gemeine, gleichförmige Straßen ohne Architektur, ohne große Kirchen und Paläste, ohne sichtbare Erinnerung an historische Vergangenheit«, was hat New York einem anzubieten, der schon als Kind die Schönheiten Europas gesehen hat? Edith Wharton, Schriftstellerin, Zeitgenossin und Freundin von Henry James, stellt diese Frage in ihrer Erinnerung an die eigene Kindheit. Wie konnten »Menschen, die Rom und Sevilla, Paris und London gesehen haben, sich jemals wieder mit einem Leben zwischen Washington Square und Central Park begnügen?« War nicht die Stadt »geschlagen mit einem allesbedeckenden schokoladenfarbenen Anstrich, dem scheußlichsten Stein, den je ein Steinbruch hergegeben hat«?[9] Ach, dieser »vollgestopfte Stadtplan ohne Türme, Höfe, Brunnen, Perspektiven...« Die Tochter aus reichem New Yorker Hause zog es denn auch vor, sich in Europa anzusiedeln. Ihre Gefühle bei der Rückkehr in die Vaterstadt sind die typische Schockreaktion des feinsinnigen Europäers bei der Begegnung mit New York: wie wenig Schönheit und Geschichte, wie viel brutale Häßlichkeit!

Man muß neu sehen lernen in New York. Gewohnte Kategorien versagen hier; umzulernen wird dem Besucher abverlangt. Neue Maßstäbe werden gefunden, neue Sehreize entdeckt. Der Novize beginnt mit einer Art städtischen Spurenlesens. Er macht sich an die Entdeckung des typischen Details, erkennt New Yorker Eigenheiten an Haus und Straße: Lampenmasten, die sich wie Hirtenstäbe biegen, Feuerleitern, die über die Fassaden klettern und graphische Schattenmuster auf Häuserwände werfen. Das blau-weiß-rote Glassäulchen, das sich vor den Läden der Barbiere dreht. Hochbeinig runde Wassertanks auf Dächern. Die bunten Schirme auf den Schiebewagen der Würstchen- und Eisverkäufer, die glühbirnenbestickten »Marquees« der Theater, der weiße Dampf der Heizung aus dem Straßenpflaster.

Wir lassen uns überraschen von der ungeplanten Vista. Ohne daß wir recht darauf gefaßt sind, öffnet sich der engmaschige Straßengrundriß zur Landschaftsferne. Über den Baumkronen des Central Park taucht die funkelnde Kristallsilhouette des südlichen Parkrands auf, im silbrigen Licht des Spätnachmittags entrückt wie eine Fata Morgana. Der Broadway knickt bei Tenth Street ab als schnurgerade Schlucht und saugt den Blick nach Süden, vom Woolworth-Turm markiert wie von einem fernen Zeigefinger. Schönheit wird bei New Yorker Bauten oft vom Effekt bestimmt, von der Art, wie eine Straßenflucht aufgefangen, wie ein Akzent gesetzt, ein monotones Straßenmuster unterbrochen wird. Der spitze Bug des Flatiron Building zerpflügt den Broadway wie ein Ozeandampfer. Auf Sixth Avenue und Tenth Street versiegelt das Jefferson Market Courthouse die Straßenkreuzung mit einer ziegelroten Ritterburg. Über der breiten Promenade von Park Avenue sitzt als Dachreiter das PanAm-Building, das den Turmhelm der Grand Central Station mit einem spiegelnden Raster-Hintergrund versieht. Von den Straßen des westlichen Greenwich Village sind die Schiffsmasten über den Hudson-Piers zu sehen, und wo immer man in midtown westwärts blickt, erscheinen die Klippen von New Jersey am Horizont.

Henry James hat sich beklagt, daß man die neue Trinity Church »gnadenlos jeder Sichtbarkeit beraubt« habe. Doch eben die Einschachtelung, die sie als Schlußpunkt der engen Wall Street an den Broadway setzt, addiert zu Altersschwarz und Friedhofsgrün den aparten Oaseneffekt der Kirche.

Das unvermutete Nebeneinander macht den New Yorker Sehreiz aus: wie die dunkle Silhouette von St. Paul vor den silbernen Aluminiumstreben des Trade Center-Nordturms sitzt; wie sich gegen die Fassade des Südturms der mediterrane Glockengiebel von St. Nicholas lehnt; P. J. Clarkes berühmte Bar, in Büro-Glas konserviert wie ein Insekt in Bernstein.

Den New Yorker Veduten ist mit den ästhetischen Begriffen europäischer Kapitalen nicht beizukommen. Denn New York ist nicht nach Plan entstanden, es ist keine mit Überlegung angelegte Stadt wie Paris, London oder Wien, nicht einmal in einzelnen Bezirken. Der einzige Versuch, dem Wildwuchs der Stadt ein Spalier zu liefern, fand Anfang des vorigen Jahrhunderts statt. Das Parlament des Staates New York beauftragte eine Kommission unter Vorsitz des Ingenieurs Randall, alles unerschlossene Land in Manhattan nördlich der Houston Street zu parzellieren. Der Randall-Plan, 1811 fertiggestellt, legte ein engmaschiges Netz schnurgerader Straßen über das Gelände, durchbrochen nur vom Broadway (streckenweise Bloomingdale Road genannt), der seit Indianerzeiten die Länge der Insel diagonal durchlief. Daß die Planung bis zur 155. Straße weit ins Gebiet von Harlem reichte, erregte den Spott der Zeitgenossen. Offenbar habe die Kommission, so scherzten sie, Raum bereit gehalten »für die größte Menschenmasse auf Erden diesseits von China«. So wenig rechnete man damals mit einer Vergrößerung der Stadt, daß die Nordseite der frisch erbauten City Hall nur mit Sandstein statt mit dem Marmor der Front verkleidet wurde, weil ohnehin niemand sie sehen würde.

Doch schon ein Dutzend Jahre später breitete die Stadt sich sprunghaft aus, schob sich nach Norden und überflutete die ausgelegten Grundstücke des Randall-Plans Block für Block mit Reihenhäusern. In Europa waren die Napoleonischen Kriege vorüber, und New York, noch immer vorwiegend Handelsstadt, konnte wieder die Verbindungen mit Übersee aufnehmen. Seit 1818 segelten die »Packet Boats« wöchentlich nach Liverpool. Als 1825 der Erie-Kanal vollendet war, wurde New York zum Hauptumschlaghafen zwischen den Kontinenten. Der Anteil der Stadt an Amerikas Außenhandel stieg von neun Prozent um die Jahrhundertwende auf 37 Prozent im Jahre 1830. Eine Generation später war es bereits so weit, daß ein Bostoner Patrizier neidisch New York die Zunge nannte, »welche die Sahne von Handel und Finanzen eines Kontinents aufschleckt«.

Das rigorose Maschennetz des Randall-Planes ließ weder für Plätze noch für Grünanlagen Raum. Tal und Hügel wurden eingeebnet, soweit es ging. Manhattans »Plätze« sind meist langgezogene Triangel dort, wo der Broadway die Avenues kreuzt. Die meisten Plätze in New York sind zeitweilige Fermaten in der andauernden Fluktuation, Pausenaufenthalte, aus Verknäuelungspunkten ausgespart wie Columbus Circle oder Grand Army Plaza. Alles, was die Monotonie des *Gridiron*, des Gitterrostes, unterbricht und aufhebt, was ihr zuwiderläuft und sie durchkreuzt, das weitet den Blick, ruht aus, lädt zum Verweilen.

Im Randall-Plan hat sich die Stadtplanung von New York erschöpft. Er ist das einzige, was festliegt, alles andere wird dem Zufall – und den Spekulanten – überlassen. Doch innerhalb des Netzmusters verändert die Stadt sich unaufhörlich, so sehr, daß der stete Wandel ihre einzige Konstante ist. Was gestern stimmte, ist heute schon nicht mehr wahr. Die Neubauten von heute sind die Ruinen von morgen. New York, so hat ein Zeitgenosse 1839 bemerkt, »ist eine Stadt moderner Trümmer, ein perfektes Baalbek, an einem Tag gebaut, am andern schon verfallen«, eine Stadt, von der man nie erwartet, daß sie fertig wird. Es sei nie zwölf Jahre lang die gleiche Stadt, stellt ›Harper's Magazin‹ eine Generation später fest; »ein Mann, der vor vierzig Jahren in New York geboren ist, findet nichts, absolut nichts mehr von dem New York, das er gekannt hat«.

Nicht nur die Stadt im ganzen, auch einzelne Gebäude haben jeweils neue Inkarnationen. Manche erscheinen am gleichen Platz in immer neuer Gestalt, andere wandern mit der Bevölkerung. Die Stadtpaläste sind Fifth Avenue hinaufmarschiert, weiter westlich, Broadway und Sixth Avenue entlang, folgten die Warenhäuser dem Konsumenten. Manche, wie Lord & Taylor, machten auf diesem Marsch nach Norden fast ein halbes dutzendmal Station, bis sie am heutigen Ort angelangt waren. Der Madison Square Garden hat sich zweimal am ersten Platz erneuert und ist dann weitere zweimal durch die Stadt gezogen; heute ist dieser größte New Yorker Sportsaal mit dem Pennsylvania-Bahnhof in einem Glaskomplex vereint. Die drei Standorte von New Yorks Rathaus lagen nahe beieinander. Doch Columbia University hat, seit sie in britischer Zeit in Nähe der heutigen City Hall gegründet wurde, die ganze Stadt durchmessen bis zum endgültigen Sitz auf Morningside Heights, wo sie seit 1900 siedelt. Tammany Hall, der Sitz der Demokratischen Partei, ist viermal umgezogen, Delmonico's Restaurant, einst Lieblingstreffpunkt der New Yorker, gar neunmal in fünfzig Jahren.

Dennoch und bei allem Wandel hat New York, die von Baumeistern, Ingenieuren, Grundstücksspekulanten gebaute Stadt, ihr eigenes Gesicht. New York, so hat Le Corbusier erkannt, hat Stil, »einen Geist, der sich selbst bestätigt, einen Charakter, der großzügig, intensiv, gesund ist«.[10] Die Einheit der Stadt ist jeweils vom Baumaterial bestimmt. Die ersten Siedler bewohnten 30 Schindelhäuser, die das Fort umringten; nur das Dorfkontor war aus Stein. Bald aber verwandelte sich Nieuw Amsterdam in eine spitzgiebelige Stadt aus Backsteinbauten, rot wie im heimatlichen Holland. Die rote Ziegelfarbe war New Yorks Signatur bis weit ins 19. Jahrhundert hinein. Die Häuser am Broadway, notiert ein englischer Besucher um 1820, »sind alle im englischen Stil gebaut und unterscheiden sich wenig von denen im Londoner Westend, außer daß sie alle aus *roten* Ziegeln sind«. Seine ersten zwei Jahrhunderte war New York rot, wie Paris eine grau-getönte Stadt und Rom orange ist.

Um die Mitte des 19. Jahrhunderts indessen begann rötlich-violette Schokoladenfarbe alles zu überschwemmen. New York fand sein originales Baumaterial, das es von allen anderen Städten absetzt: Brownstone. Dieser weiche, feinkörnige Sandstein aus den Trias-Lagen des Mesozoikums, im benachbarten New Jersey gefördert und auf Kähnen nach New York gebracht, war immer schon zum Bau verwendet worden. Die Paulskirche am unteren Broadway, noch in englischer Zeit entstanden, ist mit Brownstone verkleidet, und die Stufen des »Stoop«, des Treppenaufgangs zum Haus, waren ebenso wie die Fassade des unteren Küchengeschosses aus diesem braunen Stein. Wer sparen wollte, rahmte Türen und Fenster mit billigem Brownstone statt mit Marmor oder Kalkstein. In den vierziger Jahren des 19. Jahrhunderts indessen begann mit der Begeisterung für alles Gotische zugleich die Mode der dunklen Farben. Trinity Church, 1846 von Richard Upjohn nach einem Brand neu gebaut, setzte den Trend. Fortan wurden Häuserfronten mit Braunsteinplatten belegt. »Die dominierende Farbe von New York steht jetzt fest«, erklärte eine Zeitschrift in den frühen fünfziger Jahren. Ob Stadtpalast in italienischer Manier, ob Kirche oder bescheidenes Reihenhaus, Block für Block war schokoladenbraun. So identisch wurde das Baumaterial mit den Häusern, die sich in jener Zeit des Baubooms über ganze Straßenreihen breiteten, daß noch heute jedes niedrige Haus aus dem vorigen Jahrhundert einfach »Brownstone« heißt, auch wenn es eine Backstein- oder Kalksteinfassade hat. Feinsinnigere Zeitgenossen wurden bald der Brownstones überdrüssig; »hat man eins gesehen, so kennt man alle: die ewig gleichen Steiltreppen, die düsteren Brownstone-Fassaden, die gleiche Zahl von Löchern an genau den gleichen Stellen gestanzt«, so klagt ein Architekt der sechziger Jahre. Heute dagegen gelten sie als Kostbarkeit, die man sorgsam in den Urzustand zurückversetzt als Zeugnis eines humaneren New York.

Erst in den letzten Jahren des 19. Jahrhunderts begann der Wandel zur Wolkenkratzerstadt, wurde der Sprung vom Linearen ins Vertikale gewagt. Noch nicht aus Platzbedrängnis, sondern aus Überschwang und technischem Abenteuersinn. Bis in die sechziger Jahre ging kein Gebäude über fünf Stockwerke hinaus. In der nächsten Dekade war man schon bei zehn Stock angekommen, doch selbst als 1882 der höchste Bau der Stadt zwölf Geschosse maß, war das immer noch kein »Wolkenkratzer«, denn er war immer noch in reinem Mauerwerk gebaut.

Der Wolkenkratzer ist keine New Yorker Erfindung. Seine Heimat ist Chicago. Dort wurde 1884 der erste Hochbau mit Stahlgerüst errichtet: eine neue Ära war eingeleitet. 1889 übertrumpfte New York Chicago um ein Stockwerk; der erste authentische New Yorker Wolkenkratzer mit der Adresse 50 Broadway eröffnete ein Wettrennen, das seither immer nur zu zeitweiligem Stillstand gekommen ist.

Die Kunst der Ingenieure verlieh der Stadt die Silhouette, ihre Skyline – ein Wort, das in den neunziger Jahren aufkam. Was sich indessen in den Himmel zeichnete, war in der äußeren Form noch immer nach europäischem Modell gebaut. Der himmelstürmende Turm des Woolworth Building von 1913 war schiere Gotik, komplett mit 30 Wasserspeiern und Karyatiden. Die Dimensionen der Woolworth-Kathedrale fanden nicht den ungeteilten Beifall der Zeitgenossen: einem Kritiker erschien sie als Alarmsignal für eine Verwandlung zur Protzenstadt, die »Ninive und Babylon auf das kaiserliche Rom getürmt« hat.

Die Klötze, die fortan in die Höhe schossen, führten 1916 zum ersten New Yorker Baugesetz. Als die massive Bastion des Equitable Building am unteren Broadway ein Raumausmaß erreichte, das die Grundfläche um das Dreißigfache übertürmte, erließen die Stadtväter Direktiven, die Baugrund und Überbauung in vernünftige Relation bringen und den Straßen Licht und Atemluft sichern sollten. Diese *Zoning Resolution* von 1916 hat den Terrassen-Look ausgelöst, den die Bebauung von midtown über weite Strecken aufweist: wie Stufenpyramiden zacken sich die oberen Stockwerke vieler Bauten treppenartig in die Höhe.

Woolworth hatte seinen Architekten Cass Gilbert noch beauftragt, im Stil des britischen Parlaments zu bauen. Eine Generation später hat Amerika seinen eigenen, funktionellen Stil gefunden, da brauchte es seine Bauten nicht mehr als Kathedralen und Paläste zu kaschieren. Der Stil der dreißiger Jahre war wieder eine Schöpfung der Ingenieure, Amerikas originaler Beitrag zur Baugeschichte. Der Unternehmer Raskob, Bauherr des Empire State Building, blätterte nicht mehr in Tafelwerken berühmter Bauten, er stellte einen dicken Kinderbleistift auf den Schreibtisch und fragte seinen Architekten: »Bill, wie hoch kannst du bauen, ohne daß es umfällt?« In jenem Jahre, 1929, schossen überall die neuen Spargelspitzen hoch, eine höher als die andere, in scharfem Wettbewerb um Zentimeter. Bauarbeiter hielten Lanzenspitzen und Antennen in Fahrstuhlschächten versteckt, um sie im letzten Moment auf Turmspitzen zu montieren, den Rivalen um Meter übertrumpfend. Um den Chrysler-Turm zu schlagen, stockte Raskob fünf Geschosse auf und steckte noch einen (nie benutzten) Ankermast für Zeppeline auf den Turmhelm. Als Präsident Hoover am 1. Mai 1931 durch Knopfdruck im Weißen Haus die Lichter in dem neuen New Yorker Bau entzündete, war das Empire State Building mit 381 Metern der höchste Bau der Welt.

Diese Zinnen der dreißiger Jahre sind schillernd, schlank und funktionell, eine Apotheose des technischen Zeitalters. Noch ihr Dekor glorifiziert die Technik: die Metallschuppen auf dem Dach des Chrysler-Turms wiederholen ein Motiv von den Kühlerhauben des Automodells. Der Turmhelm des General Electric-Building taucht nachts in flaschengrünes Licht, und die Streben am Hochhaus der ›Daily News‹ sind streng und einfach gegliederte Ziegelstreifen in Braun und Weiß. Es war die Ära der Art Déco, von der Pariser Exposition des Arts Decoratifs 1925 angefeuert. Kachelornamente und metallene Streifen in Zickzackmustern, geometrische Figuren, goldene Pflanzendschungel und schlanke, geflügelte Gestalten überwuchern die Ball- und Kinosäle jener Zeit, Restaurants und öffentliche Bauten wie das Rockefeller Center. In der neuen Generation von Wolkenkratzern fand Art Déco ihren strengsten, kühlsten und dauerhaften Ausdruck.

Wenige Wochen nachdem die Erdarbeiten für den Bau des Empire State Building begonnen hatten, erfolgte der Börsenkrach. Zwar wurde der Bau vollendet, doch die Depression traf den Unternehmer hart. Zwei Drittel des Büroraums blieben über Jahre unvermietet, und erst der Ausbruch des Zweiten Weltkriegs mit seinem allgemeinen Wirtschaftsaufschwung füllte die Büros. Die Depression besiegelte zugleich das Ende einer Ära: die Wolkenkratzer, die noch vollendet wurden, wirkten wie verspätet triumphale Ausrufezeichen für den Boom der zwanziger Jahre.

An einem Großprojekt indessen wurde trotz aller Schwierigkeiten über das nächste Jahrzehnt hin weitergebaut: Rockefeller Center, seit 1929 geplant, 1947 in seinem ersten Abschnitt beendet, versorgte Tausende in einer Zeit der allgemeinen Arbeitslosigkeit mit Lohn und Brot und verwandelte dabei das Zentrum von Manhattan. Dies war der erste bewußte Versuch einer städtischen Raumplanung; Rockefeller Center wurde zum Modell der Stadt in der Stadt, eines eigenen Organismus, der Arbeits- und Erholungsstätte vereint. Mit seiner von Bürotürmen umringten Eisbahn, die sich sommers in ein Gartencafé verwandelt, mit Restaurants rundum, mit Blumenpromenade und dem Riesenweihnachtsbaum im Winter ist Rockefeller Center die zentrale Oase Manhattans. Dies Kalksteingebirge, vor dem die gotischen Spitzen von St. Patrick verschwinden, erhebt sich im Herzen von New York, und vom Aussichtsdeck des RCA-Turms schweift der Blick über Stadt und Fluß und an klaren Tagen hundert Kilometer weit das Hudson-Tal hinauf. Unterirdisch bohren sich Ladenstraßen zweigeschossig durch den Block. In Radio City Music Hall hat das Center den größten Kinosaal der Stadt. Mit schweren Bronzetüren, Plüsch und Gold ist dies der letzte Überlebende der großen Filmpaläste aus den dreißiger Jahren; die Wurlitzer Orgel rauscht, das Stepp-Corps der Rockettes schwingt die wohlgeformten Beine in präzisen Exerzitien, und jeder Filmvorführung, die stets moralisch einwandfreie Familienkost anbietet, geht die große Bühnenschau voraus. Finanzielle Sorgen bedrohen heute die Existenz der Music Hall.

13 Gebäude bildeten das Rockefeller Center, als es nach Kriegsende als fertig galt. Inzwischen hat es sich ausgeweitet und den Sprung über die Sixth Avenue gemacht. Die neuen Bürosäulen, die sich hier wie auf den Avenues weiter östlich reihen, bestimmen den New Look der sechziger Jahre. Das Lever Building und Mies van der Rohes Seagram Building, auf Park Avenue einander gegenüber, eröffneten den neuen Trend, der auf ganz midtown und schließlich auf den Finanzdistrikt downtown übergriff. Korporationen verlegten in den sechziger Jahren ihre Hauptquartiere zunehmend nach New York. Mit ihren Neubauten verwandelten sie Third und Sixth Avenue, die früher im Schatten der ratternden Hochbahn verkümmerten, in kristallene Glasalleen. 1954 wurde die letzte »El« in Manhattan abgerissen, und die irischen Kneipen, die unter ihren Pfeilern florierten, fielen den gläsernen Burgen der Manager zum Opfer.

Die neuen Wolkenkratzer veränderten die Skyline von Manhattan. Sie griffen nicht mehr langfingrig in den Himmel, sondern setzten wuchtige Streichholzschachteln hochkant. Korporationen brauchen andere Büros als Kleinbetriebe, die in den alten Türmen siedeln. Das Empire State Building ist aufgeteilt in schmale Räume, wie sie Maklern und Importeuren gelegen kommen. Die Bürobauten der sechziger Jahre mußten weiträumig und flexibel sein. Wieder entwickelten Ingenieure den Stil der Zeit. Die neuen Wolkenkratzer ruhen nicht mehr auf dem hergebrachten, wabenartig montierten Stahlgerüst, ihr äußerer Rahmen ist zugleich ihr tragendes Element. Die Erfindung neuer technischer Systeme, die dem Winddruck besser widerstehen und größere Lasten tragen, läßt die neuen Türme auf Stahlpfeilern ruhen, die, gebündelt oder nebeneinander postiert, den äußeren Umriß bilden, Außenwand und Träger sind und den Innenraum von Wänden und Tragepfeilern ganz befreien. Fahrstühle schießen stufenweise aufwärts wie Raketen und erschließen neue Höhen. Die magische Grenze von 100 Stock, vom Empire State Building für 40 Jahre gesetzt, wurde zu Beginn der siebziger Jahre überschritten. Überall baute man plötzlich höher, und ein neues Wettrennen um Meter begann zwischen Boston, Chicago und New York. 1970 waren die Doppeltürme des World Trade Center am Hudson 412 Meter hoch, der höchste Bau der Welt. Drei Jahre später wurden sie vom Sears-Gebäude in Chicago um 29 Meter übertroffen.

Der New Yorker Bürger, der binnen eines Lebensalters ganze Stadtlandschaften kommen und verschwinden sieht, hat dem Verschwundenen zu allen Zeiten nachgetrauert. Schon Ende des 18. Jahrhunderts bedauert ein Besucher, daß es nur noch wenige Häuser im alten holländischen Baustil gebe. Henry James, am Washington Square geboren, findet New York nach 25 Jahren in Europa »eine gräßliche Stadt«, und Edith Wharton sieht 1934 New York als »eine verschwundene Stadt wie Atlantis oder wie die unterste Schicht von Schliemanns Troja«. Doch erst neuerdings haben Trauer und Empörung über privates Bedauern hinaus zum allgemeinen Aufschrei geführt, der Folgen hat. Vielleicht hat die Spitzhacke zu rücksichtslos gewütet, vielleicht hatten die Grundstücksmakler sich zu unbekümmert zu den Bauherren der Stadt gemacht, vielleicht raffte sich das öffentliche Bewußtsein erst auf, als mit dem Abriß von Pennsylvania Station, der die Architekten zu Demonstrationen trieb, ein besonders empfindlicher Nerv getroffen war. Jedenfalls rang allgemeiner Druck der Stadtverwaltung ein Gesetz zum Schutze von *Landmarks* ab, das Bürgermeister Lindsay 1965 unterschrieb. Fortan werden nicht nur einzelne Gebäude, sondern ganze Viertel wie Greenwich Village, Brooklyn Heights oder der Gußeisendistrikt von SoHo zum »Denkmal« erklärt und damit vor Abriß und Veränderung geschützt.

Landmark ist weniger und mehr als Sehenswürdigkeit. Nach der amtlichen Definition muß, was New Yorker Denkmalschutz beansprucht, mindestens 30 Jahre alt und von historischem oder ästhetischem Wert sein. Nicht alles, was hierorts als denkmalswürdig gilt, ist nach europäischen Begriffen wertvoll oder schön. Mindestens ebenso bedeutend ist der Gemütswert, den New Yorks kurzlebige Geschichtsperioden auf ein Gebäude gesammelt haben. Erhaltenswertes addiert sich hierzulande oft aus Lage, Funktion und jenem emotionellen Faktor, den die Geschichte liefert. Der Architekt allein hat nicht das letzte Wort.

Der Kampf um die Erhaltung geliebter Bauten hat das Interesse für die eigene Baugeschichte kräftig angefacht. Plötzlich ist jeder Bürger Architekturhistoriker, wandert mit der Stilfibel sonntags durch verlassene Viertel, die steinerne Ahnenreihe aufzuspüren. Zwar hat Amerika stilistisch von Europa gelebt, bis erst in unserem Jahrhundert, mit der Schule von Chicago, mit Louis H. Sullivan und Frank Lloyd Wright, eine spezifisch amerikanische Architektur die Szene betrat. Doch die Modelle aus Übersee sind stets amerikanisch abgewandelt worden und dem eigenen Kontinent angepaßt. Ob in griechischer, römischer oder gotischer Verkleidung, das amerikanische Gesicht war unverkennbar, die eigene Formensprache mühelos zu lesen bis ins Detail. Was in Europa als Kolonialstil gilt – weiße Säulenfronten vor südlichen Herrenhäusern –, das war in Wirklichkeit bereits der Stil der unabhängigen Republik, selbst entwickelt, verfeinert und zum Typ geprägt. George Washingtons weißer Landsitz über dem Potomac ist der grünen Landschaft von Virginia so natürlich eingepaßt, wie er, trotz des griechischen Modells, in Europa kaum zu denken wäre.

Kolonial baute man in New York, solange das Land noch Kolonie war. Die Holländer setzten spitzgiebelige Ziegelbauten in ihre Siedlung, die Engländer bauten *Georgian* im klassizistischen Stil, der unter der Regierung der drei Georgs in England Mode war. Aus holländischer Zeit sind nur ein paar Farmhäuser in New York erhalten und aus dem 18. Jahrhundert kaum ein Dutzend Bauten. Bei weitem der schönste, stilrein und unverändert, ist St. Paul am unteren Broadway, umgeben von dem alten Friedhof.

Der Baustil der jungen Republik, *Federal* genannt, behielt die Formensprache des Klassizismus bei, gab ihr indessen einen einfacheren, fast asketischen Zug. Korinthische Säulen wurden von dorischen abgelöst, überladene Ornamentik verschwand von Fenstern und Türen. Der schönste öffentliche Bau im Federal Stil ist das Rathaus, die City Hall von 1811. Es war ein Stil von eleganter Einfachheit. Seine ländliche Variante ist in Gracie Mansion erhalten, dem Wohnsitz des New Yorker Bürgermeisters. Die Stadthäuser der Periode, die bis in die zwanziger Jahre des 19. Jahrhunderts reichte, haben Mansarden in den Satteldächern, die Fenster in der roten Backsteinfront sind von weißem Kalkstein oder Marmor eingefaßt, die Türen von Pilastern gerahmt und mit halbrund gefächertem Oberlicht versehen. Die Wirkung wurde aus dem Kontrast des Materials gewonnen und aus den angenehmen Proportionen der meist dreistöckigen Häuser. Reihenhäuser im Federal Stil, von James Fenimore Cooper 1828 als New Yorks »zweitklassig elegante Häuser« beschrieben, sind vorwiegend in Greenwich Village und in Brooklyn Heights erhalten.

In den zwanziger Jahren des vorigen Jahrhunderts breitete die Stadt sich mächtig aus, vom allgemeinen Wirtschaftsaufschwung angetrieben. In einem Jahrzehnt verdoppelte sich die Bevölkerung, und New York wurde selbstbewußt. Seit 1820 war es die größte Stadt des Landes, und bald begann es, sich als größte Stadt der Welt zu sehen, als ein wiederauferstandenes Athen. Die romantische Welle aus Europa hatte übergegriffen auf den jungen Kontinent. Man schwärmte für Klassisches, fühlte sich den Stadtrepubliken der Antike verwandt und begeisterte sich mit Lord Byron für den griechischen Befreiungskampf. Es war die Zeit, da sich amerikanische Ortschaften »Hannibal« nannten oder »Ithaca«; es gibt noch heute zwölf Carthages, 15 Romes und 27 Troys in den Vereinigten Staaten. Tafelwerke aus England, in denen archäologische Ausgrabungen abgebildet waren, wurden begierig aufgegriffen und vermittelten ein genaues Bild von den Bauten der Antike. So begann Anfang der dreißiger Jahre aus emotionell romantischem Impuls die Schwärmerei für Griechisch-Römisches, die schnell das ganze Land ergriff, besonders den Süden. Alles wurde mit Giebeln, Säulen, Portikos versehen, Griechisches unbekümmert mit Römischem vermischt. »Alles ist ein griechischer Tempel«, klagte 1834 ein englischer Besucher, »von den Klosetts im Hinterhof über Gefängnisse, Theater, Kirchen bis zum Zoll- und Regierungsgebäude«.

Greek Revival hat New York seine schönsten Bauten beschert. Am Nordrand des Washington Square entstand *The Row* eleganter Wohnhäuser, die mit gleichlaufenden Dachfirsten dem Platz eine ebenmäßige Umbauung gaben. Noch immer waren die Formen klassizistisch wie im Federal Stil, doch die Ornamentik war reicher, und man ahmte bewußter nach, was man in den archäologischen Büchern sah. Über schmiedeeiserne Geländer und Dachfriese rankten sich Mäander und Palmetten, ionische Säulen, den Türen vorgesetzt, trugen flache Giebel, und überall fanden sich griechische Motive. Die Fenster des *Parlor Floors* reichten jetzt bis zum Boden, oft mit Balkongittern versehen, und die Dächer wurden flach und bildeten eine gemeinsame First-Linie mit den Nebenhäusern, oft einen ganzen Block lang. Während das Capitol in Washington dem römischen Pantheon nachgebildet wurde, baute New York seine erste katholische Kirche, St. Peter. als ionischen Tempel aus Granit. »Die beiden großen Wahrheiten der Welt«, ließ sich ein Bankier vernehmen, »sind die Bibel und die griechische Architektur.«

Bis weit über die Jahrhundertmitte wurde im griechischen Stil gebaut. Dann löste eine andere Phase die Griechen-Schwärmerei ab. Von Walter Scott und anderen englischen Romanciers der Epoche angeregt, wurde Gotik Mode. Dunkle Farben und spitze Giebel strahlen »den Reiz des Geheimnisvollen« aus, wie eine Zeitschrift 1851 meinte. *Gothic Revival* als Architekturstil betraf mehr die Landhäuser als die Wohnbauten der Stadt. Doch New York verdankt der Mode seine gotischen Kirchen. Upjohns Church of the Ascension mit ihrem stumpfen Turm in Tudor-Gotik machte 1841 den Anfang. Sein Neubau der Trinity Church fünf Jahre später wurde sein berühmtestes Werk. Im gleichen Jahr folgte Renwick mit Grace Church, dem gotischen Vorläufer seiner späteren doppeltürmigen St. Patricks-Kathedrale.

Die Mode der dunklen Farben lieferte New York sein dauerhaftes Lieblingsmaterial, als der gotische Stil abgelöst wurde von der Vorliebe für *Italianate,* eine nachempfundene italienische Formensprache, die, bis in die Zeit des Bürgerkriegs im Schwange, zum dominierenden Stil der Reihenhäuser wurde. In Brownstone, dem Stein, der weich und leicht zu formen ist, kräuselten sich Piedestale und Konsolen. Alles rundete sich: Türbogen, Fensterrahmen, Giebelfelder und Erker wölbten sich aus den Fassaden. Ornamente wucherten in scharfem Relief. Vom Washington Square ab erschlossen die Häuser der Reichen die Fifth Avenue, Miniaturpaläste mit Torvorbauten und Höfen für die Kutscheneinfahrt.

Die Stadtbevölkerung war um diese Zeit auf eine halbe Million angewachsen, und ihre Konsumpaläste reflektierten den neuen Stil. Die neue Technik des Eisengusses machte es möglich, vorfabrizierte Bauteile binnen Wochen zu Renaissancepalästen zu montieren. In dem Bezirk zwischen Canal und Houston Street, neuerdings SoHo genannt, reihten sich gußeiserne Säulenkolonnaden wie von Palladio. Das ganze Viertel steht heute als Cast-Iron District unter Denkmalschutz. Warenhausfassaden sind weiß gestrichen, um Marmor vorzutäuschen, doch klopft man an die Säulen, klingt es metallen hohl. SoHo, heute Werkstatt- und Lagerhausbezirk, mit Einsprengseln von Ateliers und Galerien, war in der zweiten Hälfte des vorigen Jahrhunderts das kommerzielle Zentrum der Stadt. Seine Gußeisenbauten, jetzt so zärtlich geliebt, daß sich 1970 ein Verein der Freunde der Gußeisen-Architektur gebildet hat, wurden damals als Wunder der Technik bestaunt, und James Bogardus, der sich *Architect in Iron* nannte, war ihr Prophet. Sein einziges erhaltenes Bauwerk, die Lagerhausgruppe der Laing-Stores, ist abgerissen, doch aufbewahrt, um irgendwo, vielleicht im Metropolitan Museum, als Denkmal wieder zu erstehen. Das Haughwout Building, der Sansovino-Bibliothek in Venedig nachempfunden, steht noch, altersschwarz und geschützt als *Landmark*, an der alten Ecke Broadway und Broome Street. Doch die Krone der Gußeisenschöpfungen ist 1962 dem neuen Madison Square Garden geopfert worden: Pennsylvania Station mit ihren hohen Hallen, denen die Caracalla-Thermen Modell gestanden hatten.

Die palladinischen Eisenfronten zeigten die letzte Phase der Ära an, die europäische Visionen in den amerikanischen Hausgebrauch übersetzte und dabei einen eigenen Stil fand. In den Jahren des blühenden Wohlstands, die auf den Bürgerkrieg folgten, löste die Diktatur der Architekten die Herrschaft der Baumeister ab. Architektur wurde als Beschäftigung und als Beruf entdeckt. Junge Männer aus gutem Hause besuchten die Ecole des Beaux Arts in Paris oder die American Academy in Rom, und das Zeitalter der Fotografie machte Bauvorbilder allgegenwärtig. Was in der Periode der *Revivals* naiv und spontan gewesen war, wurde jetzt zum bewußt kopierten Muster. Die europäischen Stile wurden detailgetreu und präzise nachgebaut, nicht mehr amerikanisch übersetzt. Jäher Reichtum brachte kulturellen Nachholbedarf mit; die Neureichen der Epoche »kauften« sich Florentiner Paläste, gotische Türme, romanische Ritterburgen, maurische Fassaden. Eine Zeitlang, nach der Weltausstellung in Chicago 1893, galt Renaissance als schick; das Flatiron Building und die New Yorker Börse sind Kinder dieser Mode.

Die Häuser der Bankiers und der industriellen Empire-Gründer, die um die Jahrhundertwende auf Fifth Avenue entstanden, aber auch andere repräsentative Bauten paradieren sämtliche Stile der europäischen Baugeschichte: Loire-Schlösser (Plaza Hotel) und italienische Palazzi (Federal Reserve Bank), romanische Dome (St. Bartholomew) und Florentiner Campaniles (Judson Memorial Church), Wartburg-Säle (Bowery Savings Bank) und Louis Seize-Paläste (Frick Gallery). Sogar die eigene georgianische Vergangenheit wurde mit Erfolg kopiert (680–690 Park Avenue). Es war ein eklektisches Zeitalter, in dem ein guter Architekt ein Dutzend Stile perfekt beherrschen mußte. Stanford White, der produktive Lieblingsarchitekt der Zeit, hat maurisch, gotisch, italienisch gebaut, immer in exzellenter Qualität. Es war eine Periode des Protzentums, in welcher der Bau der American Telephone and Telegraph Company mit seinen Säulenkolonnaden über 24 Stockwerke hinauf sich rühmen konnte, die meisten Säulen der Welt auf sich montiert zu haben.

Erst in den Jahren nach dem Ersten Weltkrieg gelang Amerika ein eigener Stil, erzwungen von den Ingenieuren. Die Wolkenkratzer waren sein Fanal. Sie zeigten an, daß Amerika sich einen Platz in der Architekturgeschichte geschaffen hatte und nun seinerseits Modelle lieferte. Eine neue Generation von Architekten war nicht mehr auf Europa angewiesen. Es ist bezeichnend, daß sie aus Chicago kam, nicht aus New York; Chicago, »die zweite Stadt«, war freier von den Zwängen des europäischen Musters. New York hat dem größten Architekten des eigenen Landes, Frank Lloyd Wright, nur ein einziges Bauwerk zugestanden: das Guggenheim-Museum, dessen Schneckenhaus-Konstruktion seit 1959 nimmermüde Diskussion erregt.

Doch New York holt auf. In den letzten zehn Jahren haben hier alle bedeutenden Architekten der Nation gebaut, von Eero Saarinen (CBS Building, TWA Terminal, Vivian Beaumont Theater) zu Edward Durell Stone (Huntington Hartford Building), von Mies van der Rohe (Seagram Building) zu Marcel Breuer (Whitney Museum), dazu der lokale Liebling Philip Johnson (New York State Theater). Es gibt Bauten von überzeugender Originalität und großer Schönheit wie das Haus der Maritime Union des Wright-Schülers Albert Ledner oder das Hauptquartier der Ford-Stiftung mit seinem glasumschlossenen Innengarten von Kevin Roche und John Dinkeloo.

Seit gut zehn Jahren haben die New Yorker Bürger einen

wachen Sinn für die Reize wie für die Gefahren von Architektur. Mit gleicher Emphase ergeben sie sich ihren Verführungen und leisten ihr Widerstand, mitunter beides zu gleicher Zeit. Sie sind bemüht, dem Steinernen, dem Gläsernen und Betonierten humane Elemente aufzuzwingen, Gebautes und zu Bauendes sich dienstbar zu machen, statt sich von ihm beherrschen zu lassen. Daß Bauwerke freilich auch Ausdruck des lokalen Geistes sind, wird dabei gern übersehen. Humanisiert sich die Stadt, so vermenschlicht sich auch ihre physische Erscheinung. Das Dynamische und das Vergnügen an der dauernden Verwandlung haben die New Yorker mit den Bauten ihrer Stadt gemein. New York ist ein steinernes Abenteuer, in dem das Neue das Alte unerbittlich fortspült, wenn sich die Bürger diesem Schrottvorgang des Fortschritts nicht entschlossen widersetzen.

Le Corbusier hat in seiner »Vision der weißen Kathedralen« die niedrigen Häuser aus vergangenen Jahrhunderten als Debris wie von einem Erdbeben oder einem Bombenangriff gesehen. Für ihn war New York »die wunderbare Katastrophe«, die vertikale Stadt, die niemals fertig, immer unvollendet ist, hochsprudelnd wie ein Geisir. »New York hat soviel Mut und Enthusiasmus, daß alles immer wieder neu begonnen werden kann, zurückgeschickt zum Bauplatz, um in Größeres, Vollendetes verwandelt zu werden.« Der Vorgang geht weiter, heute mehr denn je: New York ist die nie vollendete Vertikale.

Downtown
Wo New York beginnt

Auf seiner Inselspitze hat Manhattan sich sein Monument gesetzt. Nicht nach vorbedachtem Plan, sondern im Gefälle der Geschichte ist der Finanzdistrikt der Stadt zum eigenen Denkmal geraten. Die Triumphe und die Niederlagen, Gewalt und Glorie, alle Züge des New Yorker Charakters türmen sich hier zum massierten Drama: Würde und Vulgarität, Kraftprotzerei und elegische Gebärde, Geschichte und ihr störrischer Widerruf, amoklaufendes Gestein und zögerndes Verharren, robuste Profitgier und generöse Geste, vor allem aber die immerwährende Veränderung. New York ist hier wie im Schnappschuß komprimiert, festgehaltene Bewegung, erstarrt zur Momentaufnahme, deren Einzelheiten schon nächstes Jahr, ach, nächste Woche nicht mehr gelten werden. Andere Zacken werden in den Himmel sprießen, andere Glaspaläste sich im Wasser spiegeln. Übrig bleibt nur die unverwüstliche Dynamik, die Verwandlung überdauert.

Dies ist die Szene, die Dichter, begeistert oder erschrocken, beschrieben haben. Es ist Walt Whitmans »Stadt der Türme und der Masten«. Es sind die Wolkenkratzer, die für Henry James »wie extravagante Nadeln in einem schon überfüllten Nadelkissen« steckten, denen der Maler John Marin die »hinreißende Musik ihres Machtkampfs« ablauschte, Signale einer hochfahrenden Arroganz, die Le Corbusier als Banner im Himmel sah und als Feuerwerksraketen, als »Feder am Hut eines Namens, der sich fortan im finanziellen Gotha nennen darf«.

Für den New Yorker ist dies Gelände downtown, die Strecke Broadway-abwärts, nach Süden, wo die Stadt zu Ende geht. Dabei liegt hier ihr Anfang. Was heute der Finanzdistrikt der Stadt ist, das umschloß zweihundert Jahre lang die ganze Siedlung. Der Besucher nähert sich dieser Urzelle vom Norden her aus der midtown-Zone der Hotels, in umgekehrter Richtung also zur historischen New Yorker Wanderung.

Downtown beginnt bei City Hall, dem Rathaus, dessen klassizistisch nobler Säulenbau die Brücke vom alten Stadtkern zum 20. Jahrhundert schlägt. Als es 1802 entworfen wurde – einer seiner Architekten hatte in Paris an der Place de la Concorde gebaut –, war es am Stadtrand plaziert, eine Meile von der Battery entfernt; nordwärts lagen die Landsitze von Greenwich Village. Noch heute ist es der Amtssitz des Bürgermeisters von New York, und ein Fächer kommunaler und staatlicher Verwaltungsbauten überschattet das zierliche Palais.

Über das grüne Triangel des City Park hinweg signalisiert das Woolworth-Gebäude die Einfahrt ins steinerne Massiv des Finanzdistrikts. Himmelstrebend in neugotischer Vertikale, ist das Woolworth-Gebäude, 1913 gebaut und bis 1931 das höchste der Welt, Modell des Wolkenkratzers schlechthin, hochfahrende Kathedrale des Kommerz bis in die spitze Turmzinne. In der Eingangshalle ist zur Linken als Konsolfigur der Groschenladenfürst zu sehen, wie er seine Münzen zählt.

Das Felslabyrinth, das hier beginnt, schließt die Sonne aus. Straßen werden Schluchten, Menschen wimmelnde Insektenhaufen, die um Ecken, Tore, U-Bahntreppen strudeln. Hier schlägt das Herz des kapitalistischen Systems, hier türmt die geballte Kraft des Geldes steinerne Quadern und gläserne Planken himmelwärts, schichtet Räume übereinander, multipliziert den Fußbreit Boden vielhundertfach nach oben. Banken, Börsen und Kontore handeln Geld. Im florentinischen Palast des Federal Reserve Board stapelt es sich gar fünf Stockwerke tief unter der Erde in Goldbarren wie ein Nibelungenhort.

Diese Tempel des Geldes sind nicht für das Auge des Passanten gebaut; ihre Türme bieten sich erst dem Blick aus der Ferne dar, und ihre Vielzahl zeichnet die Skyline in den Horizont. So sollte man sich Manhattan nähern: aus der Ferne, übers Wasser, mit der Fähre, die zwischen Staten Island und Battery verkehrt. Dem Beschauer bietet sich auf der Inselzunge zusammengepreßt Manhattan-am-Meer, das Babylon-am-Hudson, die Quintessenz der triumphalen Metropole, auf Glimmerschiefer gebaut.

Von der Battery her ist New York besiedelt worden. Doch schon hundert Jahre bevor die ersten Einwanderer erschienen, segelte ein Europäer die Küste an: Giovanni da Verrazanos »Dauphine« lag 1524 einen Tag lang in der äußeren Hafenbucht vor Anker, von schlechtem Wetter zur Umkehr gezwungen. 1609 fand Henry Hudson, dessen »Halve Maen« in holländischen Diensten stand, heraus, daß der *bellissimo lago*, den Verrazano wahrgenommen hatte, die weite Mündung eines Flusses war. Er segelte den Strom, der später seinen Namen erhielt, aufwärts bis in die Gegend des heutigen Albany, und sein Bericht von Früchten, Pelzen, Gehölzen dieses Landes schien den holländischen Herren verlockend genug, die Gründung einer Niederlassung an der Hudson-Bucht zu unternehmen. 1624 brachte die »Nieuw Nederlandt« 32 holländische und wallonische Familien nach Manhattan als Siedler für die Dutch West India Company, drei Jahre nachdem an der nördlicheren Küste von Plymouth die »Mayflower« mit englischen Auswanderern gelandet war.

Der erste offizielle Akt der neuen Kolonie, gegründet von dem bedeutendsten kapitalistischen Unternehmen jener Tage, war eine finanzielle Transaktion: Peter Minuit, erster Gouverneur der Siedlung (als Peter Minnewit in Wesel geboren und aufgewachsen), kaufte die Insel Manhattan für Stoff und Schmuck im Wert von 60 Gulden (24 Dollar) den Algonquin-Indianern ab, die hier ihre Jagd- und Weidegründe hatten. Der indianische Name des Geländes, Manhattan, hat überlebt, obwohl die Niederlassung offiziell Nieuw Amsterdam hieß. Den Fußpfad der Indianer, dem die Stadt in ihrer Ausbreitung nach Norden folgte, nannten die neuen Siedler Heere Straet; heute heißt er Broadway. Von den Nachkommen des Algonquin-Stammes leben einige Tausend heute wieder in New York. Es sind die schwindelfreien Mohawk-Indianer, die beim Bau der Stahlgerüste von Wolkenkratzern und Brücken beschäftigt werden.

Die Nachricht vom Erwerb der Insel Manhattan erreichte die holländischen Handelsherren zugleich mit Warenproben aus der neuen Kolonie: 7146 Biberfelle, dazu Pelze von Ottern, Nerz und allerlei Wildkatzen nebst Holz, Getreideproben, Flachs und Bohnen segelten auf der »Wappen von Amsterdam« in die Heimat. Die Siedlung umfaßte damals »200 Seelen«, die sich um das Fort an der Inselspitze scharten. Stadtansichten aus jener Zeit zeigen etwa 30 Häuser, eine Windmühle, Ladekran und Wiegebalken am Pier und einen Flaggenmast, der die Ankunft von Schiffen signalisierte. Die Häuser waren von viel Grün umgeben, ein Umstand, den die Amsterdamer Herren rügten; »zu weite Flächen sind nach unserer Meinung noch ohne Gebäude«, schrieben sie nach Erhalt des ersten Stadtplans, der »übertrieben große Grundstücke und Gärten« um die Häuser zeigte. Dieser Plan von 1660 zeichnet die Siedlung haargenau bis in die Obstbäumchen in den Gärten nach. Die Küstenlinie lag um zwei Blocks zurück, entlang der heutigen Pearl und State Street, und die nördliche Siedlungsgrenze war »Het Cingle«, Wall Street, ein befestigter Palisadenzaun mit sieben Bastionen. Die weite Straßenschlucht von Broad Street war noch ein Kanal, die Heere Gracht; wo heute die Börse steht, ankerte bis 1676, als die Wasserstraße zugeschüttet wurde, die Fähre nach Long Island. Unweit, in Pearl Street 71/73, stand das erste Stadthaus, auf dessen Fundamenten man die späteren Häuser baute.

Dieser unsichtbare Grundstein ist das einzige, was von 40 Jahren holländischer Besiedlung in Manhattan geblieben ist. Aber die Namen der Stadt bewahren die Spuren des holländischen Ursprungs auf: Harlem, New Utrecht, Spuyten Duyvil, Coenties Slip und Bowery, der Weg zur Farm (Bouwerie) von Peter Stuyvesant, dazu die Familiennamen der Brevoort, Schuyler, Roosevelt, Vanderbilt. Das Straßennetz von downtown folgt noch immer dem Verlauf der alten holländischen Gassen und Kanäle in einem verwinkelten Labyrinth, in das sich der Verkehr des 20. Jahrhunderts zwängen muß. Stadtflagge und Siegel verweisen gleichfalls auf die holländische Gründung: Orange-Weiß-Blau sind die Farben von New York seit 1626, und im Wappen führt die Stadt noch immer Biber und Windmühlenflügel, Symbole der handelsfleißigen Kolonisten.

Die Battery war die Eingangspforte für New York bis weit ins 19. Jahrhundert. Befestigungen kontrollierten die Hafenbucht, doch im entscheidenden Moment kamen die Kanonen nicht zum Schuß: als die Flotte des Herzogs von York 1664 zum Angriff vor Nieuw Amsterdam erschien, drängten die Bürger auf friedliche Übergabe. Ohne Schuß und ohne Blutvergießen nahmen die Engländer die Stadt den Holländern ab, obwohl Gouverneur Peter Stuyvesant schon die brennende Lunte an die Battery-Kanone halten ließ. Nieuw Amsterdam wurde umbenannt in New York. Das Fort trat auch später nicht mehr in Aktion; in seine Befestigungen nistete sich eine öffentliche Vergnügungsstätte mit Konzertsaal ein, die Castle Gardens. Hier gab Jenny Lind ihr amerikanisches Debüt, Morse demonstrierte seinen Telegraphen, Lafayette und Kossuth wurden hier gefeiert. Später wurde die Battery zur Schleuse für den Einwandererstrom aus Übersee; 7,6 Millionen Europäer betraten hier zum erstenmal die Neue Welt, bis man die Einwanderungsstation 1890 nach Ellis Island verlegte. In den verlassenen Hallen richtete sich das Aquarium ein. Heute sind die Fische in Coney Island zu besichtigen, und die Battery ist nur noch Park und Picknickgelände für die Mittagsstunde der Sekretärinnen, Ausflugsziel für Landratten, die Seeluft schnuppern wollen, Landeplatz der Fähre nach Staten Island und zur Freiheitsstatue.

Anders als die holländischen Bauten haben sich die Ablagerungen der englischen Ära erhalten, nicht nur in den Namen der Verwaltungsbezirke Kings (Brooklyn) und Queens und Richmond (Staten Island), die der Eroberer Charles II. nach seiner königlichen Familie benannte. Als Juwel des Georgian-Baustils liegt St. Paul, von seinem Friedhof umgeben, zu Füßen der Wolkenkratzer. Es ist der älteste erhaltene Kirchenbau von New York, das einzige nicht restaurierte vorrevolutionäre Gebäude der Stadt. St. Paul's Chapel ist 1776 von Thomas McBean erbaut worden, der bei James Gibbs in London in die Lehre ging, dem Architekten von St. Martin's in the Fields. Turm und Eingang sind dem Hudson zugewandt, der Blick ist heute durch den Koloß des World Trade Center verbaut; eine zierliche Säulenhalle überdacht den Hintereingang am Broadway. Älter ist die Mutterkirche von St. Paul, Trinity, obschon ihr neugotischer Bau, der das vom Brand zerstörte Original ersetzt, jüngeren Datums ist (1846). Von Alter und Ruß geschwärzt, liegt Trinity mit seinem Friedhof, auf dem Alexander Hamilton begraben ist, als friedliche grüne Oase mitten im Getümmel der Finanzwelt, da, wo Wall Street in den Broadway mündet. Trinity war und ist eine der reichsten Gemeinden des Landes. Königin Anne beschenkte die Episkopal-Kirche 1705 mit allem ihr gehörenden Farmland, das bis weit hinauf nach Greenwich Village reichte. Noch heute umfaßt der Grundbesitz der Gemeinde ein Fünftel der ehemaligen Schenkung.

Noch weit über den Unabhängigkeitskrieg hinaus blieben die englischen Baumeister vorbildlich für die Architekten der jungen Republik. Im Entwurf städtischer Wohnkomplexe, in der Reihung privater Häuser entlang den Straßen und Plätzen, auch im architektonischen Detail galt noch immer das englische Modell, doch glättete es sich zu einer schlichteren Eleganz. Dekorative Überfülle machte sparsam angebrachten Ornamenten Platz, Wohnhäuser, vor allem auf dem Lande, erhielten eine rustikale Note. So wurde *Georgian* zu *Federal*, zum klassischen Baustil der neuen Republik. An der Südspitze von Manhattan ist eine dieser eleganten Residenzen aus der Zeit um 1800 erhalten: der rote Backsteinbau des Watson-Hauses (heute katholische Kapelle) mit seiner dreigeschossigen Kolonnade und den weißgerahmten Fenstern. Kirchen und Wohnhäuser in den schönen Proportionen und Details der frühen Federal-Periode sind über die ganze Stadt verteilt, am dichtesten in Greenwich Village.

Im gleichen Baustil war auch das neue Rathaus gehalten, das Pierre L'Enfant, der Stadtplaner von Washington, für Wall Street entwarf. Seine Stelle nimmt heute der Säulentempel ein, den sich die Bundesbehörde als Zollhaus – später Schatzamt – baute. Auf dem Rathausbalkon hat George Washington 1789 seinen Amtseid als erster Präsident der Vereinigten Staaten von Amerika geleistet. Damals war New York anderthalb Jahre lang die Hauptstadt der neuen Republik. Washington residierte am Broadway, und der Kongreß tagte im Rathaus an der Wall Street, das damit von City Hall zur Federal Hall avancierte. Im August 1790 vertauschten Kongreß und Präsident New York mit Philadelphia als temporärer Kapitale, bis die neue Bundeshauptstadt am Potomac fertig war.

Zu dieser Zeit war Wall Street die Hauptstraße der Nation. Zwar war der Palisaden-Wall von Fluß zu Fluß, den die Holländer hier 1653 als Grenzbefestigung errichtet hatten, längst abgerissen. Doch noch immer bezeichnete Wall Street die nördliche Grenze der eigentlichen Stadt. Um 1800, als das Rathaus zum zweitenmal nordwärts verschoben wurde, reichte New York noch immer nicht über eine Meile nördlich der Battery hinaus, und die Bevölkerung betrug kaum 25 000. Die kurzfristige Regierungsrolle indessen, die New York beschert war, hatte nachhaltige Wirkung. In Wall Street beschloß der Kongreß auf Drängen von Schatzkanzler Alexander Hamilton, alle Papiere, mit denen sich die Regierung bei ihren Soldaten, Bauern, Kaufleuten während des Krieges gegen das Mutterland verschuldet hatte, mit Zinsen einzulösen; gleichzeitig übernahm die Regierung die Kriegsschulden aller Staaten der Union. Eine Staatsanleihe von 80 Millionen Dollar wurde ausgegeben. Damit begann die Spekulation in Papieren: Die Börse war ein Sprößling der Revolution, und die Kriege des folgenden Jahrhunderts haben sie weiter gedeihen lassen. Die Soldaten des Unabhängigkeitskriegs, die mit Regierungspapieren statt mit Sold nach Hause kamen, waren die Ahnen der 31 Millionen Amerikaner, die heute Aktionäre sind.

Der Handel mit Papieren fand in den Kaffeehäusern und Tavernen von Wall Street statt. Zwei Dutzend Makler trafen sich regelmäßig unter einer Platane vor Nummer 68, und im Mai 1792 schlossen sie an diesem Treffpunkt einen Vertrag, der den Börsenhandel regulieren sollte. Das Abkommen, das ein Viertel Prozent Provision für jede Transaktion vorsah und den Handel zwischen den beteiligten Maklern monopolisierte, hielt bis weit ins nächste Jahrhundert vor. Die New Yorker Börse war geboren, lange bevor ihr heutiges Gebäude stand. Wall Street wurde zum Begriff. Die Straße gab dem Viertel seinen Namen wie Broadway dem Theaterdistrikt. Im Jargon der hier Beschäftigten heißt Wall Street schlicht The Street, »die Straße«, so als gäbe es keine andere. Gemessen an ihrer Bedeutung wirkt sie schmächtig: eine enge, gewundene Passage zwischen Häuserklüften. Dagegen weitet sich der Cañon von Broad Street majestätisch, und die Tempelfassade der New Yorker Börse, die an der Ecke Wall und Broad Street steht, wird denn auch erst von Broad Street aus wahrnehmbar.

Es lohnt sich, in die Eingeweide des »Marktes« vorzudringen und von der Besuchergalerie des New York Stock Exchange »den Boden« *(The Floor)* zu überblicken. Chaotisches Gewühl, das in Wirbeln um die Hufeisentheken der Aktienhändler strudelt, kreatürliches Meeresrauschen, das noch durch die Glaswand nach oben dringt. Gelegentlich ballt es sich zu einem Massenstöhnen oder löst sich in Schreien wie von Cowboys, die ihre Herde treiben. An den Stirnwänden fallen unermüdlich die Nummernklappen, die Firmenvertreter an die Telefone rufen. 2000 Menschen sammeln sich hier zum täglichen Stelldichein des Aktienmarkts, dessen Bewegung von Angebot und Nachfrage dirigiert wird, die größte Geldauktion der Welt. Trotz des hastenden Tickerbandes zu Häupten, trotz Datenverrechnung und Computerübermittlung findet die finanzielle Transaktion nach dem archaischen Ritus des Zuschlags statt: »genommen«, »verkauft«, gelegentlich ein Handschlag. Topp, besiegelt.

Bis zur Mitte des 19. Jahrhunderts war New York vorwiegend Handelsstadt. Jeder war *in trade,* handelte mit irgend etwas, und die großen Vermögen wurden von Kaufleuten gemacht: die Brevoorts und Goelets waren Eisenhändler, die Rhinelanders, Roosevelts, Havemeyers Zuckerfabrikanten, die Beekmans handelten mit Tuchen und die Schermerhorns mit Schiffsausrüstung. Nach dem Bürgerkrieg indessen wurde New York die Finanzkapitale von Amerika; Bankiers und Börsianer begannen den Kaufmann an Bedeutung und Vermögen einzuholen. Nach dem Ende des Ersten Weltkriegs vollends hatte New York sich als Finanzzentrum der Welt etabliert. Wall Street war zum internationalen Begriff geworden, und wenn »die Straße« bebt, laufen die Schockwellen über den ganzen Globus.

Rings um die Börse türmt sich der steinerne Forst des Kapitals, Pfeiler und Paläste, denen nicht ihre Architekten, sondern die Bauherren ihre Namen geben: Cunard Building, Standard Oil, Equitable, Irving Trust Company, Woolworth, Chase Manhattan Bank. Ursprünglich waren das spitze Finger, die in den Himmel zeigten, ein Wald von schlanken Masten, hundertfache Vertikale. Doch in den sechziger Jahren begann die Ära der gläsernen Superblocks. Die Gefräßigkeit des Büroraums hat die feine Gliederung der Skyline zerstört.

Es begann 1961 mit dem neuen Bau der Chase Manhattan Bank. Damals überlegte David Rockefeller, Herrscher der Bank und eine der mächtigsten Figuren der New Yorker Szene, ob er die neun über den Distrikt verstreuten Gebäude der Bank in einem Neubau uptown konzentrieren oder ob er sich für den Verbleib downtown entscheiden sollte. Dem Finanzdistrikt schien in jenen Jahren ein langsames Ende durch Auszehrung beschieden, wie es auch andere Bezirke der Stadt erlebt haben. Rockefeller entschied für Verbleib, und sein 60stöckiger Glaswürfel, der erste substantielle Neubau in dieser Gegend seit den dreißiger Jahren, war ein Signal, das den enormen Bauboom der sechziger Jahre downtown ankündigte. Glastürme, Betonfestungen, Glasziegelschachteln entstanden anstelle der gotischen Spitzen und veränderten die Silhouette. In den vergangenen anderthalb Jahrzehnten ist so viel neuer Büroraum im Finanzdistrikt entstanden, wie ihn die Geschäftszentren von Chicago und Washington zusammengenommen knapp erreichen. Ein halbes Hundert ausländischer Banken hat hier sein Hauptquartier, und eine halbe Million Menschen arbeitet in der Quadratmeile, die den Finanzdistrikt umfaßt.

Die Inselspitze hat ihr Profil verändert. Die backsteinroten Kontorhäuser, die früher die Uferstraße am East River säumten, verschwinden; für zwei Superblocks unter der neugeschaffenen Adresse New York Plaza mußten allein 70 alte Häuser fallen. Das alte Watson Mansion auf State Street steht eingezwängt in einen Schlund aus Glas und Aluminium, rührendes Relikt eines eleganteren Zeitalters.

Über dem Hudson-Ufer ragen die Zwillingstürme des World Trade Center, in dessen Fundamenten Radio Row begraben liegt, das Viertel der Radiohändler mit seinen vierhundert Läden für Funk- und Elektrobastler. Die 412 Meter hohen Säulen des Center mit den Aluminiumrippen machen es zum höchsten Bau der Stadt, übertroffen nur vom Sears-Gebäude in Chicago, dem höchsten Turm der Welt. Seine 110 Stockwerke beherbergen täglich eine Bürobevölkerung von 130000 Menschen, und die von Arkaden umringte Plaza zu seinen Füßen ist größer als Venedigs Markusplatz. Von der Höhe bietet sich eine Aussicht, deren Radius an klaren Tagen achtzig Kilometer erreicht.

Der Neubau der Chase Manhattan Bank leitete zugleich einen weiteren neuen Trend ein. 70 Prozent seiner Grundfläche waren ausgespart für eine Plaza, die als Art öffentlicher Spielwiese in diesem Steingebirge gedacht war. Mit ihrem versenkten Brunnen, den der Bildhauer Noguchi entworfen hat, mit ihren Bänken, Balustraden, Rotdornbäumen ist die Chase Manhattan Plaza sofort ein populärer Pausenort geworden, und die »Baumgruppe« von Dubuffet, die Rockefeller der Öffentlichkeit zur Feier seiner Silberhochzeit mit Wall Street 1972 geschenkt hat, zieht die Sonntagsradler magisch an. Um das Dunkel von Beton-Cañons und die Kälte ungebrochener Glasalleen aufzulichten, läßt eine umsichtige Stadtverwaltung die Unternehmer höher bauen, wenn sie dafür ihre Türme mit Plätzen, Nischen, Miniparks umgeben. Fußgänger und Bürovolk haben davon den Gewinn; der Finanzdistrikt ist seit den sechziger Jahren so menschenfreundlich geworden, wie er seit den Tagen, da Bowling Green noch seinem Namen Ehre machte, nicht mehr war. Umgeben von Plätzchen und Terrassen, Teichen, Sitzbänken, Sonnenschirmen, bepflanzt mit Sykomoren und federigen Locust-Bäumen und mit Kaffeemaschinen und Sandwichständen versehen, bieten die neuen Wolkenkratzer den Angestellten Raststätten für die Mittagspause, Kindern Spielanlagen und Gestänge, den Fotografen dankbare Motive. Water Street 77 mit seinem kleinen Wasserfall, Nummer 55 mit dem rotgepflasterten Jeanette Park, die Kakao-Börse mit Neon-Tunnel, Pop-Figuren und Kletterterrasse, William Street 100 mit Passage in Schwarz und Chrom sind populäre downtown-Sehenswürdigkeiten geworden.

Die Bezeichnung des ganzen Viertels als Finanzdistrikt übersieht indessen, daß diese Gegend für lange Zeit in einem direkteren Sinne Markt, nämlich Hafen von New York war. Die Spitze der Insel Manhattan stößt in die Mündung von Hudson und East River vor, und beide Ufer sind von Piers gesäumt. South Street, die alte Uferstraße am East River gegenüber Brooklyn, liegt heute im Schatten der Brückenpfeiler, welche die Autohochbahn des F.D.R.-Drive tragen. Noch bis zur Jahrhundertwende war sie die »Street o'Ships«; auf die Länge von drei Kilometern ragten die Bugsprits der Segelschiffe über ihr

Kopfsteinpflaster. Wer aus der Schlucht von Wall Street flußwärts blickte, sah das Filigran der Masten von Barken, Briggs und Viermastschonern am Horizont. Da, wo Fulton Street auf South Street mündet, entstand der Fischmarkt von New York. Seine Schuppen und Stände mit Kerosinlampen und den altmodischen Hängewaagen sind noch immer bei Tagesanbruch in Hochbetrieb, und die Überreste von Fisch aus der Karibischen See, von Hummer aus Maine und Scallops aus den Gewässern vor Long Island machen tagsüber das Pflaster glitschig. Hartnäckig hat der Fischmarkt die Währung seines Ursprungs beibehalten: manche Stände handeln immer noch in Schillingen, der Kurs des Schillings zu zwölf Cent. Umweht von Fischgeruch und überdröhnt vom Autorauschen der Hochbahn, liegen hier zwei alte und berühmte Fischlokale der Stadt: Sweet's und Sloppy Louie, in dessen bescheidener Bude sich die Fischhändler zum Frühstück über Muschelsuppe und Bouillabaisse versammeln.

Die Tage des Fischmarkts sind jedoch gezählt. Nur ein Bruchteil der Ware wird noch von Fischkuttern an die Piers beim Markt geliefert, 93 Prozent der Fische kommen über Land. Für die Lastwagen aber sind die Gassen um den alten Markt seit langem zu eng, Park- und Lademöglichkeiten zu beschränkt, Kühl- und Lagerraum zu knapp. Ein neuer moderner Fischmarkt ist im Entstehen im Stadtteil Bronx, und es ist nur eine Frage der Zeit, wann die letzten Händler von Fulton Street verschwinden. Schermerhorn Row, der alte Häuserblock, in dem sich Sweet's und Sloppy Louie und das Seaport Museum befinden, ist unter Denkmalschutz gestellt, er soll erhalten bleiben zur Erinnerung an die Zeit der Windjammer und Fischereiflottillen. Mit dem Pier 16 gegenüber ist die Gegend zum South Street Seaport-Museum geworden, ein populäres Ausflugsziel. Ausgediente Schiffe sind hier vor Anker gegangen, zu besichtigen und darin herumzuklettern: Segler und Motorschiffe, das Leuchtschiff »Ambrose« und der Raddampfer »Alexander Hamilton«, Schlepper, Fischereischoner und die deutsche Viermastbark »Moshulu«. Galionsfiguren und anderes seemännisches Inventar sind ausgestellt, und am Fuß des Piers steht die Leuchtturmkabine, die 1913 zur Erinnerung an den Untergang der »Titanic« gestiftet wurde, mitsamt der Schiffsglocke des versunkenen Schiffes, beides geborgen aus dem Abriß des Seemannsinstitutes nahebei.

Doch schon lange vor der Wandlung der Uferstraße war die

Ära der Transatlantiksegler zu Ende gegangen. Mit dem Aufkommen der Dampfschiffahrt wechselte der Hafenverkehr zum Hudson-Ufer hinüber, das eine tiefere Fahrrinne für Motorschiffe bot. Zu Anfang des 19. Jahrhunderts flutete der Hudson noch über West Street. Land wurde aufgefüllt und Piers gebaut für den neuen Schiffsverkehr, den die Eröffnung des Erie-Kanals um die Jahrhundertmitte brachte. Nach Ende des Bürgerkriegs hatte der Hudson den East River als New Yorks Hafenzentrum abgelöst. Die weiße Flotte der United Fruit Company brachte Handel und Passagiere aus Westindien, und am Fuße von West Street reihten sich die Bananendocks. Bahngleise und Lastwagenschneisen führten direkt zu den Lagerhäusern und Verladerampen des Obst- und Gemüsemarkts, der hier an der westlichen Südspitze von Manhattan entlang West und Washington Street entstand. Dies waren »die Hallen« von New York, zwischen Mitternacht und Morgen ein Chaos von Lastwagen, Kisten, Körben, Händlern auf Straßenzügen, die nach Früchten und Gewürzen, nach Kaffee und Käse dufteten.

Doch auch der Washington Market ist Ende der sechziger Jahre verschwunden. Moderne Riesengehäuse in Bronx haben den pittoresken, doch überalterten Markt ersetzt. Die alten Hallen sind abgerissen, und an ihrer Stelle breitet sich ein neues Wohngelände: Independence Plaza. Downtown – Lower Manhattan, wie der Distrikt im amtlichen Sprachgebrauch heißt, ist auf dem Weg zur 24-Stunden-Stadt; es soll nicht mehr schiere Bürolandschaft sein, die nachts in Dornröschenschlaf versinkt, sondern auch Wohnadresse werden.

Noch bis vor kurzem war das ein New Yorker Urerlebnis: sonntags durch den verlassenen Finanzdistrikt zu laufen, die menschenleeren Schluchten zu durchwandern und dem Widerhall der eigenen Schritte zu lauschen, begleitet vom Klagegeheul des Windes. An Wochenenden und des Nachts gehörte Wall Street den Katzen und dem Wind. Doch das Zeitalter der Computer dringt auf ununterbrochene Bürobenutzung, und die Banken, Börsenfirmen, Telegrammgesellschaften entsenden ihre Arbeitsschichten nun zu jeder Stunde auf die Straße. Wall Street ist immer in Betrieb. Der Ehrgeiz seiner Patrone reicht indessen weiter: eine Wohnstadt ist hier im Entstehen. Der historische Stadtkern wird zunehmend von Siedlungen umringt. Wo heute eine halbe Million arbeitet, da sollen in zehn Jahren 100000 wohnen, vorwiegend Menschen, die downtown beschäftigt sind.

Schon heute beherbergt das Viertel 13 000 Bewohner, vorwiegend im angrenzenden Chinatown und in der neuen Siedlung, welche die Auffahrtrampe von Brooklyn Bridge säumt. Auf dem ehemaligen Marktgelände in Independence Plaza gibt es 1300 Wohnungen, und wo einst die weiße Bananenflotte der United Fruit ihre Fracht entlud, da ist der Hudson River jetzt mit dem Bauschutt des World Trade Center gefüllt: Baugrund für Battery City, eine Wohnstadt, gemischt aus Luxus- und Sozialwohnungen, Schulen, Läden, Parkanlagen, wo 45 000 Menschen wohnen sollen. Gleichzeitig werden Pfähle in den East River gerammt für eine Plattform, die zu Füßen der Brooklyn Bridge eine weitere Wohnstadt tragen soll: Manhattan Landing. In ferner Zukunft wird hier auch die New Yorker Börse ein neues Quartier finden. Das gesamte Gelände wird mit Fußgängerbrücken, Promenaden und Tunnels zu den Stationen der neuen U-Bahn-Linie versehen, die im Entstehen ist. Fließender und Passantenverkehr werden sorgsam getrennt, Oasen im Bürogelände geschaffen und das Ganze von einer Kabinenbahn umzirkelt. Vor allem: jede Siedlung soll mit Grünanlagen und Promenaden am Ufer versehen sein, die jedermann zugänglich sind.

Wieviel von diesen Plänen sich am Ende vom Reißbrett in Beton und Grün umsetzen mag, wird, wie alles in New York, eine Frage der Finanzen sein. Sicher ist nur die Veränderung und der Wunsch, nicht in Steinen zu ersticken. Es bedurfte der Sünden und der Einsichten des 20. Jahrhunderts, der Schändung der Natur und ihrer Wiederentdeckung, um New York erneut zu dem zu machen, was es am Anfang war: zu einer Stadt am Wasser.

City Hall
Turnierfeld der Vielvölkerstadt

Französisch war die Sprache der ersten Siedler von New York. Es war die Muttersprache der 30 wallonischen Familien, die, ursprünglich vor den Spaniern geflüchtet, 1624 der »Nieuw Nederlandt« entstiegen. Knapp 20 Jahre später verzeichnet ein Chronist schon 18 Sprachen, die in Nieuw Amsterdam gesprochen wurden. Die Holländer kolonisierten nicht. Sie verbreiteten weder Religion noch nationale Sitte und hatten keine Vorurteile. Sie waren Händler, und mit der toleranten Weltoffenheit des Geschäftsmanns nahmen sie auch die ersten Juden aus Brasilien in die Niederlassung der Dutch West India Company auf. Eine Vielvölkerstadt ist New York von Anfang an gewesen, und über die Jahrhunderte ist es das geblieben bis auf den heutigen Tag. Das babylonische Sprachengewirr blieb konstant: 14 fremdsprachige Programme strahlen die örtlichen Radiosender aus, und Zeitungen in 23 Sprachen, manche davon täglich, erscheinen in der Stadt. New York ist eine pluralistische Gemeinde, und in diesem Sinne ist die Stadt ein genauer Spiegel des Landes.

Die amerikanische Gesellschaft hat indessen einen Modelltyp entwickelt, der gern durch das Codewort WASP bezeichnet wird. Es steht für den weißen, angelsächsischen Protestanten (White Anglo-Saxon Protestant), der, wenngleich nicht unangefochten, als der Amerikaner schlechthin gilt. Diese normative Figur ist in New York in drei Jahrhunderten stets in der Minderheit gewesen, obschon die New Yorker Soziologie das Englischstämmige in der Formel WASP nicht engherzig auslegt; als »angelsächsisch« wird alles auch nur entfernt Verwandte betrachtet, also auch Holländer, Skandinavier, Deutsche. Bis zur Mitte des 19. Jahrhunderts bildeten sie insgesamt wenn nicht die Mehrheit, so doch immerhin die größte Bevölkerungsgruppe. Seither aber hat die Masseneinwanderung die WASPs weit überholt, und heute zählt nur ein geringer Prozentsatz – man schätzt ein Zwanzigstel aller New Yorker – zu dieser Kategorie. Der echte New Yorker empfindet den WASP sogar eher als Gegentyp und begegnet ihm mit einem Anflug von Hohn. Eine womöglich apokryphe Anekdote zitiert den verstorbenen Gewerkschaftsboß der Busfahrer und Untergrundbahn-Angestellten, Mike Quill, der zeitlebens seinen irischen Akzent sorgsam pflegte, nach der ersten Begegnung mit Bürgermeister Lindsay, einem reinblütigen WASP: »Mein Gott, ich denke, da kommt die Kirche von England auf mich zu!«

Der sprichwörtliche Schmelztiegel hat sich als eine Metapher erwiesen, die nicht der Wirklichkeit entspricht. Man wird Amerikaner, doch streift man die ethnischen Bande nicht ab. Im Gegenteil: die Haltbarkeit der Bindung an die nationale Herkunft ist eine zentrale amerikanische Erfahrung. So ist New York, wie jede andere Großstadt in Amerika mit Little Italy und Polish Hill, von Neighborhoods, Gemeinden, übersät, in denen das Old Country hartnäckig konserviert wird. Man assimiliert sich dem neuen Land, doch man bleibt zugleich, was man gewesen ist, Italiener, Pole, Deutscher. Die fremde Umgebung läßt den Einwanderer sich nur heftiger an die Herkunft klammern; die Geborgenheit von vertrauter Sprache, Küche, Kirche sichert das Selbstbewußtsein, das in der Begegnung mit der neuen Welt täglich Stöße erhält. Die Heimattreue wird mit einem Eifer gewahrt, der das Ursprungsland mitunter zum blassen Abbild werden läßt. So konnte einer, der in New Yorks Little Italy aufgewachsen ist, nach seinem ersten Besuch in Neapel berichten, es habe ihm da ganz gut gefallen, so italienisch wie Mulberry Street in Manhattan sei es aber nicht.

New York teilt sich nicht nur in Wahl-, Post- und Wohnbezirke, sondern auch in nationale Dörfer, und Spaziergänge durch diese fremdländischen Bastionen führen in dichtgeschlossene Enklaven, in denen man ohne ein Wort englisch auskommt. Mulberry Street, der Korso von Little Italy, ist reines Süditalien. Das Empire State Building am Horizont scheint einer fremden, weit entfernten Stadt anzugehören.

Ein Sprung nur über die Lastwagen-Rollbahn der Canal Street, und die Straße wird chinesisch, ein Rinnsal durch das Dickicht von Chinatown, wo selbst die Telefonzellen Pagodendächer haben. Statt nach Parmesan und Oregano duftet es in den Läden hier nach Ingwer und dem Anis-Hauch exotischer Gewürze. Grüne Koriander-Büschel, Snow Pea-Erbsen und Baak Choy-Kohl liegen, säuberlich gestapelt, in Holzregalen, und alte Männer an der Kasse hantieren mit Holzperlen zur Berechnung des Einkaufs.

Der Kunde, der kein Chinesisch spricht, trifft hier nur auf höflich verständnisloses Lächeln und muß auf die gewünschte Ware mit dem Finger zeigen: dies Bündel Grünkraut, jenen

Kanister braune Sauce, den hartgebackenen, schönbemalten Fisch.

Dies ist, ganz wörtlich, Chinesenstadt. Eingepfercht zwischen Brückenrampen und den Verwaltungsbauten des Civic Center füllt hier kompakter Orient die engen Straßen, kleiner als die Chinatown von San Francisco, doch mehr als diese von Menschheit überquellend. Denn das neue Einwanderungsgesetz von 1965 hat die Schleusen geöffnet für Chinesen, die sich heute zu 7000 jährlich nach New York ergießen, die meisten davon nach Chinatown. In einem Jahrzehnt hat sich die Bürgerschaft des Viertels, das nicht mehr als acht Straßenblocks umfaßt, verdoppelt. 70000 Chinesen leben heute in diesem Revier, das überquillt in den angrenzenden italienischen Bezirk.

Die Zugewanderten sprechen meist nur Chinesisch, und viele der Alteingesessenen haben nie Englisch gelernt. Die Chinesen sind die einzige Minderheit im Lande, gegen die ein spezielles Einwanderungsverbot bestand, das von 1882 bis 1943 Geltung hatte. Trotzdem wuchs ihre Zahl beständig, vorwiegend durch illegale Zuwanderung. Diskriminierung und Illegalität verhinderten ihre Verschmelzung mit der amerikanischen Umgebung mehr noch als die gesonderte Kultur; die Chinesen blieben unter sich, sie waren aufeinander angewiesen, und die Probleme und Konflikte von Chinatown dringen noch heute selten an die Öffentlichkeit. Die Bürger der Chinesenstadt helfen einander und beuten einander aus, und Wohlfahrt wie Kriminalität werden von dem dichten Geflecht familiärer Strukturen so autokratisch kontrolliert wie in den alten Dörfern auf dem anderen Kontinent.

Armenier um Lexington Avenue, Skandinavier in Bay Ridge, Hassiden in Williamsburg, Haitianer am oberen Broadway, Araber um Atlantic Avenue, Griechen in Astoria – New York ist voller Stämme, die dem Sog der Nivellierung über Generationen beharrlich widerstanden haben. Einige sind mobiler als andere, wandern aus der alten Gegend und finden sich in einer neuen abermals zusammen. Oft sind die Dörfer nur einen Block lang, manchmal bestehen sie lediglich aus ein paar Häusern in der Nähe einer Kirche, eines Restaurants, in denen sich Leute gleicher Herkunft finden. Doch ihre schiere Existenz genügt, um die Legende vom Schmelztiegel zu widerlegen. »Ich habe schon deshalb nicht verschmelzen können«, so erklärt ein bekannter Rabbiner die Situation, »weil der Tiegel nicht koscher war.«

Was New York von allen Weltstädten des alten Kontinents unterscheidet, ist der Typus seiner Eingewanderten. Die großen Kapitalen der Antike waren ebenfalls Vielvölkerstädte. Doch die Syrer, Phönizier, Griechen, Juden, die in den Stadtmauern von Athen und Rom, von Karthago und Alexandria siedelten, waren spezialisierte Gruppen von Händlern, Handwerkern und Gelehrten. Ausländische Studenten zogen in die italienischen und deutschen Universitätsstädte des Mittelalters, Kaufleute nach Venedig, Banklehrlinge nach London, reiche Landaristokratie nach Wien, Künstler nach Rom, Paris, Berlin. Nach New York jedoch ergossen sich die Massen, hierhin fand Völkerwanderung statt.

In den ersten zwei Jahrhunderten nach der Stadtgründung folgte die Einwanderung noch dem alten europäischen und mittelmeerischen Muster; Handwerker, Farmer, Händler gingen nach Amerika, einzeln, in Familien oder kleinen Gruppen. Das Ende der Napoleonischen Kriege indessen und die politischen und wirtschaftlichen Umschichtungen in Europa, die ihnen folgten, lösten die Massenwanderung aus; das Ende der Feudalsysteme, Übergang zu Großraumwirtschaft, dazu periodische Hungersnöte trieben die Flüchtlingsmassen landloser Bauern und ungelernten Arbeitsvolks übers Meer. Fast ein Jahrhundert lang, bis der amerikanische Kongreß 1924 den freien Zustrom durch ein Quotensystem staute, ergossen sich ganze Nationen in Wellen nach Amerika. New York war das Einfallstor zur Neuen Welt, und Tausende blieben hier hängen.

Bis in die achtziger Jahre des vorigen Jahrhunderts kamen die Einwanderer vornehmlich aus West- und Mitteleuropa, dann folgten die Scharen aus dem Osten und vom Mittelmeer. Den Anfang machte die irische Welle, ausgelöst durch die großen Kartoffel-Mißernten zwischen 1846 und 1850. Es folgten die Deutschen, die von der politischen Entwicklung um 1848 nach Amerika getrieben wurden. 1890 waren 80 Prozent der New Yorker Bevölkerung bereits im Ausland oder von ausländischen Eltern geboren; 52 Prozent waren irischer und deutscher Herkunft. Die »Überfremdung« machte manchen Eingesessenen so zu schaffen, daß sie die Society of Mayflower Descendants als original-amerikanische Elite gründeten. Henry James kam von einem Besuch der Einwandererstation auf Ellis Island tief beeindruckt, wenn nicht schockiert zurück. Einen »sichtbaren Schluckvorgang unseres politischen und sozialen Körpers« fand er dort, erstaunlicher als die Leistung irgendeines Schwert- und

Feuerschluckers; wer dies gesehen habe, »der hat vom Baume der Erkenntnis gegessen, und der Geschmack wird immer in seinem Munde bleiben«. Der »allgegenwärtige Fremde« gehöre fortan zu Amerika.[11]

Gegen Ende des Jahrhunderts begann die große Wanderungswelle der Juden aus Osteuropa, die vor den Restriktionen und Pogromen im Zarenreiche flüchteten. Zwischen 1881 und 1905 landeten 850 000 osteuropäische Juden in New York, und die meisten fanden sofort Arbeit in der eben aufblühenden Konfektion. Wenig später kamen die Italiener, vornehmlich Bauern aus Kalabrien und Sizilien, die von geschäftstüchtigen *padroni* an die Bauindustrie vermittelt wurden; Italiener haben die Tunnels des New Yorker Untergrundbahnsystems gegraben, das um die Jahrhundertwende entstand. In Schüben und Sprüngen stieß die Stadt mit der rapide schwellenden Bevölkerung den Broadway aufwärts nach Norden vor, eine Meile pro Jahrzehnt. 1840 reichte Manhattans Geschäftsdistrikt bis zur 14. Straße, 1850 bis zur 34., 1860 war New York bis zur 42. Straße, dem heutigen Zentrum, dicht besiedelt.

1924 fror der Kongreß die damalige ethnische Mischung der amerikanischen Bevölkerung in einem Quotensystem fest, welches das angelsächsische Element stark bevorzugte. Die Riesenschübe aus Übersee hörten mit dem Ende des Ersten Weltkriegs auf; für die nächsten 40 Jahre fand kein nennenswerter Zuzug aus dem Ausland statt. Statt dessen nahm die Stadt nun die Ströme der großen Binnenwanderung aus dem Süden des Landes auf. Die Neger, von der Industrialisierung der Plantagen in Mississippi und Alabama verdrängt, füllten jetzt das Arbeitsreservoir der Stadt, und nach dem Zweiten Weltkrieg folgte der Wanderungsstrom der Portorikaner.

Die verdeckte Diskriminierung gegen Slawen, Romanen und Asiaten durch das Quotensystem der zwanziger Jahre wurde in der Kennedy-Ära aufgehoben. Korrekturen am Einwanderungsgesetz, die seit 1965 in Kraft sind, wählen Einwanderer nicht mehr nach Nationalität aus und begünstigen die bisher Zukurzgekommenen. Die Zuwanderung seither spiegelt diese Umschichtung wider: die spanischsprechende Bevölkerung von New York hat sich im letzten Jahrzehnt durch Zuzug aus Lateinamerika verfünffacht, Griechen, Italiener, Israelis, Chinesen und andere Asiaten haben sich so vermehrt, daß die Schulbehörde bei der Wahl von Elternräten ihre Instruktionen neuerdings in fünf Sprachen drucken läßt: Englisch, Spanisch, Italienisch, Jiddisch und Chinesisch. Nicht nur die zwei Millionen spanischsprechender New Yorker, auch Griechen, Haitianer und Slawen fordern zweisprachigen Schulunterricht.

Es gibt Augenblicke, in denen sich die Vielvölkerschaft der Stadt New York sinnfällig darstellt bis zur Schizophrenie. Zum Beispiel bei dem Straßentheater der Paraden, auf denen jeder Volksstamm, gute Amerikaner allesamt, immer noch Nationalstolz und Belange der alten Heimat zur Schau stellt. So stehen wir auf Fifth Avenue mit der Synagoge Emanu-El im Rücken, dieser Bastion des deutschen Judentums der Stadt, und schauen der griechischen Parade zu. Hinter Popen und Evzonen marschieren die Schüler von St. Spyridon, voran die Kapelle von Negerkindern aus Weehawken, New Jersey, karibische Rhythmen blasend. Beim Vorbeimarsch vor dem jüdischen Bürgermeister, seinem schwarzen Stellvertreter und dem irischen Stadtratspräsidenten werden Schilder geschwenkt, auf denen die Marschierenden »Freiheit für Nord-Epirus« fordern. Nein, ein Schmelztiegel ist New York zu keiner Zeit gewesen. Es ist eine pluralistische Metropole, in der jede ethnische Gruppe erkennbar ist und nicht gewillt, in einer anonymen Masse unterzugehen.

Das Zusammenleben der Völkerschaften ist möglich nur durch die Toleranz, die New York bei seiner Gründung mitgegeben war und die es sich erhalten hat wie ein Geburtsmal. Es hat hier, von wenigen, an akuten Problemen entzündeten Ausbrüchen abgesehen, keine Verfolgung von Rasse, Nation und Religion gegeben. Das heißt nicht, daß die Neuankömmlinge keine Schwierigkeiten vorgefunden hätten. Die erste große Welle nahm die Probleme aller späteren vorweg. Alles, was in der Stadt nicht in Ordnung war, wurde den Einwanderern zur Last gelegt. Die Beobachtung eines britischen Historikers zu Anfang des Jahrhunderts gilt, mit auswechselbarem Objekt, heute noch: »Die Amerikaner neigen dazu, Einwanderer, und besonders die Iren, zu behandeln wie die Katze, der man an jedem zerbrochenen Teller, jeder Speise, die aus der Küche verschwindet, die Schuld gibt.«[12] Die niedrigsten Dienstleistungen und die schäbigsten Quartiere wurden den neuesten Stadtbürgern zugeschoben, und die kurz davor Gekommenen bewahrten ihre sauer erkämpften Positionen und Privilegien eifersüchtig; gewöhnlich erfuhren die neu Zugewanderten von ihnen mehr Geringschätzung und Niedertracht als von den Alteingesessenen. Nationale Spottvokabeln wie Paddy (für Iren) oder

Kike (Juden), Nigger, Pollack oder Wop (Italiener) sind gewöhnlich mehr aus der gleichen Klasse als von der eingesessenen Oberschicht zu hören.

Durch spezielle nationale Talente bestimmt und von der Situation und mitunter offener oder latenter Diskriminierung gedrängt, nahmen sich die einzelnen Gruppen besonderer Gebiete an, oft bis zur Monopolisierung, und setzten damit ein Muster, das bis heute erstaunlich konstant geblieben ist. Deutsche Juden, die als Trödler begonnen hatten, gründeten Kaufhäuser und Banken, während ihre osteuropäischen Glaubensbrüder die Kleiderindustrie zum größten Erwerbszweig von New York entwickelten. Die studierten Kinder der jüdischen Einwanderer wurden Ärzte und Anwälte, andere drückten dem Broadway und der New Yorker Presse ihren Stempel auf. Die Iren beherrschten die katholische Kirche und für ein Halbjahrhundert die Demokratische Partei und damit die New Yorker Politik. Das Feld der Italiener ist Bauindustrie und Müllabfuhr, die Deutschen brauen Bier, Griechen herrschen am Blumenmarkt, Chinesen betreiben Wäschereien, und in den Büros der Stadt wirken nach Arbeitsschluß die Armeen slawischer Putzfrauen.

Ohne Kenntnis der ethnischen Realitäten ist in New York kein Problem zu verstehen, geschweige denn zu lösen. Das trifft für kein Gebiet mehr zu als für die Politik. Zumal zur Wahlzeit zerfällt die Stadtbevölkerung in ein Mosaik nationaler Wählerblocks mit sehr genau umschriebenen Interessen. Da marschieren Kandidaten für öffentliche Ämter in deutschen, irischen und polnischen Paraden, stülpen die Yarmalka auf den Scheitel, kosten tapfer lächelnd von Pizza, Tacos und Souvlaki, Knishes, Baklava und Falafel und wandern in der Prozession des heiligen Gennaro.

Rücksicht auf die Wählerblocks der »Ethnics« wird in New York mitunter bis zum Verzicht auf Logik und Höflichkeit getrieben. So ist in diesem Stadtstaat, der fast ebenso viele jüdische Bürger – zwei Millionen – wie der gesamte Staat Israel enthält, rückhaltlose Unterstützung für Israel ein politischer Glaubenssatz, den jede öffentliche Figur zu unterschreiben hat. Ohne die Stimmen der jüdischen Wähler ist ein Kandidat verloren. Juden stellen ein Viertel der Bevölkerung, doch ein Drittel aller Wähler, da sie vom Stimmrecht gewissenhafter Gebrauch machen als jede andere Minderheit. Folglich gab es 1957 kein offizielles Willkommen für König Saud und 1975 keines für den ägyptischen Präsidenten Sadat in New York, und 1966 sagte

Bürgermeister Lindsay trotz des Drucks aus dem State Department ein bereits geplantes Essen für König Feisal ab. Die israelische Ministerpräsidentin Golda Meir, die 1969 sehr gelegen zur kommunalen Wahlzeit eintraf, erhielt dagegen den aufwendigsten Stadtempfang, komplett mit Laubhütte zum Bankett. Andererseits: um italienische Stimmen zu gewinnen, sind Politiker zur Wahlzeit stets bereit, die Existenz der Mafia kurzerhand zu leugnen.

So werden die Kandidaten der Parteien nach ethnischen Gesichtspunkten überaus vorsichtig ausgewogen. Mögen andere Probleme noch so akut sein, die New Yorker Wahlarithmetik addiert Rassen und Konfessionen in hoffnungsvollem Blick auf Multiplikation in Wählerstimmen. Jahrzehntelang mußte die kommunale Schulbehörde aus je drei Juden, drei Katholiken, drei Protestanten bestehen, der Bezirkspräsident von Manhattan war nach ungeschriebenem Gesetz ein Neger, während die Liste für die drei höchsten Ämter der Stadt (Bürgermeister, Stadtratspräsident und Kämmerer) über Jahrzehnte mit einem Juden, einem Italiener und einem Iren besetzt war; gelegentlich wurde einer der drei von einem WASP verdrängt.

Die Reformbewegung in der Demokratischen Partei der Stadt hat Ende der sechziger Jahre diese starre Formel gesprengt. Die Probleme selbst wurden zu akut, die städtische Krise der Jahrhundertmitte zu brennend, um sich den ethnischen Proporz noch leisten zu können. Eine Koalition liberaler Kräfte, die quer durch Rassen und Religionen schnitt, brachte 1965 John V. Lindsay als ersten WASP nach einer langen Reihe irischer und italienischer Bürgermeister ins Amt.

In diesem Jahrhundert hat New York drei bemerkenswerte Bürgermeister gehabt, die Phantasie und Emotionen der Bürgerschaft beschäftigten und die Visionäre oder Katalysatoren waren, im Für und Wider auf die Stimmung der Gemeinde wirkend: James (Jimmy) Walker, Fiorello La Guardia und John Lindsay. Jimmy Walkers leichtlebiges Naturell spiegelte die euphorische Ära der Golden Twenties bis zum bitteren Ende wider und Fiorello La Guardia, sein Nachfolger 1933, die Ernüchterung der Depression mit ihren handfesten Notmaßnahmen. John Lindsay war die angemessene Figur der sechziger Jahre: ein Liberaler mit Visionen von einer gerechteren Verteilung der Portionen des großen American Dream.

In diesen Lindsay-Jahren kam eine neue Komponente in die städtische Politik. In dem Maße, wie die Versicherungen amerikanischer Unfehlbarkeit bezweifelt, wie die Versprechen und Beteuerungen der Verfassung unter die Lupe der sozialen Wirklichkeit genommen wurden, kamen Empfindlichkeiten ans Licht, die bisher unter dem Mantel selbstgefälliger Klischees verborgen geblieben waren. Die innere Unrast der sechziger Jahre und das Trauma des Vietnamkriegs enthüllten eine tief gespaltene Nation, und nirgends prallten die Gegensätze so heftig aufeinander wie in New York.

Die Konflikte machten sich nicht in spektakulären Aktionen Luft, sondern in einem Geflecht von Rissen und Sprüngen, welche die scheinbar so kohärente Stadtgemeinde zerklüfteten. Es zeigte sich, daß man nicht so fortschrittlich, so liberal, so meilenweit vom »rückständigen« Süden entfernt war, wie man bislang geglaubt hatte; vor allem lernten die Bürger der Stadt, daß Politik mehr ist als Parteien- und Proporz-Arithmetik, wie sorgfältig immer ausgerechnet. Daß es vielmehr ein Ineinander von Interessen ist, von denen jedes einen legitimen Anspruch geltend machen kann.

Die politische Stimmung der sechziger Jahre brachte die Reichen und die Armen, weiße Liberale und militante Schwarze in eine Allianz, von der sich die weiße Mittelklasse zunehmend ausgeschlossen fand. Mehr als das: sie fühlte sich befeindet und zum Opfer ausersehen, zum Versuchskaninchen, auf dessen Rücken die Spannungen sozialpolitischer Experimente ausgetragen wurden.

In dem Maße, wie die akademische Jugend, die politische Linke und die politisierten Neger die hergebrachten Werte der Nation in Frage stellten, begaben sie sich auf Kollisionskurs mit den Ethnics. Denn die Eingewanderten aus Europa stellen Amerikas treueste Patrioten. Diese Bindestrich-Amerikaner, vierzig Millionen stark, bilden das hart arbeitende Fundament des Landes; sie sind die Männer im *blue collar* und mit den *hard hats*, den Schutzhelmen der Bauarbeiter, die jederzeit bereit sind, das Sternenbanner gegen jeden, der es angreift, mit Knüppeln und Fäusten zu verteidigen. Die Emotionen des Vietnamkriegs haben im Frühjahr 1970 zu Prügeleien zwischen Arbeitern und Studenten geführt, in denen sich mehr entlud als nur Meinungsverschiedenheiten über den Krieg. Was sich da angestaut hatte bis zur tätlichen Auseinandersetzung, war die Wut der weißen Mittelklasse, die sich verachtet, übergangen und ungerecht behandelt fühlte. Ethnic war zum Schimpfwort geworden, zum Synonym für Chauvinismus, Bigotterie und Rassenhaß.

Die Bindestrich-Amerikaner neigen als Eingewanderte, die sich nicht ohne Mühe einen Platz auf den unteren Sprossen der Wohlstandsleiter erarbeitet haben, zu einer eher konservativen als progressiven Haltung. Selbst ehedem Landesfremde und angewiesen auf Toleranz, hegen sie zwar keinen Rassenhaß, beobachten jedoch mit Skepsis und nicht ohne Neid einen politischen Prozeß, der ihnen als deutliche Bevorzugung der Schwarzen erscheint. In den sechziger Jahren haben sich, in den Worten der Soziologen Nathan Glazer und Daniel P. Moynihan, »überall in der Stadt Türen für Schwarze geöffnet, die sich einem Polen oder Slowaken mit gleicher Vorbildung nie geöffnet hätten. Die Schwarzen nahmen dies als ihr Recht entgegen, und in der großen Perspektive der amerikanischen Geschichte war es das auch. Doch dies war nicht ohne weiteres ersichtlich für weiße Arbeiter, die nur zwei, drei Generationen von Tagelöhnerexistenzen auf Europas Latifundien entfernt waren.«[13]

So waren New Yorks Iren, Juden, Italiener ebenso konservativ, patriotisch und über die politische Entwicklung zunehmend mißvergnügt wie die breite Mittelschicht irgendwo im Mittelwesten. Im gleichen Maße, wie das neue Selbstbewußtsein der Schwarzen sich festigte, entdeckten die Ethnics ihre eigene Gruppenidentität und begannen, sie als politisches Machtinstrument zu nutzen.

Der erste Test der neuen Kräftegruppierung fand im November 1966 statt. Von schwarzen Organisationen gedrängt, stellte die Regierung Lindsay eine zivile Aufsichtsbehörde über die Polizei zur Volksabstimmung. Die Ablehnung dieses »Police Review Board« durch 63 Prozent der abgegebenen Stimmen brachte einen deutlichen Hinweis auf die Stimmung in der Bevölkerung. Ein weiterer Akt der Polarisierung war der Versuch, schwarzen Eltern Kontrolle über Lehrplan und Personal in ihren Schuldistrikten zu geben; nach Unruhen und Zusammenstößen kam es darüber 1968 zum Streik der Lehrerschaft, die vorwiegend dem jüdischen Kleinbürgertum entstammt. Und schließlich brachten sich die Ethnics bei der Bürgermeisterwahl von 1969 lautstark zu Gehör, wenngleich nicht an die Macht. In einem Aufstand des kleinen Mannes, von Wahlkampfrhetorik gegen »Limousinen-Liberale« angefeuert, verweigerte die Mehrheit der New Yorker Wähler dem liberalen WASP-Bürgermeister Lindsay die Gefolgschaft und entschied sich für »Männer des Volkes«, beide italienischer Herkunft: Mario Procaccino und John Marchi. Da die Front der Unzufriedenen indessen ihre Stimmen an zwei Kandidaten zersplittert hatte – Procaccino war Demokrat, Marchi Republikaner –, konnte Lindsay, gestützt auf Liberale und progressive Demokraten, eine zweite Amtszeit mit einer Minderheitsregierung antreten. Doch 58 Prozent des New Yorker Wahlvolks hatten sich gegen einen liberalen Kurs entschieden.

Dies Ergebnis kam als Schock am Ende eines liberalen Jahrzehnts. Es zwang zum Umdenken, zur Prüfung leichtfertig gehandhabter Klischees, mit denen man die Ethnics als hoffnungslos Zurückgebliebene, ja als Neandertaler des Zeitgeistes verteufelt hatte. Politiker, Soziologen und Kommentatoren begannen, sich die Geschmähten genauer anzusehen und dabei »berechtigte Interessen« auch dieser, von der Entwicklung vernachlässigten Bevölkerungsgruppe zu entdecken. Mit dem Eintritt in die neue Dekade wurden die Ethnics wieder respektabel.

Für New York haben diese Ereignisse der Ära Lindsay zu einer vom Protest geschürten, stärkeren Betonung des ethnischen Charakters der Stadt geführt und zu der Einsicht, daß man vom Schmelztiegel mehr denn je entfernt ist. Spannung, Reizbarkeit und schließlich Zusammenstöße haben die Erkenntnis gefördert, daß nicht nur die Schwarzen, sondern auch die weißen Kleinbürger legitime Interessen haben, denen die Stadtregierung nachzukommen hat. Mehr denn je haben die Wirren und die Bitterkeit der sechziger Jahre die alte New Yorker Maxime bestätigt, daß dieser Stadtstaat nur durch Toleranz und verständnisvolles Miteinander seiner Völkergruppen überleben kann. Dies indessen ist nicht durch die simple Arithmetik eines ethnisch-rassisch-konfessionellen Proporzes, sondern nur durch die subtilere Charaktermischung einer eigenstädtischen Identität zu erreichen.

Greenwich Village
Freistaat der widerspenstigen Geister

Als die Stadtväter 1811 den Gitterrost schnurgerader Straßenzüge über den unerschlossenen Boden von Manhattan legen ließen, war es für Greenwich Village schon zu spät. Die kapriziöse Gemeinde, eben erst dem Stadtgebiet von New York amtlich einverleibt, hatte schon zu lange, fast über zwei Jahrhunderte, ein Eigenleben geführt, um sich nun dem Schema geplanter Rechtwinkligkeit zu unterwerfen. Dies war ein Gelände blühender Farmen und stattlicher Anwesen. Hier, außerhalb der eigentlichen Stadtgrenze, die bei Wall Street verlief, hatten die holländischen Gouverneure ihre Landsitze angelegt. Van Twiller betrieb auf seiner Bossen Bouwerie (Farm in den Wäldern) eine Tabakplantage, und Peter Stuyvesant pflanzte Pfirsichbäume, die bis ins vorige Jahrhundert überdauerten; die Gutskapelle seiner Farm, St. Mark's in the Bowery, nach einem Brand 1799 wieder aufgebaut, ist eine der ältesten Kirchen von New York. Auf ihrem Friedhof ist Stuyvesant begraben. Auch die Engländer, voran der britische Flottenadmiral Sir Peter Warren, schätzten den ländlichen Charakter der Bouwerie, der sie 1664 den Namen Greenwich gaben, und schließlich bauten sich die wohlhabenden New Yorker Familien der Rhinelander, Delano, Brevoort ihre Häuser an dem Platz, der einmal die öffentliche Richtstätte vor den Toren der Stadt, inzwischen jedoch mit einem Zaun umgeben und zum Park erklärt war. Washington Square ist nicht nur zu einem Titel in der Literatur geworden, er ist auch ein Symbol für amerikanische Stadtaristokratie.

Vor allem aber ist er das Zentrum von Greenwich Village, ein großer Dorfplatz, auf dem es immer etwas zu sehen gibt. Gegen Ende des 18. Jahrhunderts bot er den New Yorkern das Volksschauspiel der öffentlichen Hinrichtungen; für den General Lafayette, als er New York besuchte, ließ man gleich 20 Wegelagerer auf einmal hängen. Doch 1819 wurde der letzte Dieb an der Henkersulme aufgeknüpft, und heute lehren allenfalls die zerlumpten Gestalten und verwüsteten Gesichter auf »Junkie Row« das Gruseln.

Bürgertum und Ausgescherte, Ordnung und Protest, Spießer und Rebell teilen sich, wenngleich nicht immer friedlich, in den

Park. Die Schlafbänke der Ausgeflippten stehen neben den Steintischen der Schach- und Damespieler, die, meist ältere Italiener, sich würdig und wortlos über ihre Spiele beugen, von Kiebitzen umringt. In Sandkästen und auf Schaukeln spielen Kinder, kaum bewacht von jugendlichen Müttern in langem Haar und engen Hosen, die, knapp selbst dem Kindesalter entwachsen, Bücher lesen mit Titeln wie ›Psychologie für die Oberstufe‹ oder ›Strukturelle Grundlagen der Demokratie‹. Daneben hocken krausköpfige Knaben in schwarzen Lederjacken auf schweren Motorrädern und pfeifen durch die Zähne.

Im Brunnenbecken auf der Platzmitte waten Kinder und Hunde und lassen sich von der Fontäne berieseln, während ein junger Neger auf dem Brunnenrand in der Zeitung der Schwarzen Muslim blättert und ein Mädchen in kunstvoll ausgefransten Jeans dem bärtigen Freund die Zehennägel schneidet. Sonntags wandern die italienischen Familien des Viertels, makellos gekleidet und von artigen kleinen Mädchen in gestärkten Kleidern gefolgt, von der Messe in St. Anthony of Padua nach Hause über den Platz, auf dem alles, was ein Instrument spielt, zu disharmonischem Konzert versammelt ist. Gitarren, Trommeln, Fiedeln, Flöten werden geblasen, geschlagen und gezupft, und um die Musikanten ballen sich dichte Menschenknäuel, wiederum von Touristen mit Kameras umlagert.

Eine Sehenswürdigkeit für brave Bürger ist Greenwich Village von Anfang an gewesen. Im Jahre 1679 besuchten zwei neugierige Missionare das Dorf und berichteten, es habe dort recht gutes Bier zu trinken gegeben. Der leichtere Lebensstil abseits von Druck und Hast des schieren Kommerzes, die lebensfrohe Geste, Charme und Noblesse seiner Proportionen haben, scheint es, das Dorf von Anfang an ausgezeichnet. Henry James, unweit des Washington Square geboren, den er zu literarischem Ruhm gebracht hat, bemerkte hier eine »Gelassenheit, die andernorts in dieser ausgedehnten, schrillen Stadt nicht oft zu finden ist. Diese Gegend von New York sieht reifer, reicher, würdiger aus als die oberen Verzweigungen der großen Längsdurchbrüche, sie wirkt, als hätte sich hier gesellschaftliche Geschichte abgespielt.«

Noch heute ist Greenwich Village, obschon mit massiven Wohnburgen versehen wie jeder andere Stadtteil auch, eine Landschaft vorwiegend niedriger Gebäude zwischen den Wolkenkratzerballungen von midtown und dem Finanzdistrikt; in der Stadtsilhouette bildet es ein Wellental. In Manhattans Baumuster aus Glassäulen und Betonscheiben behauptet »das Village« seine Individualität. Es ist das ideale Spaziergelände von New York. Die schmaler werdende Inselzunge preßt hier das Rasternetz der Straßenzüge in spitze Winkel und krumme Gassen zusammen; die Numerierung geht in Straßennamen über, die Manhattans Frühgeschichte bewahren. Bank Street erinnert an die Seuchen des frühen 19. Jahrhunderts, vor denen Menschen – und Banken – in die gesünderen Gefilde von Greenwich Village flüchteten. Die winklige Minetta Street folgt dem Lauf des kapriziösen Baches Minetta Brook, der sich unterirdisch durch das Village schlängelt und gelegentlich bei Bauarbeiten Fontänen in die Oberwelt entsendet.

Um die architektonische Geschlossenheit des Viertels vor weiteren Invasionen profitabler Wohnkomplexe zu schützen, hat die Stadtverwaltung, von der Gemeinde lebhaft ermuntert, das gesamte Stadtgebiet von Greenwich Village im April 1969 kurzerhand unter Denkmalschutz gestellt. Damit ist ein Stück Amerika des 19. Jahrhunderts konserviert. In einer Stadt historischer Kurzatmigkeit findet der Spaziergänger im Village ein Reservat des Lebensstils von ehemals. Häuser scharen sich um intime Innenhöfe (Milligan Place, Grove Court), ehemalige Stallungen bilden Alleys (MacDougal Alley) oder Mews (Washington Mews), es gibt verschwiegene Sträßchen (Patchin Place, Gay Street), hölzerne oder gußeiserne Veranden und Terrassen und viele liebevoll gepflegte und bepflanzte Gärten hinter dem Haus. Sogar zwei alte jüdische Friedhöfe der sephardischen Gemeinde sind, obschon umbaut und auf Fragmente reduziert, samt ihren verwitterten Grabsteinen noch erhalten.

Die Bauten des Village stammen vorwiegend aus dem 19. Jahrhundert. Zwischen Hudson River und First Avenue ist die ganze Architekturgeschichte von Manhattan in einen einzigen Distrikt gepreßt. Das Kircheninnere von St. Mark's in the Bowery bewahrt noch eine Erinnerung an georgianische Zeiten, obwohl Kirchturm und gußeiserner Portikus erst später angefügt wurden. Die ungestörteste Parade von Reihenhäusern im Federal Stil der zwanziger Jahre des 18. Jahrhunderts präsentiert sich einen Block lang in Charlton Street, zwischen Sixth Avenue und Varick Street. Stilreine und guterhaltene Häuser aus dieser Zeit sind über das ganze Village verstreut, von dem hübschen Privathaus 56 West 10th Street mit seinen kannelierten Säulen und den ananasgekrönten Eisenpfosten bis zum Old Merchant's House auf East 4th Street nahe der Bowery. Am

Norden des Washington Square hat sich noch die ursprüngliche Bebauung mit den eleganten Häusern des neuen Klassizismus der dreißiger Jahre erhalten. Der schokoladenfarbene Brownstone aus der Italianate-Periode dominiert so sehr, daß Greenwich Village schlechthin der Bezirk des Brownstone-Hauses ist.

Auch die eklektischen Architekten der zweiten Jahrhunderthälfte haben Bauten hinterlassen: in der Münstergotik der Grace Church wie in den beiden dunklen Tudor-Gotik-Kirchen auf der unteren Fifth Avenue; in dem Florentiner Campanile der Judson Memorial Church wie in der Neuschwanstein-Pracht des Jefferson Market Courthouse, das einmal als der fünftschönste Bau Amerikas gegolten hat. Schließlich ist auch die Moderne im Village vertreten; ein Trio schlanker Wohntürme von I. M. Pei umringt den riesigen Sandsteinschopf von Picassos zum Monument vergrößerter ›Sylvette‹.

Am Ende indessen ist es nicht die Aura von Vornehmheit und diskreter Eleganz gewesen, die Greenwich Village berühmt gemacht hat. Die gelassene Individualität des Stadtteils hat seit je die Künstler angezogen. Sie kamen nach New York und ließen sich im Village nieder. Erst waren es die Dichter, die hier Ruhe und einen angemessenen Lebensstil fanden; von Mark Twain über Melville und Dreiser, Edna St. Vincent Millay, Eugene O'Neill und Edgar Allen Poe bis zu den Beatnik-Barden und Hippie-Propheten paradieren die Gedenktafeln des Distriktes Namen der Literatur.

Vor dem Ersten Weltkrieg kamen die Maler. Für die erste Generation amerikanischer Künstler, welche die Stadtlandschaft als Stoff entdeckten, war New York der natürliche Magnet, und Greenwich Village wurde ihre Residenz. Hier stellten die *Acht*, die erste authentische New Yorker Schule, 1908 zum erstenmal ihre Stadtszenen aus, amerikanische Utrillos, von ihren Feinden verächtlich die *Ashcan School* genannt. In Gertrude Vanderbilt Whitney, die, selbst Bildhauerin, in MacDougal Alley ihr Atelier einrichtete, fanden sie eine Förderin und Mäzenatin. Mrs. Whitney half nicht nur die berühmte Armory Show von 1913 organisieren, welche die zeitgenössische Kunst Europas zum erstenmal in Amerika zeigte und eine sensationelle Wendemarke setzte, von der amerikanisches Kunstverständnis für die Moderne datiert; sie eröffnete auch ein Jahr später auf West 8th Street eine Galerie, in der die *Acht* Ausstellungsmöglichkeiten fanden. Gertrude Whitneys Sammlung der John Sloan, Robert Henri, William Glackens und anderer »Müllkasten«-Maler wurde zum Grundstock des Whitney Museums zeitgenössischer amerikanischer Kunst, das sich, inzwischen stadtaufwärts gezogen, aus der Galerie auf West 8th Street entwickelt hat.

Seither gilt Greenwich Village als Künstlerviertel, mit allem Guten und allem Zweifelhaften, das dieses Etikett bezeichnet. Man hat vom Village wie von Schwabing gesagt, daß es keine Gegend sei, sondern ein Geisteszustand. Der das sagte, Hippolyte Havel, war Koch und Oberkellner, Anarchist und Partner in Polly Hollidays Keller-Restaurant auf MacDougal Street, aus dem sich später ein liberaler Club entwickelte. Denn im Village war man liberal bis anarchistisch, in jedem Fall politisch unabhängig. Im Village wurden die Kreuzzüge des Jahrhunderts ausgefochten: für Frauenwahlrecht, für Sigmund Freud, für Modernismus in der Kunst, für freie Liebe, gegen die Prohibition und für den überschwenglichen Lebensstil der Bohème. Auf Greenwich Avenue hatte seit 1911 die ›Masses‹ ihr Hauptquartier, eine radikale Zeitschrift, die für Sozialismus und Frauenwahlrecht, gegen Kapitalismus und vor allem gegen Amerikas Eintritt in den Krieg war. Unter der Leitung von Max Eastman wies sie berühmte Mitarbeiter auf: Carl Sandburg, Maxim Gorki, Bertrand Russell, John Reed (›Ten Days That Shook the World‹), John Sloan, Glenn Coleman haben für die ›Masses‹ geschrieben und gezeichnet, bis die Zeitschrift 1918 in einem berühmten Prozeß verboten wurde. Das Greenwich Village der zwanziger Jahre war ein Ferment, welches das Klima des Zeitalters beeinflußt hat.

Wie alle habituellen Künstlerviertel hat auch Greenwich Village nicht vermocht, Impuls und Geste, Kunst und Kommerz reinlich auseinanderzuhalten. Der Ruf von Bohème zieht die Schaulustigen an, und zwischen die Künstler nisten sich die Möchtegerne ein. Das Reservat der geselligen Einsiedler wird zur Sehenswürdigkeit, und so fiel mit der zweiten Nachkriegszeit ein Abglanz von Rummelplatz und Lunapark auf die Boutiquen und Ateliers, die Espresso-Cafés und Jazz-Kneipen von Greenwich Village. In MacDougal Street, dem Amüsierboulevard des Village, steckt ein Stück Miniatur-Las Vegas. Die Künstler wichen vor den Touristen und den steigenden Mieten, die mit neuen Wohnhochhäusern ins Village drangen, südwärts und östlich aus, in die Lagerschuppen und Werkstatthallen der angrenzenden Gewerbeviertel.

Ein paar der alten Kneipen haben überlebt; Chumley's und

Julius und die White Horse Tavern stehen noch am alten Ort, wenngleich die Kundschaft sich geändert hat. Cedar Tavern, in der sich nach dem Zweiten Weltkrieg die Generation der *Abstract Expressionists* um ihren Star Jackson Pollock sammelte, ist, noch immer auf der gleichen Straße, aus dem alten Quartier verzogen, aber es ist nicht mehr die Künstlerkneipe, die es in den vierziger Jahren war. Die Generation der Rauschenberg und Oldenburg traf sich bei Max' Kansas City in Nähe des Union Square, wo Andy Warhol seine Factory hat, an der nördlichen Village-Peripherie. Doch die Binnenwanderung der Künstler hält selten lange an einem Ort. Südlich von Houston Street macht sie neuerdings Quartier, benennt es SoHo und richtet ihre Ateliers und Galerien zwischen Lagerhäusern und Gußeisenhallen ein.

In die Wohnungen von Greenwich Village sind die jungen Ehepaare eingezogen, welche die künstlerischen Ambitionen und den politischen Aktivismus ihrer Studententage hier weiter zu verfolgen gedenken. Denn das Village ist neben vielem anderen auch ein akademisches Viertel. Es ist der städtische Campus der New York University, die 1834 hier eröffnete. Ihre Gebäude umrahmen heute den Washington Square fast ganz, und viele der alten Häuser, die nicht den neuen College-Bauten gewichen sind, befinden sich im Besitz von NYU. Der Platz mit Brunnen und Anlagen ist der Pausenhof der Universität, die Domäne der Studenten und der ehemaligen Studentinnen, die jetzt junge Mütter sind.

Die neue akademische Einwohnerschicht des Village bildet das Publikum für eine weitere schöpferische Kreation von Greenwich Village nach dem Krieg: das Off-Broadway-Theater. Auf der Theaterlandkarte erschien Greenwich Village bereits 1916, als die Provincetown Players ihre Bühne in Mac Dougal Street eröffneten und damit Eugene O'Neill die Startbahn zum Ruhm gaben. Seit 1952 auf der Arena-Bühne Circle in the Square Tennessee Williams' ›Summer and Smoke‹, das am Broadway durchgefallen war, neu inszeniert zu spektakulärem Erfolg kam, wurde es üblich, künstlerisch anspruchsvolles Theater vor den enormen Kosten und dem lediglich auf »Unterhaltung« gestimmten Publikum des Broadway nach Greenwich Village zu retten. Off-Broadway wurde zur festen Kategorie; es bedeutete ein kleines Haus, das weniger als 300 Plätze hat und damit unterhalb der gewerkschaftlichen Tarifgrenze liegt. Zugleich aber wurde es zur Signatur des Kunst-Theaters. Auch hier indessen blieb die Kommerzialisierung auf die Dauer nicht aus, und ein Jahrzehnt später spaltete sich vom Off-Broadway-Theater der Off-Off-Broadway ab mit Happenings, Rock und wildgewordener Laterna magica in Kellern, Schuppen und ehemaligen Kinos.

Tingeltangel und Radau-Tourismus erzeugten Reibungen zwischen Zugewanderten und Eingesessenen, besonders zwischen enthemmtem Jungvolk und den Italienern, die seit der Jahrhundertwende aus Norditalien, später auch aus der Gegend von Neapel, ins Village gewandert waren und die den Stadtteil als ihre Domäne betrachten. Im Schatten der Kirchen St. Anthony of Padua und Our Lady of Pompeii hat sich mit Märkten, Basaren und Prozessionen, mit Straßenfesten, Cafés und Klubs eine italienische Kolonie entwickelt, die mit den Künstlern in tolerantem Nebeneinander zu leben gewohnt war. Die alten Männer an den steinernen Schach- und Mühletischen im Washington Square Park hatten sich von gitarreklimpernden Musikanten bislang kaum bedrängt gefühlt.

In ähnlich duldsamer Nachbarschaft siedelten jenseits der Bowery im East Village die Russen, Polen und Ukrainer, die in ehemals deutsches Gelände eingezogen waren, mit Malern, kleinen Galerien und W. H. Auden. So italienisch sich Bleecker Street ausnimmt, so slawisch ist St. Mark's Place, die östliche Verlängerung der 8. Street. Osteuropäisches Handwerk siedelt hier: Schneider Pasychnik und Schlächter Stasiuk, Klempner Wojtusiak und Elektriker Vizlocki neben Verchovyna Tavern und New Warsaw Bakery. Zwischen den Zwiebeltürmen von St. Georgs Ukrainisch-Katholischer und St. Nikolas' Karpato-Russisch-Orthodoxer Kirche, zwischen St. Stanislaus und Surma's Laden bieten Ukrainian National Home und Polish Democratic Club den Anwohnern Versammlungsräume.

In diese slawische Gemeinde des East Village sind in den sechziger Jahren die Hippies und ihr Troß mit Diskotheken und Boutiquen, mit Lärm und Marihuana eingedrungen, und neben der langmähnigen Jugend im Landstreicherhabit nehmen sich die alten Frauen im Kopftuch wie Überbleibsel eines vergangenen Jahrhunderts aus. Auf die Masseninvasion abenteuerlustiger Jugend aus Slums und Suburbs reagieren die Eingesessenen mit Unmut und Protest. Denn der Villager hat einen ausgeprägten Sinn für das eigene Territorium, das er sich nicht nehmen lassen will.

Dieser Eigensinn reicht weit zurück. Schon im vorigen Jahrhundert weigerte sich Hendrick Brevoort, einem Straßendurchbruch den Lieblingsbaum seiner Farm zu opfern, weswegen noch heute der Broadway einen scharfen Knick an der 10. Straße macht. Gut hundert Jahre später focht Greenwich Village geschlossen gegen einen anderen Straßendurchbruch, der die Fifth Avenue durch den Washington Square Park hindurch südwärts verlängern wollte. Die Behörde gab klein bei; Washington Square ist vom Verkehr verschont geblieben, und nicht einmal die Ausflugsbusse dürfen ihn umzirkeln.

Das Village empfindet sich so sehr als separate Gemeinde, daß es zwei eigene Wochenzeitungen unterhält: ›The Village‹ existiert seit 1933 und ist für den bürgerlichen Leser des Bezirks gedacht, während die ›Village Voice‹ 1955 von einem Freundeskreis um Norman Mailer gegründet, das Kampfblatt der linksliberalen Intelligenz ist, die sich nicht provinziell versteht. Die Auflage der ›Voice‹ von 150000 macht sie zum größten Lokal-Wochenblatt der Nation, das jedoch nur zu einem kleinen Teil an Bewohner des Bezirks geht und seine Abonnenten von Kalifornien bis Obervolta findet.

Der Kämpfergeist des Village wirkt direkt ins Politische. Hier bildete sich ein Reformzweig der Demokratischen Partei, die Village Independent Democrats, denen es zu Beginn der sechziger Jahre entgegen allen Prophezeiungen gelang, die Bosse der Parteimaschine von New York zu stürzen. Im Wahlkreis von Greenwich Village können fortschrittliche Kandidaten, welcher Partei sie immer angehören mögen, auf sichere Unterstützung rechnen, und jede radikale Sache findet hier eine opferwillige Helferschar. Einer jener demokratischen Jungtürken von den Village-Reformern, Edward Koch, ist 1978 Bürgermeister von New York geworden.

In einer übermütigen Geste, die jedem *Quartier Latin* gut ansteht, erkletterten in einer Winternacht des Jahres 1916 ein paar betrunkene Künstler den steinernen Triumphbogen am Washington Square und erklärten von seiner Höhe herab mit einem Pistolenschuß Greenwich Village zur unabhängigen Republik. Ein bißchen davon ist es, auch ohne Kanonendonner und Proklamation, bis auf den heutigen Tag geblieben.

Die Deutschen
Menge ohne Macht

Als im Mai 1848 die Deutsche Nationalversammlung in der Frankfurter Paulskirche zusammentrat, fand sich vor dem Rathaus von New York die Bürgerschaft zu einer Jubelfeier ein. Vom Dachfirst wehten die neuen deutschen Bundesfarben Schwarz-Rot-Gold. Der enthusiastische Beifall für die deutsche demokratische Erhebung geschah nicht nur, weil der New Yorker Bürgermeister damals gerade ein Deutscher war: William Havemeyer, der Zuckerfabrikant, dessen Familie dem Metropolitan Museum später seine berühmte Sammlung französischer Impressionisten schenken sollte. Die New Yorker glaubten, der Geburt einer neuen Demokratie jenseits des Atlantik beizuwohnen, und sie fühlten sich dieser Erhebung um so enger verbunden, als beinah 60 000 New Yorker damals deutscher Herkunft waren, neben den Iren die größte fremdstämmige Volksgruppe der Stadt. Doch das deutsche Experiment schlug fehl, und sein Mißlingen vermehrte die deutsche Bevölkerung von New York; rund 200 000 »Achtundvierziger« kamen in den nächsten Jahren in die Stadt.

Sie siedelten sich auf der Lower East Side an und breiteten sich nordwärts aus. Das Gelände von Grand Street bis hinauf zur 14. Straße östlich der Bowery wurde zu Kleindeutschland. Wer durch die Straßen des heutigen East Village wandert, der findet zwischen ukrainischen Kirchen, polnischen Läden und spanischen Bodegas noch immer Spuren dieser ehemals kompakten deutschen Besiedlung. »Freie Bibliothek und Lesehalle« steht auf dem roten Backsteinbau an der Second Avenue, der heute die nach ihrem Stifter benannte Ottendorfer-Filiale der Public Library ist. Auf der weiß verputzten Front daneben mit ihrer Büsten-Galerie – jetzt »Stuyvesant Polyclinic« – konnte man bis vor kurzem noch die Aufschrift »Deutsches Dispensary« entziffern. St. Mark's Place Nummer 12 weist sich, obschon im Erdgeschoß jetzt Sandalen und Bärenfelle verkauft werden, als Deutsch-Amerikanische Schützengesellschaft von 1888 aus; im backsteingelben Giebelfeld steht »Einigkeit macht stark«.

»Die Bowery deutscher Broadway ist
Mit eigenart'gem Leben

Und sonders in der Abendzeit
mit buntem, regem Weben«

so reimte in jenen Jahren ein ansässiger Barde.[14]

Die Bowery, heute Straßenasyl der Gescheiterten, war in der zweiten Jahrhunderthälfte die Westgrenze und zugleich der Amüsier- und Bummel-Korso von Little Germany. Hier reihten sich die Biergärten: Volks Garten, German Winter Garden und Atlantic Garden, der größte und berühmteste von allen, an dessen Tischen man bei Bier und Blasmusik im September 1870 den Sieg von Sedan feierte. Übriggeblieben als Bastion deutscher Kneipenfröhlichkeit in dieser Gegend ist einzig Lüchow's auf der 14. Straße, ein immer noch populäres Etablissement im originalen Dekor am alten Ort, das mit *Oompah-Music* und *Goose Festival* lockt. Turnhallen, Theater und Musikpaläste reihten sich auf der Bowery; es gab seit 1854 ein Stadt Theater, das ›Tannhäuser‹ und den ›Freischütz‹ spielte; aus dem alten Bowery Theater wurde das Thalia, auf dessen Bühne fortan nur noch deutsch – und später jiddisch – zu hören war, das New Stadt Theater spielte Schiller, und über den ganzen deutschen Bezirk waren Säle wie Walhalla Hall und Beethoven Hall, Harmony Rooms, Turn Halle und Concordia Hall verstreut.

Im November 1848 war die New Yorker Turngemeinde gegründet worden, aber schon im ersten Jahre gab es Streit. Die politisch Aktiveren, alles »Achtundvierziger«, spalteten sich ab und gründeten 1850 in Stubenbord's Restaurant den Socialist Turn Verein, der sich bald »New York Turn-Verein« nannte, Die »Turner«, wie auch der englische Sprachgebrauch sie nennt, waren ein aktiver und kräftig wachsender Verein, der heute noch am Leben ist, wenngleich mit schwindender Mitgliederzahl. Ihre alte »Halle« von 1871 steht noch, obschon zweckentfremdet, in einem verkommenen Block auf 4. Street; die neue, 85. Street Ecke Lexington Avenue in Yorkville, dem heutigen deutschen Viertel, hat nach wie vor »New York Turn-Verein« über dem Eingang eingemeißelt. Nur der Pächter des Lokals hat gewechselt; im alten Gestühl werden heute Spaghetti statt Kartoffelklöße serviert. Um die Jahrhundertwende indessen waren die Turner 600 Mann stark, hatten Liedertafel, Turn-Schwestern und Altersriege, die sich zur wöchentlichen »Kneipe« traf, und grüßten mit dem Turner-Gruß »Gut Heil«. Zwölf Turnvereine mit 1500 Sportlern, zu »New Yorker Turnbezirks« zusammengeschlossen, gab es 1863 in der Stadt. Als 1902 bei einem Besuch des Prinzen Heinrich von Preußen die Vereinigten Deutschen Gesellschaften von New York dem hohen Gast eine Unterschriften-Kassette überreichten, da zählte die Grußadresse zwölf Schützenvereine und 40 »Vergnügungsvereine und Gewerkschaften«, vom Kegelklub über den Riesengebirgsverein, Ortsgruppe New York, bis zum Plattdütschen Vereen von Richmond auf Staten Island, der heute noch besteht, zehn Wohltätigkeitsvereine und ganze drei Dutzend Gesang- und Musikvereine, vom heute noch existenten Arion und Deutschen Liederkranz über den Orpheus-Männerchor bis zu Aschenbrödelverein und Gesangverein Krakehlia.

Mit einem Massensingen deutscher Lieder begrüßten die deutschen Gesangvereine in der Silvesternacht 1899 zusammen mit dem New Yorker Volk vor City Hall den Anbruch des neuen Jahrhunderts. In jenen Tagen versammelte man sich bei Glockenläuten, Raketen und Musik noch auf dem Printing House Square dem Rathaus gegenüber, wo Park Row den City Hall Park begrenzt; noch gab es den Times Square nicht. Dies langgezogene Triangel downtown war damals von den Zeitungsgebäuden der Stadt gesäumt. Zu diesen zählte das massive Haus der ›Deutschen Staatszeitung‹, die 1834 gegründet worden war und ab 1850 täglich erschien. In ihren Inseraten und denen der zahlreichen anderen deutschen Publikationen spiegelte sich das deutsche New York von damals:

Man speiste in Louis Schmidt's Kaiser Keller oder in Lina Hoberg's Nachtasyl, dessen Wirtin »rühmlichst bekannt« war als »eine echt deutsche Frau, wie sie im Buche steht«. Im Untergeschoß des neuen Woolworth-Wolkenkratzers fand man Meyer's Neuen Rathskeller, der vorher 60 Jahre lang an dieser Stelle als »Postkeller« bestanden hatte, nun aber neu dekoriert war in Creme und Gold, mit »Pfannen aus den Krupp'schen Eisenwerken«, doch noch betreut von dem seit 28 Jahren beliebten Oberkellner, dem »alten Ernst«. Das Restaurant Unter den Linden am oberen Broadway bot einen »feenhaft erleuchteten Rustic Sommer-Garten«, Brentano's führte Ullstein-Bücher »für 25 Cents der Band«, und die Mineralbrunnenhalle Carlsbad im Central Park, eröffnet 1867 von Carl Schultz »auf Ersuchen von mehr als 100 Ärzten«, führte Brunnen wie Vichy und Selters, Pyrmont Eisenwasser und Quadruple-Carlsbad.

762 000 New Yorker waren um die Jahrhundertwende noch deutsch, aus Deutschland eingewandert oder von deutschen Eltern in New York geboren, über ein Fünftel der Bevölkerung.

Ihre Loyalität galt dem neuen Vaterland, doch ihr Gemüt war mit dem alten noch eng verbunden.

»Noch hören wir der deutschen Eichen Rauschen,
Noch lebt die deutsche Treue in uns fort,
Und mußten wir die Heimat auch vertauschen,
Noch halten heilig wir das deutsche Wort«

so dichteten die deutschen Vereine für den Besuch des Prinzen Heinrich. Doch hieß es ein paar Verse weiter auch, daß zu dem neuen Lande, »das wir uns erkoren, die Mannestreue jeder in sich trägt«. Die New Yorker Deutschen hatten das bewiesen mit den Freiwilligen Regimentern, die sie in den sechziger Jahren zur Verteidigung der Union in den Bürgerkrieg geschickt hatten. Der New Yorker Turnverein hatte unter Colonel Max Weber die United Turner Rifles organisiert. Von der Turn Halle auf der Lower East Side, wo dies Regiment fleißig exerzierte, zogen die Turner Rifles vor dem Einsatz in festlicher Parade die Bowery hinauf, begleitet von den Gesangvereinen Sängerbund, Social Reform Gesang Verein, Fidelio, Mozart Männerchor und Helvetia Männerchor, zum Union Square, wo ihnen das Regimentsbanner mit dem Turner-Spruch »Bahn Frei« überreicht wurde. Die Feuerprobe bestanden die Turner Rifles 1862 in der Schlacht am Antietam, wo aus der Unionsarmee, die von den Konföderierten heftig bedrängt war, der auch von anderen Fronten her bekannte Ruf erscholl: *Put that German regiment to the front!*

Gleichzeitig aber nahmen die New Yorker Deutschen innigen Anteil an den Entwicklungen im alten Vaterland. Bei Ausbruch des Deutsch-Französischen Krieges 1870 entsandte der New Yorker Hilfsverein 42 Ärzte in das deutsche Hauptquartier. Es wurden Basare zur Geldsammlung für Deutschland abgehalten, und am Ostermontag 1871 feierte man ein großes Friedensfest. Das mächtig aufwallende deutsche Nationalgefühl fand sein Echo in Amerika. Über 100 Organisationen schlossen sich zu den Vereinigten Deutschen Gesellschaften New Yorks zusammen und wurden Mitglied in dem 1901 gegründeten Deutschamerikanischen Nationalbund, der zwei Millionen Mitglieder im Lande zählte. Dieser Verband wollte »das Deutschtum Amerikas aus seinem langjährigen Schlaf wecken«, wie sein Vizepräsident, der New Yorker Journalist Sutro, schrieb.[15]

Denn es war kein Geheimnis, daß nicht nur die Anglo-Amerikaner, sondern auch die Deutschamerikaner selbst den deutschen Einfluß auf die Entwicklung Amerikas »mit Stillschweigen übergingen«. Zur Bestätigung hielt das Wort des großen deutschamerikanischen Journalisten Mencken her, die deutschen Einwanderer – »von der kleinen Gruppe intellektueller Revolutionäre des Jahres 1848 abgesehen« – hätten im politischen und intellektuellen Leben des Landes keine Rolle gespielt; denn sie seien zur überwiegenden Mehrheit Landarbeiter, Handwerker und kleine Ladenbesitzer, die nichts aus Deutschlands Geistesleben nach Amerika mitgebracht hätten. Die meisten dieser Immigranten hätten sich dem Amerikanischen assimiliert, ohne nennenswertere Spuren als Sauerkraut, Frankfurter Würstchen und Lagerbier zu hinterlassen.

Dies sollte anders werden. Nicht nur der Pflege »unserer herrlichen deutschen Muttersprache, unseres deutschen Turnens, unseres deutschen Liedes ... unserer deutschen Gründlichkeit und Pflichttreue ... unseres deutschen Gemüts und unseres innigen deutschen Familienlebens« sollte sich der neue Dachverband widmen. Er wollte auch den deutschen Einfluß im Lande verstärken. Schon nach wenigen Jahren sahen seine Gründer den Verein »zu einer Macht herangewachsen, die sich merklich fühlbar machen kann, wenn es nötig sein sollte, irgendwo ein ›deutsches Wort‹ sprechen zu müssen«.[16]

Deutsche Sprache und Kultur wurden jetzt betont gepflegt, besonders in New York. Mit Ausstellungen »deutschländischer Künstler« im Metropolitan Museum, mit einem Massenkonzert zum 100. Geburtstag Richard Wagners, »dieses urdeutschesten aller Tondichter«, im Hippodrom und mit Stiftungen deutscher Lehrstühle an den New Yorker Universitäten brachten die Deutschen sich ins amerikanische Bewußtsein. Besonders die deutsch-jüdischen Bankiers sorgten für deutsche Studien an Universitäten. James Speyer stiftete das Deutsche Haus an der Columbia-Universität, Jacob Schiff einen mit 100000 Dollar dotierten Lehrstuhl für deutsche Kultur an der Cornell-Universität.

Bei der Einführung des Historikers Erich Marcks als erstem Gastgelehrten auf diesem Lehrstuhl im Jahre 1913 hielt der Stifter eine bemerkenswerte Rede. Er habe, erklärte Jacob Schiff, eine dreifache Nationalität. Er sei Amerikaner, Jude und »stolz auf meine deutsche Nationalität«. Seit dem 14. Jahrhundert habe seine Familie in einer Stadt (Frankfurt) gelebt, »und das ist der Grund, weshalb ich ein guter Deutscher bin«. Er habe diesen Lehrstuhl gestiftet, erklärte der jüdische Bankier, weil er glaube, »daß die deutsche Zivilisation noch nicht ihre ganze Mission unter den Völkern der Erde erfüllt hat«. Dies war gesprochen im Jahre 1913 – im gleichen Jahr, in dem ein deutscher Lokalhistoriker schreiben konnte: »Die Zukunft des Deutschtums von New York ist glänzend. Wir können mit guter Zuversicht vorwärts blicken.«[17]

Was danach geschah – zwei Weltkriege und der Zusammenbruch der Zivilisation, die Jacob Schiff gemeint hat –, erklärt zum Teil, warum die Deutschen in New York als Gruppe nicht das Gewicht gewonnen haben, das ihrer Zahl entspräche. Noch immer bezeichnen sich um 1970 210000 New Yorker als deutscher Abkunft; 25,5 Millionen Deutschamerikaner gibt es im ganzen Land. Auswanderer aus dem krisenhaften Deutschland der zwanziger Jahre und später Hitlerflüchtlinge haben die Gruppe verstärkt. Doch keinem Politiker käme es in den Sinn, an einen deutschen Wahlblock zu appellieren, wie er sich um irische, jüdische, italienische, schwarze Wähler bemüht. Natürlich gibt es deutschstämmige Lokalpolitiker; viermal hintereinander haben die New Yorker den in Hessen geborenen Robert F. Wagner in den Senat gewählt, sein Sohn war zwölf Jahre lang, von 1954 bis 1965, New Yorker Bürgermeister, und der Enkel ist in der Stadtverwaltung. Doch von einem deutschen Machtblock in New York kann keine Rede sein.

Die ungewöhnliche Hysterie, unter der im Ersten Weltkrieg alles Deutsche bis hin zu Dackeln und Sauerkraut (in *Liberty Cabbage* umgetauft) zu leiden hatte, ließ aus dem öffentlichen Blickfeld verschwinden, was auch nur entfernt als *German* gelten konnte. Geniert und beflissen veränderte man Namen. Aus Ochs, dem Bruder des Verlegers der ›New York Times‹, wurde George Oakes, die German Savings Bank nannte sich fortan Central Savings Bank, und das German Hospital wurde zum Lenox Hill Hospital. Deutsche Spuren wurden, so gut es ging, verwischt.

Das durch die Ereignisse geförderte Bestreben, so unauffällig wie möglich in der umfassenden Anglo-Gruppe der WASPs zu verschwinden, kam den Tendenzen zur Assimilierung entgegen, die von Anfang an bei den Deutschen in New York stärker waren als bei anderen ethnischen Gruppen. Ohne das erwachende Nationalgefühl des 19. Jahrhunderts, das die »Achtundvierziger« in kräftigen Schüben nach Amerika importierten, wäre es vermutlich kaum zu einem betonten deutschen Eigenleben in New York gekommen. Selbst die Protokolle der 1784 gegründeten German Society of the City of New York wurden bis zum Jahr 1844 in englischer Sprache abgefaßt.

Die Deutschen verschmolzen müheloser mit der herrschenden anglo-amerikanischen Schicht, weil sie auch von den ansässigen Amerikanern trotz ihrer Sprache weniger als Fremde empfunden wurden als die englischsprachigen, doch katholischen Iren, als Italiener und als Juden. Dazu trug die soziale Herkunft der Deutschen bei, die gewöhnlich aus Kleinbürgertum und Mittelstand mit nützlichen Fertigkeiten nach New York gekommen waren und nicht, wie die späteren Völkermassen, als Landarbeiter und Ungelernte.

Die Deutschen waren keine homogene Klasse wie die anderen, kein Proletariat, das sich ans Licht zu boxen hatte. Wer von ihnen zu Wohlstand kam, verschmolz sogleich mit dem merkantilen Establishment der Stadt. So Nikolaus Meyer, der 1676 Bürgermeister wurde – »ein Hamburger Pfeffersack, wie er im Buch steht«, schreibt ein Chronist –, so der angesehene und kultivierte Bürgermeister Philip Hone. Oder wie Johann Jacob Astor, der Schlächterssohn aus Walldorf, der 1784 in New York landete und durch Pelzhandel und rücksichtslose Grundstücksspekulation zum »Landlord von Manhattan« und zum reichsten Mann des Landes wurde; seine Erben bescherten New York um die Jahrhundertwende mit dem Waldorf-Astoria sein elegantes Doppelhotel.

Weder politisch noch sozial waren die Deutschen eine einheitliche Schicht. Dies machte Gruppenbildung zur Einflußnahme fast unmöglich. Sie gehörten auch, als einzige fremdländische Gruppe, verschiedenen Konfessionen an. Es gab deutsche Lutheraner, Reformierte, Katholiken und Juden; 1836 wurden sieben deutsche Kirchen und Synagogen für die diversen Konfessionen in New York gezählt.

Auch politisch blieben die Deutschen an der Peripherie. Während die Iren über die lokalen Parteiorganisationen die öffentlichen Ämter der Stadt zu kontrollieren begannen, diskutierten die deutschen Einwanderer in ihren Bierhallen und Vereinslokalen alle Spielarten des Sozialismus. Die geflüchteten »Achtundvierziger« und später die Leute, die Bismarcks Sozialistengesetz in die Emigration gezwungen hatte, sind die eigentlichen Stammväter eines amerikanischen Sozialismus. Der Schneider Wilhelm Weitling organisierte den Allgemeinen Arbeiterbund, aus dem sich, nach dem Modell der Sozialdemokratischen Partei

Deutschlands, die Socialist Labor Party of America entwickelte, von 38 vorwiegend deutschen Arbeitern 1877 gegründet. Wenig später entstanden unter Assistenz der ›Volks Zeitung‹ die Vereinigten Deutschen Gewerkschaften in New York. Es gab damals ein halbes Dutzend deutschsprachiger sozialistischer Zeitungen in der Stadt, und erst 1890 wurde Deutsch durch Englisch als Parteisprache ersetzt. Um diese Zeit waren die jüdischen Einwanderer aus dem Zarenreich auf der Szene erschienen, die ihre eigenen, der Verfolgung abgetrotzten Formen einer Gewerkschaftsbildung auf die Lower East Side brachten, die Ära des »Lagerbier-Sozialismus« beendeten und mit Männern wie Abraham Cahan, Samuel Gompers und Eugene V. Debs den amerikanischen Parteisozialismus und die Gewerkschaftsbewegung entwickelt und geprägt haben. Heute sind die Gewerkschaften der Stadt, obschon von Deutschen begonnen, fest in der Hand von Juden, Iren und Italienern.

Von Anfang an hatten die Deutschen in New York ein Identitätsproblem: sie wurden mit den Holländern in einen Topf geworfen. Noch heute gilt in Amerika als *Dutch*, was eigentlich *German* heißen sollte. *Pennsylvania Dutch* ist deutsch, die Sprache der ersten Einwanderer aus Deutschland auf dem Kontinent, einer Gruppe von Mennoniten, die der Pietist Franz Pastorius 1683 nach Pennsylvanien geholt hatte; ihre Gründung nannte sich folgerichtig Germantown. Trotzdem sind die Pennsylvanien-Deutschen für die amerikanische Umwelt »Holländer«, *Dutch,* geblieben, wohl aus phonetischen Gründen. Denn die ersten Deutschen in Amerika waren Niederdeutsche, und ihre Sprache, Plattdeutsch, verband sie mit den holländischen Nachbarn. Ohnehin waren in der Zeit der Fürstentümer die Nationalitätengrenzen kaum scharf gezogen. So sind die Deutschen für viele Amerikaner Holländer geblieben; Kleindeutschland an der Bowery wurde schlechthin *Dutchtown,* die Iren beklagten sich über Fleiß und Gründlichkeit der *damned Dutch,* und die berühmten Komiker der Jahrhundertwende Weber & Fields mit ihren parodistischen Dialogen in heftig akzentuiertem deutschem Kauderwelsch galten als *Dutch Comics*.

Die deutschen Lokalhistoriker indessen waren schon früh bemüht, unter dem Holländer den Deutschen hervorzukratzen. So wurde New York fast zur deutschen Gründung. Der Chronist des New Yorker Deutschtums, Otto Lohr, hat wenig Mühe, die deutschen Pioniere hervorzuholen »aus dem Rembrandt-Dunkel einer verstaubten, vergilbten Vergangenheit, in dem man sie von den Neuamsterdamer Erzvätern holländischer Herkunft nicht immer zu unterscheiden vermag«.[18] So wird Heinrich Christians aus Cleve »der erste weiße Siedler im heutigen Staat New York und der deutsch-amerikanische Urpionier«. Wie Peter Minnewit aus Wesel, der als Peter Minuit erster Generaldirektor von Nieuw Amsterdam am Hudson wurde, stand Christians alias Hendrick Christiansen im Dienst holländischer Kaufmannsgesellschaften. Auf einer seiner zahlreichen atlantischen Reisen segelte Christians um Jahre 1613 mit seinem Freunde Adrian Block in die Hudson-Mündung ein und gründete den Handelsposten, den er Nieuw Amsterdam nannte. Zwölf Jahre später entsandte die Dutch West India Company Peter Minuit-Minnewit, der den berühmten 60-Gulden-Handel mit den Indianern um die Insel Manhattan tätigte.

Seither hat es immer wieder einzelne prominente Deutsche in der Kolonie gegeben, Leute wie Jakob Leisler aus Frankfurt, den ersten Märtyrer New Yorker Unabhängigkeitsbestrebungen. In holländischen Diensten war er als Soldat nach Nieuw Amsterdam gekommen, kurz bevor es englisch wurde. Als Kaufmann kam er hier zu Wohlstand, wurde Hauptmann der Bürgerwehr und ein Liebling des Volkes, das ihn in einer Periode englischer Zwistigkeiten 1689 zum amtierenden Gouverneur des Staates wählte. Ein neuer englischer Landesherr ließ Leisler 1691 als Rebellen hängen, weil dieser einen Kongreß der Volksvertreter zum Schutz der Kolonie einberufen hatte. Zu seinem Gedächtnis wurde Frankfort Street nach Leislers Vaterstadt benannt.

Anfang des 18. Jahrhunderts kam die erste größere Einwanderungswelle aus Deutschland nach New York: über 3000 Pfälzer, geflüchtet ihres Glaubens wegen und vor den Feldzügen Ludwigs XIV. Einer davon war der Drucker und Zeitungsschreiber Peter Zenger, um den der erste Prozeß um Pressefreiheit in Amerika entbrannte. Die Neueinwanderer kamen vorwiegend aus dem Mittelstand, sie waren Handwerker und Bauern, von denen viele Hudson-aufwärts siedelten. Als die amerikanische Revolution begann, gab es bereits zwei deutsche Kirchengemeinden in New York, eine lutherische und eine reformierte.

Der Unabhängigkeitskrieg demonstrierte das Dilemma der Deutschen in Amerika; sie waren auf beiden Seiten der Front zu finden. Die deutsche lutherische Gemeinde in New York zählte zu den Loyalisten und verließ mit ihrem Pfarrer die Stadt. Doch eine andere Gruppe hielt zu den Aufständischen und entsandte eine Truppe deutscher Füsiliere in Washingtons Armee. Dort brachte ein Haudegen aus dem Siebenjährigen Krieg den Truppen preußischen Schliff bei: der selbsternannte General Baron Friedrich von Steuben.

Doch auch bei den Rotröcken der englischen Kolonialarmee wurde deutsch gesprochen; 30000 deutsche Söldner, vor allem Hessen, von ihrem Landesherrn »verliehen«, kämpften auf englischer Seite. Manche von ihnen müssen sich der Ironie der militärischen Situation bewußt gewesen sein. So gab der hessische General Baron Wilhelm von Knyphausen seinen Truppen den Befehl, nicht auf den Baron Steuben zu schießen, sollte er irgendwo auszumachen sein, weil er sein alter Kumpel aus dem Siebenjährigen Kriege war.

Washingtons Leute waren glücklos in New York. Sieben Jahre lang blieb die Stadt von britischen und hessischen Truppen besetzt, und Fort Washington wurde Fort Knyphausen. Das Tagebuch des jungen sächsischen Leutnants Philip von Krafft, aufbewahrt in der New York Historical Society, berichtet von Hunger, Kälte und Eintönigkeit des Besatzungslebens in Manhattan.

Ein Fünftel der Söldner blieb in New York hängen und fügte sich der deutschen Gemeinde ein. Unter den Maklern, die 1792 die New Yorker Börse gründeten, befanden sich zwei deutsche, ehemals feindliche Brüder: Peter Ansbach, Artillerieoffizier der Revolutionsarmee, und Alexander Zuntz, der vordem die blaue Uniform der »Hessen« getragen hatte und später Präsident der jüdischen Gemeinde wurde.

Das 19. Jahrhundert mit seinen Einwandererwellen aus der alten Heimat brachte die kurze Blütezeit des Deutschtums von New York. Kleindeutschland an der Bowery wurde dem deutschen Expansionsdrang bald zu eng, so daß schon gegen Ende des Jahrhunderts ein Auszug nach Norden, in das frischerschlossene Dorf Yorkville im nördlichen Manhattan, begann. 1834 hatte die Eisenbahn nach Harlem diese ländliche Gemeinde außerhalb der Stadtgrenzen erreicht, wo die Reichen ihre Sommersitze am East River hatten. Ein Jahr später wurde eine Postkutschen-Linie angelegt. Yorkville wurde damit ein Teil der Stadt und binnen kurzem das neue deutsche Viertel. Es war besonders günstig gelegen gegenüber der Piano-Fabrik Steinway in Astoria, die viele Deutsche beschäftigte und bequem mit der East River-Fähre von der 92. Straße aus zu erreichen war.

Den Schlußpunkt unter die deutsche Besiedlung der Lower East Side setzte ein Unglück, das die deutsche Kolonie schwer traf. Am 15. Juni 1904 hatten sich die Frauen und Kinder der lutherischen Gemeinde auf einen Dampferausflug begeben. Noch in Sicht der Stadt geriet die »General Slocum« auf dem East River in Brand, und durch falsche Manöver des Kapitäns, der dafür später in Sing-Sing landete, kamen über 1000 Frauen und Kinder vor den Augen der entsetzten Bürger an den Ufern in Flammen, Wellen und Dampferschrauben um. Eine verblichene Gedenksäule auf dem Spielplatz von Tompkins Square im Herzen des ehemaligen Little Germany erinnert noch heute, kaum lesbar, an die Katastrophe. Sie war der letzte Anstoß, der die deutschen New Yorker aus den alten Quartieren mit ihren traurigen Erinnerungen nordwärts drängte.

Seither ist Yorkville deutsches Viertel, mit kräftigem Einschuß von Ungarn, Tschechen und Slowaken, die nach dem Ersten Weltkrieg kamen und zu dem mitteleuropäischen Charakter des Distrikts beitrugen. Doch das heutige Bild von 86. Street, der großen Einkaufsstraße der Gegend, auch »Sauerkraut-Boulevard« genannt, ist ein trauriges Beispiel dafür, wie »Entwicklung« das ethnische Gewebe einer Stadtgemeinde zerstört. Die Hochbahn ist Yorkvilles Schicksal geworden. Als die »El« entlang Third Avenue 1834 das Dorf sieben Kilometer nördlich von City Hall erreichte, begannen Mietshäuser die Landsitze der Reichen zu verdrängen. Der Abriß der Hochbahngerüste 1956 löste einen neuen Bauboom aus. Teure Wohntürme ersetzen jetzt die hinfälligen, von Ruß und Baustrukturen verdunkelten Altbauten der Gründerzeit. Yorkville wurde zum zweitenmal »erschlossen«, diesmal für eine wohlhabendere Bürgerschicht, welche die alternden Mitteleuropäer Haus für Haus aus ihrem angestammten Viertel treibt. Anfang der siebziger Jahre witterte das Kaufhaus Gimbel finanziellen Segen in dieser aufstrebenden Gegend und baute gegen den erbitterten Widerstand der Kleinhändler und Anwohner eine gleißende Filiale auf die 86. Straße. Seither hat das fatale Wort von der »reichsten Suburb« in Manhattan dem Viertel immer neue Luxusbauten beschert. Die Nordseite von 86. Street ist heute eine Parade vorgestanzter Wohntürme, die Kettenrestaurants und Branchenbetriebe nach sich ziehen.

Der Circulus vitiosus der Bodenspekulation hat für Yorkville begonnen; der Bodenpreis hat sich seit dem Abriß der »El« versiebenfacht, Bauunternehmer entdecken günstiges Terrain, Ladenmieten erhöhen sich so drastisch, daß der kleine Kaufmann aufgeben und Großbetrieben weichen muß. Das Viertel verliert sein Gesicht. Wo früher sentimentale deutsche Filme spielten, zeigt heute ein Doppelkino ›The Meanest Street Fighter in Town‹. Die Buchhandlung Kerekes, in deren Fenster Struwwelpeter neben Günter Grass und dem Lorcher astrologischen Kalender auslag, ist jetzt um die Ecke in den vierten Stock gezogen, während schräg gegenüber das Bücher-Unternehmen Marboro zum Kauf von Sprachkassetten für Spanisch, Japanisch, Suaheli ermuntert. Das Restaurant im Haus des »New York Turn-Vereins« ist nicht mehr »Jager House«, wo man Rehbraten zu Geigenmusik speisen konnte, sondern »Spaghetti Works«, und an den Tischen der »Blauen Donau« ißt man jetzt chinesisch.

Wo noch bis vor kurzem das German Brauhaus stand, gibt es nun Fish & Chips und den Schnellimbiß Burger King. Noch lädt die »Lorelei« zu *Dancing and Dining* ein, und eben hat das Café Hindenburg, das die Büste des greisen Feldherrn im Fenster durch ein diskreteres Bild ersetzt hat, seinen Mietvertrag noch um ein Jahr verlängern können.

Doch ist es nur eine Frage der Zeit, wann der deutsche Charakter von Yorkville ganz verschwindet. Noch ist die Südfront des Straßenblocks zwischen Third und Second Avenue kompakt deutsches Gelände, vom Bremenhaus, der Hochburg deutscher Delikatessen, bis zu Schaller & Weber, dem Paradies der Würste, Schinken, Rindsrouladen. Noch findet man hier Leberklöße, Sauerbraten oder Königsberger Klops in Café Geiger und Bavarian Inn, noch kann man Nachmittage über Sacher und Schwarzwälder Torte in der Kleinen Konditorei verträumen. In Karl Ehmers Pork Shop wird deutsch gesprochen wie in Mielkes Schallplattenladen, in der Apotheke sind Lindenblütentee und Klosterfrau Melissengeist, bei Elk Marzipan und Schokoladen-Osterhasen zu kaufen. Doch zwischen Café Heidelberg und Little Platzel nistet sich der »Fortschritt« ein, der Kneipen und Konditoreien durch Schnellimbisse und Saftpreßautomaten ersetzt.

Das nördliche Wahrzeichen von Yorkville ist mit Beginn der siebziger Jahre verschwunden: die ziegelroten Schornsteine und Bastionen der Ruppert-Brauerei, auf deren Gelände sich heute drei Wohntürme erheben. Ruppert war die letzte deutsche

Brauerei in Manhattan, als sie 1966 den Betrieb einstellte. Vor dem Ersten Weltkrieg brauten noch 70 deutsche Brauereien Bier in New York. Dann kam die Prohibition, die sich in den Annalen des New Yorker Turnvereins als fast so schlimme Katastrophe ausnimmt wie der Weltkrieg. Kein Wunder: nicht nur deutsche Sitte, auch viel deutscher Wohlstand war in den Brauereien investiert. So hatte der Verein nach Kräften, wenngleich erfolglos gegen »die intoleranten und bigotten ›Trockenen‹« gekämpft, mit gutem Grund. Denn »wenige Gruppen hatten eine bessere moralische Berechtigung für diese Haltung als die Turner, die über drei Generationen hin bewiesen hatten, daß alkoholische Getränke mit Maßen in ihren Hallen getrunken werden konnten, und zwar im Kreise der gesamten Familie einschließlich der Kinder, und die damit ein beispielhaftes geselliges Leben entwickelt hatten«.[19] Als 1933 nach 16 »trockenen« Jahren die Prohibition aufgehoben wurde, nahmen noch 14 Brauereien den Betrieb wieder auf. Vor zehn Jahren gab es nur noch drei New Yorker Marken – Ruppert, Rheingold, Schäfer –, doch in diesem Jahr sind die beiden letzten Betriebe, die noch in Brooklyn Bier mit deutschen Arbeitern produzierten, deren Familien zum Teil seit Generationen im gleichen Gewerbe tätig waren, vor den hohen Betriebskosten in der Stadt in die umliegenden Provinzen verzogen.

Die deutsche Bevölkerung in New York geht seit Jahren zurück, von 762 000 um die Jahrhundertwende auf 210 000 nach der Volkszählung 1970. Den letzten Schub hatten ihr die Fluchtwellen der Hitler-Jahre zugeführt. In einer Zeit, in der die deutschsprachige Presse der Stadt auf eine Tageszeitung und das (heute noch existierende) Wochenblatt ›Plattdeutsche Post‹ geschrumpft war, gründeten die neuen Einwanderer sogar eine neue Zeitung, den ›Aufbau‹, das Wochenblatt der deutschen Juden, von Manfred George seit 1938 geleitet, heute von Hans Steinitz geführt und immer noch mit einer relativ stabilen Auflage von 30 000 Exemplaren, von denen viele freilich an Abonnenten im Ausland gehen.

Das deutsche Stammblatt ist die 140 Jahre alte ›New Yorker Staats-Zeitung und Herold‹, die bis vor kurzem letzte Tageszeitung unter der deutschsprachigen Presse in Amerika, die um die Jahrhundertwende noch 800 Titel zählte, davon fast 100 Tageszeitungen. Heute erscheint auch die ›Staats-Zeitung‹, wie die deutschen Blätter in Chicago und Detroit, nur noch zweimal in der Woche. Wie bei allen fremdsprachigen Zeitungen in New

York, waltet auch bei der ›Staats-Zeitung‹ eine gewisse Schieläugigkeit; der Blick des Lesers ist auf zwei Kontinente zugleich gerichtet. So kann es zu kuriosen Gedankensprüngen kommen. »Festliches Dinner am 5. März« feiern die Westfalen-Damen in der Bavarian Inn auf 86. Street. Doch die frohe Kunde »Schweinebauch wurde billiger« gleich daneben berichtet von einer Preissenkung auf »4,98 Mark je Kilogramm« für diesen Artikel, die dem New Yorker Konsumenten wenig nützt; die Bonner Meldung illustriert den Preisstand im alten Vaterland, der Dollar-Kundschaft recht entfernt. Die Inserate zeigen die Schrumpfung des Angebots auf 86. Street; um den »Farbfilm-Jux ›Unsere tollen Nichten‹« zu sehen, muß man schon nach Ridgewood in Brooklyn fahren. Sie weisen auch auf die finanzielle Basis der Zeitung hin, mit der sie sich heute über Wasser hält: die Organisierung von Bus-Fahrten »im Kreise deutschsprechender Landsleute«, von Tages- und Wochenendausflügen in die »Amerikanische Schweiz« (*White Mountains* in New Hampshire) oder ins »Rheinland von Amerika« (den Hudson aufwärts) hält nicht nur »die ›Staats-Herold‹-Leserfamilie« beisammen, sondern auch die Zeitung am Leben.

Doch nicht alle ›Staats-Herold‹-Leser sprechen deutsch. Ein großer Teil der Kundschaft kauft die Zeitung nur wegen ihrer letzten Seite, auf der, in Englisch, das *Soccer Schedule* steht. Die Fußballtabelle vereint die Völkerschaften, die in dieser Zitadelle des Baseball und des Football dem Sport der alten Heimat huldigen. Die Vereine, die da kleingedruckt die Spalten füllen, weisen auf die Leute, die, weit über die deutsche Leserschaft hinaus, die ›Staats-Zeitung‹ wegen ihrer kompletten Fußballberichterstattung kaufen: Croatia und New York Ukrainians, Shamrock und Palermo, Bavarians und Olympiacos, Doxa, Gjoa, Istria, Lithuanians und American Czechs, Polonia, Dalmatinac, Columbiana, Banatul und Cypriots. Von Major Division North bis South Reserves ist alles, was einen Ball noch mit dem Stiefel stößt statt mit der Hand, im Fußballplan des deutschen Blatts vereint.

Die Iren
Die Geburt des Funktionärs

Mag Sankt Patrick seinen Heiligenschein verloren haben – »und Gott vergebe der Kurie dafür«, schreibt ein erboster irischer Priester –, für New York ist er noch immer der Schutzpatron. Wenn grüne Girlanden sich um die Doppeltürme von St. Patrick ringeln, wenn grüne Luftballons vom Rockefeller Center schweben, wenn ein Polizist mit Namen Mullahy oder O'Connor am 17. März Schlag zwölf Uhr mittags die grüne Trillerpfeife bläst, so daß Fifth Avenue für die nächsten fünf, sechs Stunden widerhallen wird vom Lärm der Blaskapellen, Dudelsäcke und Marschierer: dann wandelt sich New York zurück zur irischen Metropole, die es fast ein Jahrhundert lang gewesen ist.

Am St. Patrickstag trägt jeder Grün. Blaugefrorene Mädchenbeine unter Miniröcken stampfen nach dem Kommando der Majoretten in grünen Socken, die Würdenträger tragen grüne Schlipse über grünen Hemden unterm grünen Hut, grüngefärbte Nelken stecken im Knopfloch und an Polizistenmützen, Locken kräuseln sich an grünen Perücken, und das Kleeblatt ist allgegenwärtig. Selbst der Stammbettler vor dem Kaufhaus hat seinem Blindenhund ein grünes Deckchen umgebunden. Hinter gestickten Bannern marschieren auf der grünen Linie, die an diesem Tag Fifth Avenue markiert, die Leute aus Limerick und Tipperary, die Kerrymen und die vom County Cork. Mit geschmeidigem Katzenschritt führt der Tambourmajor die Dudelsäcke an. Hinter Trommlern und Pfeifern im Kilt marschieren die »Emerald Societies« von Feuerwehr und Polizei, und die uniformierten »Friendly Sons of St. Patrick« haben den irischen Wolfshund als Maskotte.

Priester und Nonnen führen ihre Herde katholischer Schüler an, und auf den Stufen von St. Patrick nimmt der Erzbischof von New York den Vorbeimarsch ab. Die Fahnen senken sich vor ihm zum Gruß, die Majoretten wirbeln ihre Stäbe, das Marschkorps der Fordham-Universität exerziert mit geschultertem Gewehr den Queen-Anne-Salut, und Würdenträger scheren aus und küssen, in die Knie sinkend, den Jade-Ring des Kardinals, der nur an diesem Tag getragen wird. Jeder New Yorker, ob Jude oder Protestant, ob aus Palermo oder Warschau stammend, darf sich am St. Patrickstag als »Sohn von Erin« fühlen.

Doch alles Trommeln und Pfeifen und noch so viele Kleeblätter verhüllen nicht den Tatbestand, daß die Iren New York nicht mehr beherrschen. Die irischen Kneipen, die noch bis in die sechziger Jahre Third Avenue in lückenloser Kette säumten, sind den neuen Bürohochhäusern gewichen, und die Lokalpolitiker tragen neuerdings Namen wie Badillo und Garelik. Das New Yorker Telefonbuch verzeichnet noch immer fast 4000 Kellys, die Levys und Shapiros stehen ihnen indes kaum nach. Und doch: mögen die Italiener zu ihren Festen 50000 Menschen auf die Straße bringen, mögen die Portorikaner im Juni über Stunden Fifth Avenue aufwärts tänzeln, mit keinem Volksteil fühlt sich der New Yorker so identisch wie mit den Söhnen von St. Patrick.

Die Iren sind mehr als andere Minderheiten Modell-Amerikaner, aufrechte Patrioten und Hüter jener Werte, in denen sich für viele das bessere Amerika verkörpert. Sie vertreten die alte Ordnung, die dem von keinem Zweifel angefochtenen Bürger lieb und teuer ist. In der Patricks-Parade marschieren die dunkelblauen Kolonnen der Polizisten unter dem Kleeblatt-Banner als *New York's Finest*, wie sie sich gern nennen lassen, und keiner schimpft sie *Pigs*. Am Tag der Iren feiert sich die Macht des kleinen Mannes, der diesen Stadtstaat kontrolliert. Denn weder Patriziat noch akademische Elite, sondern der Mann des Volkes hat seit Ankunft der Iren in New York regiert. Die Iren haben das Modell gesetzt für eine wirkliche Volks-Demokratie, dauerhafter als das Regime der Gracchen, sie haben den Stadtstaat geschaffen, in dem die Plebejer an der Macht sind. Darum feiert New York am Patrickstag sich selbst, und keinem Bürgermeister käme es in den Sinn, sich nicht in Irisch-Grün an der Spitze des Zuges einzufinden.

Die Iren sind Modell-Amerikaner schon deshalb, weil sie als erste Massenwelle ins Land geflutet sind und damit vorweg erlebten und zu überwinden hatten, was allen späteren Minderheiten widerfuhr: Mißgunst, Vorurteil, Diskriminierung. Sie hausten in den dürftigsten Quartieren, und Arbeitsplätze wurden ihnen unzugänglich durch den Hinweis: *No Irish Need Apply*. Dem Iren – dem »Paddy« – als erstem galt die Redensart, von einem Präsidentschaftskandidaten gemünzt, die später, auf Juden angewendet, als geflügeltes Wort immer dann auftauchte, wenn Antisemitismus abgestritten wurde: »Manche meiner besten Freunde sind Iren.« An allem, was in der Stadt nicht funktionierte, erhielten die Iren Schuld; sie füllten die Gefängnisse und fielen der Wohlfahrt zur Last so wie die schwarzen Zuwanderer ein Jahrhundert später. Als Störenfriede, Fremdkörper und Problem im städtischen Getriebe waren die Iren die Neger des 19. Jahrhunderts.

Die Hungersnöte der Jahrhundertmitte hatten die Iren zu Scharen nach Amerika getrieben. Binnen kurzem machten sie New York zur größten irischen Gemeinde außerhalb Dublins. Sie siedelten sich in dem morastigen Gebiet von Five Points an, in der Gegend des heutigen Foley Square zwischen Rathaus und Chinatown. Dort war der ehemalige Stadtteich nur ungenügend zugeschüttet worden, die Häuser begannen abzusinken, ihre Fassaden wurden rissig, die Bürger zogen aus, und die Einwanderer aus Irland zogen in das seuchen- und verbrechensträchtige Gelände. Um 1840 war hier bereits ein schlimmer Slum. Viele der Zugewanderten, die meist ohne ihre Familien gekommen waren, suchten in den zahlreichen Kneipen Trost. Fast sechs Millionen Iren wanderten im 19. Jahrhundert nach Amerika aus, und zu Beginn der neunziger Jahre war New York bereits zu einem Drittel irisch.

Nicht nur, weil sie arm und ohne feste Berufe waren, erregten die Iren das Mißtrauen der Alteingesessenen, sondern mehr noch wegen ihrer Religion; sie waren die ersten Andersgläubigen, die in großen Massen kamen. Zwar gab es seit dem späten 17. Jahrhundert Katholiken in New York; die erste St. Patricks-Kirche war 1815 in Mulberry Street gebaut worden, und das Grundstück der heutigen Patricks-Kathedrale auf Fifth Avenue war 1828 als Friedhofsgelände erworben, doch als zu steinig für diesen Zweck verworfen worden. 1826 gab es drei römisch-katholische Kirchen mit sechs Priestern in New York, und 1850 erhob Papst Pius IX. das Bistum New York zur Erzdiözese.

Doch wenn sich die Katholische Kirche von Amerika aus einer verachteten Sekte Andersgläubiger zu einer Macht entwickelt hat, die heute 48 Millionen Mitglieder zählt (fast ein Viertel der Bevölkerung), so ist dies das Verdienst der Iren. Sie haben bis vor kurzem fast ausschließlich den amerikanischen Klerus gestellt und erst sehr allmählich Italiener und Andersstämmige in die Hierarchie gelassen. Der New Yorker Kirche zumal haben die Iren vollkommen das Gepräge gegeben; noch heute gibt es unter 14 Bischöfen der Kirchenprovinz New York nur zwei Italiener und einen Skandinavier, der Rest ist irisch.

Der Journalist Gay (Gaetano) Talese berichtet, wie er, im nahen New Jersey aufgewachsen, als Italiener ein Außenseiter in einer von Iren beherrschten katholischen Gemeinde war; die irischen Priester teilten dem italienischen Ministranten stets die unbeliebte Frühmesse morgens um sechs Uhr zu. »Die katholische Kirche«, schreibt Talese, »war mir fremd, weil sie irisch war.«[20]

Diese irische Dominanz hat der Katholischen Kirche von Amerika ihren nüchtern konservativen und antiintellektuellen Charakter gegeben. Es ist ein Katholizismus ohne Grazie und ohne intellektuelle Leistung; wer je die Kardinäle Spellman oder Cushing mit Kelch und Hostie hat hantieren sehen, weiß erst, was Messe *zelebrieren* heißt. Diese Kirche wurde aus einem Land, das fast als einzige christliche Nation des Mittelalters ohne Universitätsgründung geblieben ist, in die Neue Welt verpflanzt, eine Schöpfung des nachrevolutionären Zeitalters ohne unmittelbar römische Tradition. Hat, so ist gefragt worden, Amerikas Katholizismus, bürgerlich-jansenistisch, puritanisiert, calvinistisch und dehydriert, wie er ist, »das ehrbare Adjektiv ›*römisch*-katholisch« überhaupt verdient?«[21]

Der Aufbau eines eigenen Schulsystems, den das Verbot von Religionsunterricht in den öffentlichen Schulen von New York nötig machte, hat die geistigen Energien der katholischen Iren in Amerika aufgezehrt. Der Klerus war durchgehend unakademisch; Kardinal Cushing hat einmal mit Stolz behauptet, daß sich die gesamte katholische Hierarchie Amerikas aus Arbeiterkindern rekrutiere. In einer »Orgie der Selbstkritik«, die in den fünfziger Jahren dieses Jahrhunderts ausbrach, hat der amerikanische Katholizismus eigene Bilanz gezogen: »In keiner westlichen Gesellschaft ist das intellektuelle Prestige des Katholizismus geringer als in diesem Lande, wo er, gemessen an Reichtum, Zahlen und Organisationskraft, so mächtig ist.«[22]

Dem geistigen Niveau entsprechend, herrscht in den oberen Regionen des Klerus ein heftiges Mißtrauen gegen soziale Neuerungen. Der amerikanische Katholizismus ist konservativ bis zur Verknöcherung. Schon Hughes, der erste Bischof von New York, hat im Jahre 1848 vor den »roten Republikanern aus Europa« gewarnt, und diese Furcht vor »Roten« ist wach geblieben bis in die Ära von Kardinal Spellman, der Weihnachten gern bei Truppen feierte, die gegen den Kommunismus Wache standen. Die Katholiken waren auch gegen die Abolitionisten, die Fürsprecher der Sklavenbefreiung, und bei den *draft riots*, einem Aufstand gegen die Einberufungen im Bürgerkrieg, wurden Neger auf den Straßen von New York von wütenden Iren gelyncht. Rom hat, zumal in diesem Jahrhundert, immer links von New York gestanden und die Schritte der Kirche zur Liberalisierung und zum sozialen Fortschritt riefen, als Öffnung nach links verstanden, in der New Yorker Hierarchie ungläubigen Schock hervor.

Im Funktionärssystem, ob geistlich oder weltlich, bewährt sich offenbar eine spezifisch irische Begabung. Denn konservativ und fest gegliedert wie die Kirche war auch die andere Schöpfung der Iren in New York: die Demokratische Partei. Ohne Kenntnis ihrer so gründlichen wie straffen Kontrolle der Stadt ist New Yorker Politik nicht zu verstehen. In dem Zwei-Parteien-System Amerikas ist New York immer eine Stadt der Demokraten gewesen. Schon 1868 gab es unter 22 städtischen Wahlbezirken nur einen republikanischen, und noch 100 Jahre später kommen auf einen eingetragenen Republikaner vier Demokraten.

Herzstück der demokratischen Parteiorganisation war die Gesellschaft des heiligen Tammany. Dieser Verband sozialer Clubs, zwei Wochen jünger nur als die erste Regierung des Landes und nach einem legendären Indianerhäuptling benannt, pflegte, mit indianischem Ritual und Titeln generös hantierend, patriotische Gesinnung und betrieb Ämterpatronage. Die Tammany Society wurde zum Arm der Demokratischen Partei New Yorks und zum politischen Begriff; binnen kurzem war Tammany Hall nicht nur ein Gebäude, der Tagungsort politischer Clubs, sondern ein Geisteszustand. Hier wurden die Bosse produziert, die das New Yorker Leben beherrschten, und diese Potentaten trugen fast ausnahmslos irische Namen.

Denn Tammany Hall war der einzige Freund der Eingewanderten gewesen, als jeder andere ihnen Obdach und Job verweigerte; hier hatte man den potentiellen Wert der Neuankömmlinge als Stimmvieh sofort erkannt. So half die Parteiorganisation bei der Beschaffung von Einbürgerungspapieren, sie stellte Anwälte und Kautionen, besorgte Lizenzen für Kneipen und verschaffte Stellen bei der Stadtverwaltung als Feuerwehrmann oder Polizist, Lampenanzünder oder Dockarbeiter, Waagemeister oder Marktinspektor. Die Polizei ist seit jener Zeit eine so rein irische Domäne, daß noch heute ein New Yorker Polizeikommissar mit anderem als irischem Namen undenkbar wäre. Bürgermeister Beame konnte auf weites Einverständnis rechnen, als er kürzlich bei einer Feier scherzte, die Holländer hätten zwar New York gegründet, doch die Iren hätten »in der ersten Hälfte des 20. Jahrhunderts die New Yorker Polizeibehörde entdeckt«.[23] Noch immer werden die Söhne des irischen Kleinbürgertums vorwiegend Polizisten oder Priester.

Die Starthilfe wurde in Stimmen für die Demokraten zurückgezahlt; die Demokratische Partei wurde alsbald zur Bastion der Iren. Schamlos wurden Stimmen mit Posten eingekauft, und ein britischer Historiker notierte im New York des 19. Jahrhunderts »ein neuartiges Phänomen: die Regierung der Reichen durch Stimmen-Manipulation der Armen«.[24] So gründlich kamen die Iren ihrer Wahlpflicht nach, daß sich selbst verschwundene Ehemänner pünktlich zum Wahltermin wieder einzustellen pflegten. Korruption und Ämterpatronage kulminierten in der skandalgesättigten Herrschaft von »Boss Tweed«, der in den sechziger Jahren des vorigen Jahrhunderts als Stadtpolitiker und Parteichef New Yorks unumschränkter Herrscher war. Seinen Sturz führte – einer amerikanischen Tradition entsprechend – eine unerschrockene Presse herbei; Enthüllungen in der damals blutjungen ›New York Times‹ und Karikaturen in ›Harper's Weekly‹ über den Boß und seinen korrupten »Ring« brachten Tweed vor Gericht und schließlich hinter Gitter.

Die Herrschaft der Iren über New York war damit indessen nicht beendet, im Gegenteil. Im Jahre 1880 bescherte Tammany Hall der Stadt ihren ersten irisch-katholischen Bürgermeister, William Grace. Von da an war die New Yorker Kommunalpolitik ein Halbjahrhundert lang unangefochten irisch.

Die Demokratische Partei war nicht nur die politische Heimat der Iren, sie war auch, wenn nicht dem Datum, so doch dem Geist nach, ihre Schöpfung. Katholizismus und die besondere Struktur ihrer Dörfer hatten ihnen Respekt und Talent für die Hierarchie der Funktionäre mitgegeben, für ein System, in dem ein jeder seinen zugewiesenen Platz einnahm und eine festgelegte Rolle spielte. Mit der Wanderung in die Neue Welt brauchte nur das Muster von Dorf und Kirche auf den städtischen Organismus übertragen zu werden. Die Iren sind die Erfinder und Beherrscher der politischen »Maschine«, des Apparats der Demokratischen Partei, und angesehene New Yorker bewunderten ihr »großes Talent für Organisation«.[25]

Das Ende der irischen Ära von New York kam 1932. In diesem Jahr stürzte der flamboyante Bürgermeister Jimmy Walker, der vor dem Hintergrund der Depression den leichtfertigen Lebensstil der zwanziger Jahre fortzuführen suchte. 1926 zum ersten Mal ins Amt gewählt, war der populäre und lebenslustige Walker zum Symbol der goldenen Ära nach dem Ersten Weltkrieg geworden, jener euphorischen Jahre, in denen Präsident Hoover schon den Tag in Sicht sah, »da die Armut aus dieser Nation verbannt sein wird«. Doch dann kam der Schwarze Donnerstag von 1929. Binnen weniger Oktobertage lösten sich Dollarwerte von 30 Milliarden in Rauch auf, und das Einkommen der Nation sank auf die Hälfte. Die große Depression begann, diese heftigste Wirtschaftskrise in der Geschichte des Landes. Die Schulden der Stadt New York machten fast die Gesamtsumme der Schulden aller 48 Staaten zusammen aus, und 1932 war jeder vierte New Yorker Bürger arbeitslos.

Jimmy Walker indessen, 1929 zum zweiten Mal gewählt, lebte weiter seinen flotten Lebensstil, Bestechungsskandale häuften sich, bis schließlich Gouverneur Franklin D. Roosevelt eine öffentliche Untersuchung anordnete. Was die Kommission zutage brachte, war haarsträubend, und auf Druck ehrbarer Parteigenossen dankte Jimmy Walker ab und verschwand zu Schiff nach England. Zwei Jahre später begann die Ära La Guardia.

Walker war nicht der letzte irische New Yorker Bürgermeister, doch das Jahr 1932 setzte noch auf andere Weise einen Schlußstrich unter das irische Zeitalter von New York. Der Demokratische Konvent in jenem Sommer, der Franklin D. Roosevelt zum Präsidentschaftskandidaten nominierte, offenbarte die insulare Provinzialität der New Yorker Demokraten innerhalb der eigenen Partei.

Die ersten Differenzen hatten sich im Ersten Weltkrieg ergeben. Zwar waren die New Yorker Iren so gute amerikanische Patrioten wie alle anderen; das 69. New Yorker Regiment, *The Fighting Sixty-Ninth* unter Wild Bill Donovan, kämpfte ruhmvoll im Argonnerwald, und seine Standarten werden noch heute der Parade am St. Patrickstag vorangetragen. Doch die irischen Amerikaner befanden sich in einer schizophrenen Situation. Sie waren gute Amerikaner und irische Nationalisten zur gleichen Zeit, das heißt, sie waren anti-englisch, finanzierten die rebellischen *Sinn Feiner* in der alten Heimat und betrachteten mit Unmut die anglo-amerikanische Entente. Eamon de Valera, der erste Präsident der Irischen Republik, war in New York geboren, und Woodrow Wilson blieb für die New Yorker Iren stets der »Ulster-Protestant«.

Die dreißiger Jahre kündigten den New Yorker Demokraten

die Chance an, endlich einen der Ihren ins Weiße Haus zu bringen. Al Smith, katholisch und ein Kind der Lower East Side von New York, bewarb sich um die Nominierung zum demokratischen Präsidentschaftskandidaten, doch der Parteikonvent entschied für Franklin D. Roosevelt. Die New Yorker Demokraten haben sich von diesem Schlag nie ganz erholt, und sie haben Roosevelt seinen Sieg niemals verziehen. Der Erfolg von Roosevelt und sein New Deal waren der Todesstoß für die New Yorker Demokratische Partei in ihrer hergebrachten Form; er kündigte das Ende der irischen Ära der Partei an.

Zwischen Bürgerkrieg und Zweitem Weltkrieg ist jeder demokratische Präsidentschaftskandidat ohne die Stimmen der New Yorker Delegierten vom Konvent nominiert worden. Seit Roosevelt begannen die Iren von New York bei Präsidentschaftswahlen für den republikanischen Kandidaten zu stimmen. Eisenhower war ihr Mann, und selbst John F. Kennedy vermochte nicht, die New Yorker Demokraten für sich zu gewinnen. Es ist nicht ohne bittere Ironie, daß der erste irischkatholische Präsident des Landes nur mit ganz knapper Mehrheit bei den New Yorker Demokraten siegte. »Mehr irisch als Harvard zu sein«, hatte der greise Dichter Robert Frost dem jungen Kennedy geraten; doch für die New Yorker Iren war an Kennedy noch immer zuviel Harvard. Selbst an New Yorks katholischer Fordham-Universität erhielt Kennedy Stimmenmehrheit nur dank der jüdischen Studenten.

Die Entfremdung der New Yorker Demokratischen Partei war zu tief, um von den Iren selbst überwunden zu werden. Der Zug der Zeit hatte sie in einen Schmollwinkel getrieben, aus dem sie sich nicht befreien konnten. Die Jahre nach dem Zweiten Weltkrieg brachten den Vorrang von Problemen vor Personalien, und damit fertig zu werden, bedurfte es einer neuen Parteistruktur. Eine Generation junger, akademisch geschulter Leute drang auf Wandel in der Partei, und eine Koalition von Reformern führte in der demokratischen Vorwahl von 1961 den Sturz des Funktionärapparats von Tammany Hall herbei.

Damit hatte das irische Element die Kontrolle über die New Yorker Demokratische Partei endgültig verloren. Die Veränderung durchdrang das ganze öffentliche Leben: liberale Demokraten verbündeten sich mit liberalen Republikanern, um den Republikaner Lindsay 1965 ins Bürgermeisteramt zu bringen. Stück für Stück wurden jetzt die irischen Bastionen abgebaut. Das ging nicht ohne Gegenwehr, denn in den Arbeitsscharen der öffentlichen Dienste herrschen die Iren noch immer vor. Auch unter Lindsay hießen New Yorks Polizeikommissare noch Leary, Broderick und Murphy; als der neue Bürgermeister dem Polizeichef je einen Juden und einen Neger als Chefinspektoren zuernannte, gab es einen Massenrücktritt in den höheren Chargen der Polizei. Die Gewerkschaftsführer der öffentlichen Dienste, die das New Yorker Leben auf ein Kommando zum Stillstand bringen können, heißen noch immer Kiernan (Polizei), Maye (Feuerwehr) und Guinan (Verkehrsbedienstete). »Einige von uns sind noch übrig«, wie es in einer Redensart der Iren heißt. Doch das letzte Hurra ist im Clubhaus verhallt, und der letzte vom Stamm der alten Bosse, Bürgermeister Daley, residierte in Chicago, nicht in New York.

Die sechziger Jahre gehörten den Reformern und den Liberalen. Die Juden rückten auf die Plätze, die vordem Iren besetzt gehalten hatten. Selbst bei der Revolte der »Ethnics«, die auf die liberale Dekade folgte, waren die Iren nicht mehr in der Führung. Die breite Front der Unzufriedenen, die sich von der »akademischen Elite« übersehen und verachtet fühlten, schloß italienisches, irisches, polnisches, jüdisches Kleinbürgertum zusammen. Bei dem Aufstand des kleinen Mannes gegen die »Limousinen-Liberalen« in der Bürgermeisterwahl von 1969 hieß der Fahnenträger nicht mehr Kelly, O'Hara oder Sullivan, sondern Mario Procaccino.

Die Italiener
Die transatlantische Familie

In Greenwich Village verehren sie den heiligen Antonius von Padua. In Brooklyn schleppen kräftige Männer den heiligen Paulinus von Nola samt Musikkapelle auf einer 20 Meter hohen Säule – dem *giglio* – auf ihren Schultern durch die Straße, und wer die Lotterie spielt, vertraut auf einen Patron, den weder Iren noch Polen kennen: Sankt Pantaleone, der die rechte Nummer wählt. Doch wo das italienische Herz von New York am schnellsten schlägt, da herrscht San Gennaro, der Heilige von Mulberry Street, Manhattans Little Italy.

Diese enge Straße, die sich von Chinatown aus nordwärts fädelt, durchläuft sieben Blocks lang kompakt süditalienisches Revier. In Greenwich Village residiert das Bürgertum aus Genua und der Toskana. In Queens und Staten Island siedelt, wer sich ein Häuschen erspart, es selbst gebaut hat und im Hintergarten den dürren Stamm des Feigenbaums mit Lappen gegen die Kälte dick umwickelt. Dort wohnen Advokat und Anwalt, alles, was ein Dottore vor dem Namen führt; in Staten Island hat auch Giuseppe Garibaldi im Exil vier Jahre lang als Kerzengießer sein Brot verdient. Mulberry Street indessen hat seit den achtziger Jahren des vorigen Jahrhunderts die Scharen der Süditaliener aufgenommen, die sich aus den verarmten Provinzen des Mezzogiorno nach Amerika ergossen.

Drängten nicht heute die Chinesen in das Viertel vor, Mulberry Street hätte sich seit jenen Tagen kaum verändert. Noch immer ist dies eine dichtgewobene süditalienische Enklave, in der man des Englischen kaum bedarf. Das Leben spielt sich auf der Straße ab. Vor den blinden Fenstern der Clubs, die Andrea Doria Civic Association heißen oder Società San Gennaro Napoli e Dintorni, sitzen die Männer rittlings auf Stühlen, die Tasse Espresso vorsichtig balancierend, während die Frauen von oben her am Fenster an dem Treiben teilnehmen, die Unterarme in Kissen auf dem Fensterbrett gebettet. »Luciiiiiiia!« gellt es über die Straße, und »Subito, subito!« schallt's zurück. Hier kann man Makkaroni-Maschinen und Espresso-Kocher kaufen, Käsereiben liegen neben Knoblauchpressen. Heiligenbilder und Madonnen hält der Buchladen bereit, und über die Straße schluchzt ein Sänger aus dem Grammophon von amore.

In der Salumeria hängen die Salamis, türmen sich die Olivenölkanister. Gegenüber wehen Käsedüfte aus der Mozzarella- und Ricotta-Fabrik. Caruso ist hier nicht Sänger, sondern bietet Obst und Gemüse feil. Bei Luna oder Angelo, Grotta Azzurra oder Mare Chiaro tafeln gesprächige Familien, ein Duft von Knoblauch hüllt noch die Bäckerei Pappalardo ein, und der Begräbnisunternehmer Joseph Graziano ist die letzte Station für manchen Bewohner, der Mulberry Street sein Leben lang nicht zu verlassen brauchte.

Dies ist *the urban village*, wie die Soziologen sagen, die spezifische Schöpfung der Italiener in Amerika, das Dorf in der Stadt. New York hat viele solcher italienischen Gemeinden, in East Harlem oder Corona, Staten Island, South Brooklyn und in Greenwich Village, Straßenzüge, in denen jeder Laden italienisch heißt, oder Siedlungen von Einfamilienhäusern mit kleinen Madonnen und Heiligenfiguren, die in Gipsgrotten auf dem Rasen stehen. An manchen Tagen erscheint uns die ganze Stadt als eine italienische *communità*. Vor unserer Haustür parkt das Auto des Klempners Rolandelli, vor dem Hotel gegenüber werden Kisten von Licatas Fischmarkt ausgeladen. Der Doorman des Apartmenthauses liest den Sportteil des ›Progresso Italo-Americano‹, während ein Haus weiter der Maler Faciano die Leiter anlegt. Bondinis Restaurant wird mit Panettone beliefert, *the champagne cake*, wie auf Bäcker D'Aiutos Lieferwagen steht. Um die Ecke schleppt Bäcker Veniero Tablette voller *Sfinge* und *Cannoli* in Balduccis Feinkostladen, und ein paar Schritte weiter hören wir jemanden in einer offenen Telefonzelle sagen: *His name is Tarantula, a real nice guy*. Kein Wunder, wenn uns statt *good morning* ein *buon giorno* auf die Zunge kommt.

Was zwischen 1880 und 1920 nach New York geströmt kam, das waren die Arbeitsheere, welche die Eisenbahnschienen in Europa gelegt, die Alpentunnel geschlagen, die Häfen Nordafrikas aufgeschüttet hatten. Es waren die *contadini* aus Apulien, Calabrien und Sizilien, für die sich in der Heimat keine Arbeit fand. Diese Scharen von ungelernten, doch arbeitswilligen Landarbeitern kamen eben zurecht für die Periode der städtischen Expansion: sie fanden, wenn sie nicht gleich als Dockarbeiter angeheuert wurden, Beschäftigung in der Bauindustrie. Italiener haben das New York des beginnenden 20. Jahrhunderts gebaut, sie haben die Wolkenkratzer aufgetürmt und die Tunnel des neuen Untergrundbahnsystems gegraben. Als Präsident Wilson bei einer Gesetzesberatung auf die Rückwanderung der Italiener hingewiesen wurde, die ihre Ersparnisse mit sich nähmen, entgegnete er: »Aber sie haben uns die Untergrundbahntunnels hiergelassen, nicht wahr?«

Tatsächlich waren die Italiener in den meisten Fällen nicht nach Amerika gekommen, um hier zu bleiben wie die Deutschen, die Iren und die Juden. Die italienischen Männer kamen, um Geld für ihre Familien zu verdienen. Frauen und Kinder blieben in der alten Heimat, und wer als Junggeselle nach Amerika gekommen war, der ging zu Heirat und Familiengründung nach Italien zurück. Viele »Gastarbeiterkinder« wuchsen bei Mutter und großelterlicher Familie in Italien auf, ehe sie den Umzug in die neue Heimat unternahmen.

Das Gros der Einwanderer füllte die Klasse der *blue collar worker*, des Arbeiterstandes, und bis heute beherrschen die Italiener die Bauindustrie und verwandte Gebiete sowie die Müllabfuhr. Der Chefingenieur im städtischen Budgetbüro heißt Zandalasini, und als Bürgermeister Lindsay für seinen Wahlkampfleiter Aurelio einen Regierungsposten erwog, da riet ein Kommunalpolitiker ganz selbstverständlich zur Straßenreinigungsbehörde, »weil doch Aurelio Italiener ist.«

Bis in die jüngste Zeit hinein war die New Yorker italienische Gemeinde eine geschlossene Gesellschaft, geprägt von den Charakterzügen der Sizilianer, welche die größte Gruppe der Einwanderer stellten. Hier gab es keine Karriere-Ambitionen, kein Streben aus der Klasse hinaus, nicht den Drang nach Höherem, der die gleichzeitig ins Land gekommenen Juden antrieb. Übermäßiger Ehrgeiz endet übel, wie die Sprichwörter aus der alten Heimat versichern. Mit Skepsis und dem Fatalismus, den die Armut lehrt, wird die Außenwelt betrachtet. Mißtrauen bis zur passiven Resistenz, besonders gegen die Behörde, ist die Mitgift einer Landschaft, die Jahrhunderte wechselnder Fremdherrschaften erlebt hat. Verlaß ist einzig auf die eigene Familie. So werden die Kinder auch nicht angefeuert, sich zu bilden; sie bleiben räumlich und geistig den Eltern nahe, sollen sich nicht besser dünken als diese.

Die Schule ist ein notwendiges Übel, das die Kinder so bald wie möglich hinter sich bringen sollen, um den Eltern beim Lebensunterhalt zu helfen. Immerhin ist sie gut dazu, Gehorsam und Disziplin zu lehren. Italienische Eltern schicken ihre Kinder gern auf katholische Schulen, denn »die Nonnen, die halten wenigstens auf Zucht und Ordnung«, was von den Lehrerinnen der öffentlichen Schulen kaum erwartet wird. Von Bildung hält man in Mulberry Street nicht viel; »Erziehung hilft meinem Jungen, den bösen Buben fernzubleiben«, basta. Heiraten die Kinder, bleiben sie den Eltern nah, manchmal in der gleichen Wohnung. 40 Prozent von New Yorks Italienern leben noch im gleichen Viertel, in dem sie aufgewachsen sind, verglichen mit nur 14 Prozent der Juden und 17 Prozent der Iren. »Wie könnten wir auch wegziehn?« fragt einer, der in der schrumpfenden italienischen Enklave von East Harlem wohnt. »Hier sind wir zu Hause, hier spricht man unsere Sprache, hier wohnen alle unsere Freunde und Verwandten. Von hier können wir nicht fort.«

Aus der alten Heimat haben die Einwanderer ein tiefsitzendes Mißtrauen auch gegen die Kirche mitgebracht, denn der Klerus in Sizilien stand gewöhnlich auf seiten der Landbesitzer. In New York fanden die Italiener einen Katholizismus vor, der ihnen fremd war, von Iren beherrscht und ohne rechte Verehrung für die Madonna. Dies war nicht die gewohnte matriarchalische Religion, und auch für die lokalen Heiligen, die mit über den Atlantik gekommen waren, fand sich hier kaum Platz. Zwar ist die sonntägliche Messe in den Kirchen der italienischen Viertel stets gut besucht, denn die Italiener sind fromme Leute. Doch werden ihre Söhne selten Priester, aus Abneigung gegen das Zölibat und wegen der Übermacht der Iren im New Yorker Klerus. So gibt es noch heute nur zwei Italiener im Oberrang der Hierarchie: Bischof Mugavero von Brooklyn und Bischof Pernicone, einen Hilfsbischof der New Yorker Erzdiözese. Dafür haben die Italiener mit Straßenfesten, Prozessionen, Heiligenkapellen eine volkstümliche Note in den bis dahin eher harschen New Yorker Katholizismus gebracht.

Ins Schneckenhaus der Familie zieht man sich mit allen Sorgen und Problemen zurück. Selten nimmt ein Italiener die öffentliche Wohlfahrt in Anspruch. »Mein Vater hat zwei Jobs zugleich gehabt«, sagt Stephen Adubato, »und er hat gearbeitet, bis er im Alter von 45 Jahren tot umfiel. Herzschlag. Meine Mutter arbeitet mit über 60 Jahren immer noch in der Fabrik. In unserem Hause gab es kein Badezimmer, keine Heizung und kein Telefon. Aber niemand hat sich je beklagt.« Die Italiener aus dem kargen Süden erwarten nicht viel vom Leben. Daheim hatte der Landbesitzer sie in knapper Abhängigkeit gehalten, hier beutete sie der Padrone aus. Dies war der Agent, der sie an den Arbeitsplatz vermittelt hatte, das sprachgewandte Bindeglied zur fremdsprachigen Umgebung. Die Padroni kontrollierten den italienischen Arbeitsmarkt; gegen ihren Widerstand mußten die Einwanderer ihre Gewerkschaften erzwingen. Ohnehin gab es lange so gut wie keine Selbsthilfeverbände bei den Italienern in New York. Der kräftig entwickelte Familienegoismus hat karitative Vereine in der italienischen Kolonie erst spät und widerstrebend entstehen lassen; in den zwanziger Jahren, als schon fast eine Million Italiener in New York lebten, gab es hier 37 Wohlfahrtsorganisationen allein für jüdische Kinder, elf für junge Iren, aber nur eine einzige für Italiener, und die war einem größeren katholischen Hilfsverein angeschlossen. Geld wird gespart, nicht ausgegeben, und schon gar nicht außerhalb der Familie. Mit dem, was man verdient, holt man weitere Verwandte nach. Oder man baut sich ein Häuschen oder kauft ein kleines Geschäft, ein Restaurant, in dem sich die Familie beschäftigen läßt. Seit den neuen Einwanderungsbestimmungen der sechziger Jahre, die den Zuzug von Verwandten ersten Grades fördern, stellen die Italiener die größte Einwanderungsgruppe nach Amerika: lauter Angehörige, 8000 jährlich, die vorwiegend in Familienbetrieben Arbeit finden.

Die Italiener sind mit der alten Heimat stets enger verknüpft geblieben als andere Völkerschaften. Ein dichtes transatlantisches Familiengewebe hält die Sippe zusammen, und Zuwanderung vom alten Kontinent läßt die Familienunternehmen auf dem neuen blühen. Wie anders hätte sich Louis Balducci vom Straßenhändler, der Äpfel und Orangen vom Wagen feilbot, zu der berühmten gastronomischen Institution entwickeln können, die er heute ist? 1904 war der junge Mann aus Corato in Apulien nach New York gekommen, weil ihm das heimatliche Provinznest, wo die Familie Obst anbaute, zu eng geworden war. »Mein Vater hatte schon früh einen ausgeprägten Geschäftssinn und war neugierig auf die andere Seite der Welt«, erklärt Andy, der heute fünfzigjährige Sohn. So ging der Vater nach New York, wo er zunächst mit Stangeneis und Kohlen handelte, aber bald auf Obst umschwenkte, das er vom Wagen verkaufte. Nach dem Weltkrieg ging er nach Italien zurück, um sich dort seine Frau zu holen, Maria, das Nachbarskind; die Ehe war, wie üblich, von den beiderseitigen Eltern gestiftet worden. Um diese Zeit hatte Balducci schon ein gutgehendes Grünkramgeschäft in einer polnisch-italienisch gemischten Gegend von Brooklyn, in der viel Rüben, Kohl, Kartoffeln umzusetzen waren.

Maria Balducci bekam in New York Heimweh nach der Mutter – sie war das einzige Mädchen unter sieben Brüdern –, und so reiste die Familie 1925 mit den beiden kleinen Söhnen zur Großmutter nach Italien zu einem Besuch, der sich für Maria und die Kinder auf 14 Jahre ausdehnte. Wieder im Kreis der Sippe, mochte sie sich von Grandma nicht trennen. Erst nach zehn transatlantischen Besuchen konnte Louis sie zur Rückkehr nach New York überreden, gerade rechtzeitig vor Ausbruch des Zweiten Weltkriegs.

Heute trennt sich die alte Dame nur ungern vom Geschäft, in dem die ganze ausgedehnte Sippe bis hin zu einem Dutzend Enkelkindern zu finden ist, über die Jahre durch immer neuen Zuzug aus der Heimat verstärkt. Balducci's ist die klassische Erfolgsgeschichte des italienischen Grünkramhändlers, der sich unter tätiger Hilfe der gesamten Familie zum stadtbekannten Delikateßgeschäft entwickelt hat. In den vierziger Jahren wurde der Laden nach Manhattan verlegt, an eine betriebsame Ecke von Greenwich Village, wo Balducci's alsbald zur populären Institution wurde. Das Geschäft war 24 Stunden geöffnet, und wenn Vater Balducci neben der Kasse eingenickt war, weckte ihn die Kundschaft oder brachte anderntags das Geld. Seit zehn Jahren wird, dem Wandel der Zeitläufte Rechnung tragend, gegen neun Uhr abends zugemacht.

Der Druck der ungemütlicheren Zeiten zwang Balducci zur Expansion. Die Miete im alten Laden, die bei 50 Dollar monatlich begonnen hatte, war bis 1970 auf 2000 gesprungen, und eine neue Mieterhöhung aufs Doppelte stand in Aussicht. Da drängte die jüngere Balducci-Generation den Vater zum Umzug und zur Ausdehnung des Geschäftes. Die gesamte Sippe kam jetzt zum Einsatz: Neffen, Nichten, Enkel, Cousinen, Schwäger, alle aus dem gleichen Städtchen Corato nahe Bari, alle auch von dort mit Ehegatten versorgt. Jedermann hilft im neuen Laden, der alten Ecke gegenüber, mit, mancher nur knapp englisch radebrechend. Die Atmosphäre ist ungebrochen italienisch. Man schubst und stößt und kämpft sich durch das immer volle Geschäft, Kisten werden zwischen Kunden durchgeschoben, Tomaten, Äpfel, Salatköpfe von kritischen Käufern geprüft, gequetscht, betastet und gewendet, daß es einen deutschen Gemüsehändler in Ohnmacht sinken ließe. Die jungen Mädchen an der Kasse und die Männer, die Kisten rollen, Obst abwiegen, immer neue Gemüsebündel in die Schlacht werfen, verständigen sich in rapidem Italienisch. Jedermann gehört zur Familie.

So hat sich Balducci's über den reinen Obst- und Gemüsehandel hinausentwickelt zu einem der besten Feinkostgeschäfte von Manhattan, mit Theken voller Wurst- und Schinkensorten, Räucherfischen, Salaten, Broten, Käselieferungen aus aller Welt. Die Regale quellen über, die altmodischen Waagen, die von der Decke hängen, sind nie leer, ständig wird neue Ware angerollt. Man kann sicher sein, bei Balducci den ersten Spargel der Saison, den ersten frischen Mais, die Nespoli, Finocchi, Mango-Früchte zu finden, Arugola und Estragon, sobald sie reif sind. Immer neues gastronomisches Terrain wird hier erschlossen; Bäcker Veniero liefert Pasticiotti, Zuccarati und Zeppole di San Giuseppe, und seit neuestem gibt es eine *Tavola Calda, designed by Mamma Balducci*. Gutes Essen ist der Stolz der alten Dame, und so hat der Sohn ihr eine blitzsaubere Küche im Keller eingerichtet, in der die beiden Köche Nucio und Benito überbackenen Spargel und gefüllte Pfefferschoten, Eggplant Caponata, Vitello Tonnato, basilikumduftende grüne Pesto-Sauce und unzählige Salate bereiten.

Doch die Familienatmosphäre bleibt gewahrt. Die Köche sind, sagt Andy, »Teil der Familie, sie kennen Mamma und verstehen sie, sie kennen meine Frau und meine Schwester, und jeder tauscht Rezepte aus. Dies ist keine Massenproduktion, alles kommt aus der Familienatmosphäre; unser Angebot soll nach Familie schmecken, und die Kunden merken das und wissen es zu schätzen«. Balducci mag heute 50 Angestellte haben und aus der ganzen Welt beliefert werden, es ist doch ein Familienbetrieb geblieben.

Als der neue Laden eröffnet wurde, gab es eine kleine Feier: ein Buffet bot italienische Köstlichkeiten, von Mamma Balducci selbst gekocht. In der Mitte der Tafel sprudelte eine Fontäne roten Sekt, und zwischen all den hochpolierten Äpfeln und getürmten Orangen, die der Geschäftseröffnung harrten, stand der alte Balducci mit dem Sektglas in der Hand, und die Tränen rollten ihm übers Gesicht. Er stieß an mit jedermann, küßte den Damen die Wange und beteuerte, daß es das reine Glück sei, das ihn zum Weinen bringe.

Die Abstinenz der Italiener von allem, was jenseits der Familie und außerhalb der Grenzen des städtischen Dorfes liegt, erstreckte sich zwei Generationen lang auch auf die Politik. Der fatalistische Sinn des Sizilianers erwartete auch hier nur Schlimmes. Alle Politiker, davon war er fest überzeugt, sind von Grund auf und unverbesserlich korrupt, und Italiener zumal ziehen unweigerlich stets den kürzeren. Diese Resignation war nicht ganz ohne Grund. Wer einen vokalreichen Namen trug, stieß leicht auf Vorurteil. Es war die gleiche Diskriminierung, die vor den Italienern schon den Iren begegnet war, die immerhin den Vorteil hatten, daß sie englisch sprachen, wenngleich mit unverkennbarem Akzent. »Wenn ich meinen Namen sagte«, berichtet der nachmalige Richter und Politiker Mario Procaccino von seiner Stellensuche als frisch gebackener Jurist, »dann hieß es gewöhnlich: Rufen Sie nicht wieder an, wir sagen Ihnen Bescheid. Natürlich ließen sie nie von sich hören.« Einem, dem man den Italiener anhört, habe Amerika immer Verlegenheit bereitet, meint der Maurersohn und Schriftsteller Pietro di Donato, der ein Buch über die italienischen Einwanderer in Amerika geschrieben hat. »Er versucht, Amerikaner zu sein, aber ihm fehlt das rechte Image. Was ist denn ein Amerikaner? Einer, der seinen Namen ändert und seine Kinder Debra oder Gary nennt. Wenn ein Junge Walter Nash heißt oder Bill Tudor, dann ist er Amerikaner; heißt er Giuseppe Mozzarella, sieht alles anders aus.«

So gelang es erst verhältnismäßig spät, die Barriere der Skepsis zu überspringen. Die eigene Presse war da keine Hilfe. ›Il Progresso Italo-Americano‹, gegründet von einem ehemaligen Padrone, war konservativ, und konservativ waren auch die ersten italienischen Politiker, die in der Demokratischen Partei New Yorks Karriere machten. In den zwanziger Jahren begannen die Italiener, den Iren die Herrschaft über Tammany Hall aus der Hand zu nehmen. Immerhin dauerte es noch weitere 20 Jahre, bis ein italienischer Boß den irischen ersetzen konnte: 1949 übernahm der Funktionär Carmine de Sapio die Kontrolle der Demokratischen Partei. Damit waren die Iren endgültig aus Tammany Hall verdrängt. 1950 gelangte Vincent Impellitteri als Demokrat ins Bürgermeisteramt. Elf Jahre später wurde de Sapio von einem Ansturm junger Parteireformer gestürzt; die Vorahnungen seiner skeptischen Landsleute fanden sich bestätigt, als ein Bestechungsskandal de Sapio ins Gefängnis brachte.

Die konservative Neigung der italienischen Wählerschaft erklärt, warum sie sich so wenig begeistert zeigte von dem bedeutendsten Politiker, den die italienische Gemeinde von New York hervorgebracht hat: Fiorello La Guardia, den seine Zeitgenossen und manche Nachfahren für den besten Bürgermeister halten, welcher der Stadt beschieden war. Der kleine, lebhafte Mann mit der Napoleon-Statur wurde 1882 in Greenwich Village geboren, im gleichen Jahr wie Eamon de Valera und Franklin D. Roosevelt. Der Vater, ein Musikant, war kurz zuvor mit seiner jungen Frau, einer sephardischen Jüdin aus Venedig, nach Amerika gekommen. Fiorello, »das Blümchen«, verdiente sich sein Jurastudium als Dolmetscher bei der Einwanderungsbehörde in Ellis Island. La Guardia war ein Mann aus dem Volk, der sich nie weit von seiner Herkunft entfernt hat. Als Anwalt arbeitete er für Textilarbeiter und Straßenhändler, Eisverkäufer und kleine Kaufleute. In der Republikanischen Partei war er ein Enfant terrible, das weit links außen stand. Doch er war ein erfolgreicher Stimmenfänger, und so vertrat er den Distrikt von Greenwich Village, später East Harlem im Kongreß, bis er von 1934 an New York zwölf Jahre lang als Bürgermeister regierte.

La Guardia war ein liberaler und entschlossen progressiver Mann, unbestechlich und honett. Am straffen Zügel leitete er die Affären der Stadt New York – »der zweithärteste Job im Lande«, wie es schon damals hieß – in einer Periode, in der Roosevelt das Land aus der Wirtschaftskrise führte, und er war ein glühenderer Verfechter des New Deal als mancher Demokrat. Über die republikanische Liste allein wäre La Guardia schwerlich Bürgermeister dieser demokratischen Stadt geworden; er war ein »Fusions-Kandidat«, ins Amt gebracht und zweimal wiedergewählt von einer ähnlichen Koalition liberaler Kräfte aus allen Parteien, wie eine Generation später der liberale Republikaner John Lindsay. Gerade seine Liberalität indessen machte La Guardia seinen Landsleuten verdächtig; bei der Wahl für seine dritte Amtszeit 1941 schnitt er in italienischen Wahlkreisen schlechter ab als in anderen Bezirken. Auch dieser Vorgang wiederholte sich 30 Jahre später, als das Arbeitervolk dem liberalen Lindsay die Stimmen für die zweite Amtsperiode verweigerte. Nur konnten jetzt, Ende der sechziger Jahre, die Italiener mit eigenen Gegenkandidaten aufwarten. Sie hatten inzwischen eine Garde konservativer Politiker hervorgebracht, welche die Interessen der Steuerzahler und Hausbesitzer vertreten. Als Lindsay sich 1969 für seinen zweiten Wahlkampf rüstete und dabei den Widerstand einer konservativen Fronde zu spüren bekam, hießen die Gegner Marchi und Procaccino. Und wo immer heute Italiener mit der Behörde in Streit geraten, ist sofort Vito Battista zur Stelle, eine dramatisch gestikulierende Advokatenfigur wie aus der Opera buffa.

Eine Minute nachdem er seinen Amtseid als Bürgermeister

geleistet hatte, in der Neujahrsnacht 1934, griff Fiorello La Guardia zum Telefon und ordnete die Verhaftung des berüchtigten Mafioso »Lucky« Luciano an. Die Geste war von bewußter Symbolik und deutete die Last an, die jeder Italiener im Amerika zu tragen hat, wieviel mehr also der erste italienische Bürgermeister der Stadt: Mafia und Italiener gelten vielen als identisch. Kaum ein Politiker mit italienischem Namen, der nicht zunächst nachweisen müßte, daß er nicht als Kind mit künftigen Gangstern Murmeln gespielt hat. Als der ehemalige Polizist und Kongreßmann Mario Biaggi 1972 als New Yorker Bürgermeister kandidierte, meinte ein (italienischer) Beobachter nur halb im Scherz: »Glaubt ihr wirklich, daß New York für einen italienischen Bürgermeister ausgerechnet in dem Jahre reif ist, in dem ›The Godfather‹ und ›The Valachi Papers‹ volle Kasse machen?« Die Mafia beschert den Italo-Amerikanern ihren spezifischen Komplex.

Little Italy hat stets sein eigenes, zwiespältiges Verhältnis zum Gesetz gehabt. Im September, in den Tagen des San Gennaro-Festes, wenn Mulberry Street ein sieben Block langer Rummelplatz ist, von Glühbirnenbogen überdacht und von Buden gesäumt, drehen sich überall die Räder der Glücksspiele, die in New York verboten sind, und im Kirchhof springt die Kugel im Roulette. Keiner findet etwas dabei, auch nicht die Polizei. Little Italy hat seine eigene Moral. Und niemand, kein Priester, kein Lokalbesitzer schämt sich der korrekt, wenngleich zu laut gekleideten Herren, die im Kreise ihrer Familien bei Luna oder Angelo tafeln und die großzügige Summen für die Kirche spenden. Sie sind die eigentliche Autorität in diesem Revier, sie füllen das Vakuum, das die Apathie gegen formale politische Strukturen erzeugt hat. Hinter den trüben Ladenfenstern der Clubs, deren Türen sich für *Members only* öffnen, kontrollieren sie nicht nur die eigenen Affären, sondern auch den Distrikt, so, wie ihresgleichen es in Sizilien seit dem Mittelalter taten. Nur Außenstehende nennen sie *Mafiosi;* in der Gemeinde sind sie respektierte Bürger, treusorgende Familienväter und fromme Kirchengänger.

So ehrbar sind diese Bürger in der Tat, daß sie ihrer Vereinigung zunächst den Namen *Onerata Società* (Ehrengesellschaft) gegeben haben, obschon es sich um eine gründlich durchorganisierte Verbrechergesellschaft handelte. Mafia nennt sie die Behörde, gelegentlich auch den Mob, Combination oder Syndikat; in den sechziger Jahren bezogen sich ihre Mitglieder in den

Gesprächen, die das Bundeskriminalamt überhörte, auf *Cosa Nostra*, unsere Sache. Von dieser Bezeichnung erfuhr die Öffentlichkeit zuerst aus jenen Senatsverhören 1963, bei denen ein ehemaliges Mitglied »sang«. Joseph Valachi, schlichter »Soldat« der Mafia und Zuchthausinsasse, packte aus. Vor den Fernsehkameras schilderte er der erstaunten Nation die Struktur der *Cosa Nostra*, ihre »Familien« komplett mit »Capo«, Oberhaupt, und ihre Blutsgemeinschaft, in der die Sizilianer dominierten. Ungern nahm man Außenseiter auf, und abgesehen vom Geschäftlichen, dem *racket*, waren die Sitten streng. Al Capone, der Gangster von Chicago, wurde erst spät und widerwillig zur Mafia zugelassen, weil er aus Neapel stammte und weil er ein Bordell betrieb, was der Moralauffassung der New Yorker Chefs zuwiderlief.

Die Ära der Prohibition war die Blütezeit der Mafia. Jenseits des Hudson, in den Städten von New Jersey, saßen die Bosse, außer Reichweite der New Yorker Polizei, und betrieben einen schwunghaften Alkoholschmuggel, der den Whisky in den *Speak-easies* der Stadt am Fließen hielt. Dabei gerieten ganze Erwerbszweige in den Griff der Mafia, die ihre illegalen Operationen gern mit soliden Geschäften tarnt. Müllabfuhr und Nachtlokale waren (und sind zum Teil noch) von Mafiosi kontrolliert, deren eigentliches Geschäft Geldwucher und Spielbanken sind. 1974 fand der Staatsanwalt von Brooklyn die gesamte private Müllabfuhr des Stadtteils von der Mafia kontrolliert; 55 Firmen, fast alle mit italienischen Namen, wurden der Verschwörung zur Erpressung und zur Monopolisierung des Gewerbes angeklagt. Gefragt, ob er die gesamte private Müllabfuhr der Stadt als Mob-beherrscht betrachte, meinte Anwalt Gold, das sei »mit guten Gründen anzunehmen«.

Das erwachende Selbstbewußtsein der Italiener hat sich in eigentümlicher Wechselwirkung zur Mafia entwickelt. Als das Fernsehen um 1960 mit populären Kriminalserien begann, in denen die Gangster regelmäßig italienische Namen trugen, protestierten erboste Italiener und versicherten, daß nicht alle Gangster Italiener, nicht alle Italiener Gangster seien. Die ersten Vereine zur Verteidigung des Rufs der Italiener entstanden. Die Mafia indessen blieb aktiv, und nach wie vor war sie populär in Unterhaltungsindustrie und Presse. Der Mafioso, schien es, war nicht auszurotten, weder vom FBI noch durch italienische Proteste.

Schließlich nahm die Mafia selbst die italienische Sache in die

Hand. Sie machte sie zur *Cosa Nostra,* und das mit gewohnter Gründlichkeit und Perfektion. Ein Grundstücksmakler aus Brooklyn namens Joe Colombo, der in den Akten des Bundeskriminalamts als Boß einer Mafia-»Familie« geführt wird, organisierte im Frühjahr 1970 allnächtliche Demonstrationen vor dem New Yorker Hauptquartier des FBI, weil Agenten seinen Sohn Joe – zu Unrecht, wie der entrüstete Vater behauptete – illegaler Tätigkeit verdächtigten. Der Protest, zu dem allabendlich die Demonstranten in Mietautobussen angefahren wurden, galt der angeblichen Diskriminierung aller Italiener, ihrer Gleichsetzung mit den Mafiosi. Joe Colombo selber, der sonst die Polizei eher scheute, marschierte gern in der *picket line.* Vom Erfolg der angeschürten Massenentrüstung getragen, gründete er die Italian-American Civil Rights League zur Verteidigung des Rufs der Italiener. Ein Massenaufmarsch an der Columbus-Säule im gleichen Sommer wurde zum grün-weiß-roten Jubelfest des erwachten italienischen Selbstbewußtseins, und niemand nahm daran Anstoß, daß ein mutmaßlicher Mafioso es entzündet hatte. Ein Jahr später wiederholte sich das sommerliche Massenfest. Doch ehe es noch recht begann, wurde Joe Colombo von den Kugeln eines Attentäters getroffen. Die Polizei vermutet, daß die Schüsse einen neuen Bandenkrieg ankündigten, wie er seit Jahren immer wieder in der Mafia wütet. Offenbar war es manchem Gangster-Kollegen nicht recht, daß Colombo mit seinem neuentdeckten italienischen Patriotismus das Auge der Öffentlichkeit zu unvorsichtig auf die Mafia lenkte.

Doch das Selbstbewußtsein der Italiener ist erweckt, und kaum einen kümmert es, durch wen. Die Welle der ethnischen Selbstbesinnung, des trotzigen Stolzes auf eine Herkunft, der man sich früher schämte, ist angefeuert von dem Selbstbewußtsein der Schwarzen, das verkündet: *Black is beautiful.*

Von den Neger-Taktiken der sechziger Jahre haben die Italiener gelernt, daß, wie ein schwarzer Bürgerrechtler ihnen versichert hat, »nur das quietschende Rad geölt wird«. Seither tragen sie lautstark eigene Forderungen vor. Die Italiener beginnen, sich selbst als Minderheit zu sehen, und zwar als übergangene. Von der Torte des öffentlichen Wohlwollens sehen sie zu viele Portionen an Schwarze und Portorikaner, zu wenige an weiße Minoritäten verteilt. »Umgekehrte Diskriminierung« heißt das neue Schlagwort, um das militante Gruppen sich sammeln. Die Italiener meinen, daß sie zu viele eingesessene Posten, zu viele langerwartete Beförderungen minderbegabten Schwarzen opfern müssen. Nachholbedarf der einen Minderheit rückt die andere in den Schatten. So haben die Italiener ihre eigene Rechtsvertretung gegründet, die Columbian Coalition, die ihre ersten Prozesse um Gleichberechtigung führt. Nur wenige Jahre, doch ein beträchtlicher Gewinn an Sicherheit liegen zwischen den Komplexen eines Giuseppe Mozzarella, der Mühe hat mit seinem Selbstverständnis als Amerikaner, und der Bemerkung der Lehrerin in einem italienischen Distrikt, die im Jahre 1971 meinte: »Das alte Ideal vom Schmelztiegel ist mausetot. Kein Schulkind will heute mehr als Amerikaner gelten, sie wollen alle Italiener sein.«

Die Juden
Man sagt »New Yorker«, wenn man Jude meint

In dem ethnischen Muster von New York setzen die Juden den kräftigsten Akzent. So sehr gilt die Metropole in der Provinz als »Jewish town«, daß man in manchen Gegenden euphemistisch »New Yorker« sagt, wenn man »Jude« meint. Ein jüdischer Kongreßmann aus Illinois hat sich darüber beklagt, daß viele seiner Kollegen, sogar der Sprecher des Repräsentantenhauses, ihn anfangs beharrlich als *the gentleman from New York* anredeten. An den hohen jüdischen Feiertagen leert sich die Stadt, und ganze Gewerbe liegen still. Auf Seventh Avenue, dem Zentrum der Bekleidungsindustrie, herrscht kaum Betrieb, ein großer Teil der Taxi-Flotte verschwindet mit den jüdischen *cabbies* von der Straße, die Türen der »Delicatessen« sind verriegelt, und an den öffentlichen Schulen gibt es schulfrei. Nicht, weil die Stadt die religiösen Feiertagskalender einhält – Karfreitag ist ein Werktag wie jeder andere –, sondern weil die Schulbehörde zu Jom Kippur und Rosch ha-Schanah die Schulen aus Lehrermangel schließen muß: die Hälfte aller Lehrer und die überwiegende Mehrheit der Direktoren sind jüdisch.

Genaue Zahlen über die Bürger jüdischen Glaubens sind nicht vorhanden; der Census, die große Volkszählung, die alle zehn Jahre stattfindet, fragt zwar nach Hautfarbe und Rasse, doch nicht nach Religion. Jüdische Organisationen indessen halten ziemlich genaue Schätzungen bereit. Danach leben in New York zwei Millionen Juden, fast soviel wie im ganzen Staate Israel. Über ein Viertel der New Yorker Bevölkerung ist jüdisch, doch das politische Gewicht dieser großen ethnischen Gruppe übertrifft noch ihre Proportion: Juden stellen zwar 28 Prozent der Bevölkerung, doch ein Drittel – 32 Prozent – der New Yorker Wählerschaft. Ein Kandidat, der keine Rücksicht auf einen so starken Wahlblock nähme, beginge politisch Selbstmord. Deshalb ist die rückhaltlose Unterstützung für Israel ein Glaubenssatz der New Yorker Politik, der den Umgang mit ausländischen Würdenträgern manchmal schwierig macht. So wurde im Februar 1970 der französische Staatschef Georges Pompidou absichtsvoll brüskiert, weil er durch Flugzeuglieferungen an Libyen Israel verärgert hatte; Nixon eilte zum Dinner nach New York, um die Abwesenheit von Bürgermeister und Gouverneur wettzumachen. Hingegen wurde Israels Ministerpräsidentin Golda Meir, als sie New York just während des städtischen Wahlkampfes im Herbst 1969 besuchte, überschwenglich empfangen.

Die politische und emotionale Bindung des amerikanischen Judentums an Israel ist so stark, daß sie zu periodischen Identitätskrisen führt. Israel, so hat der prominente Rabbiner Joachim Prinz gewarnt, dürfe nicht zum Sachwalter der amerikanischen Judenschaft werden; »Amerikas Juden sind nicht Israels Lobby«, meint ein anderer.[26] Doch in welcher Richtung immer sich ihr Einfluß bewegt: niemals sonst in der Diaspora, urteilt der Soziologe Nathan Glazer, haben Juden so viel Gewicht und Macht in einer großen Stadt besessen.

Der Eifer, mit dem die Juden, gleichsam vom Tage ihrer Ankunft an, die Sache New Yorks zu ihrer eigenen machten, hatte gewiß auch Wurzeln in ihrer religiösen Tradition. Hatte der Herr nicht Nehemia geboten, die Stadt zu bauen und zu hüten? Diese Stadt New York war für die jüdischen Einwanderer das Gelobte Land, die verheißene Stadt. »Mein Herz hüpfte vor Freude, als ich New York in der Ferne erblickte«, schrieb ein Neuankömmling; »es war, als käme ich in die hochgebaute Stadt, wo alle Kreatur in Freiheit atmet.«[27] Denn hier waren die Ankömmlinge, viele zum erstenmal im Leben, wirklich frei. ›Amerika ist ein frei Land‹ hieß ein populärer jiddischer Schlager um die Jahrhundertwende, und das Stimmrecht betrachteten die Neubürger als eine Kostbarkeit, das »großartige amerikanische Phänomen«, wie ›Yiddisher Zhurnal‹ 1900 schrieb. Anders als die Iren und die Italiener waren die Juden nicht von Hunger und Arbeitslosigkeit nach Amerika getrieben worden; sie waren hierher geflüchtet vor religiöser und politischer Verfolgung, Glaubensflüchtlinge wie die Pilgerväter. Sie kamen nach Amerika vor allem, um hier in Freiheit Juden sein zu können.

Die erste jüdische Gruppe, die den Boden von Manhattan kurz nach seiner Besiedlung betrat, war anderthalb Jahrhunderte unterwegs gewesen. Ihr Fluchtweg hatte aus dem Spanien des Spätmittelalters über Holland nach Brasilien zur Endstation New York geführt. Dies waren sephardische Juden, Landsleute des Spinoza und Maimonides, die Jahrhunderte lang angesehen und in Frieden auf der Iberischen Halbinsel gelebt hatten. 1492, im gleichen Jahre, als Kolumbus Amerika im Dienst der Königin Isabella entdeckte, vertrieb die spanische Monarchie die Juden aus ihrem Reich. Die Sephardim flüchteten nach Holland, und als die Holländer 1630 Recife in Brasilien eroberten, wanderten viele in die neue Kolonie aus. 1654 indessen nahmen die Portugiesen den Holländern Recife wieder ab, und die Juden begaben sich auf die letzte Fluchtstrecke des langen Exodus.

Daß die französische Barke »St. Charles« im Jahre 1654 in New York 23 brasilianische Juden absetzte, war schierer Zufall. Die Flüchtlingsgruppe hatte von Recife aus den holländischen Besitz Curaçao angesteuert. Auf hoher See wurde sie jedoch von einem spanischen Piraten gekapert. Ein schreckliches Ende wäre den Juden sicher gewesen, hätte sie nicht der französische Kapitän der »St. Charles« gerettet und in die holländische Siedlung Nieuw Amsterdam gebracht.

Hier ließ Gouverneur Stuyvesant die mittellosen Neuankömmlinge zunächst ins Gefängnis werfen. Doch die Fürsprache jüdischer Aktionäre der Dutch West India Company bewirkte ihre Freilassung unter der Bedingung, daß sie der Gemeinde nicht zur Last fielen und daß die Armen »von ihrer eigenen Nation« unterstützt würden. Diese erste Aktion jüdischer Philanthropie auf amerikanischem Boden – heute eine 500-Millionen-Dollar Unternehmung – hatte umgehenden Erfolg; binnen Jahresfrist verschafften sich die jüdischen Kolonisten als Fisch- und Tabakhändler und als Pelzlieferanten ein sicheres Auskommen.

Shearith Israel (Der Rest von Israel), die Synagoge der spanisch-portugiesischen Gemeinde, heute am Westrand des Central Park gelegen, war die erste Synagoge in New York. Erhalten am ursprünglichen Platz ist noch der erste Friedhof dieser ältesten Judengemeinde, zugleich das einzige, von Menschenhand geschaffene Überbleibsel aus dem 17. Jahrhundert. 1683 wurde dieser Friedhof angelegt, heute ist er ein winziges Triangel am Rande von Chinatown. Die hebräischen Lettern auf verwitterten Grabsteinen sind kaum noch lesbar. Außer diesem kleinen Totenacker am Chatham Square gibt es noch zwei weitere alte sephardische Friedhöfe in Manhattan, die der Bevölkerungsbewegung stadtaufwärts gefolgt sind: einen in Greenwich Village (West 11th Street zwischen Fifth und Sixth Avenue) und einen in Chelsea (119 West 21st Street, West of Sixth Avenue). Seitdem ein Gesetz 1852 Begräbnisse in Manhattan verbot, sind die Friedhöfe nach Long Island hinausgezogen.

Die 23 Passagiere der »St. Charles« – nachträglich zur »jüdischen ›Mayflower‹« erhoben – waren die Stammväter der New

Yorker jüdischen Aristokratie. Diese portugiesisch sprechenden Sepharden, sehr schnell assimiliert, sind die blaublütige Elite des New Yorker Judentums. Die Lazarus und Nathan, Baruch, Cardozo, Seixas und Hendricks gehören zu den alten New Yorker Familien so gut wie die Van Rensselaer und Vanderbilt. »Stimmt es, daß Ihre Familie auf König Salomo zurückgeht?« hat man, so geht die Anekdote, einen Nathan gefragt, worauf dieser erwiderte: »Zur Zeit der Kreuzigung wurde das behauptet.«

Anti-Semitismus gab es in der toleranten Händlerkolonie des 17. und 18. Jahrhunderts nicht. Der neuenglische Puritanismus verstand sich ohnehin als eine Art anglisierten Neo-Judaismus, in den Colleges lehrte man Hebräisch, und die frühen Siedler mit Namen wie Joshua und Abraham betrachteten sich als Israeliten im Gelobten Land. Überdies war die jüdische Minderheit klein und reich. Harmon Hendricks betrieb das erste Kupferwerk im Lande, und Hendricks-Aktien waren sehr begehrt. Sephardische Bankiers halfen den amerikanischen Befreiungskrieg zu finanzieren, und George Washingtons Geldgeber hieß Haym Salomon.

Als Mitte des 19. Jahrhunderts die ersten jüdischen Einwanderer aus Deutschland eintrafen, waren die Sephardim längst vollkommen amerikanisiert. Die Seligmann und Loeb, Lehmann und Guggenheim bekamen den Hidalgo-Stolz der Baruch und Lazarus zu spüren. Es war nicht nur der Hochmut der Kaufleute und Bankiers gegenüber dem Hausierer, sondern auch der Vorsprung des Amerikaners vor dem »Ausländer«, der den Glaubensgenossen aus Worms und Mannheim die Portale von Shearith Israel verschloß.

Diese Handwerkersöhne aus den Dörfern und Kleinstädten Süddeutschlands überquerten seit Ende der dreißiger Jahre auf den Zwischendecks der neuen Motorschiffe den Atlantik: Joseph Seligmann, Weberssohn aus Baiersdorf in Franken, Heinrich Lehmann aus dem bayerischen Rimpar, Marcus Goldmann aus Burgpreppach, Salomon Loeb, Weinhändlerssohn aus Worms, Joseph Sachs, Sattlerssohn aus Würzburg, und gleich 14 Guggenheims auf einen Schlag. Auf den Landstraßen und in den Bergwerksgebieten von Pennsylvanien, in Baltimore und Cincinnati oder, wie die Lehmanns, in Montgomery (Alabama) begannen sie, zu Fuß oder mit Pferdewagen, Hausrat, Garn und Stoffe zu verkaufen von Tür zu Tür. Das Bankhaus Lehman Brothers begann als Baumwollhandlung, das Guggenheim-Vermögen gründete sich auf Waschblau und Ofenwichse.

Sehr bald, oft binnen weniger Monate, konnten weitere Geschwister herübergeholt werden. Umsicht und Emsigkeit, ihr Entgegenkommen mit Darlehen und Krediten machten die jüdischen Hausierer beliebt, vor allem bei der schwarzen Bevölkerung. Der Journalist Harry Golden erinnert sich, daß ältere Negerinnen ihm berichtet haben, wie bei Ankunft des *Jew collector man* die Kinder zusammengerufen wurden, damit sie sehen konnten, wie in dem Kontobuch geschrieben stand: *Mr. and Mrs. Jones and family* – zu einer Zeit, als Neger für Weiße nur Vornamen hatten.

Der Umgang des Kleinhändlers mit Schuldscheinen und Krediten machte den Übergang ins Bankwesen fast unvermeidlich, und der Bürgerkrieg tat ein übriges, finanzielle Aktivitäten anzufachen. Joseph Seligmann wurde nicht nur zum Uniformlieferanten der Unionsarmee, er begann auch, die Papiere der Unionsregierung auf den Geldmärkten von London, Frankfurt und Amsterdam zu handeln. Dort traf er auf Mayer Lehman, den Bürger von Alabama, der das gleiche für die Konföderierten tat. Mit dem Ende des Bürgerkriegs waren die Seligman und Lehman, die Sachs und Loeb und Kuhn als *merchant bankers* in New York versammelt, und die Ära der deutsch-jüdischen Bankhäuser begann, die New York aus einer Handelsstadt zur Bankkapitale des Landes und schließlich der Welt gemacht hat. Seine Rolle im Investment Banking ist als der bedeutendste Beitrag des Judentums zum amerikanischen Leben bezeichnet worden.[28] Die J. & W. Seligman & Co., J. S. Bache, Kuhn, Loeb & Co., Speyer, Hallgarten, Lehman Brothers unterschieden sich von den konservativeren, in Wall Street etablierten Handelsbanken darin, daß sie sich an die Finanzierung riskanter Unternehmen wagten. Dies war das Zeitalter des Risikos, »die Ära der Dinosaurier«, die in Gold und Land und Eisenbahnen spekulierten. Zusammen mit den Eisenbahnvermögen der Harriman und Vanderbilt wuchsen Einfluß, gesellschaftliche Rolle und Vermögen der deutsch-jüdischen Bankfamilien, die alle miteinander verschwägert waren.

Seit 1870 erhob sich auf der Ostseite des Central Park, Shearith Israel fast genau gegenüber, Temple Emanu-El, die Bastion des deutschen Reformjudentums, und entlang Fifth Avenue reihten sich die Stadtpaläste der Jacob Schiff, Otto Kahn und Felix Warburg. Die deutschen Juden waren »angekommen«. Binnen einer Generation hatten sie ihre eigene, in sich streng geschlossene Gesellschaft gegründet, *Our Crowd* (unsere

Leute), wie ihr Chronist Stephen Birmingham sie nennt. Ihr Patriarch war Joseph Seligman, dem Präsident Grant den Posten des Finanzministers angeboten hatte, wenngleich vergeblich.

Diese »jüdischen Erzherzöge«, wie man sie auch genannt hat, unterschieden sich von den sephardischen Nathan und Lazarus durch ihre entschlossene Orientierung auf alles Deutsche hin. In den Häusern der Seligman und Schiff war die Familiensprache deutsch. Man fuhr des Sommers in die deutschen Heilbäder, schickte seine Kinder auf Dr. Julius Sachs' Collegiate Institute, in dem deutsch unterrichtet wurde, und später zum Studium nach Heidelberg. Der Club der deutschen Judenschaft hieß »Harmonie« und hatte ein Porträt von Kaiser Wilhelm in der Halle hängen. Club und Name haben überdauert, die Innenausstattung freilich hat gewechselt. In der Kindererziehung herrschte ein preußisch herbes Klima. Frieda Schiff, die spätere Frau von Felix Warburg, bekam von ihrem Vater, dem Partner von Kuhn, Loeb & Co., als Kind ein Taschengeld von fünfzig Pfennig in der Woche, peinlich genau umgerechnet in zwölfeinhalb Cents. Später wurde es erhöht auf einen Dollar, von dem sie ein Zehntel für wohltätige Zwecke zu spenden hatte. Man aß und trank gut genug, um die Quellen von Gastein oder Karlsbad aufsuchen zu müssen, doch schon lange nicht mehr koscher.

Um 1880 hatte New York 80 000, vorwiegend deutsche Juden. Das waren rund vier Prozent seiner Bevölkerung. 30 Jahre später, kurz vor dem Ersten Weltkrieg, war die Zahl der jüdischen New Yorker Bürger auf ein und eine Viertel Million hochgeschnellt; ein Viertel aller New Yorker war jüdisch, und diese Proportion ist konstant geblieben bis zum heutigen Tag. Kurz vor dem Ende des Jahrhunderts begann die Massenflucht der »Russen«: die achtziger Jahre brachten den jüdischen Exodus aus dem Zarenreich, die größte Völkerwanderung der neueren Weltgeschichte. Die Überseeschiffe landeten mit Menschenfracht im Hafen von New York, Hunderten, Tausenden osteuropäischer Juden, die für 34 Dollar von Hamburg oder Bremen kommend, drei Wochen lang ins Zwischendeck gepfercht waren, seekrank und hungrig, denn die Ritualgesetze beschränkten die Mahlzeit zur See auf Hering, Tee und Schwarzbrot.

Seit den siebziger Jahren hatte es in Rußland »spontane« Pogrome gegen die Juden gegeben, deren Siedlung ohnehin, bis auf wenige Privilegierte, die in den großen Städten leben durften, auf westrussisches Gebiet beschränkt war. Eine gezielte Verfolgungspolitik begann 1881 mit dem Regierungsantritt Alexanders III. Ausnahmebestimmungen, die berüchtigten »Mai-Gesetze« von 1882, verboten Juden den Besitz von Land und setzten Quoten für die Zulassung auf Gymnasien und Universitäten. Privilegierte Stadtbürger wurden aus Moskau, Kiew und St. Petersburg vertrieben, und der Staat übernahm das Branntwein-Monopol, das vorher vorwiegend von Juden betrieben worden war. Das Massaker von Kischinew 1903, die fehlgeschlagene Revolution von 1905 und schließlich der Ausbruch des Krieges mit Japan, der jüdische Reservisten in die Zarenarmee zwang, trieben immer neue Scharen zur Flucht. Zwei Millionen russischer Juden, ein Drittel der osteuropäischen Judenschaft, emigrierten in den drei Jahrzehnten nach 1881 nach Amerika, und die große Mehrheit blieb in New York.

Juden aus Galizien und Rumänien, aus Litauen, Polen und der Ukraine – allesamt kurzum »Russen« genannt – siedelten sich in den Straßenschluchten der Lower East Side zwischen City Hall und Greenwich Village an. Von der »Uptown«-Judenschaft waren sie nicht nur etliche Meilen, sondern durch Sprache, Kultur und Lebenshabitus entfernt. Das Ghetto auf der Lower East Side hallte wider vom Volkston des Jiddischen, und die Lingua franca dieses Bezirks war russisch. Die »Russen« gehörten zum Arbeiterstand, nicht zu der großbürgerlichen Welt der deutschen Juden, geschweige denn zur sephardischen Nobilität. Ihre religiöse Orthodoxie und die konservative Tracht mit Kaftan, Schläfenlocken und Scheitelkappe ließ sie den liberaleren und amerikanisierten »Deutschen« kaum als Glaubensbrüder erscheinen.

Es widerfuhr den »Russen«, was den Deutschen von den Sepharden widerfahren war: die kühle Ablehnung der »Ausländer« durch die »Amerikaner«. Das noch heute mancherorts gebrauchte Schmähwort für Juden, *kike*, wurde damals von den Deutschen auf die Russen geprägt, deren fremdklingende Namen oft auf -ki endeten. Die Trennungslinie zwischen uptown und downtown war scharf gezogen; uptown nannte man sich *Hebrew*, downtown hausten *Jews*. Die Neueinwanderer wuden als ein altertümlich »orientalisches« Relikt in einer progressiven, okzidentalen Kultur empfunden. »Der vollkommen akklimatisierte amerikanische Jude«, schrieb der ›Hebrew Standard‹

1894, »... hat keine religiösen, sozialen oder geistigen Sympathien (für die Ostjuden). Er fühlt sich der christlichen Welt rundum näher als dem Judaismus dieser elenden dunklen Hebräer.« Die »Russen« andererseits fühlten sich in den Amtsstuben der deutsch-jüdischen Wohlfahrtsorganisationen an zaristische Beamte erinnert: »in den philanthropischen Instituten unserer aristokratischen deutschen Juden ... wird jeder Arme verhört wie ein Verbrecher«.[29]

Immerhin fand sich das deutsche Judentum zu einer massiven Hilfeleistung für die Neueinwanderer aufgerufen: »Das uptown Stadthaus vergißt die Mietskaserne downtown nicht in ihrer Not«, schrieb die ›New York Times‹. Vor allem aber bemühten sich die Philanthropen um eine Amerikanisierung der »Ausländer«. In gemeinsamer Anstrengung jüdischer Bildungs- und Kommunalinstitute wurde das Hebrew Institute auf der Lower East Side gegründet, die spätere Educational Alliance. Hier erlebten die Kinder der Einwanderer ihre erste Begegnung mit amerikanischer Kultur. Die Lehr- und Umgangssprache in diesem Haus am East Broadway war englisch, und für eine ganze Generation war dies das Bildungstor zur Neuen Welt, die Schleuse, die den Übergang von der ländlichen Welt des osteuropäischen Ghettos in die städtische Zivilisation Amerikas regulierte, Brücke zwischen Mittelalter und 20. Jahrhundert. Erst kurz vor dem Ersten Weltkrieg, nachdem eine Generation englischsprechender Ostjuden die Schulbänke und Musiksäle der Educational Alliance verlassen hatte, fühlten sich die Umerzieher sicher genug, auch Kurse in jiddischer Sprache zuzulassen.

Sobald es ging, gründeten die »Russen« jedoch ihre eigenen Wohlfahrtsorganisationen, zumeist auf landsmannschaftlicher Basis. Schulen und Krankenhäuser wie Beth Israel, Bibliotheken, Wohnheime und Kreditanstalten, der Workmen's Circle, ein Franz Joseph-Kranken-Unterstutzung Verein (der Galizier), eine Begräbniskasse entstanden. 1914 wurden 534 russisch-jüdische karitative Organisationen auf der Lower East Side gezählt.

Katastrophen und Triumphe der Glaubensbrüder jenseits des Atlantik haben das amerikanische Judentum schließlich zu einer Einheit geschmiedet: erst die russischen Massaker im Revolutionsjahr 1905, dann die Verfolgung und Vernichtungspolitik der Nationalsozialisten, die eine neue Fluchtwelle jüdischer Emigranten nach Amerika auslöste. Schließlich bestärkte die Gründung des Staates Israel das Selbstbewußtsein der amerikanischen Judenschaft; ihre Zuwendungen an den neuen Staat sind dessen Lebenselixier. Der Council of Jewish Federations and Welfare Funds, der alle jüdischen Vereine umschließt, legt jährlich die Summe des karitativen Tributs fest. Eine halbe Milliarde Dollar wurde jeweils in den letzten Jahren aufgebracht, davon ging der weitaus größte Teil nach Israel. New York gilt als Geldsammelkapitale des jüdischen Universums. Professionelle *fund-raiser* hätten ihm versichert, erklärte der jüdische Friedensapostel Abie Nathan dem ›Wall Street Journal‹, daß er hier 100000 Dollar mühelos an einem Wochenende auftreiben könne.[30]

In die Bereiche des öffentlichen Lebens teilten sich die Gruppen indessen reinlich auf. Das Bankwesen ist die Domäne der deutschen Juden geblieben so wie die großen Warenhäuser, die aus deutsch-jüdischen Familiengründungen entstanden: Macy's, das Kaufhaus der Familie Straus, Stern's, Altman's, Bloomingdale's und Abraham & Straus in Brooklyn. Die »Russen« indessen haben Industrien geschaffen und beherrscht, die aus dem Zusammentreffen ihrer besonderen Talente mit den neuen Erfordernissen der Zeit entsprangen. Dies waren Industrien, die auf Unternehmenskühnheit und finanzielle Begabung, wenig Kapital und enge Familienbande angewiesen waren: Bekleidungsindustrie, Filmindustrie und Grundstückswesen, das mit dem Bauboom nach dem Zweiten Weltkrieg zur vollen Blüte kam.

Nicht die Sepharden noch die Deutschen, sondern die »Russen« der Lower East Side haben am Ende den besonderen Charakter des New Yorker Judentums geprägt. Hier entstand eine bewegliche, kultur- und bildungshungrige, ja -gefräßige Mittelklasse, die einen neuen gesellschaftlichen, politischen und kulturellen Zug ins Land gebracht hat. Mit der herkömmlichen protestantischen Kleinstadtgemeinde, die bis dahin die anerkannten Werte des Landes bestimmte, hatte sie sowenig gemein wie mit dem dörflich orientierten Clan-Geist der katholischen Einwanderergruppen zuvor. Die Ostjuden assimilierten sich nicht nur wie alle anderen Gruppen. Sie verwandelten auch stärker als irgend jemand zuvor den Charakter des New Yorkers.

Die geistige Schulung am Talmud, in der viele von ihnen aufgewachsen waren, der Umgang mit Gelehrsamkeit erleichterte den Dörflern aus Osteuropa die Verwandlung in eine durchaus großstädtische Gesellschaft. Die Juden waren die einzige Minderheitsgruppe, die sofort Großstadtbürger wurden. Der Motor für diese Entwicklung wie für ihren rapiden Aufstieg vom Arbeiter zum Bürgertum war ihr enormer Bildungsdrang. Das Ghetto, in das gemeinsame Sprache und religiöses Ritual so gut wie der Sog der »Lansleit« den Neuankömmling trieben, zwang zu vermehrter Kraftanstrengung, aus seiner Bedrängnis so schnell wie möglich auszubrechen. Sie lernten in Abendkursen und in Arbeitspausen, verschlangen englische Literatur, studierten am City College, das fortan zur Zitadelle der jüdischen Intelligenz wurde. Noch heute übertrifft der Anteil jüdischer Studenten an den Colleges ihren Bevölkerungsanteil bei weitem, und die Biographien unzähliger New Yorker Ärzte, Anwälte, Journalisten beginnen um Clinton und Delancey Street. Ohne das jiddische Theater wäre der Broadway undenkbar, und weder Presse noch Rundfunk, noch Unterhaltungsindustrie, noch auch die amerikanische Literatur wären ohne die »Russen«, was sie heute sind.

Ein anderer entscheidender Beitrag zum amerikanischen Leben ist die führende Rolle der Juden in der »linken« Politik. *Leftist Politics* in Amerika ist ohne die Juden undenkbar. Sie brachten die intellektuelle Aufsässigkeit der russischen Studenten und das sozialistische Selbstbewußtsein des »Bund«, des jüdischen Arbeiterverbandes, aus den Zentren des Widerstands gegen das Zarenregime, namentlich in Wilna, in die Neue Welt. Gewerkschaftsbewegung, sozialistische Presse und die Diskussionslust unzähliger linker Splittergruppen schufen ein politisches Ferment, das sich um linke, vom Enthusiasmus des jüdischen Volkes getragene Politiker kristallisierte: um Henry George zum Beispiel, den Kandidaten der United Labor Party für die Bürgermeisterwahl von 1886, oder um Meyer London, den Anwalt der Lower East Side, der als erster Jude 1914 für die Sozialistische Partei in den Kongreß einzog.

Die Zersplitterung der jüdischen Linken hat diese lange von einem Einfluß auf die Demokratische Partei und damit auf die städtische Politik ausgeschlossen. Während verfeindete Gruppen von Sozialisten, Anarchisten, Kommunisten sich stritten, behielten die Iren, dann die Italiener unangefochten Kontrolle über Tammany Hall; *tammanyhallniks* nannte die jiddische Presse verächtlich die Funktionäre. Erst spät, in den Jahren nach dem Zweiten Weltkrieg, kam die Stunde der Juden in der Politik des Landes. Es war zugleich die Stunde der Intellektuellen, deren Goldenes Zeitalter mit den sechziger Jahren anbrach, beim Amtsantritt von John F. Kennedy. Dies war die Ära, da die Malaise der Nachkriegszeit und die explosive Spannung der Rassenprobleme nach politischer Analyse und neuer Definierung von Positionen verlangten. Der Akademiker löste den Funktionär ab, der sich aus dem Arbeiterstande hochgedient hatte. Jüdische Aktivisten, in Reformgruppen in Greenwich Village und auf der Upper West Side konzentriert, entwanden dem »Apparat« die Kontrolle der Partei. Damit zugleich vollzog sich eine Art Wachablösung von Katholiken durch Juden in der Demokratischen Partei New Yorks. Jüdische Studenten aus New York waren bei allen Sit-ins und Wählerdemonstrationen im Süden des Landes zu finden, sie arbeiteten in den Wahlkampfquartieren der Kennedys und überall dort, wo liberale Kandidaten gegen den Apparat antraten.

Erst die Konflikte am Ende der Dekade enthüllten, daß es auch ein konservatives jüdisches Element gab, ein beharrliches Kleinbürgertum, das Mühe hatte, seine Sorgen und Unsicherheiten zu Gehör zu bringen. In einer Revolte ethnischer Aufsässigkeit fanden sich anti-liberale Juden mit Iren und Italienern zu jenem Aufstand des Kleinbürgertums zusammen, der sich 1969 gegen Lindsay und dessen Stab junger jüdisch-liberaler Intellektueller erhob. Damit waren die Juden die einzige Minderheitengruppe geworden, die in beiden Lagern vertreten war: bei den Liberalen so gut und wortstark wie bei den Konservativen. Der kohärente kommunale Machtblock der Juden hatte, von dem einigenden Problem Israel abgesehen, zu bestehen aufgehört.

Lower East Side
Das Stetl auf Orchard Street

An einem klaren Juni-Morgen des Jahres 1885 landete David Levinsky, ein junger Mann von zwanzig Jahren, im Hafen von New York. Hinter ihm lag die Ghetto-Welt der russischen Kleinstadt, in der er aufgewachsen war, lagen bittere Armut und Verfolgung, die das Leben seiner Mutter gekostet hatten. In den Versen des Psalmisten, mit denen der fromme Talmud-Schüler die Neue Welt begrüßte, sammelte sich die Sehnsucht nach Sicherheit, Arbeit und bescheidenem Wohlstand.

An der Südspitze von Manhattan betrat der junge Jude aus Antomir, vier Cents in der Tasche und ein schmales Bündel in der Hand, amerikanischen Boden. Kaum eine halbe Stunde Fußweg Broadway-aufwärts befand er sich bereits im Herzen der jüdischen Gemeinde von New York: im Straßendickicht der Lower East Side. In diesem Viertel zwischen Houston Street, Bowery und East River, in dem das heimatliche Jiddisch Umgangssprache war, begann David Levinsky sein neues Leben als Straßenhändler. Ein Freund gab ihm den Rat, sich an der Nähmaschine zu versuchen. David ging in eine kleine Werkstatt, erlernte das Schneiderhandwerk und begann damit eine Laufbahn, die den Einwanderer aus dem russischen Ghetto nach fünf Jahren zum Unternehmer und nach weiteren zehn zu einem der führenden Kleiderfabrikanten Amerikas machte. Das heimatliche Habit war längst dem »amerikanischen« Anzug mit Schlips und steifem Kragen, die Scheitelkappe dem eleganten Filzhut gewichen; Bart und Schläfenlocken waren gefallen, und die 300 Dollar Anfangskapital, mit denen der Fünfundzwanzigjährige sein Geschäft eröffnet hatte, waren auf zwei Millionen angeschwollen.

David Levinsky ist eine legendäre Figur. Er hat nie gelebt, sondern ist der Titelheld eines Romans, der zur Saga von Seventh Avenue, dem Hauptquartier der Kleiderindustrie, geworden ist. Abraham Cahan, der bedeutende Interpret der Lower East Side, hat ihn 1917 geschrieben. ›Der Aufstieg des David Levinsky‹ ist die Legende der New Yorker Konfektion, das Hohelied vom ostjüdischen Einwanderer, der diese Industrie geschaffen hat. Levinsky ist die Modellfigur der amerikanischen Juden aus Osteuropa, die aus dem Ghetto in die Freiheit des

New Yorker Slums geflüchtet waren und die mit Fleiß, Zähigkeit und unternehmerischer Phantasie eine neue Industrie entwickelt, sich zu ihren Königen emporgeschuftet haben und dabei schafften, was keiner anderen Minderheit gelang: den Sprung vom Arbeiterstand ins Bürgertum binnen einer Generation. In der Laufbahn des Romanhelden spiegeln sich die Biographien von Tausenden wider; angefangen von seinem Autor Cahan, der wie Levinsky als junger Mann aus Rußland eingewandert war und die Nähwerkstätten der Lower East Side gründlich kannte, bis zu David Dubinsky, dem Präsidenten der mächtigen Gewerkschaft der Nadelarbeiter, International Ladies' Garment Workers Union (ILGWU), der, in Brest-Litowsk geboren, seinen Aufstieg zum einflußreichen Arbeiterführer in den New Yorker Slums begann.

Die Welt, in die David Levinsky einzog, liegt heute begraben unter den Fundamenten der Wohnhochhäuser, in denen die inzwischen bejahrten Kinder von damals leben. Die Lower East Side wandelt sich; was noch von alten Häusern steht, wird – es ist abzusehen – unter Abbruchhämmern fallen. Die Straßenzüge, die einst von Jiddisch widerklangen, sind jetzt vom Spanischen erfüllt: steigender Wohlstand hat die Juden nordwärts und über die Brücken nach Brooklyn wandern lassen, und in die verlassenen Quartiere sickerten als nächste Immigrantengruppe die Portorikaner. Noch ragt die Zitadelle des ›Jewish Daily Forward‹ zehn Stock hoch über den East Broadway, der einst der »russischen« Intelligenz als der Newskij-Prospect von New York galt. Doch die Redaktion ist stadtaufwärts gezogen, und die Uhr im Giebel über den hebräischen Lettern zeigt eine andere Stunde an. Auf der Yiddish Newspaper Row von ehedem ist heute mehr spanisch als jiddisch zu hören. Die Cafés, in denen man über heißem Tee diskutierte, sind Bodegas gewichen. In den gelben Backsteinbau der Educational Alliance, die ganze Generationen junger Juden für Amerika präparierte, streben junge Neger, und neben dem Rabbiner-Rat von Groß-New York hat sich die Iglesia Cristiana Primitiva angesiedelt. Gegenüber Moishe's Bäckerei und dem »glatt kosher« Lebensmittelladen ist eine »Botanica«, dem Rabbi Friedman und seinen liturgischen Geräten benachbart, bietet die Carniceria hispanica Schweinebauch und Speck.

Wie ausgespart von einem Bombenangriff steht die Bialystoker Synagoge auf freiem Schuttgelände. Die Gilde der Kunststopfer, die früher hinter trüben Scheiben auf Broome Street ihr

Gewerbe trieb, sitzt jetzt in modernen Quartieren in Essex Street. Auch Bäcker Kossar bedient seinen nimmermüden Backofen heute bei Neonlicht auf Grand Street und nicht mehr in dem dunklen Geviert um Clinton Street. Doch seine *Bialys* (Bialystoker Pletzel) sind knusprig und heiß wie je, und seine *Muhn Kichel* noch immer »gut zum Tunken«. Wer um Mitternacht die offene Ladentür passiert, kann den Bäckern aufs Backbrett schauen, den Duft von Zwiebeln und frischgebackenen Brötchen schnuppern und von einer freundlichen Frau im Kopftuch ofenwarme *Bialys* oder Zwiebelbrötchen für ein paar Cents erwerben.

Ein Rest der alten Lower East Side ist um Orchard Street lebendig, vor allem sonntags, am Haupteinkaufstag in diesem Viertel, dessen Ladenzeiten noch immer jüdisches Ritual bewahren. Da quellen Bürgersteig und Fahrdamm von Menschheit über, und wer die Männer mit Scheitelkappen und langen Bärten ihre Waren anpreisen hört, könnte für einen Moment meinen, dies sei noch immer die größte jüdische Stadt der Welt, die dieses Viertel einmal war. Orchard Street ist ein wimmelnder Basar, dessen Waren die Bürgersteige überfluten. Kleider, Hosen, Unterröcke flattern wie Wimpel zu Häupten der Passanten, man drängt und stößt und schubst einander vorwärts, reißt sich die Ballen Stoff, die Röcke und Sandalen aus den Händen. Auf Allen Street im nächsten Block paradieren, Laden an Laden, ganze Legionen Schlipse, auf Grand Street wühlt man über zwei Straßenblocks in Bettzeug und Badetüchern, und ein Stück weiter probieren Bräute meterweise weiße Pracht. Kessel, Kamingerät und kupferne Samowars, die um die Ecke auf Allen Street noch hier und da zu finden sind, erinnern an den Messing-, Zinn- und Kupfermarkt, der hier einmal florierte.

Wer nach so viel Trubel Rast braucht, der darf sich erschöpft in Katz' »Delicatessen« niederlassen, dieser Hochburg ostjüdischer Gastronomie. Väterlich sorgende Kellner schleppen Aufschnittplatten herbei, dekoriert mit Sauerkraut und pickles, aller Art saurer, gewürzter, eingelegter Gurken. Corned Beef und Pastrami, Lox und Bückling häufen sich an der Theke, und von der Decke hängen Salamiwürste von Armeslänge. *Send a Salami to your Boy in the Army* ermuntern Schilder. Dies ist einer jener jüdischen Freßpaläste, welche die Eßgewohnheit des New Yorkers entscheidend beeinflußt haben. Zahllose »Delicatessen«, über die ganze Stadt verstreut, bezeugen die Dauerhaftigkeit von Lox und Bagel, Pumpernickel und Gefilte Fish. *You don't have to be Jewish,* wie eine populäre Reklame sagt, um mit herzhaftem Genuß in Levy's Roggenbrot zu beißen.

Die Lebensbedingungen des Ghettos stellten die Einwanderer auf eine harte Probe. Ihr Massenzustrom füllte den vorhandenen Wohnraum zum Bersten, das Stetl der Lower East Side war binnen kurzem übervölkert; um die Jahrhundertwende war es der »dichtest besiedelte Ort der Welt«, der über 1500 Menschen in einen Hektar zwängte. Die Architektur, so schrieb ein Zeitgenosse, »schien Menschheit aus allen Fenstern und Türen zu schwitzen«.[31] Das schmalbrüstige New Yorker Standard-Grundstück von 8 Metern Breite und 33 Metern Tiefe wurde rücksichtslos ausgenutzt; es war die Ära der Mietskasernen, die vier Wohnungen in jedes Stockwerk der sechs- bis siebenstöckigen Häuser preßte, mit gemeinsamer Toilette auf dem Flur. Diese Wohnungen waren langgestreckt wie Schläuche, von schmalen Luftschächten notdürftig ventiliert, und ihre Fenster gingen auf die Feuertreppe hinaus. Die Zimmer waren so dunkel, »als ob es keinen Himmel gäbe«, wie ein kleines Mädchen klagte. In den brütend heißen New Yorker Sommernächten wurden die eisernen Außentreppen zu Wohnraum und Schlafzimmer. In diesen Wohnungen hausten die Familien wie auf den Zwischendecks der Schiffe, mit denen sie gekommen waren. 1888 beschrieb eine Zeitschrift die Häuser als Gefängnisse, »die nicht übler hätten angelegt sein können, wenn man jede Möglichkeit einer Belüftung vermeiden wollte«.[32] Vollends unerträglich wurden die stickigen Zimmer durch die zusätzliche dumpfe Hitze der Kohlenöfen, Gasflammen und immerheißen Bügeleisen.

Denn die Wohnungen waren gleichzeitig Arbeitsplätze. Das Ghetto war »the Great East Side Treadmill«, die große Tretmühle der East Side; seine Straßen hallten wider vom Surren der Nähmaschinen. Elias Howes Erfindung, zumal seit ihrer Verbesserung durch Isaac Singer in den siebziger Jahren, gab dem Ghetto seinen Lebensunterhalt. Fast alle »Russen« brachten irgendeine Fertigkeit mit. Sie waren in beinahe jedem Handwerk tätig, nur Bauarbeit blieb die Domäne der Italiener, da die Juden in Rußland von allen Regierungsaufträgen (und Straßenbau war Regierungssache) ausgeschlossen gewesen waren. Ihre Hauptbeschäftigung indessen wurde das Schneiderhandwerk; eine Statistik von 1890 zählt 9595 ostjüdische Schneider auf der Lower East Side. Schneider stellten 68 Prozent der handwerklich beschäftigten Juden. Allein die Firma Singer verkaufte im

Jahre 1881 im Durchschnitt täglich 1700 Nähmaschinen, und die gemieteten Maschinen, die sich jüdische Schneider auf den Rücken schnallten und damit von Werkstatt zu Werkstatt zogen, waren nicht zu zählen. Kein Wunder, daß das Singer Building in jenen Jahren der höchste Turmbau der Stadt war.

»Wir russischen Juden«, läßt Abraham Cahan seinen David Levinsky sagen, »Fremdlinge im Lande, des Englischen kaum mächtig, haben die Kleiderfabrikation für die mittellose oder wenig begüterte Amerikanerin erst amerikanisiert. Wir haben die Preisschranken beseitigt und dem allgemeinen Geschmack mächtig aufgeholfen. Der russische Jude hat die amerikanische Frau Jedermann zur maßgeschneiderten Dame gemacht.« Die Damenkonfektion wurde von den »Russen« aus bescheidenen Anfängen zu einer Weltindustrie entwickelt.

Bis dahin war die Konfektion, die mit der Erfindung der Nähmaschine durch Elias Howe 1846 begonnen hatte, vornehmlich in den Händen deutsch-jüdischer Kaufleute gewesen, die Einzelstücke von Schneidern in Hausarbeit fertigen ließen. Die Mode der Reifröcke und Krinolinen förderte indessen die industrielle Fertigung. Eine New Yorker Firma allein beschäftigte fast ein Drittel aller Lohnarbeiter in der jungen Industrie damit, »Stahlruten in fertige Röcke zu verwandeln«, wie ihre Reklame verhieß; sie pries ihre Ware mit der Bemerkung, daß »der Stahl für die Ruten aus den berühmten Krupp-Werken in Deutschland importiert« sei. 1860 erschien die Konfektion zum erstenmal im Census, der offiziellen Statistik Amerikas, mit 188 Firmen und nicht ganz 6000 Arbeitern. Zusammen mit der wachsenden Nachfrage der Kundinnen nach fertigen Röcken, Jacken, Mänteln wuchs der Bedarf an Schneidern. Die russische Massenwanderung traf auf einen bereitliegenden Markt, den sie mit billigen Arbeitskräften füllte. 1880 stellten zehn Prozent aller New Yorker Handwerksbetriebe und Fabriken Kleider her; drei Jahrzehnte später war es fast die Hälfte, und 46 Prozent aller Arbeitskräfte wurden in der Konfektion beschäftigt, die überwiegende Mehrheit davon Juden aus Osteuropa. 1913 hatte New Yorks Schneiderindustrie 16552 Firmen, in denen 312245 Angestellte arbeiteten.

Die Struktur der Betriebe legte dem tüchtigen Schneider den Sprung vom Arbeiter zum Unternehmer nahe. Die Wohnung war die eigene Werkstatt, fremde Modelle wurden kopiert und im Preis unterboten. Binnen kurzem hatte der Schneider dem Kaufmann die Industrie aus der Hand genommen. Die »Motten von Division Street« operierten ohne Kapital, ohne Reklame, ohne Risiko. Man verband sich mit Landsleuten, deren Arbeit von profitsüchtigen Unternehmern ausgenutzt wurde, zu einem kleinen Betrieb, in dem man Familie und Freunde als Hersteller, Buchhalter und Verkäufer beschäftigte. Binnen kurzem war man, bei einigem Geschick und Glück, eine renommierte Firma. Der Roman vom Aufstieg des David Levinsky hat die Stationen solcher Laufbahn getreulich aufgezeichnet.

Die Leute von der Lower East Side entwickelten indessen nicht nur eine neue Industrie. »Das Ghetto«, schrieb Cahan, »hallte wider von dem Schrei nach Bildung.« Die Bewohner der Lower East Side lernten in Abendkursen und in Arbeitspausen, und oft halfen Schwestern, Verlobte oder junge Ehefrauen den Männern mit eigener Lohnarbeit durch Schule und Universität, »holding the book«, ihnen »das Buch haltend«, wie es im Sprachgebrauch des Ghettos hieß.

In den Cafés am East Broadway wurden die großen Probleme und die Heiligen der Zeit – Marx und Engels, Darwin, Hegel, Lassalle – lebhaft diskutiert. Die Educational Alliance eröffnete das Tor zum amerikanischen Leben, auf dem City College von New York konnten die Söhne und Töchter der Einwanderer kostenlos studieren. Bis zum heutigen Tag hat keine andere Minderheit von dieser Bildungschance so ausführlichen Gebrauch gemacht wie die Juden. Durch unzählige Witze gespenstert *My Son, the Doctor,* Stolz und Juwel der *Jewish Mother,* immergrüner Komödienstoff des Broadway. Die Legende berichtet von der Einwanderin aus dem russischen Ghetto, die einer nach dem Alter ihrer Kinder fragt. Fest und zuversichtlich erwidert die Mutter: »Der Doktor ist vier und der Anwalt ist zweieinhalb.«

Erzieher, Sprecher, Berater dieser brodelnden Gemeinde auf der Lower East Side und ihr Dolmetscher zur amerikanischen Umgebung war die Presse. Sie übernahm die Rolle, die in der Alten Welt der Rabbiner spielte. Zugleich erhob sie die Volkssprache des Jiddischen vom dörflichen Jargon zu urbanem Rang und gab ihm die literarischen Weihen. Ostjüdische Intellektuelle »machten das jiddische Wort zu einem Instrument der Aufklärung und Amerikanisierung und brachten damit ein Volk, das vom Hauptstrom der westlichen Zivilisation abgeschnitten war, in Zwiesprache mit seiner Zeit« (Moses Rischin).[33]

Hier taten sich vor allem die sozial aufgeschlossenen und

selbstbewußten Litauer hervor, die das Jiddische, in hebräischen Lettern gedruckt und stark mit deutschem Vokabular durchsetzt, von seiner allzu engen Bindung ans Deutsche befreiten. Die ersten Zeitungen der Neueinwanderer lebten noch vorwiegend von Nachdrucken des in Mainz erscheinenden ›Israeli‹ und anderer jiddischer und hebräischer Blätter aus Europa. Doch sehr bald sollte das Jiddische seine Eigenständigkeit finden. Der Lexograph Alexander Harkavy vor allem war ein Pionier dieser bis dahin verachteten Sprache. Er widmete ihr zahlreiche Artikel und schließlich das Standardwerk seines ›English-Jewish Dictionary‹. Die Lower East Side von New York war nicht nur die größte jiddischsprechende Gemeinde der Welt, sie hat auch das Jiddisch salonfähig gemacht.

Es gab Dutzende von Zeitungen im Ghetto. Zwischen 1885 und 1914 erschienen über 150 Publikationen, von Tageszeitungen bis zu Jahrbüchern. Jede politische Richtung, jedes Gewerbe hatte sein Blatt. Es gab nicht nur sozialistische, anarchistische, radikale und ausgesprochene Partei-Zeitungen, es gab auch den ›Papier-Zigaretten Macher‹, den ›Idisher Baker‹, ›Knitters' Hoffnung‹ und den ›Schneider Verband‹.

Von den sechs jiddischen Tageszeitungen, die sich um die Jahrhundertwende in eine Million Leser teilten, übertraf der ›Forverts‹, der ›Jewish Daily Forward‹, den Rest der Presse so bedeutend, wie sein zehnstöckiges Gebäude die Lower East Side überragte. Heute haben die Wohntürme der Umgebung das Forward Building eingeholt, doch über die Häuserzeile des East Broadway ragt es noch immer als stolzes Flaggschiff des jiddischen New York. Als einzig Überlebender der jiddischen Tagespresse setzt der ›Forward‹ auch dieser Tage noch immer über 50000 Exemplare ab. Sind die englischsprachigen Tageszeitungen in New York von einem Streik betroffen, so schnellt seine Auflage sprunghaft hoch – ein Zeichen für die noch immer latente Präsenz des Jiddischen in dieser Stadt. Die Herren in den Redaktionsbüros des ›Forward‹ sind bejahrt, doch zuversichtlich; »der ›Forverts‹ wird uns alle überleben«, prophezeit sein derzeitiger Chefredakteur, Simon Weber, der dem Blatt über dreißig Jahre angehört.

In seiner Glanzzeit hatte der ›Forverts‹ eine Auflage von einer Viertelmillion. Er war nicht nur die größte jiddische Zeitung der Welt, er hatte auch die größte Leserschaft aller fremdsprachigen Zeitungen von New York. Er war das Sprachrohr des jiddischen New York und zugleich sein Lehrmeister, »eine Universität für einen Penny«, wie einer seiner Leser sagte. Für den Zeitungspreis von einem Penny wurde dem Einwanderer nicht nur Amerika erklärt, auch alle großen Fragen der Zeit wurden im ›Forverts‹ abgehandelt. Er verankerte die Einwanderer in der neuen Heimat und in der Welt des beginnenden 20. Jahrhunderts. Zugleich war er ihr einigendes Band. Die Zeitung machte *a people out of people*, machte aus Leuten ein Volk, das sie mit Selbstbewußtsein und Lebensmut versah. Die politische Richtung war sozialistisch, und auf der liberalen Linken ist der ›Forward‹ bis heute geblieben. Die politische Botschaft wurde in messianischem Ton verkündet, die Bibel in politischer Nutzanwendung ausgelegt. Glich die befreiende Losung des Sozialismus nicht der Gesetzgebung auf dem Berge Sinai? Die Lektüre des ›Forverts‹ jedenfalls verhieß Freiheit, Zivilisation und Bildung, und dementsprechend behandelten die Leser ihre Zeitung mit Respekt. »Bei uns zu Hause«, erinnert sich ein New Yorker, »wurde der ›Forverts‹ behandelt wie die Bibel, und aus dem gleichen Grund: alles, was hebräisch bedruckt war, durfte nicht beschädigt werden. Die Seiten des ›Forward‹ wurden ebensowenig eingerissen, zerschnitten oder beschmutzt wie die der Thora«.[34] Die Familie kündigte einem Fischhändler die Kundschaft auf, als dieser einmal einen Karpfen in das Zeitungspapier des ›Forverts‹ wickelte. Nie hat der Leser, der dies berichtet, herausgefunden, wie seine Eltern die Zeitung schließlich loswurden; vielleicht, vermutet er, habe der Brennende Dornbusch höchstselbst sie aufgezehrt.

Der ›Forverts‹ pflegte mit besonderem Nachdruck jiddische Literatur. Alle großen jiddischen Schriftsteller, aber auch kleinere Talente, wurden und werden in seinen Seiten abgedruckt. Shalom Asch und Isaac Bashevis Singer sind zuerst im ›Forward‹ erschienen. Beinahe eindrucksvoller noch ist die Riege sozialistischer Politiker und Theoretiker aus der ganzen Welt, die für den ›Forverts‹ schrieben: Leo Trotzki und Léon Blum, Karl Kautsky und Eduard Bernstein haben der Redaktion Artikel geschickt. Sozialistische Politiker Amerikas, mochten sie auch nur Randfiguren sein, später Franklin D. Roosevelt und sein New Deal und heute die liberalen Demokraten finden in ›Forward‹-Lesern ihre Wählerschaft.

Der Aufstieg des 1897 gegründeten ›Jewish Daily Forward‹ zur bedeutendsten jiddischen Zeitung von New York, ihr Auflagensprung von 5000 auf eine Viertelmillion Exemplare war das Werk von Abraham Cahan, der den ›Forverts‹ fast ein

Halbjahrhundert lang geleitet hat, von 1902 bis 1950. Dieser ungewöhnliche und einflußreiche New Yorker Journalist hatte vor vielen seiner Landsleute die Sicherheit voraus, mit der er sich in beiden Welten und Sprachbereichen bewegte: im Englischen so gut wie im Jiddischen. Mit 21 Jahren war Cahan 1882 aus Wilna nach New York gekommen, entschlossen, das Schreiben zu seiner Karriere zu machen. Gleich nach seiner Ankunft schickte er einen Bericht über die Krönung von Zar Alexander III. an die ›New York World‹, der auch sogleich gedruckt wurde. In den folgenden Jahren arbeitete Cahan als Journalist auf englisch, jiddisch und russisch. Er redigierte und schrieb für jiddische Publikationen in New York, sandte russischen Zeitschriften Berichte als ihr New Yorker Korrespondent und war als Literaturkritiker für amerikanische Zeitungen tätig.

Vier Jahre nach seiner Ankunft erschien sein erster Roman, ›Yekl, A Tale of the Ghetto‹. Seine Kenntnis des Ghetto-Lebens, sein schriftstellerisches Talent und sein soziales Engagement öffneten ihm die Tür zur amerikanischen Presse, die eben damals in Lincoln Steffens und Jacob Riis hervorragende Vertreter eines sozial engagierten Journalismus in den New Yorker Redaktionen hatte. Steffens holte Cahan an den ›Commercial Advertiser‹. Die Jahre dort gaben dem jungen Einwanderer ein gründliches journalistisches Training, das alle Stadien vom Polizeireporter bis zu sozialen Analysen der Lower East Side umfaßte. 1902 ging Cahan an den ›Forverts‹, bei dessen Gründung er Pate gestanden hatte. Die Entwicklung und Gestaltung dieser Zeitung über fast 50 Jahre ist sein Werk.

Abe Cahan war für das Judentum der Lower East Side Beichtvater und politischer Berater, Seelsorger, Lehrer und Gouvernante. Er wirkte durch redaktionelle Aufsicht wie durch eigene Artikel, und von 1906 ab hatte er einen sehr persönlichen Weg direkter Beratung für sorgenvolle Leser: ›A Bintel Brief‹, eine Rubrik von Leserbriefen, in der jede Frage vorgetragen werden und auf eine Antwort von Cahan rechnen konnte. Diese Briefe, kürzlich in einer Auswahl englisch übersetzt erschienen,[35] vermitteln ein gründliches, oft beklemmendes Bild vom Leben des New Yorker Ghettos. Die Lebenshilfe, die Cahan seinen Lesern erteilte – nicht unähnlich den Brieftanten heutiger Journale –, reichte von Protokollfragen bis zu verzwickten politischen Entscheidungen, von Ratschlägen des gesunden Menschenverstandes bis zur Suche nach verschollenen Ehehälften. Die Beliebtheit des ›Forverts‹ war so allgemein und das ›Bintel Brief‹ hatte so getreue Leser, daß verzweifelte Frauen, besorgte Eltern ihre verschwundenen Familienmitglieder über den Brief an die Redaktion anreden konnten: »Mein Sohn war gegen meine Heirat, aber ich habe meinen zweiten Mann verlassen und Scheidung beantragt. Mein Sohn liest den ›Forward‹, und ich beschwöre ihn, mir zu vergeben.«

Es gab kaum ein Problem, das Cahan nicht unterbreitet wurde. »Ist es eine Sünde, Gesichtspuder zu benutzen?« wollte ein junges Mädchen wissen, und ein junger Mann fragte: »Ich bin Sozialist, und mein Boß ist ein anständiger Mann. Ich weiß, daß er Kapitalist ist, aber ich mag ihn trotzdem gern. Ist das falsch von mir?« Häufig kehrt die Frage wieder, ob es sündig sei für einen guten Juden, ein christliches Mädchen heiraten zu wollen. Oft dient das ›Bintel Brief‹ dazu, sich Heimweh von der Seele zu reden. »Jedes Jahr, wenn der Monat Elul naht, wenn die Zeit für Rosch ha-Schanah und Jom Kippur gekommen ist, wird mir das Herz schwer und traurig. Melancholie kommt über mich und Sehnsucht verzehrt mir die Brust. Dann finde ich keine Ruhe, ich wandere durch die Straßen, gedankenverloren und niedergeschlagen. Wenn ich an einer Synagoge vorübergehe in diesen Tagen und einen Kantor die Melodien der Gebete singen höre, dann verdüstert sich mir alles, und ich kann die Depression nicht mehr ertragen. Meine Erinnerung trägt mich zurück in meine frohen Kinderjahre. Klar sehe ich das Städtchen vor mir, die Felder, den kleinen Teich und die Wälder rundum ...

Wenn ich in der Synagoge mit meinen Lansleit sitze und dem guten Kantor zuhöre, dann vergesse ich mein unglückliches Wochentagsleben, die schmutzige Werkstatt, meinen Boß, den Blutsauger, und meine blasse, kranke Frau und die Kinder. Mein ganzes Amerika mit seinem rasenden Leben ist vergessen ...« (1909)

Klagen über elende Arbeitsbedingungen und böswillige Chefs füllen die Spalten der Leserbriefe. »Im Namen aller Arbeiter unserer Werkstatt schreibe ich Ihnen dieses: Wir arbeiten auf Bleecker Street, wo wir Regenmäntel machen. Unter uns ist ein dreizehnjähriger Junge, der hart für die zweieinhalb Dollar arbeitet, die er in der Woche verdient. Neulich kam der Junge zehn Minuten zu spät zur Arbeit. Dies war in den Augen der Bosse ein ›Verbrechen‹, das sie nicht übersehen konnten, und für die verlorenen zehn Minuten Arbeitszeit zogen sie ihm zwei Cents ab. Ist das nicht ein bitterer Witz?« (1906)

Ein Mädchen aus Galizien beklagt sich, daß der russische Jude, neben dem sie in der Fabrik arbeitet, alle Galizier für unmenschliche Wilde hält. »Dear Editor, hat er wirklich ein Recht, so etwas zu sagen? Haben die galizischen Juden nicht genug Geld für die unglücklichen Opfer der Pogrome in Rußland geschickt?« Die Antwort des Redakteurs Cahan: »Die galizischen Juden sind ebenso gut und schlecht wie alle anderen Leute. Wenn sich die Galizier für die Dummen und Schlimmen unter sich schämen sollen, dann müssen auch die Russen ihr Gesicht vor Scham verhüllen, weil sie einen solchen Idioten wie den Bekannten unserer Briefschreiberin unter sich haben.« (1906)

Aber es gibt auch existentielle Lebensprobleme zu lösen: »Ich bin ein Zeitungsjunge, vierzehn Jahre alt, und ich verkaufe den ›Forverts‹ auf der Straße bis spät nachts ... Ich bitte Sie um Ihren Rat. Ich bin in Rußland geboren und war zwölf Jahre alt, als ich mit meiner lieben Mutter nach Amerika kam, meine Schwester, die schon vor uns gekommen war, holte uns herüber. Meine Schwester arbeitete und unterhielt uns, sie duldete nicht, daß ich arbeite, sondern schickte mich auf die Schule. Ich ging zwei Jahre lang zur Schule und versäumte keinen einzigen Tag. Dann aber kam das schreckliche Feuer in der Triangle-Fabrik, wo sie arbeitete, und ich verlor meine liebe Schwester ... Ich mußte meiner Mutter helfen, und nun gehe ich nach der Schule Zeitungen verkaufen. Ich habe noch drei weitere Schuljahre vor mir, und danach will ich aufs College. Doch meine Mutter will nicht, daß ich zur Schule gehe, sie findet, daß ich arbeiten muß. Ich versichere ihr, daß ich tagsüber arbeiten und nachts lernen will, aber sie will nichts davon wissen. Da ich meiner Mutter jede Nacht den ›Forverts‹ vorlese und immer Ihre Antworten im ›Bintel Brief‹ lese, bitte ich Sie um Antwort und um ein paar Worte an sie. Ihr Leser, der Zeitungsjunge.« Cahan erwiderte: »Die Antwort auf diesen Brief ist an die Mutter des Jungen gerichtet, deren Tochter unter den Arbeiterinnen war, die in dem Triangle-Feuer umgekommen sind. Wir trösten die unglückliche Frau mit unserer Antwort und sagen ihr, daß sie die nächtlichen Studien ihres Sohnes nicht unterbinden, sondern ihm helfen soll, sein Ziel zu erreichen. Wir appellieren hiermit an gutherzige Leute, die in der Lage sind, etwas für den Jungen zu tun und ihm zu seiner Erziehung zu helfen.« (1911)

Solche Appelle fanden fast immer Gehör, ebenso wie die salomonischen Ratschläge von Abe Cahan. Unter seinem Einfluß festigten sich die Schritte der Einwanderer in der Neuen Welt, und die Landleute aus den Ebenen Rußlands wurden zu New Yorker Großstadtbürgern. Und indem sie sich wandelten, veränderten sie die Stadt New York.

Seventh Avenue
Herrscher im Nadelreich

Wo die Auffahrtrampe der Williamsburg Bridge hoch über die Häuser schwingt und die Luft erfüllt ist vom Dauersummen des fließenden Verkehrs, da trifft die Grand Street, breit wie eine Überlandchaussee, auf den East River und auf die Parks und Spielanlagen, die hier sein Ufer säumen. Drüben liegt Brooklyn mit Fabriken, Docks und Werften. Diesseits aber, in Manhattan, recken sich entlang der Grand Street backsteinrote Wohntürme in die Luft mit breiten Fenstern und geräumigen Balkons, von grünen Anlagen umringt. Es gibt heute elegantere Apartmentburgen in New York; doch die Siedlung am East River zu Füßen der Williamsburg Bridge ist ein historisches Monument. Solid, doch von gefälligem Entwurf, sind diese Türme funktionell gegliederte Trutzburgen des sozialen Wohnungsbaus, verläßliche Wellenbrecher vor dem ärmlichen Häusermeer der Lower East Side, das sie Block für Block eingedämmt haben. Um für sie Platz zu schaffen, fielen 200 Slumquartiere unter Abbruchhämmern.

Als im November 1953 der Grundstein für diese Wohnblocks gelegt wurde, gab ein Redner den Emotionen Ausdruck, welche die Zuschauer dieser Zeremonie empfinden mochten: »Viele von uns sind hier und heute an die Stätte ihrer Kindheit zurückgekehrt. Wir sind die Söhne und Töchter dieser East Side, Kinder von Einwanderern, die den Schrecken des Meeres und der Fremde trotzten in ihrem Drang nach Freiheit. In die elenden Quartiere dieser Straßen sind sie gekommen aus der alten Heimat ... Die sich in dem Slum-Dschungel um Grand Street zu Tode geschuftet haben, sind heute nicht mehr unter uns. Doch dies ist die Erfüllung ihres kühnsten Traums, daß eines Tages der Slum abgerissen werde ... Vor 53 Jahren ist die Gewerkschaft der Damenkonfektionsarbeiter gegründet worden, um die Ausbeutung zu bekämpfen. Dieser Kampf, der sich über zwei ganze Generationen hinzog, war mehr als reiner Lohnkampf. Es war ein Befreiungskampf gegen endlose Arbeitsstunden in Kellern, Schuppen, dunklen Fluren, Schlafzimmern, in denen vor einem Halbjahrhundert Kleider angefertigt wurden. Heute, fünfzig Jahre später, kehren die Konfektionsarbeiter an die Stätte ihrer Herkunft zurück. Wir haben die Ausbeutung beseitigt. Wir kehren zurück, den Slum zu beseitigen ... Dies ist nicht nur unsere Geschichte; es ist die Geschichte amerikanischen Gewerkschaftsgeistes, der über das Streben nach besseren Arbeitsbedingungen hinausreicht. Diese Gebäude sind ein lebendes Monument dessen, was freie, unabhängige Arbeiter in einer fortschrittlichen Gesellschaft durch eigene Anstrengung erreichen können.«

Der diese Worte sprach, war David Dubinsky, Präsident der International Ladies' Garment Workers' Union (ILGWU), der Gewerkschaft der Arbeiter in der Damenkonfektion, die das Bauprojekt für diese 1668 Eigentumswohnungen am East River finanziert hat. Das Wort von der Heimkehr an die Stätte des Beginns war keine rhetorische Metapher; fast jeder der Anwesenden hatte einmal hier gewohnt. Für Dubinsky selbst, von 1932 bis 1966 Gewerkschaftspräsident, waren die Slums der Lower East Side das Tor zur Neuen Welt. In Clinton Street, nur wenige Blocks entfernt, hatte er gelebt, seit er 1911 als junger Mann aus Lodz nach New York kam, auf der Flucht vor der Polizei des Zaren, die ihn wegen gewerkschaftlicher Aktivität nach Sibirien verbannt hatte. Die Zeichen der Herkunft waren noch immer um die modernen ILGWU-Blocks zu sehen: ärmliche Straßen mit verfallenden Fassaden und rostzerfressenen Feuerleitern, hebräische Schriftzeichen auf Läden und Kleinwerkstätten, die alte Bialystoker Synagoge, ein Heim »für eure alten Rabbiner«.

Der Kontrast muß den Festteilnehmern eindrucksvoll bewußt gewesen sein: aus dem bescheidenen Beginn um die Jahrhundertwende, als sich elf Männer und Frauen um einen – geliehenen – Schreibtisch über einer Kasse von 30 Dollar zusammenfanden, um die Gewerkschaft der Konfektionsarbeiter zu gründen, hat sich die ILGWU nicht nur zur mächtigsten und reichsten Gewerkschaft von New York entwickelt, sondern zum stabilisierenden Element der Industrie und zu einer respektierten Kraft im politischen Leben der Nation. Aus dem Kämpfer für die Unterdrückten ist die ILGWU zum angesehenen Partner des Unternehmers geworden. Ihren Vertretern öffnen sich die Rechnungsbücher der Konfektionsbetriebe, und die Firmenchefs geben willig und mit Anerkennung zu, daß die Gewerkschaft die chaotische Bekleidungsindustrie in Ordnung hält. Befragt, wieso Industrie und Konfektionsarbeiter in jahrzehntelangem, von keinem Streik gestörten Arbeitsfrieden leben, hat Dubinsky einmal erwidert: »Das Chaos unverantwortlicher Streiks hätte diese chronisch nervöse Industrie längst total ruiniert.«

Das Hauptquartier der ILGWU am Broadway befindet sich in der ehemaligen Ford-Zentrale von New York; an dem Schreibtisch, von dem aus früher Autokönig Henry Ford seine Industrie regierte, hat David Dubinsky 34 Jahre lang seine Gewerkschaft geleitet. Die ILGWU übertrifft manchen Unternehmer an Tatkraft und Phantasie. Gewerkschaftsbeiträge haben zusammen mit Rockefeller-Geld ein Wohnungsbauprojekt in Puerto Rico finanziert. Im westlichen Manhattan ist im Bezirk Chelsea eine neue, von der ILGWU angelegte Wohnstadt entstanden. Fachschule und Mode-Institut (als Teil der New Yorker Staatsuniversität), Klinik und Erholungsheim werden von der Gewerkschaft unterhalten, und nach dem Zweiten Weltkrieg half die ILGWU finanziell und mit Personal beim Wiederaufbau freier Gewerkschaften in Europa.

Anfangs war es nicht leicht gewesen, die eingewanderten Osteuropäer für die Gewerkschaft zu interessieren. Die meisten von ihnen betrachteten ihre Arbeit in den Nähstuben der Lower East Side nicht als Endstation. Für die Juden und ihren Bildungshunger, so erkannte der große Arbeiterführer Samuel Gompers, »war alle industrielle Arbeit nur ein Sprungbrett zu akademischen oder Managerberufen«. Zudem blieb ihr politisches Interesse mit dem Herkunftsland verbunden; »Sibirien ist unser Heiliges Land«, verkündete eine Schlagzeile des ›Forverts‹ im Revolutionsjahr 1903. Doch der Sieg der Reaktion in Rußland und das Ende der Massaker ebenso wie der erweiterte Horizont im Gastland, das mit den Jahren zur neuen Heimat geworden war, schärften Blick und Interesse für die Übelstände hier. Die Arbeitsbedingungen der *Sweat Shops* schrieen nach Reform. Noch immer schleppten die Schneider die gemietete *Katerinka* auf dem Rücken zwischen den Arbeitsplätzen hin und her. Sie mußten nicht nur selber für die Nähmaschine, sondern auch für Nadel und Faden sorgen. Stromverbrauch und verdorbenes Material wurden ihnen angelastet, und die Löhne, ohnehin niedrig, wurden von anderen Neuankömmlingen ständig unterboten. Unsicherheit im neuen Land und Existenzangst wurden weidlich ausgebeutet vom Arbeitgeber, der oft genug ein arrivierter »Landsmann« war. Mit kleinlichen Schikanen wurden lange Arbeitszeiten erpreßt, und wenn es eines besonderen Signals bedurft hätte, so lieferte es der verheerende Brand der Triangle-Blusenfabrik im Jahre 1911. 146 Arbeiterinnen, meist junge Mädchen, kamen in den Flammen oder beim Sprung in die Tiefe ums Leben, weil die Ausgänge verriegelt waren. Das Triangle-Feuer lieferte den letzten Anstoß für die Arbeitskämpfe der Dekade.

Die Serie der großen Streiks begann. Um 1910 war die Konfektion bereits die größte Industrie der Stadt mit 300000 Beschäftigten und einer Million Menschen, meist osteuropäische Juden, aber auch schon viele Italiener, deren Existenz von der Kleiderfabrikation abhing. Der erste Sieg der jungen Gewerkschaft kam nach einem Streik in der Kinderkonfektion. Fortan hatte der Arbeitgeber für Nähmaschine und Arbeitsmaterial zu sorgen, die wöchentliche Arbeitszeit wurde von 59 auf 55 Stunden reduziert, die Gewerkschaft als Verhandlungspartner anerkannt und der »closed shop« – ausschließliche Beschäftigung von Gewerkschaftsangehörigen – in der Branche eingeführt. Wenig später alarmierte ein neues Phänomen die Stadt: die Frauen begannen zu marschieren.

Im Oktober 1909 hatten Abgeordnete aus allen Wahlbezirken die Woman Suffrage Party gegründet, mit der sie einen achtjährigen Kampf für das Frauenwahlrecht begannen. Einen Monat später fanden sich die Arbeiterinnen eines neuen Industriezweigs, der Blusenkonfektion, zu einer Massenversammlung im Volkshaus der Cooper Union auf der Lower East Side ein. Politiker, Arbeiterführer, Suffragetten sprachen zu den Versammelten, bis sich ein schmächtiges Mädchen, Clara Lemlich, noch keine 18 Jahre alt, zu Wort meldete. In aufgeregtem Jiddisch forderte sie zum Generalstreik auf. Der Funke zündete, die Masse sprang auf die Füße, und zweitausend Arme erhoben sich zu dem alten Schwur der Juden: »Wenn ich dich je vergesse, o Jerusalem, so soll meine Rechte ihre Kraft verlieren.«

Binnen weniger Tage standen in über 500 Werkstätten die Nähmaschinen still, und 20000 Blusenmacherinnen marschierten durch die Stadt in dem ersten großen Streik der Frauen in Amerika. Alle aufgeklärten Politiker New Yorks waren auf ihrer Seite, und das Volk summte den neuen Schlager ›Heaven Will Protect the Working Girl‹. Polizei und Gerichte hielten indessen zu den Fabrikanten, und als ein Richter im Urteil gegen eine Streikende den Ausspruch tat: *You are on strike against God* (Sie sind gegen Gott im Streik), da telegraphierte die Women's Trade Union League dies Zitat an George Bernard Shaw mit der Bitte um Kommentar. Shaw kabelte zurück: *delightful stop medieval america always in the intimate personal confi-*

dence of the almighty (Herrlich stop Mittelalterliches Amerika immer im persönlichen Einvernehmen mit dem Allmächtigen).

Greifbare Erfolge brachte der Streik den Arbeiterinnen nicht. Noch war die Industrie zu zersplittert, die Gewerkschaft zu schwach. Doch das allgemeine Klima war revolutionsträchtig geworden, das Publikum hatte Sympathien mit den Streikenden, und Reform lag in der Luft. Als wenige Monate später die Mantelschneider den Madison Square Garden, den größten Saal der Stadt, für eine Massenversammlung mieteten, da war das, frohlockte der ›Forverts‹, bereits »die größte jüdische Arbeiterversammlung, welche die Welt je sah«. Eine gefestigte, straff organisierte Gewerkschaft rief zum Generalstreik auf, und über Monate lag die gesamte Mantelfabrikation der Stadt still; es war der größte Streik in der bisherigen Geschichte von New York.

Um seine Schlichtung bemühten sich berühmte Köpfe der jüdischen Intelligenz: Louis Brandeis, später einer der Obersten Bundesrichter, und Meyer London, der 1914 als erster Jude und Sozialist in den Kongreß einzog. Das »Protocol of Peace«, das den Streik besiegelte, blieb auf Jahre hinaus ein Modell für die Beziehungen zwischen Arbeitspartnern. Es setzte einen allgemein gültigen Standard für Arbeitszeit, Löhne und Arbeitsbedingungen fest. Die Arbeitswoche wurde auf 50 Stunden angesetzt, und die ILGWU hatte sich als Verhandlungspartner fest etabliert. Zwar hat es auch später noch Unruhen gegeben, doch im Vergleich zu anderen Industrien zeichnet sich die Konfektion durch einen langanhaltenden Arbeitsfrieden aus. Der letzte größere Streik fand 1958 statt, der erste nach 25 Jahren. Fabrikanten und Arbeitnehmer in der New Yorker Damenkonfektion arbeiten in verantwortungsbewußter Partnerschaft zusammen. Die ILGWU ist, aus eigenem Interesse, die verantwortungsbewußteste Gewerkschaft von New York, besorgt um die Erhaltung ihrer Industrie. Während monatelange Druckerstreiks in den sechziger Jahren fünf Zeitungen das Leben und damit den Gewerkschaftern die Arbeitsplätze gekostet haben, entschied sich die Gewerkschaftsgruppe der 60000 Dressmaker im Januar 1973 gegen Streik, weil das die Hälfte der Betriebe für immer geschlossen hätte.

Auch ohne Arbeitsprobleme ist diese Industrie chaotisch genug. Aus den Slumwerkstätten der Lower East Side war die Konfektion bereits um die Jahrhundertwende stadtaufwärts gezogen, bis sie Mitte der zwanziger Jahre ihr heutiges Hauptquartier erreicht hatte, die Siebente Avenue im Herzen von

Manhattan. »Seventh Avenue« ist mit der Damenkonfektion identisch, sie ist ihre Residenz, ihr Mythos und ihr Firmenschild. In den 22 Häuserblocks des Garment Center zwischen 32. und 40. Straße, Sechster und Achter Avenue ist der Großteil aller amerikanischen Firmen und Werkstätten, die Damen- und Kinderkleidung herstellen und verkaufen, konzentriert, 700 Firmen jeweils in einen Block gezwängt. In diesem Geviert zwischen Times Square, Macy's Warenhaus und Pennsylvania Station kriechen täglich eine Viertelmillion Lastwagen durch die Straßen, parken in lückenloser Kette, schlucken Stoffballen und vollbeladene Kleiderständer. Mitten im hektischen Verkehr der City rollen, schieben, stoßen, zerren die Push Boys, von Verkehrsampeln, rollenden Autos, hastenden Fußgängern ungerührt, Ständer mit flatternden Kleidern, Blusen, Röcken durch das Gewühl. In dieser Gegend werden an jeder Straßenecke ein Halbdutzend Kleiderständer in alle Richtungen geschoben, gleichgültig, ob die Ampeln rotes oder grünes Licht zeigen. Zur Mittagsstunde sind die Bürgersteige der Pausenhof der *Schmoozers*, der plaudernden, lebhaft gestikulierenden Schneider aus den Werkstattsilos der Seventh Avenue.

Vor zwei Generationen, in den Anfangstagen der Industrie, war der Einwanderer froh, wenn er nach einer Arbeitswoche von 70 Stunden fünf Dollar erhielt. Heute sind selbst die Push Boys, die Parias der Konfektion, gewerkschaftlich organisiert und erhalten einen festen Wochenlohn; seit 1933 hat die Arbeitswoche für Konfektionsarbeiter fünf Tage mit 35 Stunden. Die 188 Etablissements der Pionierzeit vermehrten sich binnen 50 Jahren auf rund 9000, die eine Viertelmillion Arbeiter und Angestellte beschäftigen. Doch obwohl die Konfektion die größte Industrie New Yorks und die viertgrößte des Landes mit einem Jahresumsatz von fünf Milliarden Dollar ist, hat sie sich in Charakter und Struktur von ihren Anfängen kaum entfernt. Noch immer ist Seventh Avenue das Dorado des kleinen Unternehmers, das Terrain der Leute mit viel Ideen und begrenztem Kapital. Im Zeitalter der Industriegiganten und der rationellen Wirtschaft ist sie ein Anachronismus, ein Reservat des klassisch-kapitalistischen Unternehmergeistes, »eine der letzten Festen des Kleinunternehmers im scharfen Wettbewerb«, wie die Leute von der ILGWU seufzend, doch mit Respekt erklären.

Selbst die Größe der Betriebe hat sich kaum geändert. Um die Jahrhundertwende beschäftigte eine Werkstatt im Durchschnitt 35 Schneider; heute verzeichnet die Statistik als Durchschnittsgröße des New Yorker Konfektionsbetriebs 47 Personen, und über ein Drittel aller Firmen beschäftigen weniger als 20 Angestellte. Nur zehn Prozent der Werkstätten haben über 100 Arbeiter. Gleich geblieben ist auch das Klima des scharfen Wettbewerbs, das jedermann mit relativ geringem Anfangskapital gestattet, eine Firma zu gründen, Modelle zu kopieren und die Rivalen zu unterbieten. Doch die Lebensdauer der Unternehmen ist oft kurz, im Durchschnitt sieben Jahre. Alljährlich verschwinden 17 Prozent der Firmen vom Markt, und nur 13 Prozent aller Konfektionsbetriebe sind über 20 Jahre im Geschäft. Doch mögen Firmen sich auflösen, die Unternehmer bleiben und finden sich zu neuen Partnerschaften zusammen. Wie durch Zellteilung vermehrt und erneuert sich die Branche ständig.

Seventh Avenue ist ein Alptraum für Rationalisierungssüchtige. Es ist ein Super-Roulette, ein Glücksspiel mit fortwährend wiederholten Einsätzen und geringem Gewinn. Kein Wunder, daß die geplagten Spieler vom *Rag Game* sprechen, vom Fetzenspiel. An Drama, Hektik und Risiko kann es Seventh Avenue mit dem benachbarten Broadway aufnehmen; Erfolg und Durchfall sind im Fetzenspiel womöglich noch kapriziöser und weniger präzis vorauszusagen als im Showbusineß. »Man kann die klügsten Geister und die besten Stars beisammen haben und trotzdem in Philadelphia pleite gehen«, seufzt ein Kleiderfabrikant. Was eine erfolgreiche Kollektion einbringt, das setzt die nächste sofort wieder aufs Spiel. Dreimal im Jahr, zu den Frühjahrs-, Herbst- und *Resort*-Schauen (welche die Modelle für den winterlichen Bade-Urlaub im Süden zeigen), »ist es, als sei man zum allerersten Male im Geschäft«, meint ein bekannter Sportkonfektionär. Kleiderfabrikanten, hat ein Blatt der Branche errechnet, rückinvestieren ihr Kapital mehr als vierzehnmal im Jahr in ihr Geschäft. Dabei ist der Profit wesentlich geringer als bei einem erfolgreichen Broadway-Musical. Für sehr viele Firmen beträgt er weniger als ein Prozent vom Verkaufserlös.

Die Hartnäckigkeit, mit der die New Yorker Konfektion an dem Produktionssystem des 19. Jahrhunderts festhält, hat ihren guten Grund. Es hilft das Risiko abfangen, das die Unsicherheitsfaktoren von modischem Wechsel und rücksichtslosem Wettbewerb für jeden Großbetrieb bedeuten würden. »In diesem Geschäft«, meint ein Konfektionär bekümmert, »gehört Ihnen kein Modell länger als eine Woche – wenn's hoch kommt. Dann ist es bereits von der Konkurrenz kopiert und wird, mit zwei Nähten und drei Knöpfen weniger, aus billigerem Material für den halben Preis verkauft.«

Gleich geblieben seit den Anfangszeiten ist auch der Fabrikationsprozeß, der aufgespalten ist in inneren und äußeren Betrieb. Die Firma, die den Namen gibt, ist gleichsam die Zentrale. Ihr Chef ist der *Jobber* oder *Manufacturer*, und sein Hauptquartier beherbergt Anfangs- und Endstation des Kleidungsstücks: Entwurf und Verkauf. Der Jobber ist, zusammen mit seinem *Designer*, verantwortlich für den Stil der Kollektion und für ihren Verkauf. Außerdem gehören zum inneren Betrieb die Zuschneideateliers. Die eigentliche Fabrikation indessen geschieht im äußeren Betrieb, der Werkstatt des *Contractors*. Die Bindung zwischen Jobber und Contractor ist nicht immer fest und innig; ein Jobber kann, je nach Saison und Erfolg seiner Kollektion, die Zahl der für ihn arbeitenden Contractors vergrößern und verkleinern. Der Contractor wiederum kann für mehrere Jobber zugleich arbeiten. Das Risiko, das jähe Modewechsel, unsicherer Auftragsumfang, launisches Wetter oder kapriziöse Kundinnen bieten, wird auf diese Weise aufgeteilt und abgefangen.

Wer als Contractor reich geworden ist, wechselt gern vom äußeren zum inneren Betrieb und wird selbst Jobber. Doch nicht jeder, der vom Nähen etwas versteht, ist auch ein guter Kaufmann. Einer von denen, die Blick für guten Schnitt und saubere Nähte mit kaufmännischem Talent verbinden, ist Abe Schrader, einer der Magnaten von Seventh Avenue. In Warschau geboren, in Königsberg zur Schule gegangen, ist er 1922 nach New York gekommen. In einer Kleiderfabrik schnitt er nachts zu, tagsüber nahm er kaufmännische und Englisch-Kurse. Über 20 Jahre lang betrieb er eine eigene Contractor-Werkstatt, die ihm heute noch gehört. 1953 gründete er eine Konfektionsfirma, und binnen anderthalb Jahren hatte er einen angesehenen Namen in der Branche. Aus wenigen Räumen in einem der Prestige-Gebäude von Seventh Avenue, Nummer 530, ist heute ein ganzes Stockwerk geworden, und an die Firma Abe Schrader haben sich als Familienkonzern zwei Tochterbetriebe ankristallisiert: Mort Schrader, der ältere Sohn, der ebenso wie der Betrieb des Vaters Modellkleider, doch in kleineren Größen herstellt; und Stephan Ltd., der zweite Sohn, mit billigeren Kleidern. Der Schradersche Familienkonzern beschäftigt fast 2000 Menschen allein im inneren Betrieb, und seine räumliche Ausdehnung ist imposant: in den teuersten

Blocks des Konfektionsviertels besitzt er ein Stockwerk mit Entwurfateliers und Vorführräumen, zwei Stockwerke voll Pack- und Lagerräumen und drei Geschosse Zuschneideateliers. Dazu kommen die Nähwerkstätten von Mr. Schraders eigenem *Contractor-Shop*. Außerdem beschäftigt die Firma 40 Kontraktoren, von denen 90 Prozent ausschließlich für die Schraderschen Betriebe arbeiten.

Doch weder seine ansehnliche Produktions- noch seine Umsatzsumme machen Abe Schraders Stolz aus, noch auch die klangvollen Namen seiner Kundschaft, zu denen die elegantesten Geschäfte des Landes zählen. Sein wirklicher Stolz sind seine fünf Modell-Entwerfer. »Zeigen Sie mir einen anderen Betrieb, der fünf Designer exklusiv beschäftigt!« ruft Mr. Schrader selbstbewußt und öffnet die Tür zu einem Atelier gleich neben seinem Büro, in dem vergnügte Damen buntbedruckte Chiffonbahnen unter Anleitung eines jungen Herrn auf eine Modellpuppe drapieren. »Kinder, ihr kostet mich ein Vermögen!« ruft der Chef entzückt, und, zu seinem Besucher gewandt: »Es ist ein teurer Posten, der teuerste im ganzen Betrieb. Eine runde Million Dollar gebe ich für meine Designer aus, aber glauben Sie mir, es lohnt!« Schraders Entwerfer fahren regelmäßig zu den Schauen in Paris. Was dort im Januar zu sehen ist, erreicht, für amerikanische Verhältnisse verändert, im März die modisch interessierte junge Dame mit dem bescheidenen Monatsbudget, die Abe Schraders ideale Kundin ist.

Konfektion ist von jeher Großstadtindustrie, und für das Tempo, den schnellen Einfall, das fixe Reagieren, das der rauhe Wettbewerb den amerikanischen Konfektionären vorschreibt, ist New York der ideale Boden. Alles ist hier im Garment Center nahe beieinander. Der Jobber braucht die zugeschnittenen Stoffteile nur über die Straße zum Contractor zu transportieren, und ein paar Blocks weiter sitzt bereits der Einzelhändler. Die Schnelligkeit, mit der sich Ideen in die Tat umsetzen lassen, setzt eine hochspezialisierte, in Partikel aufgespaltene Zulieferindustrie voraus, die jede Marktlücke wahrnimmt und sie sofort durch eine neue Firmengründung schließt. Die New Yorker Garment Industry ist laut, bunt, chaotisch wie ein Basar und ebenso verwirrend. Hier finden sich nicht nur Menschen mit Ideen und Talenten, sondern auch das intelligente und geschickte Handwerk, das fähig und bereit ist, die Ideen sofort praktisch umzusetzen. Zudem ist der Einzelhändler dem Fabrikanten bequem zur Hand. Kein Wunder also, daß die Konfektion ihre Residenz ebenso entschlossen in der Großstadtmitte aufgeschlagen hat wie seinerzeit die deutsche Konfektion am Berliner Hausvogteiplatz.

Die Minderwertigkeitskomplexe, mit denen das *Rag Game* von Seventh Avenue lange behaftet war, haben sich mit Beginn der sechziger Jahre zu lichten begonnen und sind einem neuen, zunächst fast schüchternen Selbstbewußtsein gewichen. Es spielte sich in der Mode ab, was sich zuvor am Kunstmarkt zugetragen hatte: Namen, die über die Branche hinaus Bedeutung hatten, kamen auf, wurden erkannt und propagiert, und ganz allmählich begann New York, Paris den Rang abzulaufen. Die Namen der amerikanischen Designer reihten sich ebenbürtig neben die der französischen Couturiers: »man« trug Norman Norell wie früher Dior oder Balenciaga; Seventh Avenue hat sich freigeschwommen. Zugleich begann die Industrie in einigen größeren Firmen, sich auszuweiten und zu modernisieren. Die ersten Giganten der Konfektion entstanden, Häuser wie Jonathan Logan oder Bobbie Brooks, die Ende der sechziger Jahre bereits unter den 500 größten Unternehmen des Landes rangierten. Dies sind Unternehmen, die mit den Planungs- und Verkaufstechniken von Big Business operieren, die nicht nur Kleider fertigen, sondern Webereien und Strickmaschinen betreiben, und die, vollends neu in dieser Industrie, Aktien auf der Börse offerieren. Der Trend griff um sich; die Papiere von über 100 Konfektionsfirmen werden gegenwärtig auf der Börse gehandelt. Seventh Avenue wird respektabel; »eine kleine Industrie wird langsam erwachsen«, so kommentiert den Vorgang ein im *Rag Game* ergrauter Konfektionär.

Diese Entwicklung bringt Probleme mit sich, die der Industrie zu schaffen machen. Seit den fünfziger Jahren findet eine Stadtflucht statt. Nicht die Firmen selbst, doch ihre Fabrikationsbetriebe verlassen New York, seine hohen Kosten, den verknäuelten Verkehr und die unsicheren Straßen. Erweiterung und Modernisierung von Betrieben hat zu neuen Fabriken nicht nur in der Umgebung, in New Jersey, Pennsylvania und Massachusetts, sondern bis weit hinunter in den Süden geführt. Manche Firma läßt ihre Ware in billiger Lohnarbeit im Fernen Osten herstellen, und die Importe aus Asien und Europa sind eine ernste Konkurrenz für die Industrie. Der Aufkauf mancher Häuser durch Konglomerate bringt neue Probleme auch für die Gewerkschaft.

Die Unternehmer sehen sich vor einem veränderten Arbeitsmarkt: der Nachwuchs an gelernten Arbeitskräften ist knapp geworden. Die Kinder der jüdischen »Gründergeneration« strebten vom College in akademische Berufe, und nur selten folgten die Söhne von Unternehmern ihrem Vater in das Handwerk. Nicht anders war es bei den Italienern. Sie stellen seit den zwanziger Jahren eine so starke Minderheit in der Konfektion, daß die ILGWU bis heute zwei rein italienische Ortsgruppen unterhält sowie eine italienische Ausgabe der Gewerkschaftszeitung. Das jüdische Element hat bis in die dreißiger Jahre die Konfektion beherrscht; heute ist es auf weniger als die Hälfte aller Produktionsarbeiter gesunken. Im Jahre 1958 wurde die jiddische Ausgabe der Gewerkschaftszeitung ›Justice‹ – ›Gerechtigkeit‹ – eingestellt und durch eine spanische – ›Justicia‹ – ersetzt. Dieser Wechsel ist bezeichnend: der sinkende Anteil der Juden und Italiener, deren Kinder sich nach Berufen mit mehr Prestige und besserer Bezahlung umsehen, wird seit den fünfziger Jahren ausgeglichen durch die neue Einwandererschicht aus Puerto Rico, Südamerika und neuerdings aus China.

Diesen neuen Arbeitern fehlt die Schneidertechnik des alten Handwerks, sie sind meist ungelernt. Angesichts der neueren modischen Entwicklung fällt dieser Mangel freilich kaum ins Gewicht. Denn die amerikanische Mode tendiert seit den fünfziger Jahren immer stärker zum Sportlich-Informellen, nicht aus modischen Gründen allein, sondern als Folge eines veränderten Lebensstils. Das üppige Sprossen der Suburbs, die Verlagerung des Lebens aus dem Zentrum in die Vorstadt hat die Ansprüche an die Kleidung verändert. Heute herrscht ein sportlich legerer Stil vor, Röcke und Hosen mit buntbedruckten Hemdblusen und Pullovern. *Separates* sind seit Jahren Mode, während die Nachfrage nach Kostümen – einem typisch städtischen Habit – fühlbar abnimmt. Hosen, Rock und Bluse aber verlangen nach unkomplizierten Schnitten. Das bedeutet vereinfachte Herstellungstechnik, weniger Handarbeit, mehr Maschinenproduktion. Diese sportlichere Kleidung braucht nicht mehr die Phantasie und Raffinesse erfahrener Schnittechniker, die New Yorks Hauptstärke sind; ihre Attraktion liegt mehr im Material als im Schnitt. Sie läßt sich eher am Laufband herstellen als die anspruchsvollere Damenkleidung. Mehr maschinelle Produktion aber braucht mehr Raum, als ihn die Werkstätten des Garment Center mit ihren teuren Mieten bieten können, und auch mehr ungelernte Arbeitskraft. Beides finden Unternehmer, die den hohen Mieten der City entgehen wollen, auf dem Lande. Der Ausbau der Autobahnen um New York trug dazu bei, den Zug der Fabriken aufs Land zu fördern. Für manche Unternehmer war es gleichzeitig ein Fluchtversuch vor der Gewerkschaft, die die Arbeitsbedingungen in der Stadt unter wachsamer Kontrolle hält. Die gewerkschaftliche »Erschließung« des Landes folgt freilich dem Auszug auf dem Fuß. Wer heute noch dem Arm der ILGWU entgehen will, muß seine Werkstätten schon nach Hongkong oder Tokio verlegen.

Der Zug der New Yorker Konfektion aus der Stadt hinaus ist noch nicht gefährlich, doch schon spürbar; während der Pegelstand der Firmen im größeren Metropolitan-Bereich gleich blieb, ist er im engeren Stadtgebiet in der letzten Dekade merklich abgesunken. Freilich geht der Prozeß langsam und zögernd vor sich, und es ist wohl möglich, daß er wieder aufgehalten oder gar rückläufig wird. In jedem Falle bleibt der Sog der »Provinz« auf die Werkstätten beschränkt. Die Mode und der Markt siedeln nach wie vor fest in New York. Unabhängig von den Schwankungen und Attraktionen, denen der Fabrikationsvorgang unterliegen mag, ist und bleibt die Seventh Avenue im Herzen von Manhattan Modezentrum und Umschlagplatz der Konfektion Amerikas.

Broadway
Der dauerhafte Invalide

Amerikas größtes Kunstwerk hat einer ihn genannt und einen Vulgär-Basar ein anderer; einem ist er »zauberhafte Barbarei, zu Poesie geworden«, dem anderen ein Karneval des übelsten Kommerzes: Times Square, »die Straßenkreuzung der Welt«, lockt zu Metaphern, provoziert Vergleiche, stößt ab und fasziniert. Dies ist ein künstliches Gebilde, ein Spielzeug wie jene Mosaik-Kristalle, die durch Drehung und im Kontrast zum Licht in ständig neue Muster fallen. Häuser sind hier nur Hintergrund für bewegte Lichterspiele. Manche, wie der Heidelberg Tower fensterlos und kahl, sind eigens zu dem Zweck gebaut, Reklamefläche zu liefern. Über ihre Fassaden rast und tropft und zuckt es, rieselt Gin aus dreißig Meter langer Flasche, jagt ein Kätzchen nach dem Wollknäuel, startet ein Flugzeug alle paar Sekunden. Am Nordende des Platzes wird Reklame in Doppelwörtern und alliterierend buchstabiert: Coca Cola, Canadian Club, Castro Convertible.

Aus Glühbirnen und Neonröhren, Scheinwerfern und Kippkontakten entstehen die *Spectaculars,* optische Spektakel, die einen permanenten Freiluftzirkus schaffen. Dies ist Lunapark und Reeperbahn in einem, Place Pigalle und Piccadilly Circus. Über den Häuptern von Theaterpublikum und Taschendieben, von Predigern und Prostituierten, Matrosen auf Urlaub und Touristen aus Übersee, über Kinos und Drug Stores und Schnellimbissen wird mit Blitzen und Flackern, Aufglühen und Verlöschen die größte Gratis-Unterhaltung der Welt geliefert. Den Riesenraucher, der über den Platz hin alle fünf Sekunden Dampfringe in die Luft blies, nannten seine Schöpfer den »langlebigsten Broadway-Hit«. Ein Vierteljahrhundert lang, von 1941 bis 1966, hat er seine meterlangen Kringel gepafft, und vierteljährlich wechselte er seine Uniform, war mal Matrose, mal Soldat. Dann verschwand er für einige Jahre von der Szene, doch seit 1972 raucht es wieder hoch vom Dach, jetzt aus zwei Riesenmündern.

Times Square erwacht erst nachts zum Leben. Tagsüber wirkt er wie eine abgeschminkte Allerweltsperson mit deutlich ordinärem Zug. Da wird die Nachtschönheit des Glitzerkorsos zur schlichten Straßenkreuzung. Times Square bezeichnet die Begegnung des Broadway mit der Seventh Avenue. Seinen Namen hat er von dem Gebäudeturm der ›New York Times‹, der, heute mit neuem Mieter und neuer Fassade versehen, südlich im spitzen Winkel der Kreuzung steht.

Vordem war dies Longacre Square, ein Name, der in den Telefonnummern der Gegend weiterlebt. Es war ein ruhiges Viertel der Sattler und Stellmachereien, mit der Pferdebörse da, wo heute das Winter Garden Theatre steht. Dem Transportgewerbe dient der Broadway hier noch immer, nicht nur auf der Fahrbahn, auch mit den Auto-Salons, die nordwärts in den Fünfzigern seine Ufer säumen.

Um die Jahrhundertwende begann Herr Ochs aus Chattanooga, neuer Besitzer der ›New York Times‹, am Longacre Square sein Hauptquartier zu bauen. Gleichzeitig bohrte sich die Untergrundbahnstrecke von City Hall bis hierher vor. 1904, als Hochbau und Tiefbahnhof sich zur selben Zeit der Vollendung näherten, wurden Platz und neue Untergrundbahnstation »Times Square« getauft. Pünktlich zu Silvester zog die ›New York Times‹ ins neue Haus ein. Mit einem großen Feuerwerk feierte der neue Hausherr den Anbruch des neuen Jahres. Seither ist es New Yorker Sitte, den Jahreswechsel am Times Square in Massenfeier zu begehen. Eine Minute vor Mitternacht gleitet ein erleuchteter Ballon die Fahnenstange auf der Turmspitze nieder, die Menge jubelt, Papiertrompeten schmettern, das neue Jahr ist da.

Mit seinem 25stöckigen Zeitungs-Campanile – damals der zweithöchste Bau der Stadt – hatte Adolph Ochs »die Eingeborenen wachrütteln« wollen. Das ist ihm so gründlich und dauerhaft gelungen, daß sie seither, in diesem Viertel jedenfalls, nicht wieder eingeschlafen sind. Der Neonhimmel über Times Square wird nicht dunkel. Dies ist das Revier der Mitternachtssonne, das Kernstück des *Great White Way*. Diese drei Straßenblocks, herausgeschnitten aus einer Länge von 30 Kilometern, sind des Broadways berühmtestes Fragment. Wer »Broadway« sagt, meint diese Stelle, wo Broadway und Times Square identisch sind. Hier verläuft die Hauptstraße Amerikas, Modell und Vorbild für die Main Streets der Provinzen, glitzernd, attraktiv, kommerziell und korrumpiert.

Der Broadway ist New Yorks Rialto, seit es in der Stadt Theater gibt. Mit dem Broadway sind die Theater nordwärts gezogen, bis in den neunziger Jahren des vorigen Jahrhunderts die Kugellampen auf den Vordächern der Schauspielhäuser, von

Gas gespeist, den Boulevard beinah lückenlos von den dreißiger bis in die vierziger Straßen säumten als »großen weißen Weg«. Seit den *Gay Nineties* ist der Broadway als Theaterstraße ein Begriff; ein Braodway-Abend gehörte für den New York-Besucher der Gaslicht-Ära so gut zur Pflicht wie für den Touristen heute. Man mußte den Schlager der Saison gesehen haben. Um die Jahrhundertwende waren das die Florodora-Girls, sechs gutgewachsene Mädchen, die im Casino-Theater allabendlich in einer englischen Musikkomödie das Publikum zum Jubeln brachten. Das Florodora-Sextett sang und tanzte für spätere Begriffe eher zierlich; die Mädchen zeigten kaum Bein, sie trugen züchtige Blusen mit langen berüschten Röcken und Hüte mit Straußenfedern. Aber sie waren als erste Truppe von Chorus-Girls ebenso berühmt wie später die Ziegfeld-Follies oder die Rockettes, und alle gingen, wie's sich für die Broadway-Saga gehört, binnen Jahresfrist an Millionäre ab. Die Heiratsrate der Florodora-Girls war so enorm, daß das Sextett allein im ersten Jahr 73 Mädchen verbrauchte.

Dies war die Gründerzeit Amerikas, eine Ära der Expansion. Die neunziger Jahre waren das lebensfrohe, dynamische Jahrzehnt, in dem das Land und die Vermögen wuchsen und mit ihnen die Stadt New York, von Einwanderern geschwellt. Ihre Besiedlung schob sich mit dem Broadway nordwärts, zehn Straßenblocks in jedem Jahrzehnt, bis sie um die Jahrhundertwende die 59. Straße erreichte in der Gegend des heutigen Columbus Circle. 1898 schlossen sich die fünf Bezirke zu Groß-New York zusammen; die *Empire City* am Hudson war damit – nach London – die zweitgrößte Stadt der Welt geworden.

In diesen lebenslustigen neunziger Jahren war der Broadway die abendliche Promenade der New Yorker. 1883 hatte die Metropolitan Opera an der 39. Straße eröffnet als Gründung der neuen Geldaristokratie, mit der die alten Familien ihre Logen in der Academy of Music downtown nicht teilen wollten. Dieser gesellschaftliche Protestakt symbolisierte die Ablösung der etablierten Elite durch die neue Plutokratie der Rockefeller, Gould und Vanderbilt. Wenig später kapitulierte die Academy vor »der neuen gelben Brauerei am Broadway«.

Um die *Met* gruppierten sich die Theaterhäuser: Empire und Olympia, Daly's und Lyceum, Vaudeville-Bühnen, »Dime Museums« und das Casino, das die *jeunesse dorée* mit Offenbach und Strauß und den Casino-Girls beköstigte. Julia Marlowe and E. H. Sothern spielten Shakespeare, Harrigan und Hart kreierten Farcen mit Musik, deren Schlager sofort von Leierkästen nachgedudelt wurden. Im Hippodrome sahen 5000 Zuschauer den russisch-japanischen Krieg als Bühnenspektakel noch einmal zu Wasser und zu Lande ausgetragen, in Clyde Fitchs Salonkomödien fanden die New Yorker Damen sich galant verspottet, William Gillette als Sherlock Holmes erschien in immer neuen Kriminalstücken, Sarah Bernhardt und Eleonora Duse, Ellen Terry und Isadora Duncan gastierten in New York und reisten in ihren Salonwagen durch die Provinzen, und der große Impresario Charles Frohman importierte europäisches Literaturtheater aus Übersee. Der wohl nachhaltigste Erfolg dieser Epoche, einer Zeit losgelöster, in sich versponnener Selbstzufriedenheit, war James Barries ›Peter Pan‹. Maude Adams spielte diese zärtlich geliebte Symbolfigur der immergrünen Jugend, eine Gestalt, in der die Generation vor dem Ersten Weltkrieg sich spiegelte. Es war das Goldene Zeitalter des Broadways. Es erstreckte sich über ein halbes Jahrhundert, noch über den Krieg hinaus. Es endete, den Zeitgenossen noch unbewußt, an jenem 6. Oktober 1927, als in Warner's Filmpalast ›The Jazz Singer‹ mit Al Jolson Premiere hatte: die Ära des Tonfilms begann.

Noch aber zählte man am und um den Broadway 80 Theaterhäuser. Schon um 1900 hatte New York mehr Theater als London oder Paris, nämlich 50, wenn man die Vaudeville-Häuser und das Halbdutzend jiddischer Theater einbezog. Außerdem reisten 400 Truppen durch die Lande und brachten Stücke *direct from successful Broadway run* in die Provinz. »Give My Regards to Broadway« war ein Schlager, den man nicht nur in Manhattan sang.

Denn nicht Shakespeare oder Shaw, nicht Verdi oder Wagner gaben dem Broadway-Theater seine Signatur. New Yorks Rialto fand seinen Barden in George M. Cohan, Erfinder, Förderer, Promoter des Broadway-Mythos, der Mann, in dem die Selbstfeier dieser prahlerischen, lärmend lebensfrohen Straße sich verkörperte. Mit 26 Jahren erschien er auf der Szene als Autor, Regisseur, Schauspieler, Sänger von Komödien mit Musik, in denen der Broadway Titel, Stoff und Hauptdarsteller war. In unzähligen Couplets hat George M. Cohan den Broadway besungen, laut, reißerisch, in flotten Rhythmen und mit unverhohlenem Nationalstolz. ›I'm a Yankee Doodle Dandy‹, sang Cohan und schwenkte dazu die Stars and Stripes. Manches davon hat in Redensarten überlebt; *give my regards to Broad-*

way ist ein dauerhafter Salut. Cohan war der geborene Theatermann, mit sicherem Instinkt begabt für das, was die Masse wünschte; er war »Mr. Show Biz« persönlich. Das Dutzend Musicals, das er geschrieben hat, melodramatisch, sentimental, patriotisch und von frecher Arroganz, traf genau den Ton der Zeit. Seine Melodien trällernd, ging man nach der Vorstellung in die Lokale am Times Square. Erst gab es nur die Hummer-Paläste, in denen man den Abend beschloß. Doch die *Gay Nineties* waren zugleich die Zeit der großen neuen Restaurants, in denen tout New York sich traf. Shanley's und Rector's lagen einander am Times Square gegenüber, elegante Etablissements mit Streichorchestern und Stehgeigern, die eintreffende Diven zum Tisch geleiteten. Rector's wies nicht nur die erste Drehtür in der Stadt auf; sein Besitzer konnte sich auch später rühmen: »Ich fand den Broadway 1899 als stille kleine Gasse der *Ham-and-Eggs* vor und hinterließ ihn als ausgewachsene Avenue der Hummer, Champagner und Katerstimmung.« Hier blühte der Klatsch der Stadt – ›If a Table at Rector's Could Talk‹ hieß ein beliebter Schlager –, hier wurden Affären gestiftet und gestört. In den geselligen Nachtstunden bei Rector's und Shanley's, in Bustanoby's und im Café de l'Opéra entstand die Café-Society, aus Schauspielern und Playboys, Sportlern und Broadway-Troß gemischt. Es war diese Welt der sorglos lebensfrohen Nachtfalter, der George M. Cohan auf der Bühne Wort und Stimme gab.

Berühmte Theaterleute wurden mit Namenspatronaten über Schauspielhäuser geehrt; nach David Belasco und Helen Hayes, Ethel Barrymore und dem Schauspieler-Ehepaar Lunt-Fontanne, sogar nach einem Kritiker (Brooks Atkinson) sind Theater benannt. George Cohan indessen als einzigem Broadway-Idol hat man eine Statue errichtet. Hut in der einen, Spazierstock in der anderen Hand, blickt er von seinem Sockel am Nordrand des Times Square auf sein Revier.

Von dem Broadway, den er so dauerhaft besungen hat, ist dieser Tage fast nur noch die Selbstreklame übrig. Das Terrain ist arg geschrumpft. »Broadway« als Rialto war um die Jahrhundertwende anderthalb Meilen lang. Heute ist er auf sechs Blocks verringert, obwohl das offizielle Gelände des Theaterdistrikts von der 40. bis zur 57. Straße und von Sixth Avenue bis über die Achte reicht. Von 16 Theatern, die direkt am Broadway lagen, sind nur noch zwei geblieben, alle anderen sind in die Seitenstraßen abgedrängt. Von ehemals 80 sind nur noch 39 Broadway-Häuser übrig, und von diesen stehen viele oft über

Wochen leer oder sind an Fernsehstudios vermietet. Broadway ist seit Kriegsende zu einem chronischen Kranken geworden, wenngleich noch immer heftig geliebt; er ist der »grandiose Krüppel«, der »fabelhafte Invalide«. Die große Zeit, die Goldenen Jahre liegen fürs erste hinter ihm.

Die lebensfrohen Neunziger waren die Flegeljahre des amerikanischen Theaters. Trotz eines gelegentlichen Ibsen, Tschechow oder Shaw lebte der Broadway in provinzieller Selbstbezogenheit hauptsächlich von Salonkomödien, Farcen und Operetten. Manches stammte von einheimischen Stückeschmieden, vieles war aus England importiert. Dem Amerika des frühen 20. Jahrhunderts fehlte die englische Schauspieltradition. Für das Varieté indessen diente die englische Music Hall als Vorbild, amerikanisch abgewandelt. Auf der Vaudeville-Bühne konnte, als »Nummer«, alles zusammengewürfelt werden: *Enoch the Fish Man,* der unter Wasser die Trompete blies, Zwerge und Riesen und Rhinelanders Schlaue Schweine, Chorus-Girls, die in das Wasserbecken des Hippodrome marschierten, Sophie Tucker, die »Ziegfeld Follies« und Sarah Bernhardt, die im Palace am Broadway für 500 Dollar Abendgage die Sterbeszene der Kameliendame agierte.

Das Theater war vom Leben weit entfernt, das europäische Drama hatte es noch kaum entdeckt. »Seid ihr denn alle Kinder in Amerika?« soll um 1905 ein europäischer Tourist nach einem Besuch am Broadway gefragt haben. »In allem, was ich gesehen habe, gab es nicht einen einzigen ernsthaften Gedanken, nicht eine Spur von Geist.«[36] Für die nächsten 20 Jahre, so prophezeite der schockierte Gast, könne man Drama als Kunst für Amerika abschreiben.

Die Kluft zwischen Leben und Theater schloß sich indessen schneller als vorausgesagt. Mit einer emphatischen Geste raffte Amerika sich aus dem Provinzialismus auf, fand mit einem Mann den Anschluß an die Weltliteratur: Eugene O'Neill, ein Kind des Broadways, machte Amerikas Theater erwachsen. Die Herkunft ist wörtlich zu verstehen: sein Vater war Schauspieler, und in einem Hotel am Broadway ist O'Neill 1888 zur Welt gekommen. 1919 erschien ›Beyond the Horizon‹ am Morosco Theater und war sofort ein großer Erfolg. Die Aufführung wurde zur Wasserscheide zwischen Provinzialismus und Weltläufigkeit; fortan waren Drama und erwachsenes Leben nicht mehr getrennt. 45 Stücke hat O'Neill geschrieben. 1936 war er der erste Nobelpreisträger Amerikas für dramatische Literatur.

Es war, als hätte sich mit O'Neill eine Schleuse der Kreativität geöffnet. Amerika erschien plötzlich auf der Landkarte des Theaters. Gegenwartsprobleme wurden dramatisiert, und die Namen amerikanischer Dramatiker wurden auch auf Europas Bühnen ein Begriff: Elmer Rice und Maxwell Anderson, Robert Sherwood und S. N. Behrman. Später folgten in weiteren Generationen William Saroyan und Thornton Wilder, Tennessee Williams und Arthur Miller, Edward Albee und Arthur Kopit. Gleichzeitig spielten die großen Truppen aus Europa in New York. Das Moskauer Art Theater gastierte und die Comédie Française, und Max Reinhardt inszenierte 1927 am Century Theater in deutscher Sprache ›Dantons Tod‹, den ›Sommernachtstraum‹ und ›Jedermann‹. Die zwanziger Jahre waren die Blütezeit des Broadways. Allein in der Saison 1927/28 wurden 264 Stücke produziert; an einem einzigen Dezemberabend gab es elf Premieren neuer Stücke. Nicht alles davon war anspruchsvoll. Neben Rices ›The Adding Machine‹ und O'Neills ›Desire Under the Elms‹ fristete die Schnulze ihr dauerhaftes Dasein. Die höchste Aufführungszahl in dem Zeitraum zwischen den zwei Kriegen erreichte ein Rührstück mit dem Titel ›Abie's Irish Rose‹. Ein immergrünes Thema aus dem New Yorker Kleinbürgertum: jüdischer Junge heiratet irisches Mädchen, beiderseits Familienkrach, Happy-End mit glücklicher Versöhnung über Wiege (von Zwillingen, natürlich: Patrick und Rebecca).

Der Aufschwung des Theaters überdauerte noch die Depression. Die »vollen, dürren Jahre« finanzieller Askese brachten neue Talente hervor. Die Bühne wurde zum politischen Forum in den frühen dreißiger Jahren. Clifford Odets' Streik-Stück ›Waiting For Lefty‹ machte 1935 Sensation. Jack Kirklands ›Tobacco Road‹ erreichte über 3000 Aufführungen, und der junge Orson Welles entfachte mit einem »proletarischen Musical« einen Theaterskandal. 1937 inszenierte er ›Julius Caesar‹ als antifaschistisches Manifest.

Das Sprechtheater indessen repräsentiert den Broadway nur zum Teil. Sein wahres Ich, seine eigentliche Leistung ist das Musical, Amerikas ureigene Schöpfung, sein durchaus originaler Beitrag zum Theater. Mit dieser Gattung des Gesamtkunstwerks von bester handwerklicher Präzision ist der Broadway für die Außenwelt schließlich identisch geworden, hier findet sich der Broadway-Mythos gültig und am besten aufgehoben. Mit dem Musical hat Amerika das europäische Vaudeville- und Operetten-Modell endgültig hinter sich gelassen. Komponisten, deren Songs in unbedeutenden Musikkomödien ein losgelöstes Eigenleben führten, begannen im Lauf der dreißiger Jahre, Musik und Handlung zu integrieren. Songs dienten der Charakterisierung von Personen und Situationen, sie waren in den Handlungsablauf als dramatische Momente eingebaut. Das ganze wurde witziger, urbaner, anspruchsvoller. Komponisten wie Irving Berlin, Cole Porter, Frank Loesser waren oft ihre eigenen Texter oder suchen sich gleichgesinnte und -begabte Partner, Männer wie Kurt Weill, der 1935 in New York eintraf. George Gershwin verwendete Jazz-Elemente in seinen Partituren; mit ›Porgy and Bess‹ schuf er 1935 eine inzwischen klassisch gewordene amerikanische Oper.

Die frühen vierziger Jahre brachten die Serie der Musicals, in denen die besten Regisseure, Choreographen, Bühnenbildner, Tänzer des Landes mit den begabtesten Komponisten und Textern zusammenfanden. Das Musical wurde zur komplexen Einheit, in der Werk und Inszenierung kaum mehr auseinanderzuhalten waren: ›Annie Get Your Gun‹ und ›Oklahoma!‹, ›Kiss Me, Kate‹ und ›My Fair Lady‹, alles Musicals mit Tempo, Witz und Stil, originell und von bewunderungswürdiger Präzision. Manche laufen über Jahre in der gleichen Produktion, bei der zweitausendsten Wiederholung noch so exakt und taufrisch wie am Premierenabend. Es ist die Kunstform, die dem Broadway am besten gelingt und mit der er sich von seiner besten Seite zeigt.

Musical-Stoff muß nicht unbedingt originale Erfindung sein. Die größten Broadway-Erfolge der sechziger Jahre – ›Hello, Dolly!‹ und ›Fiddler On the Roof‹ – waren keine Originale, sondern Auftragswerke, die bereitliegendes Material ohne sonderliche Phantasie ausbeuteten. »Musicals can be manufactured«, hat ein Produzent erklärt; »wir haben die Idee oder kaufen das geeignete Material an, dann suchen wir die richtigen Leute aus, was draus zu machen.«[37] So hat David Merrick ›Hello, Dolly!‹ erdacht, in Auftrag gegeben und als »Paket« im Winter 1963/64 erst in der Provinz erprobt, dann in New York eröffnet. Als ›Hello, Dolly!‹ nach sechs Jahren und 2718 Vorstellungen im September 1970 als bis dahin langlebigstes Musical schloß, hatte es einen sukzessiven Aufwand von sieben Titelstars, darunter eine total schwarze Besetzung mit Pearl Bailey, hinter sich und einen Reingewinn von neun Millionen Dollar. Dabei war der Stoff nicht einmal erster, sondern dritter Aufguß: Michael Stewart und Jerry Herman hatten das Musical nach Thornton Wilders Stück ›The Matchmaker‹ gefertigt, das seinerseits Nestroy folgte, der wiederum auf Plautus fußte. Weder Musik noch Text hatten besondere Qualitäten, doch maßgebend für den enormen Erfolg war die »Mache« der Produktion, die Präzision, mit der die Einzelteile ineinandergriffen wie bei einer gut gefertigten Maschine. ›Hello, Dolly!‹ war im Grunde anachronistisch, ein Rückgriff in die bewährte Tradition des Vaudeville-Theaters. Das Neue zeigte sich gleich nebenan: ›Hair‹, das aus dem Rock geborene Musical der künftigen Dekade.

Seit den dreißiger Jahren häufen sich die Alarmsignale für den Broadway. Es beginnt die Dauerkrise. 1928 wurde das letzte Broadway-Theater gebaut – das nächste eröffnete erst 45 Jahre später. Statt dessen entstanden, vom Tonfilm begünstigt, Filmpaläste. Im Vergleich zu ihrer Pracht wirkten die Theaterhäuser mit ihrer Platznot, ihrem Mangel an Wandelhallen und Garderoben dürftig. Die neuen Tempel der Filmkunst schwelgten in Plüsch und Marmor. Ein prominenter Unternehmer namens Rothafel, genannt Roxy, stattete sein Capitol mit Symphonieorchester und Wurlitzer-Orgel aus. Das Roxy-Theater, 1927 gebaut, konnte nicht nur 6000 Besucher zwischen Marmorstatuen und Kristallüstern unterbringen, es erzeugte auch eine musikalische Sturmflut aus drei Orgeln und 14 Konzertflügeln, die dem Filmgeschehen vorausbrauste. Die heute einzig verbliebene Zitadelle dieser Gründerzeit des Tonfilms ist Radio City Music Hall, in deren Bühne sich heute noch Spielfilm und Varieté-Show teilen und wo die Wurlitzer-Orgel wie eine Nixe aus der Versenkung taucht.

Erst war es der Tonfilm, von 1948 ab das Fernsehen, das Künstler vom Broadway abzog. Clark Gable, Katherine Hepburn, Barbara Stanwyck sind alle erst am Broadway aufgetreten, ehe sie nach Hollywood gingen. Zwei Generationen von Schauspielern und Dramatikern sind dem Theater durch Film und Fernsehen verlorengegangen. Doch dies ist nicht der einzige Grund für den Verfall des Broadways. Die Hauptschuld an seinem Siechtum trägt er selbst mit seiner immer brutaleren Kommerzialisierung.

Am Broadway ist Theater nicht als Kunst gedacht, sondern in erster Linie als Industriezweig wie die benachbarten Branchen der Textil- und Auto-Industrien. Die Vokabeln, mit denen Amerikas Theaterzentrum von sich selbst spricht, sind enthüllend: »Show *Business*«, »Theater *Industry*«. Da ist von Kunst nur ganz am Rand die Rede. Der wichtigste Mann im Herstellungsprozeß der Theateraufführung ist der Produzent, der Schauspieler, Autoren, Bühnenbildner anheuert und Theater mietet. Denn die Schauspielhäuser haben keine feste Besetzung. Sie sind ein Stück Grundbesitz, das Produzenten auf bestimmte Dauer mieten. Viele bieten nicht einmal eine eigene technische Einrichtung an; der Produzent muß selbst für Licht- und Tonanlage sorgen und dafür Transportgebühren und Miete zahlen.

Theaterbesitzer sind Grundstücksmakler. Anfangs führten Schauspieler oder Produzenten noch ihre eigenen Häuser, inzwischen aber ist Theaterbesitz eine Sache des Grundstücksmarkts. Die Shubert-Brüder, die Anfang des Jahrhunderts aus einer Kleinstadt – wo sie Programmverkäufer waren – in New York einzogen, haben mit Bau und Ankauf von Theaterhäusern eine mächtige Organisation errichtet, die schließlich in Konflikt mit dem Gesetz geriet, weil sie den Markt am Broadway und in anderen Städten monopolisierte. Doch selbst nach der Entflechtung gehören den Shuberts und ihren Erben noch immer mehr als die Hälfte aller Broadway-Häuser.

Der Produzent braucht seine Produktion nicht selbst zu finanzieren. Er sucht sich *Backers*, Rückenstützer, oder *Angels*, Engel. Geld in Theater zu investieren ist ein Sport für Spekulanten; mit Theaterliebe hat das nur bedingt zu tun. Der Angel investiert in Hoffnung auf Profit; erweist sich die Produktion als Schlager und hat ein langes Broadway-Leben, so bekommt er sein angelegtes Kapital mit Zinsen zurück. Ein Erfolg wie ›Life With Father‹, das über Jahre lief, hat seinen Engeln ihren Einsatz je fünfzigmal zurückgezahlt, und das Musical ›Hair‹ hat nicht nur die 50000-Dollar-Anlage eingebracht, sondern überdies zwei Millionen Reingewinn. Ist das Stück ein *Flop*, so ist der Einsatz verloren. Eine katastrophale Saison wie die von 1972/73 hatte mit zwei Mißerfolgen allein zwei Millionen-Verluste aufzuweisen: binnen einer Woche schlossen nach wenigen Aufführungen zwei besonders kostspielige Musicals, ›Dude‹ und ›Via Galactica‹. In jedes waren fast eine Million Dollar investiert. Andererseits kann es auch bei ausverkauftem Hause Jahre dauern, bis eine Produktion ihr Kapital zurückzahlt. In der Saison 1971/72 haben 97 Broadway-Produktionen, in denen ein Gesamtkapital von 20,3 Millionen Dollar angelegt war, einen Totalgewinn von 1,09 Millionen Dollar abgeworfen, hauptsächlich dank ›Hair‹. 21 dieser Produktionen schlossen vorzeitig, manche nach nur einer Vorstellung; der Verlust betrug 6,1 Millionen Dollar.

Dies Risiko macht es Produzenten schwer, spendefreudige Engel zu finden. Das erfolgreiche Stück ›The Subject Was Roses‹, das seinem Autor Frank Gilroy 1965 den Pulitzer-Preis eintrug, hatte zwei Jahre gebraucht, um 36 Backers zu finden, welche die nötigen 40000 Dollar aufbrachten. Musicals bekannter Komponisten haben es leichter. Da beteiligen sich gern Schallplattenfirmen, und Hollywood sichert sich durch Investition Verfilmungsrechte. Doch meist müssen die Theaterspekulanten her, oft Dutzende zugleich; 150 bis 200 Geldgeber für eine einzige Produktion sind keine Seltenheit. Erfahrene Engel lesen selbst die Manuskripte von Stücken, für die sie zahlen sollen. Andere lassen sich durch Agenten vertreten, die, wie Börsenmakler, für sie ihr Geld anlegen. Manche sind berühmte Experten wie der Tabakkönig Cullman, der Engel von über 70 Produktionen war und sich nur einen Irrtum vorzuwerfen hat: 1942 hat er den Riesenerfolg ›Oklahoma!‹ abgelehnt.

In jedem Falle gilt die Broadway-Spekulation als das riskanteste Roulette in dieser spielfreudigen Stadt.

Die Produktionskosten am Broadway gehen in stetiger Kurve aufwärts. Im Laufe der letzten Jahre sind sie so enorm gestiegen, daß der Zwang zum *Instant Hit,* zum sofortigen Erfolg, noch drückender geworden ist, als ihn das System ohnehin nahelegt. In den zwanziger Jahren konnte man ein Stück für 10000–20000 Dollar auf die Beine stellen, heute ist das Zehnfache nötig. ›My Fair Lady‹, ein Musical mit teurer Ausstattung, kostete 1956 noch 401000 Dollar; ›Coco‹, 13 Jahre später, verschlang schon 900000 Dollar, und 1973 war man bei einer runden Million angelangt. Ein Stück von Murray Schisgal wurde 1969 von seinem Produzenten zurückgezogen, noch ehe es am Broadway offiziell eröffnete; da hatte er bereits 150000 Dollar verloren. Die laufenden Aufführungskosten allein sind so hoch, daß es für den Produzenten eines nur mäßig gepriesenen Stükkes trotz ausverkauften Hauses oft rentabler ist, die Aufführung nicht weiterlaufen zu lassen.

Über Versagen und Erfolg bestimmt weit über die legitime Funktion der Kritik hinaus die Presse, außer bei sehr prominenten Autoren oder Stars, die auch bei schlechten Kritiken den Kartenverkauf auf Monate sichern. Früher, als es 15 Tageszeitungen in New York gab, spielten die Kritiken eine mindere Rolle bei 200 Produktionen pro Saison. Seit New York nur noch drei Tageszeitungen besitzt, entscheiden die drei Theaterkritiker und vier Fernsehrezensenten, die gleich nach Vorstellungsschluß ihr Verdikt abgeben, über Gedeih und Verderb. Im Grunde hat ein einziger Kritiker totale Macht: der Theaterrezensent der ›New York Times‹. Mißfällt das Stück ihm – und loben die sechs anderen es nicht überschwenglich –, so darf es als erledigt gelten. Gewöhnlich hängt bei einhelligem Verriß der Produzent noch am gleichen Tag die Hiobsbotschaft ans Schwarze Brett; dem Ensemble wird ab sofort gekündigt. Der Einfluß der Kritik auf die Kasse ist direkt und schnell. Bei guten Besprechungen bilden sich sofort Schlangen am Theaterschalter, und auf Wochen ist die Vorstellung ausverkauft. Karten für einen Hit werden Monate voraus erworben, man sichert sich im Mai schon für November Plätze. Ist die Kritik dagegen schlecht, so bleibt die Kasse leer.

Zur Verteuerung tragen auch unsinnige Forderungen der Bühnengewerkschaften bei, die eifersüchtig über ihre Rechte wachen. Kommt es einem Schauspieler in den Sinn, bei Proben einen Stuhl selbst umzustellen, sind die Bühnenarbeiter gleich zum Streik bereit. Musiker müssen beschäftigt (und bezahlt) werden, auch wenn sie kein Instrument anzurühren haben. Als vor Jahren eine erfolgreiche Inszenierung aus einem Experimentiertheater auf das kommerzielle Terrain des Broadway übersiedeln wollte, verlangten die Bühnenarbeiter, daß von sämtlichen Kulissen getreue Duplikate hergestellt und wieder vernichtet werden, um die Gewerkschaft zu entschädigen. Gastierende Schauspieler von Übersee, die unbefangen Hand anlegen, bekommen immer wieder schockiert die strikte Selbstherrlichkeit der organisierten Broadway-Hilfstruppen zu spüren.

Aus dieser immer stärker verengten wirtschaftlichen Strangulierung hat es Ausbruchsversuche gegeben, solange das Broadway-Theater besteht. Die Auflehnung gegen den Kommerz des Broadways reicht von Versuchen mit dem New Theatre des Winthrop Ames um 1905 über Washington Square Players und Provincetown Playhouse (das 1916 als erstes O'Neills See-Einakter spielte), über Theater Guild in den zwanziger und Group Theater in den dreißiger Jahren, über Eva Le Galliennes kurzlebige American Repertory Company nach dem Kriege bis zu APA und Lincoln Center Repertory Theater der sechziger Jahre. Die Off-Broadway-Bewegung der fünfziger Jahre fort vom überkommerzialisierten Broadway in die Schuppen und Werkstätten von Greenwich Village war ein großangelegter

Protest gegen die Überteuerung wie gegen die Erniedrigung dramatischer Kunst zu purer Unterhaltung.

Allen diesen Gründungen und Organisationen ist gemeinsam die künstlerische Ambition. Das Zauberwort für die Rettung vor dem Zwang zum merkantilen Erfolg lautet *Repertory*. Damit ist nicht wie in Europa ein täglich wechselnder Spielplan gemeint, der jederzeit mehrere Aufführungen gleichzeitig parat hält. Repertory in Amerika heißt nicht mehr als ein feststehendes, durchaus nicht immer in einem Haus fest siedelndes, sondern oft reihum zigeunerndes Ensemble, das mehrere Aufführungen einstudiert und sie in jeweils begrenzter Laufzeit nacheinander (nicht wechselweise) spielt. Solchen Gruppen verdankt das New Yorker Theaterpublikum die Bekanntschaft mit einer dramatischen, vorwiegend europäischen Bühnenliteratur, zeitgenössisch wie historisch, die der Broadway, zu Erfolg (sprich: Unterhaltung) gezwungen, vernachlässigt. Hier findet man auch Shakespeare, den der Broadway gewöhnlich nur verfremdet duldet, zum Musical verdünnt oder aus England importiert. Die bedeutendsten Erfolge des seriösen Sprechtheaters am Broadway in den letzten Jahren stammten fast alle aus England, ob Inszenierung oder Autorschaft. »Broadway-Theater gibt es nicht«, hat die Schauspielerin Shelley Winters gesagt; »Broadway heißt: Komödien von Neil Simon, Musicals und britische Importe, und damit Schluß.« Der Broadway sei ein »mörderischer, vulgärer Dschungel«, in dem sich eine schöpferische Beziehung zwischen Theater und Publikum unmöglich herstellen lasse, klagte der Regisseur Tyrone Guthrie, als er sich nach Minneapolis zurückzog und dort ein Ensembletheater aufbaute. Selbst der erfolgreiche Dramatiker Elmer Rice bekannte, es sei ihm nie gelungen, Drama als Kunst mit den Realitäten des Show Business in Einklang zu bringen. »Geld ist das große amerikanische Hindernis« auf dem Weg zum wirklich großen Theater, meint der englische Regisseur Peter Brook; das Broadway-Theater ist dem einen »eine organisierte Kalamität«, dem anderen »eine Kunst, die von schlechten Geschäftsleuten als Geschäft betrieben wird«.

Schauspielhäuser sind nicht mehr rentabel. Ihre Zahl schrumpft stetig, und selbst von den verbleibenden drei Dutzend Theatern stehen manche oft monatelang leer. Grundbesitzer betrachten ein Theater auf dem teuren Boden der Innenstadt als kostspieligen Luxus, zumal eine alte Bauvorschrift wegen Feuergefahr verbot, über Theatern aufzustocken. So wurden immer mehr Theater abgerissen und an ihrer Stelle Bürohochhäuser errichtet, die ein Vielfaches an Miete einbringen. Gleichzeitig fielen andere vertraute Stätten rund um den Times Square der Spitzhacke zum Opfer: das Astor Hotel und die Theaterlokale Lindy's und Dinty Moore, Kinoburgen, vom Fernsehen entleert, verschwanden, und das ›Times‹-Gebäude selbst, schon lange von der Redaktion verlassen, wurde 1966 verkauft. Der neue Hausherr ersetzte die Florentiner Renaissance-Fassade durch eine klinisch kühle weißglatte Haut.

Entlang der 42. Straße hatten die Theater schon vor Jahrzehnten Kinos Platz gemacht, und diese haben, in immer billigere Kategorien abgesunken, die 42. Straße zwischen Sechster und Achter Avenue zur Porno-Magistrale und zum New Yorker Strich gemacht. John Schlesingers Film vom ›Midnight Cowboy‹ hat Schmierigkeit und Talmi dieser Straße getreulich dargestellt.

Um Times Square und Broadway dem Theater zu erhalten, hat Bürgermeister Lindsay 1967 das Viertel auch amtlich zum speziellen Theaterdistrikt erklären lassen. Mit Sondervergünstigungen lockt die Stadt Bauunternehmer, in ihre Hochhäuser neue Theater einzubauen. Der Winter 1972/73 hat gleich vier solcher neuen Theater im Büroturm gebracht, die ersten Theater-Neubauten am Broadway seit 45 Jahren.

Seine Rolle als Kapitale des amerikanischen Theaters hat der Broadway durch Erosion verloren. Entmutigt und verbittert hat mancher Theatermann New York verlassen. Nicht nur Off-Broadway, auch in den Provinzen geht heute vielfach Interessanteres und künstlerisch Bedeutenderes – auch Mutigeres – vor sich als am Broadway. Immer häufiger werden Theatererfolge aus New Haven oder Minneapolis, von der Arena Stage in Washington oder aus Greenwich Village am Broadway nachgespielt, und New Yorker Kritiker reisen zu Premieren in die Provinz. Eins freilich ist geblieben: für den endgültigen Triumph ist der Broadway noch immer Zielstation. Erst was sich hier bewährt, ist als Erfolg besiegelt.

Die kulturelle Szene
Gefährdete Glorie

Wenn Flucht oder Bleiben auf des Messers Scheide balancieren; wenn die Nerven zerfranst sind von einem besonders schwülen Tag, von einer besonders ruppigen Kränkung, die Langmut strapaziert von chaotisch verknäueltem Verkehr, das Gemüt verstört beim Lesen einer neuen Schreckensmeldung aus dem Straßenkrieg; wenn man fast schon bereit ist, Gomorrha den Rücken zu kehren und den New Yorker Staub endgültig vom fluchtbereiten Fuß zu schütteln – dann ist gewöhnlich der Moment gekommen, da die Offerten der New Yorker kulturellen Szene sich zu einer kollektiven Zugkraft addieren, die den Wankelmütigen magnetisch am Orte festhält. Wie oft, wie dauerhaft und siegreich rechnet der geplagte Bürger den permanenten Aufruf an Geist und Sinne gegen alle Widrigkeiten auf! Wo anders bietet sich die glorreiche Fülle des Kulturellen in so ungeheurem, nie ganz ausgeschöpftem Angebot? Wo anders können 30 Theater und 50 kleinere Bühnen, 30 Museen und 400 Galerien täglich ihre Säle füllen? Wo anders ist es möglich, daß 10 000 Menschen an einem einzigen Abend die Premieren von vier großen Ballett-Ensembles zu einer ausverkauften Affäre machen? Wo sind in der gleichen Woche die New Yorker, Pittsburgher, Londoner und fünf andere Sinfonieorchester, zwei Dutzend Kammerorchester und ein Dutzend Pianisten, armenische, russische, italienische, griechische Chöre und Orchestergruppen zu hören, dazu ein »Fünfzehn-Stunden-Unterwasser-Konzert von Max Neuhaus« in einem Swimming-Pool in Greenwich Village, angekündigt mit der Warnung: »Die Musik ist unter Wasser komponiert und aufgeführt und kann nur gehört werden, wenn das Publikum ins Bassin taucht; Zuhörer müssen Badeanzüge (keine Wolle!) mitbringen.« Wo anders als in New York fordert ein Abend die schwierige Entscheidung zwischen zwei Veranstaltungen, die beide vielversprechend, Magneten für Stars und Sternchen, Berühmte und Möchtegern-Berühmte und ihren Troß sind: hie Norman Mailer im Clinch mit Women's Liberation, dort Andy Warhols Vernissage, Gesamtschau seiner Kühe, Blumen, Suppendosen. Die Wahl ist schwer; der Unentschiedene – falls er noch eine Karte kriegt – weicht zu Nurejew aus, der eben in der Met gastiert.

Ein Besucher aus Europa, eine Woche in New York zu Gast, wunderte sich, daß wir nicht zum Klavierabend des großen Gilels in die Carnegie Hall eilten. Doch der New Yorker wählt seine Stars mit Gleichmut und Bedacht, denn Starbesetzung ist hier permanent. Was andernorts Anlaß ist für eine Pilgerreise, ist hier eine Sache von Lust und Wahl: wollen wir lieber Margot Fonteyn tanzen sehen oder Birgit Nilsson singen hören, ziehen wir Arthur Rubinstein Menuhin vor, gehen wir ins Guggenheim zur Kandinsky-Retrospektive oder ins Metropolitan, das Zeichnungen von Michelangelo und Leonardo zeigt? Besorgen wir uns Karten für das neue Musical nach Clifford Odets mit Sammy Davis jr., oder sehen wir uns Sir John Gielgud in dem neuen Stück von Edward Albee an? Soll es ›Das Jahr 1200‹ sein oder ›Die Stadt der Zukunft‹, Truman Capote oder W. H. Auden? Mancher New Yorker wählt nichts von alledem, zufrieden in dem Bewußtsein, von dieser Bildungs-Aura umstrahlt zu sein wie von einem kulturellen Heiligenschein, der schon den potentiellen Konsumenten veredelt, auch wenn er nie den Fuß in die geweihte Stätte setzt.

Dagegen wird manchem Besucher die Stadt identisch mit dem besonderen hochgeschätzten Institut, dem seine Reise gilt. »New York ist fabelhaft!« jubelt der Forscher, der sich dem Kreml widmet; er meint indessen nicht die Stadt, sondern das Russische Institut der Columbia University, das ihm die Zeitung aus Taschkent prompter liefert als in Europa. Wir kannten eine Dame, die jeden Abend ihres zweiwöchigen Aufenthaltes im Opernhaus der Met verbrachte, und eine andere, die von New York nur die Museen sah. Ein junger englischer Verleger, der jährlich für wenige Tage zu Besuch kommt, eilt, sobald es die Geschäfte ihm erlauben, nach Staten Island, dessen Zoo die beste Schlangen-Kollektion der Welt hat; *I happen to like snakes*, erklärt er zur Begründung, warum er von der Stadt sonst nichts gesehen hat. New York, so findet auch dieser Enthusiast, ist einfach sensationell: Puffotter und die grüne Mamba, die Panamint, Mojave und Sonora, schwarzschwänzig, höckernasig und mit Diamantenrücken, die größte Klapperschlangensammlung, die auf der Welt zu sehen ist, im Zoo von Staten Island.

Die Magneten der kulturellen Szene finden sich über die ganze Stadt verteilt. Oft sind sie in entlegenen Ecken aufzustöbern und überraschen durch aparte Kombination. Das Brooklyn Museum etwa, mit dem benachbarten Botanischen Garten und dem schönen Prospect Park eine Tagesvisite wert, hat eine vorzügliche ägyptische Abteilung und eine bedeutende Sammlung von Zeichnungen und Drucken deutscher Expressionisten. Aber auch ein komplettes Farmhaus aus New Yorks holländischer Frühzeit ist da zu sehen, umringt von eingeglaster Wohnkunst, darunter ein stilreiner Art Déco-Salon von der Park Avenue. Oben sind Gemälde, unten ist Völkerkundliches und draußen ein Garten, in dem New Yorker Fassadenkunst vor dem Abrißhammer gerettet worden ist. Im Nahost-Institut der New York University stößt der Besucher unvermutet auf ein ornamentales Wohnzimmer aus dem Damaskus des 18. Jahrhunderts. Auf Manhattans Nordspitze vereinigen sich vier Kreuzgänge aus spanischen und französischen Klöstern zu den »Cloisters«, einem der schönsten mittelalterlichen Museen der Welt hoch über der Klippenlandschaft des Hudson-Ufers.

New York ist eine Stadt der Sammler, die ihre Schätze großzügig zur Besichtigung freigeben. Kunstzirkel arrangieren Touren durch Privathäuser, und Korporationen schmücken ihre Wartehallen und Korridore gern mit Kunst. Im PanAm-Gebäude hängt ein Metallgespinst von Richard Lippold, und Josef Albers hat dort eine Riesenwand bemalt. Ein kolossaler roter Würfel von Noguchi balanciert spitzkant vor dem schwarzen Glasturm der Marine Midland Bank downtown. Der Kunde der Chase Manhattan Bank kann beim Scheckeinlösen eine Skulptur von Pol Bury oder ein Bild von Helen Frankenthaler betrachten; ihre Sammlung zeitgenössischer Kunst, rund 1500 Objekte, hat die Bank auf alle ihre Filialen verteilt. Im Amtszimmer des Präsidenten der Columbia University hing bis vor kurzem ein Rembrandt, der ›Mann mit in die Seite gestemmten Armen‹; so viele Kunstobjekte gehören der Universität, daß sie einen eigenen Kurator beschäftigt. Französische Impressionisten sind überall zu finden: im Metropolitan, im Modern Art, im Guggenheim, im Brooklyn Museum und in der Frick Collection, dazu in privatem und Galerie-Besitz. Als das Metropolitan Museum 1974 seine große Jahrhundertausstellung der impressionistischen Epoche mit Leihgaben aus Paris eröffnete, bemerkte der Kritiker der ›New York Times‹: »Mit nur ein oder zwei Ausnahmen hätte sich ein mehr als gleichwertiger Ersatz für die französischen Leihgaben ... innerhalb einer Zwei-Dollar-Taxifahrt auf Manhattan finden lassen.«[38]

Die Reserven der New Yorker Museen sind so groß, daß nur

der kleinere Teil der Sammlungen öffentlich zu sehen ist. Aus einem Bestand von 2000 europäischen Gemälden kann das Metropolitan nicht einmal die Hälfte an die Wände hängen. Eine Ausstellung der »Grand Reserves« aus 15 Museen der Stadt trug in den Galerien des Cultural Center am Columbus Circle kürzlich Schätze zusammen, die aus schierem Platzmangel sonst kaum das Publikum erreichen. Die Objekte, welche drei Stockwerke des Museum of the American Indian füllen, sind nach Aussage seines Direktors nur »die Spitze des Eisbergs«. Das Museum leidet so arge Platznot, daß es seinen Auszug aus New York erwägt. Eine Auswahl seiner schönsten Stücke stellte vor einiger Zeit das Metropolitan Museum aus, »um auf einen vernachlässigten Kollegen aufmerksam zu machen«. Die Fülle des Angebots ist so groß, daß manche Institute, die anderswo gerühmte Reiseziele wären, einfach übersehen werden, wenn sie außerhalb der dichtesten Besucherzone liegen oder gar am Rande von Harlem wie das Indianermuseum oder die Hispanic Society, die immerhin einige Goyas und Velasquez' zeigt. Eine komplette Liste aller Museen in New York zählt 82 Institute, vom Metropolitan bis zur Boxing Hall of Fame.

Der Eindruck lässiger Fülle, in die nur Beharrlichkeit und der Kompaß spezieller Interessen Orientierung bringt, herrscht nicht nur in der Stadt allgemein, sondern auch in ihrem größten und berühmtesten Museum, dem Metropolitan. Auf der Fifth Avenue liegt es, durch den Central Park getrennt, jenem anderen typischen New Yorker Museum gegenüber: dem American Museum of Natural History. Beides Kolossalanlagen, die weiter wachsen, beide populär, bevölkert und mit kräftig pädagogischer Tendenz.

Das Metropolitan ist ein Supermarkt der Künste, dessen chaotische Fülle den Besucher leicht betäubt. Da wird nirgends der ordnende Sinn einer Sammler-Dynastie deutlich, die so vielen europäischen Museen ihre Grundstruktur gegeben hat. Das Metropolitan ist von den Zufällen der Schenkungen zusammengewürfelt wie ein Flickenteppich. Kein Ariadnefaden leitet übersichtlich durch das Labyrinth der Galerien, wenn man nicht den Katalog zu Hilfe nehmen will, der die Abteilungen durch Farben auseinanderhält. Das Museum erschließt sich nur langsam und fast störrisch, und es überrascht mir kuriosen Übergängen, die Ritterrüstungen und Americana, Ägyptische Abteilung und Kostümausstellung in direkte Nachbarschaft bringen.

Dies Rieseninstitut ist Herberge für ein Dutzend Museen, die man gesondert besichtigen sollte. Dem häufigen Besucher enthüllt sich gerade die Vielfalt seines Angebots als sein Hauptreiz, mehr fast als die Qualität des Besitzes. Der Neuankömmling steuert gewöhnlich die zentrale breite Treppe hinauf in die Säle der europäischen Malerei. Danach bleibt allenfalls noch Kraft und Zeit für die Antike, für den berühmten rotfigurigen Krater des Euphronios etwa, weihevoll im Sondergemach präsentiert, oder für das Grab des Perneb und die sitzende Statue der Hatschepsut. Doch die zahlreichen kleinen Museen im Museum zu entdecken ist ein detektivisches Vergnügen für den Metropolitan-Aficionado. Hinter dem Chorgitter aus der Kathedrale von Valladolid tun sich unvermutet die möblierten Wohnungen Europas auf: das venezianische Schlafzimmer aus dem Palazzo Segredo, der englische Speisesaal vom Lansdowne House, der Salon aus dem Palais Paar in Wien, die Ladenfront von der Ile Saint-Louis voller Sèvres-Porzellan – alles komplett mit Flur, Stuckdecke, Kronleuchter und Tapete bis zur seidenbespannten Hundehütte im Salon.

Um den Turnierhof der Ritter, die meist von Kindern umlagert sind, läuft die Galerie der Musikinstrumente aus vier Jahrtausenden, ein Juwel des Metropolitan. Diese Sammlung von Geigen, Flöten und Spinetten und von exotischen Klanginstrumenten durchwandert man am besten mit dem Telesonic-Kopfhörer um die Ohren, einem Wunderwerk der Technik, das jedes Instrument bei Annäherung musizieren läßt und dazu einen diskreten Kommentar des Kurators liefert.

Unter dem Patio aus der Renaissance liegen die Schatzkammern europäischen Kunstgewerbes, und aus Ägypten steigt man in die Tiefe des Flimmerkellers, in dem zu Jazz und bunten Lichtern die Modeträume aus Paris und Hollywood allein jährlich Tausende von Besuchern zu den einfallsreichen Sonderschauen des Kostüminstituts locken. Mit dem Tempel von Dendur, vom Nil-Ufer in das Glashaus am Central Park versetzt, mit dem Lehman Pavilion und mit dem geplanten Flügel für Primitive Kunst hat das Metropolitan Museum in den siebziger Jahren seine Sammlungen mächtig ausgedehnt. Sie koexistieren friedlich mit den Sonderschauen, von denen dieses Warenhaus der Künste gewöhnlich ein Halbdutzend zugleich anbietet.

Am Westrand des Central Park, dem Metropolitan gegenüber, liegt der andere Koloß, das American Museum of Natural History, wie das Metropolitan vom Präsidenten des Landes und etwa um die gleiche Zeit (1877) eröffnet. Von Autobussen umlagert und von Kindern durchtobt, ist dies gewiß das populärste Museum von New York. Hier hat sich der amerikanische Museums-Begriff noch rein erhalten. Denn »Museum« hat in Amerika ursprünglich nichts mit Kunst zu tun. P. T. Barnums »American Museum«, seit 1830 am unteren Broadway gegenüber St. Paul gelegen, war Panoptikum und Raritätenschau. Es zeigte Siamesische Zwillinge und bärtige Damen, wilde Tiere und Zirkus-Akte, und in Panoramen und Dioramen waren Schlachten, Schiffsuntergänge und Großbrände naturgetreu rekonstruiert. Barnums Zirkus-Genie erfand die *Greatest Show On Earth,* doch das Museum, als Institution, machte seine eigene Karriere. Es erweiterte sein Angebot um Vorzeitliches und Indianerfunde und näherte sich sacht, doch unaufhaltsam dem europäischen Modell.

Im Natural History-Museum hat sich bewährte Showmanship mit moderner Forschung zu prächtiger Hochform verbunden. Das »Natural History« ist auf dem Qui vive, dem Neuen ständig auf der Spur. Noch keine vier Wochen nach dem Fund von Vogelknochen in Texas, die auf ein vorzeitliches Flügelwesen mit der unerhörten Spannweite von 17 Metern hinwiesen, schwebte ein Modell des Pterosauriers aus Aluminiumstangen, Nylonschnur und braunem Packpapier bereits als Drachen in der Rotunde des Museums, noch ehe die Forscher Genaueres über dies prähistorische Reptil erkundet hatten.

Dreiviertel der Museumsbesucher sind Kinder. Kaum davon beeindruckt, daß sie sich im größten naturkundlichen Museum der Welt befinden, drängen sie in die Halle der frühen Dinosaurier, die in Lebensgröße aufgebaut sind, umlagern die Dioramen der realistischen Steppenlandschaften von Afrika, in der Schakale und Hyänen sich auf ein Zebra stürzen, und toben um die Elefanten. Sie tauchen in das blaue Flimmerlicht im Saal der Ozeanwelt und bestaunen den 30 Meter langen Riesenwal, der von der Decke hängt. Aus Dschungelgewächsen erhebt sich der riesige Gorilla, Vögel hüpfen durch das heimische Geäst, und im Tropenwald des Amazonas tropft und pfeift und gluckert es naturgetreu. Was am anderen Parkrand der Supermarkt der Künste ist, breitet hier die Fülle der Natur von Pol zu Pol.

Doch ist nicht alles in New York monumental. Wem nach Intimität der Sinn steht, der sucht die Residenzen auf, die sich die Reichen für ihre Sammlung bauen ließen und die nach ihrem Tod Museum wurden: das Louis Seize-Palais des Stahlmagnaten Frick mit seinem stillen Brunnenhof und den Magnolienbäumen auf Fifth Avenue, oder die Renaissance-Villa von Pierpont Morgan, die der Bankier um die Jahrhundertwende für seine Handschriften, Inkunabeln, Zeichnungen, Stiche bauen ließ. Hier liegen Gutenberg-Bibel und Konstanzer Missale aus, der Mainzer Psalter von 1495 und das Stundenbuch der Katharina von Cleve. Die Pierpont Morgan Library besitzt Handzeichnungen von Filippino Lippi und von Albrecht Dürer, Stiche von Rembrandt, eine Schatzkammer von Getuschtem, Gemaltem, Illuminiertem aus Klöstern und Fürstenhäusern des alten Europa. Briefe von Erasmus von Rotterdam und von Louis XIV., das Manuskript von Schuberts ›Winterreise‹ und Autographen von Bach und Mozart sind hier in wechselnden Ausstellungen zu sehen, und noch wenn die Besucher zu Hunderten um die Glaskästen und in den Korridoren drängen, herrschen Ruhe und andächtige Konzentration.

Das gleiche Klima ehrfürchtiger Stille findet man in der Frick Collection. Im ehemaligen Wohnhaus des Pittsburgher Industriellen sind erlesene Stücke aus allen Kunstperioden unorthodox vereint; Grecos ›Heiliger Hieronymus‹ hängt über dem Kamin, Bellinis verzücktem Franziskus gegenüber und in direkter Nachbarschaft zu Holbeins Thomas More. Die vier Bouchers im Vestibül waren für Madame Pompadour gemalt, und die Serie der Fragonards (›Le Progrès de l'Amour‹) hatte Madame Dubarry bestellt, doch nicht abgenommen. Die Räume sind intim und unpompös und breiten ihre Schätze wie beiläufig aus, darunter vier Rembrandts und drei Vermeers, Van Eycks ›Madonna mit Heiligen und Stifter‹ und Ingres' Porträt der Gräfin d'Haussonville.

Das Zeitgenössische hat viele Häuser in New York. Voran das Flaggschiff der Moderne, das Museum of Modern Art. 1929 von Alfred Barr zusammen mit enthusiastischen Mäzenatinnen gegründet und von ihm vier Jahrzehnte geleitet, hat sich das Modern Art zugleich mit dem erwachenden Interesse Amerikas an moderner Kunst entwickelt. Der Einfluß war durchaus wechselseitig; das Museum hat nicht nur die Kunst der Zeit aufgenommen und reflektiert, es hat gefördert, angeregt, vorangetrieben, hat sich mitunter auch vergaloppiert in seiner Doppelrolle als Prophet und Gütestempel. Die Wirkung des »Modern« reicht weit über seine Sammlungen hinaus, die Picassos ›Guernica‹ einschließen und Beckmanns ›Abreise‹-Triptychon. Es hat den Geschmack der Nation entscheidend beeinflußt, von der Architektur, für die es 1932 mit Ausstellung und Katalog den funktionalen Stil einläutete, bis zum Design von Toaströster, Radio und Küchenstuhl.

Amerikanische Kunst des 20. Jahrhunderts zeigt das Whitney Museum, dem Marcel Breuer eine Kunstburg auf Madison Avenue entworfen hat. Der Bau, einem engen Grundstück abgewonnen, lohnt allein schon den Besuch, so wie das Guggenheim-Museum mit seiner Schneckenrampe sehenswert wäre, selbst wenn nicht seine Kandinskys, Picassos und Brancusis und die Franzosen der Thannhauser-Stiftung lockten.

Die Museen ergänzt der Kunstmarkt, die Hunderte von Galerien, die in Läden und Bürohochhäusern siedeln. Die großen Galeristen-Namen paradieren entlang Madison Avenue und in der 57. Straße, und Gallery Hopping ist ein New Yorker Samstagsritual.

Flucht vor Rummel, Schick und hohen Mieten der *Art Scene* hat indessen immer wieder Ableger downtown gezeugt, in denen Künstler und Händler in bequemer Nachbarschaft in schlichteren Quartieren wohnen. Anfang der sechziger Jahre gab es eine kurzlebige Galeristen-Blüte auf East 10th Street in Greenwich Village. Zu Beginn der siebziger wurde SoHo zum neuen Kunstbezirk, als die Künstler ihre Ateliers und Wohnungen in Fabrik- und Lagerhallen des Gußeisendistrikts einrichteten. Händler und Kneipen nisteten sich ein, größere Galerien wie Emmerich und Sonnabend machten downtown-Filialen auf, und binnen kurzem wurde SoHo Künstlerviertel. Für wie lange? Die New Yorker Kunstszene hat einen Hang zur Binnenwanderung. Wenn sich die neue Kunst-Bohème zu heftig kommerzialisiert, werden Maler und Bildhauer gewiß in andere, noch unentdeckte Quartiere ausweichen.

Doch New York ist nicht allein Kunstmetropole. Es hat zwei heimische Opern, Metropolitan und City Opera, und mit einem Dutzend ansässiger Tanztruppen, darunter Namen wie Balanchine und Joffrey, ist es das Ballettzentrum des Landes mit internationaler Starbesetzung. Kunstmetropole, Tanz- und Opernzentrum und schließlich Bildungskapitale.

Kaum einem, dessen Umwelt nicht die Welt der Gelehrten ist, käme es in den Sinn, New York als Universitätsstadt zu betrachten. Doch 71 Bildungsinstitute befinden sich im Metropolitangebiet, darunter Universitäten von Weltruf wie Columbia University und New York University (hierorts kurz En-Wai-Ju genannt), drei Musikhochschulen mit der berühmten Juilliard School, Spezialinstitute wie Yeshiva University, Union Theological Seminary oder Rockefeller University, die »Nobelpreis-Farm«, oder wie die New School for Social Research, die akademischen Hitler-Flüchtlingen ein Heim gab in der »University in Exile«. In diesem »Little Heidelberg on Twelfth Street« wurde, wie ein Gründungsmitglied sich erinnert, »ein fürchterliches Englisch gesprochen«, doch dafür brachte es bis dahin unbekannte Namen wie Max Weber, Jaspers und Heidegger in die akademische Diskussion. Mit der Stiftung eines Theodor-Heuss-Lehrstuhls für deutsche Gastprofessoren hat die Bundesrepublik Deutschland dauerhafte Bande zur New School geknüpft.

Das städtische Campus führt nicht das Eigenleben, das ihm in kleineren Universitätsorten wie Princeton, Berkeley oder Cambridge beschieden ist. Knapp kann es sich als physisch abgegrenzter Universitätsbezirk gegen eine Umwelt behaupten, die es immer stärker überflutet. Columbia University hat, als sie um die Jahrhundertwende auf Morningside Heights die Endstation ihrer binnenstädtischen Wanderung erreichte, ihre Hallen und Institute um ein eingezäuntes, dem Verkehr verschlossenes Reservat gesetzt, einen der akademischen Gemeinde vorbehaltenen Dorfplatz mit dem zentralen Pantheon der Low Memorial Library.

Heute ist die Universität mit neuen Bauten tief in die Gemeinde eingesickert. Auch die Gittertore, welche den Komplex von City College umschließen, halten das umwohnende Volk von Harlem längst nicht mehr davon ab, den hügeligen Collegebezirk mit seinen baumbestandenen Rasenflächen als kommunalen Park zu nutzen.

Das Campus von University Heights in Bronx, vielleicht das einzige in der Anlage »idyllische« akademische Reservat der Stadt, ist gegen den anbrandenden Asphaltdschungel abgezäunt, doch sein Mutterinstitut, New York University in Greenwich Village, war städtebaulich nie genau zu definieren. In ehemaligen Fabrikgebäuden und neuen, unverbundenen Bauten hausend, versickert es in einer Art akademischer Streusiedlung in der städtischen Umgebung, und seine Studenten nutzen den Washington Square und die Village-Straßen als Pausenaufenthalt. Das städtische Campus, sagt eine Werbebroschüre von NYU, »ist die Antithese zum Elfenbeinturm«. Er gewährt dem Studenten nicht die Freizone zwischen Schule und Erwachsenwerden, welche die kleinstädtische Abgeschlossenheit der Ivy League-Colleges bietet. »Wer hier den Hörsaal verläßt, betritt die reale Welt«, das heißt, die urbane Welt des heutigen Amerika mit allen Anfechtungen, Lockungen, Ansprüchen und Gefahren.

Die Nachbarschaft von *Town and Gown* geht nicht reibungslos vonstatten. Die Universitäten leiden Platznot, und ihre Expansion bringt sie auf Kollisionskurs mit der Umwelt. New York University hat die Hotels von Greenwich Village aufgekauft und in Dormitories für Studenten und Wohnungen für Professoren verwandelt. Die meisten alten Häuser am Nordrand von Washington Square sowie die ehemaligen Stallungen der »Mews« sind Institute der Universität geworden. Der Plan zum Bau der neuen Bibliothek hat Proteste der Einwohnerschaft erregt, die von dem Hochbau eine Überschattung des Washington Square und die Zerstörung der Proportionen des Platzes befürchtete.

Columbia University ist in den letzten zehn Jahren nicht nur mit einem Dutzend neuer Bauten in ihre Umgebung ausgewuchert, sie hat auch zahlreiche Häuser aufgekauft, die solide und billige Wohnungen vornehmlich für Neger und Portorikaner boten. Die unbekümmerte Ausquartierung durch die Universität und ihr arroganter Verzicht auf Kontakte mit der Nachbarschaft erregte so viel böses Blut, daß über dem Bauplan für eine Sporthalle am Rande von Harlem der aufgestaute Zorn 1968 schließlich zu Explosion kam. Dies löste Studentenunruhen mit Besetzung und Zerstörung von Universitätsgebäuden aus, von schwarzen radikalen Gruppen der Umgebung angefeuert, die zur zeitweiligen Schließung der Universität und zum Rücktritt ihres Präsidenten führten.

Für die Studenten des städtischen Campus, die von draußen kommen, aus der Provinz, ist die Bewältigung des New Yorker Lebens nicht immer einfach. Gefahren, denen der gewitzte Stadtbewohner aus dem Wege geht, müssen ihnen erst vorbuchstabiert werden, vor allem den Neuankömmlingen auf Morningside Heights. Die 15 Hochschulen, die sich in die akademische Siedlung auf den Klippen über Harlem teilen, finanzieren gemeinsam einen uniformierten Wachdienst und erteilen ihren ersten Semestern Verhaltensmaßregeln im Umgang mit den städtischen Gefahren. In den Dormitories der New York University sitzen Wachmänner in den Eingangshallen, um den Studentinnen ungebetene Besucher fernzuhalten.

Die folgenreichste Anpassung an die Umwelt hat das altberühmte City College vorgenommen, eine lokalberühmte Lehranstalt von hohem Rang. Dies war die Hohe Schule der jüdischen Intelligenz, das kostenfreie College, auf das Konfektion und Taxigewerbe ihre begabten Kinder schickten. 1847 als Free Academy vom Parlament des Staates New York gegründet, »um die Kinder von Reichen und Armen zusammensitzen zu lassen und keinen Unterschied zu kennen als den von Fleiß, Wohlverhalten und Intelligenz«, hat City College als erste akademische Institution im Lande das Konzept einer kostenfreien höheren Bildung verwirklicht. 1866 erhielt es den neuen Namen College of the City of New York, und seit der Jahrhundertwende siedelt es in schiefergrauen gotischen Gebäuden auf dem Höhenrücken über St. Nicholas Park. Die Eintrittsbedingungen für City College waren stets hoch. Sein besonderes Niveau machte es zur Intelligenz-Plantage der Stadt. Eine ganze Generation New Yorker Ärzte, Anwälte, Politiker und Journalisten verdankt City College ihren Bildungsweg; Felix Frankfurter, Bernard Baruch und Jonas Salk zählen zu seinen Absolventen ebenso wie Bürgermeister Abraham Beame. Heute ist das College zusammen mit drei Schwester-Instituten in anderen Stadtteilen und neun Zwei-Jahres-Colleges Teil der City University, die mit über einer Viertelmillion Studenten die drittgrößte Universität des Landes ist.

Das Anschwellen des Studentenzustroms – und das Absinken der akademischen Qualität – für City College hat im Jahre 1970 begonnen, als das College heftigem politischen Druck nachgab und eine Politik der unbeschränkten Zulassung einführte. *Open Admission* ist das Resultat des Konflikts mit der unmittelbaren Umwelt. Der akademischen Felseninsel im Tal von Harlem wurde eine kommunale Rolle aufgezwungen, die ihre Tore der umwohnenden Bevölkerung weit öffnete. »Offene Zulassung« bedeutet, daß praktisch jeder Absolvent einer höheren Schule der Stadt, wie gut oder schlecht seine Noten ausfallen mögen, Anrecht auf einen Platz im städtischen Universitätssystem hat. Amtlich ist für akademische Anstalten vom Rang des City College ein gewisser höherer Notendurchschnitt vorgeschrieben, doch wird es damit nicht mehr so genau genommen.

Die schwarzen und portorikanischen Studenten aus den umliegenden Mietskasernen, die jetzt aufs City College strömen, werden mit besonderen Überbrückungskursen auf das zwangsläufig gesenkte Niveau der Vorlesungen gebracht. Für viele sind als akademischer Notdienst Nachhilfeklassen in Englisch eingerichtet worden. City College, früher vorwiegend jüdisch, ist heute nahezu zur Hälfte schwarz, ein Spiegel seiner Umgebung. Die Finanzkrise der Stadt hat 1976 die stolze Tradition des kostenlosen City College-Studiums beendet.

Die Ansicht, daß die Universitäten wie die kulturellen Einrichtungen allgemein dem Volke gehören, ist neu, ein Produkt der frühen sechziger Jahre. Die Gründungsgeschichte von City College ist die Ausnahme von der amerikanischen Regel, die alles Kulturelle einschließlich der höheren Bildung zur Privatsache macht. Die großen Bildungsinstitute des Landes entstammen wie Oper, Museen und Theater privater Initiative; private Gelder haben sie gestiftet, private Mittel fördern und erhalten sie.

In Europa war die Trennlinie zwischen öffentlich und privat nie so scharf gezogen; der Fürst war Landesherr, und damit diente »sein« Theater, »seine« Universität nicht nur dem eigenen Vergnügen, sondern auch dem des Volkes. Zu einer Zeit, als in Europa die Gründungen der Dynasten in den Besitz des Staates übergingen, trugen amerikanische Industrielle und Bankiers ihre Sammlungen zusammen, die noch heute, obschon zugänglich geworden, vom Kapital der Gründerfamilie leben und von ihr verwaltet werden. Die Stars der kulturellen Szene von New York sind allesamt privat.

Titel wie New York University, Metropolitan Museum, City Center Ballet, die städtischen Rückhalt oder gar amtlichen Charakter nahelegen, sind irrig. Dies alles sind private Institutionen, und ihre finanzielle Basis ist prekär. Die kulturelle Glorie von New York überstrahlt den nahenden Bankrott, und Existenzbedrohung ist für die Häuser von Weltruf seit Jahren Dauerzustand.

Von reichen Bürgern gegründet und unterhalten, sind alle diese Institute ohne Zutun der Behörde, wenngleich mit ihrer Billigung entstanden: als Spielzeug einer begüterten Elite (Metropolitan Opera), zu Bildung und Belehrung des Volkes (Metropolitan Museum) oder auf dessen Wunsch (Columbia University), in Nachahmung europäischer Modelle (New York University, die gleich der University of London dem liberalen Mittelstand dienen wollte), aus Sammlerleidenschaft und Kunstverstand (Frick Collection und Morgan Library) oder um Neuem den Weg zu bahnen (Museum of Modern Art).

Die Fülle – und auch das Durcheinander – des Metropolitan Museums erklärt sich aus seiner Genesis: aus lauter Einzelsammlungen ist sein Bestand zusammengekommen, beginnend mit den antiken Stücken aus der Kollektion des Generals Cesnola, die dieser als Konsul auf Zypern dort ausgegraben und 1874 dem Museum verkauft hatte, woraufhin er dessen erster Direktor wurde. Blumenthal Patio, Lehman Pavilion, Havemeyer Collection, Sackler Gallery weisen auf die Sammler hin, die zu Spendern des Museums wurden.

Vom Messingschild am Opernstuhl bis zu Krankenhäusern, Konzertsälen und kompletten Universitäten sind die Namen der Patrone in Bauten festgehalten wie die Porträts der Stifter, die sich auf mittelalterlichen Gemälden zwischen Heilige und Engel zur Anbetung reihen durften. Die kulturelle Szene von New York ist reich bestückt mit Votivbauten wie Alice Tully Hall und Mitzi E. Newhouse Theater, Elmer Bobst Library und Hagop Kevorkian Center, Delacorte Theater und Eisner and Lubin Auditorium. Für fünf Millionen Dollar kann man seinen Namen an ein Forschungsinstitut heften – die Medizinische Fakultät von New York University bietet in einer Werbebroschüre gerade eines an –, ein kleineres Labor ist schon für 50 000, eine Studienecke zwischen Bücherwänden für 5000 Dollar zu haben, und für 1000 Dollar jährlich sieht man seinen Namen auf der Liste der *Patrons* im Programmheft der Met gedruckt. Der Fabrikant von Stereo-Anlagen, Fisher, half dem verschuldeten Philharmonischen Orchester mit zehn Millionen aus der Klemme; damit ist zu Avery Fisher Hall geworden, was vordem schlicht Philharmonic Hall hieß.

Das Budget der Universitäten ist aufgesplittert in Einzelposten, die sich zum Stiftungskapital summieren. Die Einkünfte aus den Studiengebühren decken den tatsächlichen Aufwand pro Studenten nur zu einem Viertel, und die Geldeintreiber der Universitäten mit dem euphemistischen Titel »Development Director« sind ständig auf der Suche nach neuen Geldquellen bei Privatleuten und Industrie. Dabei wird unverblümt darauf gesehen, daß mit der Spende zugleich die Unterhaltskosten gesichert werden. Zu viele Stiftungsbauten und zu wenig Geld, sie in Betrieb zu halten, haben zur Finanznot der New York University beigetragen. Das Metropolitan Museum mußte die angebotene Hirshhorn-Sammlung ablehnen, weil Unterhaltskosten nicht in die Gabe eingeschlossen waren.

Die Namensliste der Patrone, die am Eingang ins Foyer der Metropolitan Oper in Marmor gemeißelt ist, liest sich wie eine Ahnenreihe des amerikanischen Kapitalismus: von Standard Oil bis United Steel, vom Bankhaus Lehman Brothers bis zu Texaco, von John D. Rockefeller bis zur Familie John F. Kennedy. Aus den Firmenkassen von Familien und Foundations kommen die Gelder, welche Lincoln Center, diese Akropolis am Broadway aus Glas und Travertin, errichtet haben und sie unterhalten. Als im Juni 1961 der Grundstein für diesen Komplex kultureller Bauten gelegt wurde, da war Lincoln Center für die darstellenden Künste das erste Großunternehmen dieser Art, das aus privaten Mitteln errichtet wurde. Es löste eine Ära kultureller Anlagen im ganzen Lande aus, in der es der Ehrgeiz jeder Gemeinde war, eine *Do-it-yourself-Akropolis* zu haben.

Heute stecken alle sechs Institutionen, die das Lincoln Center ausmachen, in finanziellen Problemen. Von der heftigsten Krise ist die Met befallen, für deren Zustand die Verantwortlichen zu apokalyptischen Metaphern greifen. Dieses berühmteste der amerikanischen Opernhäuser demonstriert anschaulich die Krise der kulturellen Philanthropie.

In neunzig Jahren hat sich die Metropolitan Opera vom Spielzeug der Geldaristokratie zum populären Volksinstitut entwickelt. Doch von seiner ersten Saison an, als sich die Vanderbilts und Astors aus Protest gegen die etablierte Gesellschaft, die sie in ihre Logen in der Academy of Music nicht einließ, ihr eigenes Opernhaus bauten, hat die Met mit den roten Zahlen gelebt; 1883 betrug ihr Defizit 600000 Dollar, heute ist es auf mehrere Millionen angeschwollen. Der alte Ziegelbau am Broadway, heute von einem Bürohaus ersetzt, war weniger für die Musik als für die Gesellschaft gebaut; wer in den 35 Logen seines *Diamond Horseshoe* saß und was für Garderoben und Juwelen dort zur Schau getragen wurden, interessierte mehr, als was auf der Bühne vorging. 600 Sitze hatten blockierte Sicht, und die technische Ausrüstung des Hauses war so dürftig, sein Raum so eng, daß die Kulissen an die Rückwand des Hauses gelehnt, auf dem Bürgersteig von Seventh Avenue gestapelt, ihren Transport zu den entfernten Lagerhäusern abwarten mußten.

Doch schon lange vor dem Umzug ins neue Haus am Lincoln Center 1966 war die Met nicht mehr gesellschaftlicher Paradeplatz, sondern seriöse Musikbühne. Ihrem finanziellen Status hat das nicht geholfen; 1932 zum erstenmal und 1975 abermals mußte die Direktion allen Angestellten vom Sänger bis zum Inspizienten freiwillige Gagenkürzung nahelegen, um die Oper vor dem Zusammenbruch zu retten. Die private Patronage des 19. Jahrhunderts zeigt sich den Erfordernissen des 20. nicht mehr gewachsen. Heute muß der Met-Direktor mit 14 Gewerkschaften verhandeln, deren Tarifverträge alle drei Jahre erneuert werden. Löhne und Gehälter machen 80 Prozent des Jahresbudgets aus, das auf 24 Millionen Dollar angeschwollen ist. Obwohl das Haus allabendlich fast voll und häufig ausverkauft ist, schwankt die finanzielle Basis der Oper in lebensgefährlicher Dauerkrise.

Nicht anders geht es den anderen großen Instituten, denen der Kulturauftrieb der sechziger Jahre eine kräftige Expansion abgefordert hat. Die neuen Bauten waren noch nicht fertig, als die beginnende Inflation und Rezession der siebziger Jahre die Finanzgrundlage anfraß. Das Stiftungskapital des Metropolitan Museums ist, bei steigenden Ausgaben, zwischen 1969 und 1974 durch Inflation um 41 Millionen Dollar im Wert geschrumpft. Das Grundkapital der Ford-Stiftung, wichtigste Förderin der Künste, ist in zehn Jahren auf die Hälfte geschmolzen. Die Spenden privater Förderer versickern. Wenn Wall Street nervös wird, bekommt das zuallererst die Kultur zu spüren; sobald die Kurse fallen, bebt die Kunst. Stiftungszuschüsse sinken und der Privatmann spart.

Ausbleibende Gelder, namentlich nach den Studentenunruhen des Jahres 1968, haben die Universitäten in eine finanzielle Klemme getrieben. William McGill, Präsident von Columbia, einst die zweitreichste Universität des Landes (nach Harvard), übernahm bei seinem Amtsantritt 1970 ein Jahresdefizit von elf Millionen Dollar und bemerkte: »Wir können uns nicht mehr als ein wohlhabendes Institut mit einem hohen Stiftungskapital betrachten.« Um die gleiche Zeit war New York University, mit 40000 Studenten die größte Privatuniversität des Landes, so tief in die roten Zahlen geraten, daß sie vor dem Bankrott stand. Mit radikaler Chirurgie kurierte Präsident Hester das finanzielle Leiden: Er verkaufte das komplette Campus im Stadtteil Bronx an das Universitätssystem des Staates, ließ die Ingenieurschule mit dem Brooklyn Polytechnic Institute verschmelzen, setzte das Pensionsalter für Professoren um einige Jahre herab und führte ein eisernes Sparregime ein.

So wird an allen Ecken und Enden im New Yorker Kulturbetrieb gekürzt: Die Public Library stellt ihren telefonischen Auskunftsdienst ein und schließt samstags die Filialen, das Metropolitan Museum ist seit 1970 nicht mehr eintrittsfrei, sondern verlangt einen »freiwilligen« Beitrag von 2.50 Dollar, die Met verkürzt die Spielzeit, das Brooklyn Museum bleibt an zwei

Wochentagen geschlossen, die Studiengelder an den privaten Colleges im Stadtbereich sind von 2000 Dollar auf 3000 gestiegen, und das Forum-Theater im Lincoln Center stellte ausgerechnet nach einem besonders gelungenen Beckett-Festival den Betrieb ein. Der Ruf nach helfendem Zugriff der öffentlichen Hand wird immer dringender.

Der Bund als Förderer der Künste tritt überhaupt erst seit den sechziger Jahren in Erscheinung. Der Sputnik-Schock von 1957 hatte die Nation dermaßen alarmiert, daß der Kongreß sich eilends bereit fand, Gelder in die Universitäten zu leiten, um die eigene Forschung wettbewerbsfähig zu machen. Bildung war plötzlich zum nationalen Problem, Kultur zur Sache der Politiker geworden. Die Kennedy-Ära zeigte sich den Künsten aufgeschlossener als ihre Vorgänger, und 1965 wurde, unter Präsident Lyndon Johnson, das National Endowment for the Arts ins Leben gerufen. Zu Beginn war dieses neue Bundesamt zur Verteilung von Kulturzuschüssen sehr dürftig dotiert; noch 1966 betrug sein gesamter Dollarsegen 2,5 Millionen, und auch dieser kümmerliche Betrag war einem widerstrebenden Kongreß nur gegen heftige Widerstände abgerungen worden. Erst Präsident Nixon hat dem NEA seinen festen Platz im Bundesetat gesichert und diesen Posten zugleich finanziell beträchtlich aufgewertet: 40 Millionen betrug die Summe in seinem ersten, 72,5 Millionen im letzten Regierungsjahr. Zur gleichen Zeit entstanden regionale Kunsträte der Staaten zur Förderung ihrer Institutionen. Der Council on the Arts des Staats New York, 1960 formiert, verteilt heute jährlich 100 Millionen Dollar. Der Beitrag der Stadt New York beschränkt sich auf Unterhaltung der Gebäude, die auf städtischem Land gebaut sind (wie das Metropolitan Museum).

Doch die öffentlichen Gelder sind nur Tropfen auf den heißen Stein. Der gesamte Bundeszuschuß zu den Museen des Landes macht ganze zwei Prozent ihrer Unterhaltskosten aus. Der Vergleich mit der Kulturanstrengung europäischer Regierungen fällt für Amerika ungünstig aus: Während Washington für kulturelle Zwecke pro Kopf der Bevölkerung 20 Cent ausgibt – 1969 waren es noch ganze drei Cent –, beträgt der Beitrag der deutschen Bundesregierung 2.80 Dollar, der Hollands gar 3.69 Dollar.

Dabei haben sich die Kulturinstitutionen neuerdings im amerikanischen Bewußtsein durchaus als öffentliche Anlagen etabliert, für die man sich verantwortlich fühlt und an die man

Ansprüche stellt. Museen, Oper, Orchester und Universitäten befinden sich gegenwärtig in einem unsicheren Niemandsland zwischen öffentlicher und privater Kontrolle. Zwar sind die Aufsichtsräte noch immer von den Gründer- und Stifterfamilien besetzt, bereichert um Anwälte, Bankiers und Industrielle, die Zugang zu den lebenswichtigen finanziellen Quellen haben. Die Namen der Rockefellers, Whitneys, Cushings, Astors und ihrer Witwen, Kinder und geschiedenen Frauen finden sich unter den Trustees, den Aufsichtsräten aller bedeutenden Kulturorgane in New York. Das Whitney Museum nimmt erst seit 1961 Personen, die nicht der Familie angehören, in seinen Aufsichtsrat, in der Frick Collection redet die greise Tochter des Gründers noch ein wichtiges Wort, und im Aufsichtsrat des Museum of Modern Art wechseln sich die Rockefellers in der Leitung ab. Jungtürken, die neuerdings in die Aufsichtsräte drängen und Plätze für Minoritäten – sprich: Jugend, Frauen, Schwarze – fordern, haben wenig Chancen auf entscheidende Beteiligung, weil ihr Einfluß kaum Gelder lockern kann.

Doch die Tatsache, daß Geldbeiträge und Schenkung von Kunstbesitz von der Steuer abzusetzen sind, wird weithin als öffentliche Subventionierung der Museen, Opern, Universitäten verstanden. Das Publikum, meinen viele, trägt damit indirekt die Kosten der Kultur.

Das Argument wird so formuliert: »Das Metropolitan Museum ist eine wohltätige Korporation, deshalb können Schenkungen an das Museum von der Steuer abgesetzt werden. So zahlt das Publikum indirekt für diese Geschenke. In einer derartigen öffentlichen Stiftungsanstalt ›gehört‹ den Trustees der Besitz nur in dem begrenzten Sinne einer Treuhandschaft von öffentlichem Gut.«[39] Entsprechend wird das Museum mit Argusaugen überwacht und sein Direktor, Thomas Hoving, von der Presse getadelt, wenn er etwa Velasquez' Gemälde des Juan de Pareja zu dem Rekordpreis von 5,5 Millionen Dollar erwirbt, die antike Münzensammlung gegen den berühmten Euphronios-Krater eintauscht oder Bonnard- und Gris-Gemälde angeblich unter Preis verkauft, um dafür eine moderne Skulptur von David Smith zu kaufen.

In der Entrüstung, mit der die New Yorker Presse Direktor Hovings kapriziöse Aktionen verfolgt, steckt indessen nicht nur ein anachronistisch puritanischer Zug (»Soviel Geld für ein Stück Kunst!«), die Aufgebrachtheit ist auch unberechtigt, solange das Museum tatsächlich eine private Anstalt und als solche niemand als ihren Aufsichtsräten Rechenschaft schuldig ist. Solange das Publikum nicht direkt und entscheidend seine Kulturinstitute unterhält, kann es kaum über sie zu Gericht sitzen.

Alle Anzeichen sprechen indessen dafür, daß die Zeit privater Kulturpatronage sich ihrem Ende zuneigt. Die Betriebskosten übersteigen in dem Maße die Möglichkeiten noch der großherzigsten Spender, wie die Kultur und ihre Institutionen im Bewußtsein des Publikums zum öffentlichen Besitz geworden sind. Es ist nur eine Frage der Zeit, daß sich die Praxis dieser Einsicht anpaßt. *The days of the fat cats are over,* hat der Vorsitzende der Musikergewerkschaft in einer Phase kritischer Tarifverhandlungen mit der Metropolitan Opera erklärt; »wir glauben, daß die Künste zu wichtig sind, um sie den Reichen zu überlassen«.[40] Diese Ansicht wird weithin geteilt, und sie setzt sich auch in Aktionen um. Als die Met in ihrer jüngsten Finanzkrise Geldappelle an die Hörer ihrer samstäglichen Rundfunkübertragung richtete, kam binnen drei Monaten eine halbe Million Dollar aus allen Teilen des Landes zusammen. Die Umfrage einer Organisation über ›Die Amerikaner und die Künste‹ enthüllte, für manche überraschend, wie fest die kulturellen Institutionen bereits im Leben des Volkes verankert sind. So sehr betrachten die Amerikaner Konzerte, Theater, Opern und Museen als öffentliche Einrichtung, daß sie durchaus bereit sind, dafür zu tun, was in Europa lange üblich ist: für ihre Unterhaltung mit Steuergeldern zu zahlen. Fast die Hälfte der Befragten würde willig eine »Kultursteuer« von 25 Dollar zahlen, 64 Prozent waren mit fünf Dollar einverstanden, und über ein Drittel ließe gar 50 Dollar springen. »Unser Bericht beweist«, versichert die Harris-Organisation, die ihn verfaßte, »daß, wenn die Künste das Volk erreichen, das Volk durchaus positiv reagiert.«[41]

Das erste College, das sich die junge Stadt New York geleistet hat, kam auf Wunsch der Bürger zustande und mit ihrer finanziellen Hilfe: vom Landesparlament ermächtigt, brachten sie 1754 in einer Serie von Lotterien 5693 englische Pfund auf zur Gründung von King's College, aus dem sich die Columbia University entwickelte. Es ist nicht anzunehmen, daß sich ihre Nachfahren weniger spendenfreudig zeigen würden, wenn es um die Erhaltung ihrer kulturellen Stätten geht.

Presse
Die große alte Dame

Harry Tobman thront in seinem Zeitungsstand wie der Zwergenkönig in der Tropfsteingrotte. Von Zeitungen und Magazinen eingerahmt, verstellt Gedrucktes ihm die Aussicht, hängt ihm zu Häupten, stapelt sich zu Stalagmitensäulen. Die Stelle, die Harry Tobmans Kiosk besetzt hat, ist die zentrale Straßenkreuzung von Greenwich Village; wer lange genug an der Ecke Sixth Avenue und 8. Street verharrt, der kann jedermann passieren sehen, von Norman Mailer bis »Rudy« Nurejew. Aber Harry und seine Leute sind keine Eckensteher, sie sind viel zu beschäftigt. Vierundzwanzig Stunden lang verkaufen, stapeln, schnüren sie, ordnen am Samstagabend die Pakete, aus denen sie die Pfundgewichte der Sonntags-›Times‹ zusammensetzen. Gegen Mittag werfen die Lastwagen die erste Ausgabe der Abendzeitung ab, und von da an geht das Werfen, Sammeln, Stapeln weiter, immer neue Zeitungsbrocken: die ›Wall Street Edition‹ mit den Börsenkursen, von acht Uhr abends an die erste Lieferung der Morgenzeitung, ›City Edition‹, bis früh um sechs mit der ›Late City‹, der ›Four Star Final‹ Schluß ist. In dieser Gegend ist das Lieblingsblatt die ›New York Times‹. Harry verkauft täglich 1300 Exemplare, an Wochenenden kommt er auf einen Absatz von 3000.

Harry und Sarah Tobman, ihr Sohn Marvin und ein halbes Dutzend festangestellter und gelegentlicher Helfer haben den Ehrgeiz, ihren Kiosk zum »Tiffany der Zeitungsstände« zu machen. Was Sarah allmorgendlich unter der grünen Markise ausbreitet, ist mehr, als an normalen Ständen zu finden ist. Die Tobmans sind auf ihren Kundendienst so stolz wie auf die Fülle ihres Angebots. Professoren der nahen New York University verweisen, wenn sie Zeitschriften zitieren, auf Tobmans Kiosk wie auf eine gelehrte Quelle.

Von den über sechzig fremdsprachigen Zeitungen, die in New York erscheinen, fächert Harrys Stand ein gutes Dutzend auf: ›Il Progresso Italo-Americano‹ und ›El Diario‹, ›Aufbau‹ und ›Ethnikos Kirix‹, ›Novoye Russkoye Slovo‹, ›Nowy Swiat‹, ›Amerikai Magyar Nepszava‹. Hier findet man, in New York eine Rarität, sogar ausländische Presse, den ›Guardian‹ etwa oder den ›Spiegel‹, französische und deutsche Illustrierte. Mittwochs wird die Nachbarschaftspresse angeliefert: ›The Villager‹, das Wochenblatt des bürgerlichen Greenwich Village, ›SoHo News‹ und ›The Village Voice‹, die kecke Zeitung für Leute, die das Village nicht als Stadtteil, sondern als Gesinnung sehen.

Wie von einem Kiosk im Herzen des Village zu erwarten, entfaltet Harry auch das ganze Panorama der *Underground*-Blättchen dieser Gegend, von obszön bis ultraradikal, von der ›Gay Scene‹ bis ›Screw‹. Um die Theke schichten sich die bunten Magazine für Spezialisten, von teuren Modeheften bis zu gelehrten Vierteljahresschriften, von ›Yachting‹ bis ›Needleworks‹, dazu die Stapel der Illustrierten und literarischen Periodicals. Harry führt Hunderte von Monatsschriften, Wochenblättern und spezieller Tagespresse wie ›Women's Wear Daily‹, ›Wall Street Journal‹ und ›The Jewish Daily Forward‹, und dazu das gesamte Tageszeitungs-Angebot der Stadt, nämlich alle drei: Die ›Times‹, die ›News‹, die ›Post‹.

Die ›New York Times‹ ist die große alte Dame des Landes, umfänglich und seriös, die kompletteste Zeitung der Welt, unentbehrliches Tagebuch des Weltgeschehens in Kanzleien und Archiven rund um den Globus. Die ›Daily News‹, auflagenhöchstes Boulevardblatt des Landes, das sich mit recht »New Yorks Bildzeitung« nennt, ist das flotte großmäulige Lokalblatt, das Prominenz kumpelhaft beim Vornamen nennt. Sein handliches Format zwingt die Schlagzeilen oft in ein Kauderwelsch, das den Ortsfremden ratlos läßt. ›Rocky Nixes Lulus‹ verkündet die ›Daily News‹; das entschlüsselt sich als ein Veto Gouverneur Rockefellers gegen Sonderzuwendungen für Parlamentarier. In seiner berühmtesten Schlagzeile kündigte das Blatt Präsident Fords Ablehnung einer Finanzhilfe für New York mit dem lapidaren Zweizeiler an: ›Ford to City: Drop Dead‹. Für das jüdische Gemüt der Stadt zuständig war bis vor kurzem die ›New York Post‹, Glucke und Mama des jüdischen Kleinbürgertums von Bronx bis Queens. Dies einzige Abendblatt der Stadt ist neuerdings von dem australischen Zeitungslord Rupert Murdoch der bisherigen Besitzerin Dorothy Schiff, Enkelin des deutsch-jüdischen Bankiers Jacob Schiff, für 32 Millionen Dollar abgekauft und von einem wackeren Gesinnungsblatt vorwiegend jüdisch-liberaler Couleur in eine Sensations- und Klatsch-Postille verwandelt worden. Dazwischen spendet Dr. Rose Franzblau Seelentrost, plappert Eugenia Sheppard über Garderoben und Gesellschaftsspiele der Café-Society, wird das Horoskop erläutert und der Stadtklatsch gargekocht.

Als Harry Tobman 1949 seinen Stand aufmachte, gab es noch neun Tageszeitungen in New York, fünf Morgen- und vier Abendblätter, und es ging lebhaft zwischen ihnen zu. Die Boulevardblätter ›News‹ und ›Mirror‹ lagen in heftigem Duell um die höchste Auflagenziffer, und die populären Kolumnisten Walter Winchell und Westbrook Pegler hielten die Leser mit dezidierten Ansichten (und gelegentlich Beleidigungsklagen) in Atem. An der ›World‹ wirkte Walter Lippmann zehn Jahre lang als Schreiber und Redakteur, ehe er an der ›Herald Tribune‹ seine Kolumne begann, die ihn zu einem der bedeutendsten politischen Journalisten der Welt gemacht hat. Für das ›Telegram‹ schrieben in den dreißiger Jahren witzige und brillante Leute wie Robert Benchley und A. J. Liebling, die sich später am ›New Yorker‹ sammelten; in den Redaktionszimmern der erzkonservativen ›Sun‹ gab es nicht nur gute Musikkritiker, sondern auch aparte Spezialisten, die über Katzen oder über den Sternenhimmel schrieben. Und im Sportteil fast aller Blätter fanden sich ein, zwei Schreiber, die zu Höherem drängten. Es gehört zu den Besonderheiten der amerikanischen Presse, daß so viele bekannte Journalisten aus den Sportredaktionen kommen; James Reston, Westbrook Pegler, Heywood Broun, Drew Middleton, Jimmy Breslin, Gay Talese, selbst der große Henry Louis Mencken haben ihre Karriere als Sportreporter begonnen.

Dabei hatte schon in den zwanziger Jahren der Schrumpfprozeß begonnen, der Redaktionen miteinander verschmolz und Doppeltitel produzierte wie ›Herald Tribune‹, ›Journal-American‹ und ›World-Telegram‹. Baedeker zählte 1893 noch 56 Tageszeitungen in New York. Nach dem Ersten Weltkrieg begannen die Pressekonzerne von Hearst und Scripps-Howard, New Yorker Blätter aufzukaufen. Nach dem Zweiten Weltkrieg gab es immerhin noch neun Zeitungen in New York, doch häufige Streiks seither haben das Angebot immer weiter reduziert. Als im Winter 1962/63 ein Streik von fast vier Monaten die Pressen stillegte, versuchten die finanzschwächeren Blätter durch eine letzte Zusammenlegung die Existenzkrise zu meistern. Vergeblich; der Zeitungsbastard, der sich ›World-Journal-Tribune‹ nannte, aus der Konkursmasse der Pulitzer, Greeley, Hearst gerettet, konnte sich nur über eine kurze Gnadenfrist halten. Die Pressestreiks der sechziger Jahre haben die Stadt fünf Zeitungen gekostet.

Die verbleibenden drei Blätter bewahren die Traditionen der großen Zeitungsgründer, der Zenger, Bennett, Day und Greeley, der Pulitzer und Hearst und des größten und berühmtesten von allen, Adolph Simon Ochs. Keiner dieser Männer war gebürtiger New Yorker; Zenger war aus Deutschland, Bennett aus Schottland eingewandert, Day und Greeley kamen aus Neuengland in die Stadt, Pulitzer aus St. Louis, Hearst aus San Francisco, Ochs aus Tennessee. Fast alle hatten sie als Drucker begonnen und wurden später als einflußreiche Verleger zugleich politische Figuren, manche mit dem Auge auf das höchste Amt. So hat sich Greeley, der ›Tribune‹-Verleger, um die Präsidentschaft beworben, wenngleich erfolglos; Pulitzer und Hearst haben beide kurze Zeit als New Yorker Abgeordnete im Kongreß gesessen, und Hearst hat mehrmals vergeblich als Senator, Bürgermeister und Gouverneur kandidiert.

Gleich der erste New Yorker Zeitungsgründer ist zur politischen Galionsfigur des Pressewesens in Amerika geworden. John Peter Zenger war 1710 als Dreizehnjähriger mit einer Schiffsladung deutscher Flüchtlinge aus der Pfalz nach New York gekommen. Bei dem städtischen Drucker ging er in die Lehre. Das war ein Mann namens Bradford, bei dem sich ein paar Jahre später ein anderer junger Mann namens Benjamin Franklin vergeblich um Arbeit bewarb. Bradford druckte die erste Zeitung, die es in New York gab, ein kleines, wöchentlich erscheinendes Anzeigenblatt. Doch diese ›Gazette‹ war als Produkt des Stadtdruckers Regierungsorgan, und als sich einige lokale Politiker mit dem korrupten Gouverneur des Staates überwarfen, ließen sie von Peter Zenger, der inzwischen seine eigene Druckerei aufgemacht hatte, ein Oppositionsblatt herausbringen. Dies ›Weekly Journal‹ mit seinen forschen Angriffen gegen die Korruption in Albany erregte das Mißfallen von Gouverneur Crosby, der mehrere Nummern öffentlich verbrennen ließ wegen »Verleumdung der Regierung Seiner Majestät«. Doch Zenger ließ nicht nach, und noch als er verhaftet wurde, diktierte er seiner Frau durch die Tür der Gefängniszelle weitere Artikel, die ihn schließlich vor Gericht brachten.

Der Zenger-Prozeß von 1735 ist ein Markstein in der Geschichte des Pressewesens, weil hier zum ersten Mal das Prinzip der Pressefreiheit mit Erfolg verteidigt wurde. Zengers Anwalt, ein berühmter Jurist aus Philadelphia namens Andrew Hamilton, leugnete Zengers Verantwortung für die beanstandeten Artikel nicht, unternahm es aber, den Wahrheitsbeweis für die angebliche Verleumdung anzutreten. Das war eine im englischen Recht der Zeit sensationelle Neuerung. In seinem Plädoyer forderte Hamilton für seinen Klienten das Recht und die Freiheit, »Mißbrauch der Macht wenigstens in diesem Teil der Welt durch Reden und Schreiben der Wahrheit offenzulegen und anzugreifen«. Die Geschworenen brauchten nur wenige Minuten zum Freispruch. Zenger wurde als Volksheld gefeiert, und der Bürgermeister machte den tapferen Zeitungsmann zum Ehrenbürger der Stadt. Ein Klima unblutiger Aufsässigkeit war geschaffen, das den Keim legte für Unabhängigkeit und Abfall der Kolonie vom englischen Mutterland eine Generation später. Fortan war die Regierung kritisierbar; die Presse hatte sich gleich in der Geburtsstunde ihre Freiheit ein für allemal gesichert.

Zugleich mit der jungen Republik gewannen ihre Zeitungen an Selbstbewußtsein. In New York schossen Blätter wie Pilze aus dem Boden; zu Anfang des 19. Jahrhunderts gab es bereits ein volles Dutzend. Die Presse verbreitete die handlichen Ratschläge der Zeit. *Go West, Young Man, and Grow With the Country* riet Horace Greeleys Blatt arbeitslosen New Yorkern im Jahr der Wirtschaftskrise 1837. Um die Jahrhundertmitte begannen die großen Gründungen: Benjamin Day gab die ›New York Sun‹ heraus, Bennett den ›Herald‹, Greeley die ›Tribune‹, Henry Raymond die ›Times‹.

Die politischen Themen der Zeit wurden in den Blättern diskutiert. Da sie von Anzeigen abhängig waren, hatten die meisten New Yorker Zeitungen gleich der New Yorker Geschäftswelt mit seltenen Ausnahmen wenig übrig für die Befreiung der Sklaven. Die Stimmen der Abolitionisten, die aus Boston herüber drangen, fanden hier taube Ohren. Die New Yorker Kaufleute, noch immer die führende Schicht der Stadt, wollten das Feudalsystem des Südens erhalten wissen, das auf der Sklavenhaltung basierte.

Dies war die herrschende Gesinnung in New York bei Ausbruch des Bürgerkriegs, nicht nur bei der Oberschicht, sondern fast mehr noch in der Arbeiterklasse. Die Massen der Einwanderer am Boden der Klassenpyramide brauchten eine Schicht, der sie sich überlegen fühlen konnten, und das waren die Neger. Bei den berüchtigten *draft riots* im Sommer 1863, die ausgelöst waren durch die erste Wehrdiensteinberufung des Bundes, wurden schwarze Bürger in den Straßen von New York gelyncht und ihre Heime angezündet. Der wütende Mob erstürmte das

Gebäude der ›Tribune‹, weil deren Verleger – eine der rühmlichen Ausnahmen – »einen Nigger für ebensogut wie einen Iren hält«, und hätte die Polizei nicht eingegriffen, so wäre Greeley kaum mit dem Leben davongekommen. Die ›Tribune‹ trat mit Vehemenz für die Befreiung der Neger ein, ebenso wie die benachbarte ›New York Times‹, deren Verleger beim Sturm der Massen vorsichtshalber zwei Maschinengewehre im Fenster aufmontierte, von denen eines sein Hauptaktionär Jerome bemannte, der Großvater von Winston Churchill.

Doch die Presse war nicht nur ein Stein des Anstoßes. Mit ihrem Instinkt für den Sensationsgehalt von Katastrophen wurde sie auch zum Volksunterhalter. So war Gesprächsstoff im ganzen Lande das erste illustrierte Extra-Blatt, das je erschien. Das war ein Bericht der ›New York Sun‹ über den Brand des Dampfers »Lexington« im Long Island Sound am 13. Januar 1840. Eine hochdramatische Zeichnung schilderte das Unglück, bei dem 120 Menschen ums Leben kamen. Dieses Blatt mit dem Bild des brennenden Schiffes und der um ihr Leben kämpfenden Passagiere, dazu der Namensliste der Opfer, wurde in Tausenden von Exemplaren gedruckt und bei anhaltender Nachfrage immer wieder neu aufgelegt. Es machte den Lithographen Currier, späteren Partner der Firma Currier & Ives, mit einem Schlag berühmt. Noch waren Fotografien nicht reproduzierbar, doch die *Flashes from the Slums*, die Blitzlichtfotos, die der berühmte Polizeireporter der ›Sun‹, Jacob Riis, in den Elendshöhlen von New York aufnahm, erregten, auch nachgezeichnet mit Feder und Tinte, das Zeitungspublikum. Sie lieferten die Illustrationen zu Artikeln, die schließlich zur Beseitigung der schlimmsten Slums auf der Lower East Side führten. Es waren Dokumente für Riis' Vortragsreihe und sein berühmt gewordenes Buch ›How the Other Half Lives‹ (Wie die andere Hälfte lebt); zugleich markierten sie den Beginn des *Muckraking*, einer anderen Tradition des amerikanischen Journalismus, die aufspürt, was andere unter den Teppich kehren. Ein ähnliches Beispiel solch »Dreck aufwühlender« Reporterleistung (und Redakteurmuts) waren die Enthüllungen über die korrupte Regierungsführung des Parteifunktionärs Tweed. Eine Artikelserie in der ›New York Times‹ und die gezielten Zeichnungen des Karikaturisten Thomas Nast in ›Harper's Weekly‹ führten in den siebziger Jahren den Sturz des mächtigen Bosses Tweed herbei.

Die New Yorker Redaktionen zogen mutige und begabte

Journalisten an. In der ›Tribune‹ waren die besten Schreibtalente der Zeit versammelt, darunter als Korrespondent Karl Marx, der die New Yorker Leser mit wöchentlichen Berichten aus Europa versorgte. Printing House Square dem Rathaus gegenüber war um 1860 zum Zentrum von New York geworden; hier reihten sich die Pressehäuser, auf deren Dächern die Fahnen munter im Seewind flatterten. Auf Printing House Square fanden sich Straßenhändler und Jongleure ein, Wahrsager, Taschendiebe, Musikanten, und hier feierte das New Yorker Volk die Neujahrsnacht.

Bei Ausbruch des Bürgerkriegs war die ›Tribune‹ noch die führende Zeitung im Lande, doch die lebhaften, energiegeladenen Jahre nach dem Kriege brachten einen neuen Zeitungstyp hervor. Zwei neue Männer erschienen auf der Szene: Joseph Pulitzer und William Randolph Hearst.

Pulitzer, in Ungarn geboren, hatte sich in St. Louis (Missouri) bereits einen Namen gemacht, als er 1883 nach New York kam und die ›New York World‹ erwarb. Als Reporter für die deutschsprachige Tageszeitung ›St. Louis Westliche Post‹ hatte er begonnen, war dann Abgeordneter im Parlament von Missouri geworden, hatte Jura studiert und war zurückgekehrt zur Presse mit dem Kauf der ›St. Louis Dispatch‹, die, mit der ›Post‹ zur ›St. Louis Post-Dispatch‹ verschmolzen, eine der angesehensten Zeitungen des Landes werden sollte. Pulitzer entwickelte auch die ›New York World‹ zu einem erfolgreichen, politisch aggressiven Blatt, das für die Rechte der Arbeiterklasse und gegen die Korruption der Politiker kämpfte. Mit der Gründung von ›Evening World‹ und ›Sunday World‹ weitete er seine New Yorker Bastion zu einem regelrechten Imperium aus. Aus einem kurzen, selbstauferlegten Ruhestand kehrte er zurück an das Steuer seines Unternehmens, als die ›World‹ in einem erbitterten Konkurrenzkampf mit Hearst ihren Charakter als seriöse Zeitung zu verlieren drohte.

Denn inzwischen war, zwölf Jahre später als Pulitzer, William Randolph Hearst in New York erschienen und hatte das sieche ›New York Morning Journal‹ erworben. Hearst kam wie Pulitzer schon als Zeitungsbesitzer nach New York; in San Francisco hatte er sich von seinem Vater den ›San Francisco Examiner‹ schenken lassen, den er sogleich zu einem profitablen Unternehmen machte. Es sollte der Grundstein seines privaten Königreichs werden. 40 Jahre und 28 Zeitungen später war Hearst eine legendäre Figur, Herrscher in einem Imperium, das neben zwei Dutzend Zeitungen 18 Magazine, acht Radiostationen, zwei Nachrichtenagenturen, ein Feature-Syndikat und mehrere Filmgesellschaften umfaßte. Orson Welles hat der Legende im Porträt des »Citizen Kane« ihr klassisches Film-Format gegeben.

Als er zum Sturm auf New York ansetzte, war Hearst erst 32 Jahre alt. Seine Mutter hatte er überredet, ihre Kupfer-Aktien an die Gebrüder Rothschild in London zu verkaufen und ihm den Erlös, runde siebeneinhalb Millionen, zu Ankauf und Ausbau des ›Journal‹ zu überschreiben. Das war 1895. Drei Jahre später war Hearsts Blatt bereits ein Machtinstrument, mit dem der junge Zeitungskönig einem widerstrebenden Präsidenten einen ungewünschten Krieg aufzwingen konnte.

Mit Gesellschaftsklatsch und Sensationsberichten, mit einer farbigen Magazin-Beilage und mit hemdsärmelig robustem Nationalismus hatte Hearst die Auflage des ›Journal‹ binnen kurzem hochgetrieben. Nun setzte er zum Auflagen-Duell mit Pulitzers ›World‹ an, der damals meistgelesenen Zeitung der Stadt. Als Sprungbrett dazu suchte er sich ein entlegenes Objekt: die Unabhängigkeitsbestrebungen der Insel Kuba. Hearst, der sich später dem amerikanischen Kriegseintritt in Europa so heftig widersetzen sollte, drängte die Vereinigten Staaten zum Eingreifen in Kuba gegen die spanische Kolonialmacht.

Die Kriegshetze diente Hearsts eigenen politischen Ambitionen. Er arbeitete nicht nur mit gefälschten, erfundenen und übertriebenen Berichten über den Zustand auf der Insel, er nahm für sein ›Journal‹ die Rolle eines amerikanischen Sprachrohrs schlechthin in Anspruch bis hin zu der Befugnis, Kriege zu erklären. Den angesehenen Maler Frederic Remington sandte er als Berichterstatter nach Kuba, und als dieser die Insel ruhig fand, kabelte Hearst ihm: »Sie liefern die Bilder, und ich sorge für den Krieg.« Als Präsident McKinley schließlich widerstrebend am 25. April 1898 den Kriegszustand mit Spanien erklärte, frohlockte Hearsts Zeitung andertags: ›How Do You Like the ‚Journals' War?‹ Der Verleger selbst begab sich mit seiner Jacht und einer Privatflotte von zwanzig Kuttern in die Karibische See, wo er der amerikanischen Marine in den Weg geriet.

Das ›Journal‹ gedieh bei diesem kriegerischen Gebaren prächtig. Die Leute kauften die Zeitung begierig, und Hearst konnte an manchen Tagen bis zu 40 Extrablätter absetzen. Die ›World‹ mußte sich dem Ton des ›Journal‹ anpassen, um in dem mörderischen Duell mitzuhalten. Was die faszinierten Leser erlebten, war die Geburt des *Yellow Journalism*, einer Spielart, die seither aus der amerikanischen Boulevardpresse nicht mehr verschwunden ist.

Den Namen erhielt diese fragwürdige Neuerscheinung von einer anderen Novität: den farbigen Comic Strips, die gerade in Mode gekommen waren. Der Zeichner Richard Outcault hatte 1894 für Pulitzers ›World‹, die erste farbige Bildgeschichte geschaffen, die sich als *strip*, als Streifen, in Fortsetzungen durch die Zeitungsnummern zog. Hauptfigur seiner populärsten Bildgeschichte war ein Dreikäsehoch im gelben Nachthemd, *The Yellow Kid*. Sogleich begann auch das ›Journal‹ mit farbigen Comic Strips; Hearst warb Outcault von Pulitzer weg für die eigene Zeitung an, und die Rivalität zwischen beiden Blättern wurde in den Augen der Leser zu einem Duell zwischen zwei *Yellow Kid*-Journalen, zum schonungslosen Konkurrenzkampf der Sensationspresse. *Yellow Journalism* wurde fortan zum Gattungsbegriff einer minderen Form von Journalismus, verkörpert in Blättern, die grob verzerrende Berichterstattung betreiben und Comic Strips als Markenware führen.

Der Konkurrenzkampf trieb die Auflagen der beiden »gelben« Blätter in die Höhe. Die Leser rissen den Straßenhändlern die Extrablätter aus der Hand. ›World‹ und ›Journal‹ hatten zusammen die Millionengrenze überschritten. Angeregt vom Zeitungsboom, reckte Printing House Square sich mächtig in die Höhe, breitete sich aus zur Newspaper Row. Mit ihren ersten Hochbauten veränderte die Presse in den neunziger Jahren New Yorks Horizont; Pulitzer krönte sein neues, 16stöckiges Gebäude für die ›World‹ mit einer goldenen Kuppel, und die Zwillingstürme des Park Row Building wurden um die Jahrhundertwende zum höchsten Bau der Stadt. Vokabeln wie Skyline und Skyscraper tauchten seit 1894 in der Presse auf. Newspaper Row, dem Rathaus gegenüber, gehörte zu den geschäftigsten Bezirken der Stadt, besonders nachts. In der katholischen St. Andrew-Kirche wurde, noch als die meisten Zeitungshäuser längst stadtaufwärts gezogen waren, täglich um halb drei Uhr morgens eine Frühmesse für die Drucker und Setzer der Nachtschicht zelebriert.

Der enorme Erfolg der Massenpresse tat den seriösen Zeitungen nicht gut. Ihre Zeit schien vorbei zu sein. Während ›Journal‹ und ›World‹ zusammen 1,2 Millionen Exemplare verkauften, hielten sich ›Sun‹ und ›Tribune‹ mühsam über Wasser. Die

Auflage der ›New York Times‹ war auf 9000 Exemplare gesunken, die Zeitung verlor 1500 Dollar in der Woche, und 1896 meldeten ihre Besitzer den Konkurs an. 45 Jahre nach ihrer Gründung wäre die ›New York Times‹ ohne Zweifel eingegangen, wäre zur Rettung nicht ein junger Mann aus Chattanooga erschienen, ein »Grünhorn aus Tennessee«, wie er selber sich nannte.

Mit 38 Jahren kam Adolph Simon Ochs 1896 nach New York, um die berühmte, doch moribunde ›New York Times‹ zu kaufen, ein Unterfangen, das er selber als »tollkühne Unverfrorenheit für einen tiefverschuldeten Provinzjournalisten« betrachtete. Diese Selbsteinschätzung war natürlich kokette Übertreibung. Das Provinzblatt, das ihm gehörte, die ›Chattanooga Times‹, hatte sich bereits als Symbol des wiedererstandenen Südens einen Namen im Lande gemacht. Zusammen mit vier Setzergesellen und einem Journalisten hatte der damals noch nicht volljährige Ochs das Blatt in einer ähnlichen Verfassung erworben, in der sich jetzt die ›New York Times‹ befand; die Zeitung verkaufte keine 250 Exemplare, und die unternehmungslustigen Leute verfügten zusammen über keine drei Dollar Bargeld, als Ochs' Vater für seinen minderjährigen Sohn, den frischgebackenen Zeitungsverleger, die Kaufpapiere unterschrieb. Doch jeder Geschäftsmann in Chattanooga kannte damals bereits Adolph Ochs, den Sohn eines deutsch-jüdischen Emigranten, der – wie später Henry Kissinger – aus Fürth in Bayern gekommen war. Als ältestes von sechs Kindern und als Sohn eines Vaters, der in diversen Berufen glücklos geblieben war, hat der junge Ochs seit seinem zwölften Lebensjahr mit Gelegenheitsarbeit Geld verdient, im Drugstore, als Zeitungsjunge, schließlich als Laufbursche und Setzerlehrling in der Redaktion des ›Knoxville Chronicle‹ in Tennessee. Mit Besen und Putzlappen und für einen Tageslohn von 25 Cent begann der vierzehnjährige Adolph Ochs eine Zeitungskarriere, die ihn zum einflußreichsten Verleger des Landes, wenn nicht der Welt machen sollte. Es war die klassische Aufstiegsgeschichte aus dem Amerika des 19. Jahrhunderts.

1877 ging der junge Ochs, inzwischen gelernter Schriftsetzer und Drucker, nach Chattanooga, das damals eine aufstrebende *Boom-Town* des Nachkriegs-Südens war. Die Zeitung, die ihn als eine Art Anzeigen-Akquisiteur beschäftigte, ging bald ein, doch zusammen mit Freunden übernahm der Neunzehnjährige ihre Druckmaschinen, auf denen er alsbald ein Geschäftsverzeichnis der Stadt herausgab. Jeden Geschäftsmann des Ortes hatte er besucht und um Mitarbeit gebeten, und da der intensive Ernst und die solide Art des jungen Mannes Vertrauen einflößten, hatte er keine Mühe, die 300 Dollar zu leihen, die ihm die Hälfte der Anteile an der ›Chattanooga Times‹ erkauften. Am 2. Juli 1878 stand im Kopf der Zeitung »Adolph S. Ochs, Publisher«, vier Jahre später gehörte ihm das Blatt, und noch heute ist die ›Chattanooga Times‹ im Besitz der Familie Ochs.

Zu dem Zeitpunkt, als er sich um die ›New York Times‹ bewarb, war Ochs indessen in finanziellen Nöten. Eine fehlgegangene Grundstücksspekulation hatte ihm hart zugesetzt, so daß er sich nach einer Erweiterung seiner Finanzbasis umsehen mußte. Angesichts der »gelben« Mode war der Erwerb eines sterbenden seriösen Blattes in New York schiere Waghalsigkeit. Doch das gleiche Vertrauen, das ihm in Chattanooga geholfen hatte, kam ihm jetzt in New York zugute. Ausgerüstet mit Empfehlungsschreiben, von denen eins die Unterschrift von Präsident Cleveland trug, machte Ochs die Runde bei den Finanzbaronen der Stadt, um ihnen Aktien einer neu zu gründenden ›New York Times‹-Gesellschaft anzubieten. Keiner der ›Times‹-Gläubiger gab ihm einen Korb; die J. P. Morgan, August Belmont, Jacob Schiff, von Ochs persönlich aufgesucht, zeigten sich beeindruckt von der Entschlossenheit und dem Ernst des jungen Mannes. »Es hat mich ganze 15 Minuten gekostet‹, schrieb Ochs an seine Frau, »bis ich die Unterschrift von J. P. Morgan für den Eintausch seiner alten Aktien gegen neue hatte.«

Von vornherein zielte Ochs auf Mehrheitskontrolle in der neuen Firma ab. Für geliehene 75 000 Dollar kaufte er sich selber elf Prozent der 10 000 ›Times‹-Aktien. Binnen vier Jahren besaß er die Majorität, und wenig später hatte er die Zeitung aus den roten Zahlen. Bereits ein Jahr nach der Übernahme durch Adolph Ochs schrieb ein Kollege in Missouri bewundernd, daß es im ganzen Lande keine Zeitung gebe, die der idealen Tageszeitung so nahe komme wie die ›New York Times‹, und ein Fachblatt triumphierte: »Der Erfolg der ›New York Times‹ hat alle Verleger, welche ›die gelbe Gefahr‹ gefürchtet haben, erfreut und überrascht.« Binnen fünf Jahren war die Auflage von 9000 auf 100 000 geklettert, bei Ochs' Tod im Jahre 1935 betrug sie 465 000 Exemplare, und heute erreicht sie an Wochentagen über 900 000 und sonntags anderthalb Millionen. Die Rekonvaleszenz des schon totgeglaubten Blattes war rapide und dauerhaft, und in den Augen der Fachwelt grenzte sie an ein Wunder.

Am 19. August 1896 erschien die ›New York Times‹ zum erstenmal unter der neuen Ägide. Auf ihrer Meinungsseite stand eine programmatische Erklärung von Adolph Ochs, die im ganzen Lande nachgedruckt wurde und deren Kernsatz heute in Bronzebuchstaben hinter der Büste des Gründers in der Eingangshalle des Verlages in der 43. Straße zu lesen ist: er wolle in seiner Zeitung, versprach Ochs, »die Nachrichten, und zwar alle Nachrichten, in knapper und attraktiver Form bringen in einer Sprache, die in guter Gesellschaft akzeptabel ist«. Diese Nachrichtengebung solle »unparteiisch, furchtlos, ohne Vorzug und ohne Rücksicht auf Parteien, Sekten oder Interessen« erfolgen. Wenig später fand Ochs die gängige Parole für sein Blatt, die er in Leuchtbuchstaben auf ein Reklameschild über dem Madison Square schreiben ließ, damals dem Hotelzentrum der eleganten Welt; seit 1897 ist sie auf der Titelseite der ›New York Times‹ gedruckt: *All the News That's Fit to Print*. Das war eine betonte Distanz zu dem Sensationsgeschrei der Boulevardpresse. Ochs war zeitlebens der Überzeugung, daß eine Zeitung, die von der ganzen Familie schadlos gelesen werden kann, die beste Art von Zeitung sei. Entsprechend hieß es in der Werbung: »Bei der Lektüre der ›New York Times‹ gesehen zu werden ist ein Zeichen von Respektabilität.«

Zunächst änderte Ochs die äußere Aufmachung des neuerworbenen Blattes. Er besuchte die Setzerei und erklärte den versammelten Arbeitern: »Ich bin ein Drucker wie ihr. Ich will aus der ›Times‹ das Musterbeispiel für die Druckereikunst im gesamten Gewerbe machen.« Schon nach den ersten Änderungen im typographischen Bild bemerkte ein Fachblatt: »Ein Blick auf die ›New York Times‹, seit sie in Händen von Adolph S. Ochs ist, wirkt wie ein Sonnenstrahl an einem bedeckten Tag. Der Kenner sieht sofort die Hand des Künstlerkollegen. Die ›New York Times‹, die bekanntlich auf den schlechtesten Pressen der Stadt gedruckt wird, ist zur typographischen Schönheit geworden.«

Gleichzeitig krempelte der Verleger die Redaktion kräftig um. Der finanzielle und Wirtschaftsteil wurde ausgeweitet, eine wöchentliche Revue der Finanzlage angefügt. Die Einführung einer anfangs belächelten Rubrik ›Arrival of Buyers‹ machte die ›Times‹ bald zur unentbehrlichen Bibel der Geschäftswelt. In Leserbriefen wurden Meinungen aller Schattierungen diskutiert, und der »vernachlässigte unsensationelle Aspekt der Nachrichten« wurde mit Sorgfalt gepflegt. Ochs führte Buchkritik und Gerichtsberichterstattung ein, ließ über Grundstücksmarkt und Bildungsfragen schreiben und über die entlegeneren Probleme von Stadt und Staat und Bund. Er begann eine Spalte ›Topics of the Times‹, die bis heute besteht, ein Forum für die Vorstellung allerart unpolitischer Neuigkeiten von Wissenschaft bis Dichtung. Bei alledem war sein Auge stets scharf auf die Kasse gerichtet. Ausgaben wurden eingespart, die übernommene Schuldenlast verringert, und in einem riskanten Schachzug, den ihm die Konkurrenz der gelben Presse auf dem Höhepunkt des Kubakrieges aufzwang, senkte Ochs den Kaufpreis der ›Times‹ von drei Cent auf einen Penny. Es war ein tollkühner Schritt, von düsteren Prophezeiungen begleitet, doch er besiegelte den finanziellen Aufstieg des neuen Unternehmens. Fortan stand die ›New York Times‹ auf sicheren Füßen.

Noch keine zehn Jahre nach seinem Debüt in New York konnte Ochs in den neuen weißen Turm einziehen, den er seiner Zeitung hatte bauen lassen. Er schenkte den New Yorkern einen neuen Wolkenkratzer und ein neues Forum, auf dem sie fortan die Silvesternacht feierten. Am 31. Dezember 1904, eine Minute vor Mitternacht, sank der illuminierte Ball zum erstenmal den Mast hinab, und die neue Jahreszahl leuchtete vom Turm der ›New York Times‹. 17 Meter unter der Erde, tief unter dem Bahnsteig der neuen Untergrundbahnstation, brummten die Rotationsmaschinen. Als die Stadtväter wenig später den ehemaligen Longacre Square in Times Square umbenannten, war das ein Tribut an die Macht der Zeitung und ihres Verlegers.

Von Ochs' Programm ist der Teil, der die Nachrichtenfülle betrifft, perfekt – Kritiker finden, zu perfekt – erfüllt worden. Die ›New York Times‹ ist ein Kompendium des Weltgeschehens, das journalistische Tagebuch der Zeit, und in diesem Sinne ist aus der Zeitung eine Institution geworden. Sie informiert über schlechthin alles. Berichtenswert erscheint ihr noch, was andere Redaktionen der Fachpresse überlassen würden. Von Anfang an hat die ›Times‹ Erfindungen und Entdeckungen verfolgt, sich um die Entwicklung der Luftfahrt und die Erkundung der Pole gekümmert und komplizierte Probleme dem Leser mundgerecht serviert. Ihr langjähriger Chefredakteur Van Anda war selbst ein Experte auf den Feldern der Physik, Mathematik und Astronomie; er konnte es riskieren, Einsteins Relativitätstheorie den Zeitungslesern faßlich vorzustellen, noch ehe der Ruf des Gelehrten über die Fachwelt hinausgedrungen war.

Neben den Nachrichten aus Politik und Wirtschaft, aus Gesellschaft und Kultur, neben Kommentaren und Kolumnisten bringt die ›New York Times‹ Leserbriefe, Sportberichte und Kochrezepte, Bridge-Aufgaben und Kreuzworträtsel, Börsenkurse und Wetterberichte wie andere Blätter auch. Nur, daß hier alles ausführlicher und detaillierter ist und größere Wirkung hat als andernorts. Die Kursnotierungen der ›New York Times‹ laufen über drei Zeitungsseiten und schließen die Auslandsbörsen ein, ihr Wetterbericht verzeichnet täglich die Temperaturen auf der ganzen Welt; im Sommer informiert er Sportangler und Segler über die Gewässer, im Winter Skiläufer über die Schneelage in Neuengland. Nicht nur kann der Theaterkritiker der ›Times‹, zumal seit dem Schrumpfen des New Yorker Zeitungsmarkts, Broadway-Erfolge schaffen und Produktionen von der Bühne fegen; ein Lob der ›Times‹ für ein Restaurant füllt wochenlang die Plätze; ein italienischer Gastwirt berichtet, wie an dem Tag, an dem die ›New York Times‹ seinem Lokal drei Sterne gab, 600 telefonische Tischbestellungen eingingen.

Die Redaktion nimmt ihre Aufgabe als Archivar des Zeitgeschehens ernst. Kein Dokument ist zu lang, um in der ›New York Times‹ nicht abgedruckt zu werden. Im vollen Wortlaut ist der Versailler Vertrag auf 62 Spalten in der ›Times‹ erschienen, noch ehe ihn irgend jemand sonst veröffentlichen konnte. Wichtige Reden und Pressekonferenzen werden abgedruckt, und in dem vielleicht größten *Scoop* ihrer Geschichte hat im Sommer 1971 ein Sonderstab von 75 ›Times‹-Leuten zehn Wochen lang in streng geheimgehaltener Hotel-Klausur die ihm zugespielten »Pentagon Papers« durchforstet, abgeschrieben und ediert, deren Veröffentlichung eine Sensation war.

In beinah klassischen Formulierungen hat die ›New York Times‹ historische Momente festgehalten. ›Mit der amerikanischen Armee in Frankreich‹ berichtet Edwin L. James am 11. November 1918 den Waffenstillstand aus Verdun: *They stopped fighting at 11 o'clock this morning. In a twinkling, four years of killing and massacre stopped as if God had swept His omnipotent finger across the scene of world carnage and had cried ›Enough‹.* Am 15. Juni 1922 taucht zum erstenmal der Name Stalin in der ›New York Times‹ auf: »Mr. Stalin ist ein georgischer Bolschewist türkischer Nationalität, der als starker Mann beschrieben wird.« Im gleichen Jahr berichtet Cyril Brown aus München: »Die Hitler-Bewegung ist von mehr als nur lokalem Ursprung und pittoreskem Interesse.« Zwei Exempel eines knappen *Understatement* von hellseherischer Prägnanz. Elf Jahre später berichtet Frederick T. Birchall von der Bücherverbrennung auf dem Berliner Opernplatz und fügt der Schilderung hinzu: »Die Scheiterhaufen brennen immer noch, während dies geschrieben wird, und in ihrem Rauch geht mehr auf als Studentenvorurteil und -begeisterung. Ein Gutteil des alten deutschen Liberalismus – oder was davon noch übrig war – ist heute nacht verbrannt.« Weniger scharfäugig betrachtete der Kollege in Moskau, was dort geschah; Walter Durantys Berichte von Stalins Säuberungen ließen in den Augen kritischer Leser viel zu wünschen übrig.

Was indessen den eigentlichen Ruhm der Zeitung ausmacht, ist der Spürsinn ihrer Reporter und Redakteure, der nach der Zahl der gewonnenen Pulitzer-Preise allein (46) nicht zu messen ist. Ein lange Zeit berühmtes Beispiel war der Bericht vom Untergang der »Titanic« in der ›New York Times‹. Als in der Nacht zum 15. April 1912 – die erste Ausgabe wurde gerade ausgedruckt – das erste Bulletin vom Notruf der »Titanic« kam, ließ Chefredakteur Van Anda, nach ein paar hektischen Telefonaten, die Maschinen stoppen, den Aufmacher auswechseln und setzte kaltblütig in die Überschrift: *Titanic Sinking in Mid-Ocean; Hit Great Iceberg.* Es war ein gewagtes Spiel; keine andere Zeitung ging in dieser Nacht so weit, den Untergang des »unsinkbaren« Schiffes anzunehmen. Doch »V. A.« war fest überzeugt, daß die Funkstille nach dem letzten SOS des Schiffes nur eins bedeuten konnte: Untergang.

Mit der ausfächernden Einkreisung eines Themas, die eine Gütemarke der ›Times‹ ist, ließ er für die späteren Ausgaben Berichte über Baugeschichte und Daten der »Titanic«, über andere Schiffszusammenstöße mit Treibeis, über die an Bord gebuchten Passagiere, über die Kapazität der Rettungsboote und über alle Rettungsmöglichkeiten schreiben. Als anderntags die »Carpathia« mit den Überlebenden der »Titanic« im Hafen von New York einlief – der Kapitän hatte Funksprüche über Zahl und Namen der Geretteten verweigert –, konzentrierte Van Anda seinen gesamten Stab auf das Ereignis. Er hatte ein Hotelgeschoß in unmittelbarer Nähe des Piers gemietet, direkte Telefonleitungen zur Redaktion dort installiert und eine Taxiflotte bereitgestellt, um in den drei Stunden zwischen Schiffsankunft und Redaktionsschluß jede Einzelheit des Dramas aufzuspüren. Am nächsten Tage breitete sich die Geschichte vom Untergang des neuen Ozeanriesen über 15 von 24 Seiten; die ersten Sätze gaben das Tragödien-Stenogramm: »In einer klaren Sternennacht, die eine klare, tiefblaue See auf Meilen hin beleuchtete, ist die ›Titanic‹ langsam in ihr Ozeangrab gesunken, eine Stunde, nachdem sie mit dem Bug in voller Fahrt auf einen unsichtbaren Eisberg aufgelaufen war. Ihre Kapelle, an Bord aufgereiht, spielte leichte Musik, während das Schiff vor den Augen der Bootsladungen unglücklicher und entsetzter Überlebender versank; die zurückgebliebenen Passagiere und Mannschaften – volle zwei Drittel – standen in stiller Resignation an Deck in Erwartung des endgültigen Unterganges.«

Doch die großen Stories der ›New York Times‹ sind nicht auf das große Drama angewiesen. Noch dem Lokalereignis wird Gesprächsstoff für die ganze Nation abgewonnen. Der Mord an einer jungen Frau auf einer New Yorker Straße, von 38 Zeugen untätig miterlebt, wurde auf Jahre hinaus zur Signatur der Großstadt-Apathie, nachdem die ›New York Times‹ ausführlich aufgegriffen und beleuchtet hatte, was zunächst nicht mehr als eine Routinemeldung des Polizeiberichts zu sein schien. Den gewaltsamen Tod eines Hippie-Paares in den unteren Etagen der New Yorker Bohème enthüllte ›Times‹-Reporter Anthony Lukas 1967 als ein faszinierendes Stück Zeitgeschichte, Stück für Stück das Doppelleben eines Mädchens aus reichem Hause rekonstruierend.

Der seriöse Ruf der ›New York Times‹ verschafft ihr mühelosen Zugang zu höchsten Stellen. Ebendies bürdet ihr freilich auch eine besondere Verantwortung in der Veröffentlichung von exklusiven Stoffen auf, von denen die Regierung eine Gefährdung des nationalen Interesses befürchtet. Als 1965 die Redaktion von ihren Außenposten die weltweiten Aktivitäten des amerikanischen Geheimdienstes untersuchen ließ, versuchte Außenminister Rusk vergeblich, die Veröffentlichung der Serie zu verhindern. Statt dessen bat die Redaktion zur Absicherung der Fakten einen ehemaligen CIA-Direktor, das Material bis ins Detail zu prüfen, was auch geschah. Sehr zum Unmut der CIA wurde die Serie mit allen erstaunlichen Einzelheiten gedruckt, spannend zu lesen wie ein Kriminalroman. Entgegenkommender zeigten sich die Redakteure Washingtoner Wünschen bei der Entschärfung von Berichten über die bevorstehende Invasion von Kuba 1961. Nachträglich bedauerte Präsident Kennedy allerdings die Zurückhaltung der ›New York Times‹; hätte sie alles gedruckt, was ihr damals bekannt war, dann hätte die

Zeitung, so meinte er, das Debakel in der Schweinebucht womöglich mildern, wenn nicht gar verhindern können. In einem Falle war die Veröffentlichung eines Interviews sogar ganz unterblieben. Ein eigens entsandter ›Times‹-Reporter hatte sich im Sommer 1908 mit Kaiser Wilhelm II. auf dessen Jacht »Hohenzollern« unterhalten. Die Äußerungen des Kaisers über seine britischen Vettern (»Einfaltspinsel«), über Japaner (»Gelbe Gefahr«), Katholiken und die Weltlage allgemein waren indessen so haarsträubend unverblümt, beleidigend und voll Säbelrasseln, daß die Redaktion kalte Füße bekam. Nach Rücksprachen mit deutschen und amerikanischen Diplomaten und schließlich sogar mit dem Präsidenten, dem man den Text zu lesen gab (»starker Tobak«, war Theodore Roosevelts Reaktion), unterblieb aus Schonung die Publikation. Das Manuskript verschwand im Privatsafe des Verlegers, und erst 1939 erschienen kurze Auszüge aus dem Interview im Sonntagsmagazin der ›Times‹.[42]

Der Ton der Zeitung ist ruhig und gemessen. Hier gibt es weder »Ike« noch »Rocky«, hier steht bei jedem Namen »Mr.«, selbst wenn es sich um einen minderjährigen Mörder handelt. Ihre Seriosität ist ihre Gütemarke, doch auch ihre Last. Sie hat der ›Times‹ den Ruf der »Grey Old Lady« eingetragen, ein Kompliment, das auch Kritik ist und Langeweile einschließt. Der Respekt, den »Tante Times« dem Leser abfordert, ist zu offensichtlich, um nicht Kritik und Unlust einzuladen. Überlange Artikel, mit Fakten überfrachtet, und komplizierte Schachtelsätze waren jahrelang typisch für den Stil der ›New York Times‹ und sind es häufig heute noch. Die Nachrichtenfülle, auf die sie, von Ochs' Prinzipien angefeuert, mit Recht so stolz ist, führt viel unwichtigen Ballast mit. Es herrscht wenig Selektion, und der Leser wünscht sich oft strafferes Redigieren.

»Die ›New York Times‹ wird nicht redigiert«, hat ihr Kritiker Dwight MacDonald behauptet, »sie ereignet sich einfach täglich einmal.«[43] Das »Große Mittelmaß der Presse« hat man sie genannt, eine Zeitung, die »trieft von Selbstzufriedenheit«. Der langjährige Chefredakteur Turner Catledge berichtet in seinen Erinnerungen, daß er nicht sonderlich beeindruckt war, als ihm die ›New York Times‹ 1929 einen Posten anbot; damals war Pulitzers ›World‹ die Lieblingszeitung aller Journalisten, witzig und brillant geschrieben, während »die ›Times‹ mir langweilig und schwer verdaulich erschien«. Den Programmpunkt in Ochs' Leitsatz, der »knappe und attraktive Form« verspricht, hat die Zeitung bis heute nicht recht erfüllt, obschon sie seit den fünfziger Jahren unter Catledges Leitung deutliche Lockerungsversuche unternommen hat. Selbst Sex und Pornographie, unerschrocken im Fachjargon und auf der Titelseite ausgebreitet, finden neuerdings Platz unter dem weiten Mantel aller »News that's Fit to Print«, der Neuigkeiten, die für druckreif gehalten werden. Die Zeitung ist nach wie vor im Familienbesitz der Ochs-Nachfahren. Doch welch ein weiter Weg vom strengen Moralkodex des Gründers, dem selbst Kreuzworträtsel als anstößig galten, zur Entdeckung eines neuen »Porno Chic« durch die ›New York Times‹!

Die Eruptionen der sechziger Jahre haben eine neue Journalistengattung auf den Markt geworfen, die sich selber »New Journalism« taufte. »Die Hunnen sind da!« frohlockte ihr Wortführer Tom Wolfe, der die ganze Richtung flott zur bedeutendsten Literatur der Gegenwart promovierte.

Diese »neuen Journalisten« kamen vorwiegend aus den Sport- und Lokalredaktionen der Tagespresse, die ihrem Expansionstrieb auf die Dauer nicht genügend Auslauf bot. Denn die Technik der Intensiv-Reportage, in der sie brillieren, erfordert viel Zeit und Platz, und so wanderten sie zu den Zeitschriften ab. Das Sonntagsmagazin der ›Herald Tribune‹, ›New York‹, das die Zeitung in ihrer letzten Lebensphase herausgab und das den Untergang der ›Trib‹ als selbständiges, enorm erfolgreiches Wochenmagazin überdauerte; dies und die Monatszeitschrift ›Esquire‹ wurden die Baumschulen der neuen Gattung, die Reportage in Kurzgeschichte umfunktioniert. Gerichtsberichte, Sportreportagen, Interviews werden in Short Story-Technik als Szenen aufgebaut mit Dialog und langen Monologen, vollgepfropft mit Details, die bis ins letzte recherchiert sind. Denn die »neuen Journalisten« sind in erster Linie Reporter. Tage-, ja wochenlang leben sie mit ihrem »Stoff«; sie nisten sich in den Häusern und Familien der Leute ein, die sie beschreiben, begleiten sie auf Schritt und Tritt, weichen ihnen nicht von der Seite. Es ist ein flotter Stil, der mit Ausrufezeichen nicht spart. ›Las Vegas *(What?)* Las Vegas *(Can't Hear You! Too Noisy)* Las Vegas!!!!‹ überschreibt Tom Wolfe einen Bericht. In seinen unbekümmertsten Versionen ist es Pop-Journalismus, den Subkulturen der sechziger Jahre glänzend adäquat; die ideale Aufnahmetechnik für die Welt von Hippies und Radikalen, LSD und Zen und Makrobiotik, von Black Panthers und Encounter Groups, von Rock Bands und Hell's Angels, kurzlebigen Zelebritäten wie Janis Joplin, Andy Warhol, Timothy Leary, Bernie Cornfeldt, Eldridge Cleaver. Zeiterscheinungen wie »Radical Chic« werden entdeckt und formuliert, zeittypische Personen zugleich gefeiert und verhöhnt.

Litten die neuen Journalisten an Minderwertigkeitskomplexen, so könnten sie sich bestätigt fühlen durch die Wendung zeitgenössischer Romanautoren zum Journalismus. Truman Capote hat mit seinem Non-Fiction Roman ›In Cold Blood‹ die Reportage zur Literatur erhöht, Norman Mailer folgte wenig später mit ›The Armies of the Night‹. Mit dem Nationalen Buchpreis erhielt Journalismus als Literatur die letzten Weihen.

Das Buch, das aus der Zeitungsreportage entspringt, ist in New York seit Kriegsende Tradition. 1946 widmete der ›New Yorker‹ John Hersey's Bericht ›Hiroshima‹ eine ganze Nummer; Rachel Carsons ›Silent Spring‹, Hannah Arendts Eichmann-Buch, Capotes ›In Cold Blood‹ sind zuerst in diesem Edelmagazin erschienen, das Harold Ross 1925 zur Unterhaltung der Intellektuellen gegründet hatte und das sich in den sechziger Jahren vom versnobten Klubmagazin zur Tribüne für soziale und politische Kritik entwickelt hat. Dabei bleibt der ›New Yorker‹ die Zeitschrift, in der Lieblingsautoren ihre Steckenpferde reiten dürfen. Doch selbst wer längst aufgehört hat, die ellenlangen Artikel zu lesen, die sich in schmalen Spalten zwischen Luxus-Inseraten über Seiten schleppen, um sie in Buchform abzuwarten, der durchblättert die Hefte des ›New Yorker‹ noch immer nach den berühmten Cartoons. Als New Yorker Informationsblatt ist der ›New Yorker‹ heute von der flotteren Neuerscheinung ›New York‹ weitgehend überholt. Dieses Magazin des neuen Journalismus hat sich als wöchentlicher Ariadnefaden durch die Konsum-Welt des New Yorker Großstadt-Kosmos unentbehrlich gemacht. ›New York‹ verzeichnet nicht nur das neueste Happening in der Stadt, den neuesten Laden, die letzte politische Intrige und den pikanten Stadtklatsch der Woche, es sortiert dem Konsumenten auch Weinhändler und Kaminholzlieferanten, chemische Reinigungen und Familienhotels, Hundetrainer und Porzellankitter, Frackverleiher und Fleischereien nach Qualität und Attributen aus, alles in einem kessen Großstadtton. Es ist, um 1975, das Magazin der Stunde – wer weiß, was 1980 Mode ist! Die Zeitungsmoden wechseln wie die Kleidermoden in New York, was heute »in« ist, mag morgen schon vergessen sein. Zeitschriften und Lokale blühen mit den Cliquen, die sie pflegen.

Läden und Lokale
Paradies der Möglichkeiten

Eine Besucherin aus Deutschland, die durch die Warenhäuser von New York gewandert war, faßte Erschöpfung und Verwirrung in dem Klageruf zusammen: »In Bad Homburg kauft man doch viel netter!« Der Satz hat uns, New Yorker Einkaufsenthusiasten, verdutzt. Was hat Bad Homburg wohl New York voraus? Die Begrenztheit der Einkaufsmöglichkeiten gewiß und ihre Übersichtlichkeit; man weiß, wohin man wofür geht, dazu die Vertrautheit von Kundschaft und Verkäufer, gutnachbarliches Terrain, in dem der eine den anderen kennt. Die Fülle des New Yorker Warenangebots dagegen kann Konfusion erzeugen und jede Kauflust im Keim ersticken. Wenn man ihm ohne Kompaß ausgesetzt ist, ganz ohne Wegweiser durch das Dschungel der großstädtischen Konsumwelt, kann man leicht an den Wühltischen von Alexander's landen, wenn man nebenan bei Bloomingdale's die Kleiderstangen in Ruhe nach dem gewünschten Modell durchblättern könnte. Der Ahnungslose erwischt als einzige Raststätte die ungastliche Theke, an der ein muffiges Fräulein wattegleiches Weißbrot mit trockenem Schinken auf salziger Butter und mattem Salatblatt vor den Kunden schiebt, wo doch gleich um die Ecke die freundliche Trattoria Pasta perfekt *al dente* bietet.

Auch die persönliche Beziehung stellt sich im New Yorker Handelsleben schneller her, als manchem Besucher gegenwärtig ist. Aus unserer Handtasche rieseln die Visitenkarten von Verkäufern, die man mit der Aufforderung *come see me again* beim letzten Kleiderkauf, mit der letzten Schuhschachtel in die Hand gedrückt bekam. Binnen kurzem hat man in jedem Warenhaus »seine« Verkäuferin, kann sich als Stammkundin im »Oval Room« bei Ohrbach's, in Altman's »Studio 3« betrachten. Wir kaufen unser Kleid nicht einfach bei Bergdorf Goodman, sondern in »Plaza Collections« bei Ruth Bernstein, die unseren Geschmack und unsere Körpermaße so gründlich kennt wie die Grenzen unseres Haushaltsbudgets. Ruth Bernstein käme ebensowenig auf den Gedanken, uns Ungewünschtes aufzudrängen, wie Mrs. Kahn bei Lord & Taylor, die uns das rechte Hauskleid finden hilft.

Unter den Verkäuferinnen der New Yorker Warenhäuser

sind viele Emigranten aus Deutschland, die dem deutschen Kunden mit mehr Freundlichkeit und Hilfsbereitschaft entgegenkommen, als er erwarten dürfte, und die uns über die Jahre zu mütterlichen Beraterinnen geworden sind. Unsere Beziehungen zum merkantilen Establishment sind durchaus persönlich. Wir kaufen unsere Pullover bei Frau Greta und unsere Blumen bei Herrn Arno, wir buchen unsere Reisen bei Herrn Kippenberg und lassen unser Konto von Mrs. Meyers verwalten.

Der persönliche Ton ist in jedem Gewerbe anzutreffen. »Zwei Spiegeleier ohne Speck mit Toast wie immer?« fragt der Mann an der Drugstore-Theke den Hotelgast, der nach zwei Jahren wiederkommt. Beim dritten Besuch in einem kleinen griechischen Lokal sendet der Wirt uns nach dem Essen einen Ouzo *on the house*, umsonst. Im Luxus-Angebot der Metropole fänden wir uns schon überhaupt nicht ohne einen Lotsen unseres Vertrauens zurecht. So liefern wir uns Nat Harris in die Hände, wenn es eine verbogene Brosche zu reparieren gilt oder wenn uns der jähe Drang nach dem aparten, doch erschwinglichen Ohrschmuck überkommt. Haben wir uns zum Erwerb eines Pelzes durchgerungen, so wenden wir uns an Maurice Scharfer aus Danzig, der mit uns geduldig das Kürschnerviertel von Werkstatt zu Werkstatt durchwandert, bis wir das Rechte gefunden haben. Dann überwacht er die Fertigung des guten Stückes scharfäugig, daß auch kein minderes Fell sich einschleicht, verläßlich bis zur Wahl des Mantelfutters; mißbilligend weist er das Seidenfutter zurück, das der Kürschner wählt: »Die Dame ist doch nicht im Showbusineß!« Wir samt allen unseren Freundinnen können uns auf Maurice Scharfer und seine Einfühlung in unsere seelische und finanzielle Struktur verlassen.

Einkaufen in New York verwöhnt. Der ungeheure Wettbewerb führt zu Annehmlichkeiten für den Kunden. *Cash or charge?* fragt der Verkäufer, Barzahlung oder Konto? Alle größeren Häuser laden zur Anlage des privaten Kontos ein. Ausgerüstet mit der Kontokarte, durchschweifen wir das Warenhaus; das gesamte Angebot ist unser ohne einen Cent, wir brauchen nur die Karte vorzuweisen, die Rechnung kommt erst nächsten Monat. Charakterfestigkeit wird hart geprüft.

Kontokarten, hat man erst einmal die erste, sind relativ einfach zu erlangen. Von einem Schneesturm überrascht, flüchten wir in ein elegantes Schuhgeschäft. Der Einkauf übersteigt die

Barschaft; »Legen Sie doch ein Konto bei uns an«, schlägt der Verkäufer vor und läßt uns in den – unbezahlten – Stiefeln aus dem Laden wandern. Das gleiche rät uns die Dame bei Tiffany's, als wir dort einigermaßen eilig eine Schachtel Briefkarten kaufen und mit einem Geldschein zahlen, dessen Wechseln unsere Geduld strapaziert. Seither haben wir ein Konto bei Tiffany's und könnten jederzeit telefonisch Rubinhalsketten und Smaragdohrringe mit dem lässigen Zusatz *Charge it to my account* bestellen. Die Juwelen kämen frei Haus; alle New Yorker Warenhäuser und die besseren Geschäfte unterhalten einen Paketdienst, der die Waren kostenfrei zum Kunden liefert.

Auch der Umtausch wird großzügig vorgenommen, niemand braucht seinen Fuß dafür ins Geschäft zu setzen. Mißfällt dem Ehemann das Kleid, drückt der Schuh, der doch im Laden noch so gut gesessen hat, ist die Handtasche doch von der falschen Farbe – Anruf genügt, und die Ware wird ohne weiteren Umstand, ohne Begründung des Mißfallens abgeholt und zurückgenommen, der Einkauf vom Konto wieder abgesetzt.

Die Läden wetteifern im Kundendienst. Ist das gewünschte Modell nicht in der rechten Größe oder Farbe vorhanden, so wird bei den Filialen nachgefragt; wir haben schon manches Stück aus Chicago oder Washington bezogen, das beim New Yorker Hauptgeschäft nicht mehr zu haben war. Jedes Geschäft hat seinen papierenen *Shopping Bag,* an Farbe und Design sofort erkenntlich wie eine Signatur. Mancher Entwurf, wie die braun-weißen Streifen von Saks, die Veilchensträuße von Bonwit Teller, das Blau-Weiß von Tiffany, beherrscht den totalen *Look* des Unternehmens von der Markise bis zum Briefpapier. Der Shopping Bag der teureren Geschäfte bietet ein handliches Statussymbol; das Transistorradio, billig bei Korvette gekauft, wird in Packpapier und Shopping Bag von Bloomingdale doppelt als Geschenk geschätzt.

Der gewitzte New Yorker, mehr noch die New Yorkerin, hat die individuelle Einkaufsstrategie gründlich erprobt. *Window Shopping,* der Lieblingssport jedes Großstädters, ist hier zur Lebenskunst verfeinert und noch bereichert um den Anzeigenteil der lokalen Presse. Die Sonntagszeitung bringt uns mit der weltpolitischen Lage die Verführung ins Haus. Aus Peking sind die ersten geschnitzten Jade-Stücke bei Bloomingdale's eingetroffen, »begrenzter Vorrat«. Das Stichwort genügt, um zum Telefon zu greifen und eins für unseren Hals zu sichern, umtauschen kann man später immer. Der längst fällige Regenmantel ist angezeigt im günstigen Sonderangebot, gleich morgen werden wir zu Macy's eilen.

Die Kundin hat ihre Strategie im Kopf, da ist jede Position besetzt. Sie weiß, welches Warenhaus die beste Handschuhabteilung, welches besonders erlesene Wäsche hat, wo die größte Auswahl an Pullovern, wo der passende Schuh für ihren Fuß zu finden ist. Sie wühlt aus Alexander's Schubladen die Sportbluse und kauft die teure Porthault, wenn sie sich's leisten kann, bei Bonwit Teller. Sie vergleicht die Preise und triumphiert, wenn sie etwas fünf Dollar billiger kaufen kann als anderswo. Sie findet das rechte Küchengerät bei Bloomingdale's, die Reisetasche bei Saks und wartet mit dem Erschöpfungskollaps, bis sie bei Altman's ist, mit seinem hübschen, geräumigen Imbißraum, den »Charleston Gardens«.

Als Leitfaden durch New Yorks Einkaufsparadies dient mancherlei Gedrucktes. Die Zeitschrift ›New York‹ schickt ihren »Passionate Shopper« durch die Stadt und sortiert der Kundschaft nicht nur die besten Bäcker, Fleischer, Grünkramhändler aus, sondern rät auch, wo man günstig Antiquitäten kauft, wo Seidenblumen kunstvoll arrangiert, wo Spielzeug, wo Gepäck, wo Stereo-Anlagen verläßlich gehandelt werden. Noch die Damentoiletten, hierzulande rechte Rast- und »Puder-Räume«, bewertet das hilfreiche Magazin nach Dimension, Ausstattung und Hygiene (vier Sterne für Plaza Hotel und Tiffany's). Dazu gibt es verschiedene *Shopping Guides*, handliche Bücher in Paperback-Format, und jeder Reiseführer liefert Einkaufskommentare.

Das Mißliche bei solchen Ratgebern ist, daß nichts in New York so vergänglich ist wie die Empfehlung von Geschäften und Lokalen. Der Lieblingsladen, gestern noch besucht, macht heute zu, der Besitzer geht in den Ruhestand nach Florida. Verschwunden das geräumige Turmrestaurant, wo man den Sonntag hoch über der Stadt verdämmern konnte, perfekte Kulisse für Verliebte. Das armenische Gartenlokal hat den Pächter gewechselt und serviert nun Gulasch. Wo kürzlich noch die kleine Kneipe stand, erhebt sich heute ein Büropalast. Unser schwedisches Lunchrestaurant mit der riesigen Drehplatte voller Smoergasbord ist, während wir verreist waren, verschwunden; unser Gast, dorthin bestellt, starrt an der angegebenen Adresse ratlos in die Baugrube.

Das Vergänglichste sind die Preise. Manganaros tägliches Montags-»Special«, Kutteln, ist in sieben Jahren von 85 Cent auf 1.30 Dollar gestiegen und der freitägliche Kabeljau um 100 Prozent auf 1.60. In den Luxusrestaurants ist der *prix fixe* fürs Lunch von 7.00 Dollar auf 14.95 gesprungen. Acht Warenhäuser sind in den letzten Jahren eingegangen, darunter ruhmreiche Institutionen wie Best & Co. und Arnold Constable, das älteste Kaufhaus von New York. Ganze Gegenden werden als Einkaufsstraßen entdeckt und verschwinden wieder. Vor ein paar Jahren reihten sich entlang St. Mark's Place kleine Boutiquen, heute wirkt, was davon übrigblieb, schmuddlig und verwahrlost, und zwei Blocks weiter ist jeder Laden verriegelt und vernagelt. Die 14. Straße ist zum spanischen Boulevard geworden, während sich auf der oberen Westseite eine neue Boutiquenlandschaft auftut.

Die New Yorker Warenhäuser und Geschäfte sind mit der Bevölkerung nordwärts gewandert, bis sie ihre heutige Lage auf Fifth Avenue erreichten. Manches Kaufhaus blickt auf fünf bis sieben Etappen zurück, von den Anfängen als kleiner *Dry Goods Store*, der in der Nähe der Docks mit Stoffen und Knöpfen handelte, Broadway-aufwärts bis zur Ankunft auf Fifth Avenue. Ende des vorigen Jahrhunderts bezeichnete die *Ladies' Mile* das Stück Broadway von der 8. bis zur 23. Straße am Ostrand von Greenwich Village. Von den gußeisernen Palästen von damals ist nur wenig übrig; der prächtigste verschwand 1956 in einem spektakulären Feuer, und nur noch der Name des Apartmentblocks auf seinem Grundstück, Stewart House, erinnert an den ehemaligen Kaufhauskönig A. T. Stewart.

Doch auf Sixth Avenue zwischen 18. und 23. Straße stehen noch die Warenhauspaläste der Jahrhundertwende Block für Block: Hugh O'Neill, dessen Name nach wie vor im Giebelfeld zu lesen ist, Altman's mit seiner hübschen Balustrade und gegenüber die Bastion von Siegel-Cooper. Dies größte Warenhaus der Zeit, das sich rühmte, *Everything Under the Sun* zu führen, hatte eine Brunnenterrasse, von Tischen umringt, in der Mitte seines Hauptgeschosses. Siegel-Cooper war um die Jahrhundertwende das Rendezvous der Stadt. *Meet Me At the Fountain* hieß sein Motto; in riesiger Leuchtreklame prangte es über dem Madison Square, direkt gegenüber jenem anderen Slogan, der im gleichen Jahre aufkam: *All the News That's Fit to Print*. Beide waren die ersten Kunden der neuen elektrischen Reklameschilder.

Die Warenhauspaläste von damals sind heute zweckentfremdet als Lagerhäuser, Büros und Industriewerkstätten. Nur die großen Schaufenster im Erdgeschoß erinnern noch an die ehemaligen Bewohner. Benjamin Altman hat als erster den Sprung nach Fifth Avenue gewagt, die damals noch Wohnstraße war, gesäumt von den Villen der Millionäre. Doch das Hotel Waldorf-Astoria, entstanden aus einer Fehde in der Familie Astor, hatte 1897 (auf dem Grundstück des heutigen Empire State Building) eröffnet und damit die Gegend kommerziell interessant gemacht. Altman erwarb heimlich über Jahre hin unter angenommenem Namen Grundbesitz dem Hotel schräg gegenüber, und als er den ganzen Block beisammen hatte, baute er 1906 seinen Renaissance-Palazzo, in dem das Kaufhaus B. Altman noch heute residiert. Wenig später folgten Lord & Taylor und Arnold Constable. Fifth Avenue war damit zur Einkaufsstraße von New York geworden, die es bis heute geblieben ist.

Nach dem Ersten Weltkrieg gab es nochmals einen Sprung nach Norden, über die 42. Straße hinaus, als 1925 Saks neben St. Patrick's Cathedral eröffnete und wenig später Bergdorf Goodman, Best und Bonwit Teller nachzog. Heute ist Fifth Avenue zwischen 34. und 60. Straße die *Ladies's Mile* der Stadt, Einkaufs- und Bummel-Korso, eine Schaufensterpromenade, die freilich hart bedrängt wird von den Büros der Fluggesellschaften, die sich überreichlich zwischen den Läden eingenistet haben.

Die großen Kaufhausprinzen von New York hatten von Anfang an einen untrüglichen Spürsinn für die Wohn- und Wanderungssitten der Bevölkerung; sie folgten ihr auf dem Fuß und waren sogar einen Sprung voran – wie Bloomingdale's, die 1872 auf Third Avenue eröffneten in einer Gegend der Kneipen und bescheidenen Quartiere, wo »man« nicht wohnte, wohin indessen die neue Hochbahn führte. *All Cars Transfer to Bloomingdale's* hieß ihr Werbespruch, und er bewährte sich. Obschon die Tageskasse am Eröffnungstag ganze 3.53 Dollar einbrachte, ließ sich Lyman Gustavus Bloomingdale nicht entmutigen, mit Recht. Wenig später konnte er seinen Laden vergrößern, und 1890 war er da angelangt, wo sein Geschäft noch heute ist und wo sich, nicht ohne sein Zutun, die Brücke nach Queens hinüberschwingt und einen neuen Kundenkreis erschließt. Bloomingdales Vater war 1841 aus Bayern nach New York gekommen und hatte auf der Lower East Side eine kleine Reifrockfabrik aufgemacht. Wie er stammten andere Kaufhausfamilien aus den Kreisen des deutschen Judentums: Henry Siegel, Benjamin Altman, die Gebrüder Ehrich, Nathan Ohrbach, die Geschwister Stern und die Gebrüder Isidor und Nathan Straus. Diese beiden betrieben die Steingut-, Glas- und Porzellan-Importe für den ehemaligen Walfangfahrer R. H. Macy. Sie wurden seine Partner, übernahmen 1896 das inzwischen renommierte Kaufhaus von Macy's Erben und machten es zum größten Warenhaus der Welt. Geboren im nordpfälzischen Otterberg und in Georgia aufgewachsen, wo er Adlatus seines Vaters in einem Lädchen war, das im Bürgerkrieg niederbrannte, ist Isidor Straus einer der »Merchant Princes« von New York geworden, ein Mann, der so verdient war um das öffentliche Wohl, das ihn die Stadt 1923 ehrte als einen, der in einem Vierteljahrhundert mehr für die Wohlfahrt der New Yorker getan hatte als irgend jemand sonst. Isidor Straus und seine Brüder verkörperten eine typische Laufbahn des deutschen Juden in Amerika, der, um die Jahrhundertwende angekommen, mit dem Handel von Knöpfen und Stoffen begann und aufstieg zum Bankmagnaten oder zum Kaufhausfürsten und dabei Philanthrop und Diener am Gemeinwesen wurde.

Es gibt ein gutes Dutzend Warenhäuser in Manhattan, dazu einen Ableger der Straus-Familie in Brooklyn, Abraham & Straus. Diese *Department Stores* sind in vier Kategorien zu ordnen. Das totale Warenhaus (Macy, Gimbel) ist ein kompletter Konsumenten-Kosmos, wo man schlechthin alles findet. Die zweite Kategorie ist das vollständige Kaufhaus mit Möbeln, Dekorationsstoffen, Küchen- und Lebensmittelabteilungen, doch ohne schwere Apparate wie Eisschränke oder Herde (Altman, Bloomingdale). Das *Discount House* fällt in die dritte Kategorie; es arbeitet mit schmaler Profitspanne, seine Preise sind niedriger als anderswo, es ist eine Nahkampfarena, in der man wühlen, stoßen, drängen muß, von Sonderangeboten angefeuert (Alexander, Klein, Korvette). Diese vergleichsweise billigeren Häuser verzichten auf Luxus und Sonderdienste; es gibt hier weder Kreditkarten noch Lieferung frei Haus und nur begrenzten Umtausch, wenn überhaupt. Dafür wird emsig Preisvergleich betrieben. »Anderswo gegenwärtig für 98–110 $ verkauft, bei uns für 45 zu haben!« schreien die Anzeigen von Alexander's, und die Kundschaft drängt sich in den Anprobekajüten, um »53–65 $ zu sparen«, wie die Reklame verspricht. Die vierte Gruppe schließlich umfaßt die *Specialty Stores*, die eleganten Häuser entlang Fifth Avenue, die vor allem Kleidung und Zubehör verkaufen (Bergdorf Goodman, Bonwit Teller, Lord & Taylor, Henri Bendel, Saks).

Obschon ein Haus wie Saks generell teurer ist als etwa Klein und Alexander, sind die Preise innerhalb jedes Hauses abermals gestaffelt. Vom Keller steigen sie etagenweise aufwärts; untergrund ist es überall am billigsten, im *Bargain Basement*, das bei Bloomingdale's direkt in die Untergrundbahnstation führt und das bei Gimbel's zwei Stockwerke mit günstigen Angeboten umfaßt. Der *Street Floor* ist überall mit Kosmetika bestückt, dazu mit Strümpfen, Handschuhen, Schmuck und Schals und billigen Blusen. Rolltreppe oder Fahrstuhl befördern den Kunden in höhere Preiskategorien, wobei es weitere feine Unterschiede gibt: alles, was nach Arbeit, Haus und Garten klingt, ist billiger als die intimeren Salons. Im Career Shop, bei Town und Country, auf dem Sports Floor zahlt man weniger als in den Crystal, Oval, Green Rooms, in Little Shop oder Studio 3, wobei es freilich an Überschneidungen nicht fehlt.

Doch der eigentliche Ruhm von Manhattans Einkaufsparadies sind die Spezialgeschäfte. Läden wie der große Spielzeug-Basar von F. A. O. Schwarz oder der Spielzeugladen für Erwachsene, Hammacher Schlemmer, ein Warenhaus der *Gadgets*, wo man neben so vernünftigen Sachen wie Picknickkörben oder Liegestühlen so absolut Unvernünftiges finden kann wie die Computer Bar, die Fahrrad-Rickscha, Magische Finger, die das Bett zum Schütteln bringen, und die *Sleep Sound*-Maschine, die den Durchschüttelten mit Summton einschläfert.

Strategisch günstig an der Ecke Fifth Avenue und 57. Street gelegen ist Tiffany's, nicht eben das teuerste oder exklusivste der New Yorker Juweliergeschäfte – dieser Ruhm bleibt Harry Winston vorbehalten –, doch ihr berühmtestes. »Erst wenn ich durch Tiffany's stürme, weiß ich, daß ich wieder in New York bin«, bekennt eine Besucherin aus der Provinz. Denn Tiffany bietet zwar, Truman Capote und Audrey Hepburn ungeachtet, kein Frühstück, doch es ist zugänglich für jedermann. Die Glaskästen mit den teuren Juwelen sind von Schulmädchen umlagert, von diskret postierten Herren im Humphrey Bogart-Hut nicht aus den Augen gelassen. Der Fahrstuhl führt in die oberen Etagen zu Silber, Glaswaren und Porzellan sowie zum Haus-Cellini, Jean Schlumberger. Die Silberabteilung hält auch kleine Geschenke zu bescheidenen Preisen bereit: Schlüsselringe, Meßbänder, Pillendöschen, winzige Rosenkränze unter 15 Dollar.

New Yorker Läden: das war Abercrombie & Fitch, das Eldorado der seriösen Angler, Segler, Jäger, wo Hemingway seine

Jagdflinten kaufte und das kürzlich ein Opfer der flotteren Sportarten geworden ist. Das ist Brooks Brothers, Erfinder, Hersteller, Lieferanten der korrekten Herrenkleidung, Ausstatter von Generationen von Ivy League-Studenten, die Heimat des legendären *Grey Flannel Suit,* konservativ bis zum festgeknöpften Hemdenkragen. Das ist Barney's, ein Warenhaus voll Herrenkleidung, bestehend aus 21 separaten Läden, das Barney Pressman vor fünfzig Jahren mit einem Anfangskapital von 500 Dollar gegründet hat, wofür er den Verlobungsring seiner Frau versetzte.

New York ist Caswell-Massey im Rücken des Waldorf-Astoria, die älteste Parfümerie und Apotheke des Landes, mit dem Geburtsjahr 1752 älter als die Republik. Die Glaskabinette an den getäfelten Wänden enthalten noch das Eau de Cologne Nummer 6, das schon George Washington geschätzt hat, für fünf Dollar das 3-Unzen-Fläschchen zu haben. Hier findet man nicht nur die vorzüglichen Seifen des Hauses, sondern Seifen, Salben und Tinkturen aus aller Welt: *Mysterious Hair Oil* aus Indien, *Eau de Bleuet,* Kornblumensaft für geschwollene Augenlider aus Frankreich, Tomaten-, Kiefernnadel-, Regenwasserseife, Pomanderbälle, Sachets, Riechfläschchen gegen jähe Schwäche. Von Signor Giuseppe Janeke handgefertigte Kämme aus Verduggio sind bei Caswell-Massey zu haben, Gurkencreme, die sich schon Sarah Bernhardt schicken ließ, die Serie der Toilettenwasser, die der Marquis de Lafayette für »ebenbürtig mit den besten aus Frankreich« hielt, Penhaligon's Hammam Bouquet Extract Perfume *used by H. R. H. Prince Philip, Duke of Edinburgh.* Während man auf der Polsterbank in Ladenmitte die Abfüllung eines Rezeptes abwartet, kann man sich Kraut zum Schnupfen wählen, Apfelblüte oder Heliotrop, dazu Schnupftabakdöschen aus Silber, Horn und Rosenholz. Caswell-Massey ist unverdünntes 18. Jahrhundert, und schon sein Katalog hat Sammlerwert.

Der New Yorker Spürsinn findet das Aparte an entlegenen Orten. Die Läden der Museen zum Beispiel sind Fundgruben für Geschenke, hübscher als die kitschigen Souvenirs von Chinatown oder Little Italy. Im Museum Shop des Metropolitan Museums, des Museum of Natural History, des American Indian Museum, des Brooklyn Museum sowie im Gift Shop der United Nations gibt es nicht nur hervorragendes Kunsthandwerk aus aller Welt, sondern geschmackvolle Kopien aus den Museumssammlungen: persische Schnallen, griechische Münzen, assyrische Siegel als Schmuck oder Manschettenknopf, Teller, Vasen, Krüge, kupfernes Geschirr und Spielzeug. Der Einkauf in den Museumsläden ist ein Geheimtip für Einheimische und Touristen.

Es ist grundsätzlich alles in New York zu haben, von der mexikanischen Kerzenpyramide bis zum chinesischen Jade-Elefanten, vom lebendigen Zierfisch – in dem riesigen Aquarium-Laden auf Murray Street – bis zu seinem Zwilling aus Smaragden und Rubin. Man kann den Hund bei Saks passend zur Herrin kleiden lassen und ihm den jährlichen Geburtstagsgruß des Ladens sichern; man kann Papierdrachen kaufen *(Go Fly a Kite)* oder Zigaretten, die in Form und Farbe mit der Hauseinrichtung harmonieren (Nat Sherman). Auch an alle Leiden ist gedacht: es gibt Spezialgeschäfte für überlange *(Tall Girls)* und für füllige Damen (Lane Bryant), ein Unternehmen versorgt Linkshänder mit Scheren, Bügeleisen, Uhren, und eine Mastectomy Boutique führt Wäsche, Blusen, Badezeug.

Der erfahrene New Yorker weiß, daß es alles, wirklich alles irgendwo billiger gibt, man muß nur Zeit und Kraft aufwenden. Die Stadt ist voller *Discount Stores* – Rabattgeschäfte – für elektrische Geräte, Kleider, Bücher, Medikamente. Man kann Damenkleidung billiger bei Klein's und Alexander's kaufen, in den *Bargain Basements* der großen Häuser oder außerhalb Manhattans bei Loehmann's, einem Mammutbasar, der mit stark herabgesetzten Preisen operiert.

Es gibt *Thrift Shops* für Abgelegtes, deren Erlös wohltätigen Zwecken zukommt; manches junge Ehepaar kauft seine Einrichtung bei der Heilsarmee. Es gibt Kleider aus zweiter Hand für Damen und für Herren, und Ritz Thrift Shop ist der bekannteste von ähnlichen Läden auf West 57. Street, die mit getragenen Pelzen handeln. Man kann Glas und Porzellan billiger im Pottery Barn, Schallplatten bei Sam Goody, Bücher bei Marboro und in den *Second Hand Book Stores* von Fourth Avenue erstehen, nicht zu reden von den preisgünstigen Offerten der Regierung im *Government Printing Shop*, wo es nicht nur offizielle Dokumente gibt, sondern Fischrezepte, Führer durch die Nationalparks und einen Atlas von Rot-China mit dem Aufdruck »Central Intelligence Agency« auf dem Titelblatt. Haustiere erhält man vom Tierschutzverein (ASPCA) oder durch Inserate in der ›Village Voice‹, Bettwäsche auf Grand Street auf der Lower East Side und alles übrige auf dem Straßenbasar von Orchard Street, auf dem es im Sonntagsgedränge orientalisch wimmelt.

Wenn wir indessen eine Gattung von Geschäften wählen sollten, die uns das New Yorker Angebot schlechthin verkörpert, so würden wir nicht auf Warenhäuser, Juwelen- oder Kleiderläden weisen, sondern auf den *Food Store,* ein typisches Gewächs der Stadt. New York ist keine Stadt der Supermärkte, obwohl es auch davon mehr als genug hat. Hier ist der Lebensmittelhändler König, der Spezialist. New York ist ein Paradies für Schlemmer, und man muß kein Vielfraß sein, um beim Betreten von Balducci, Zabar oder Trinacria in Ekstase zu geraten. Wir erinnern uns der New Yorker Dame, die in Washington nicht heimisch werden konnte, weil sie für einen Stengel Dill ihr Auto aus der Garage holen und viele Kilometer stadteinwärts zu der einzigen Stätte fahren mußte, die in der Bundeshauptstadt das geschätzte Kraut verkauft. Hier dagegen gibt es frischen Dill das ganze Jahr, und mehr; wir können jederzeit auf Küchenkräuter rechnen, auf frische Ingwerwurzeln, tropische Früchte und exotische Gewürze, und im November werden frische Trüffel aus Italien eingeflogen für jeden, dem sie 25 Dollar pro Stück wert sind.

»Worauf ich mich bei der Rückkehr aus Europa am meisten freue, ist Zabar's«, erklärt ein Resident der oberen Westseite, ein sogenannter Intellektueller, deren Charakterköpfe vor den Käse-, Wurst-, Kaviarabteilungen von Zabar's regelmäßig auszumachen sind. Bei Trinacria herrschen die Asiaten vor, die Damen der diplomatischen Kolonie, die hier ihren Vorrat an exotischen Gewürzen für den selbstgemahlenen Curry, an Chutney, frischem Ingwer und Corianderblättern besorgen. Manganaro, auf der Markt-Promenade von Ninth Avenue gelegen, hält herzhaft mediterrane Kraftnahrung bereit, darunter, für runde 50 Dollar frei Haus geliefert, die zwei Meter lange Stange knusprig italienischen Brotes, belegt mit zwölferlei Sorten Salami, Mortadella, Provolone, Prosciutto, Anchovis, Pfefferschoten aufeinandergetürmt und garantiert ausreichend für vierzig hungrige Mäuler. Diese Heimstatt des *Hero-Sandwich* ist so populär, daß alle drei Stunden frisches Brot geliefert wird. Wer mag, kann sich bei den Gebrüdern Kassos ein paar Hausblocks weiter die griechischen Oliven dazu besorgen, grüne, schwarze, purpurne Salanos, Calamata, Alfonso, Chios. Die New Yorker Food Shops verkaufen auch Küchengerät. Bei Zabar hängen Töpfe, Pfannen, Kuchenformen von der hellen Decke, sind Rumtopf und Salatkorb im Regal getürmt. Bei Casa Moneo stapeln sich die irdenen Paella-Schüsseln, bei Paprikas

Weiß sind ungarisch bunt gemalte Krüge und Herend-Porzellan, bei Manganaro allerart Espresso-Kannen und Nudel-Maschinen zu haben.

Wer zählt die Brote, nennt die Bäcker-Namen in dieser Vielvölkerstadt? Croissants und Pita, Bauernbrot und Zwiebelbrötchen sind täglich frisch zu haben, die Legende, daß es in Amerika nur geschmackloses weißes Einheitsbrot gebe, tausendfach widerlegend. Bread Basket, die eindrucksvolle Brot-Abteilung in Bloomingdale's Lebensmittelladen, führt allein 113 verschiedene Arten, von litauischem Pumpernickel zu irischem Sodabrot, vom Pana con Ciccolo aus Madonias sizilianischem Backofen, das zum Rotwein gedacht ist, bis zum Zimtbrot für den Tee, zopfförmiger Challah und ungarischem Kartoffelbrot aus Orwashers berühmter Bäckerei. Bei Kossar's Bialystoker Kuchen Bakery auf der Lower East Side schieben die Bäcker allnächtlich die Bagel, Muhnkichel und Zwiebelfladen auf hölzernen Paddeln in den Ofen, und Zito in Greenwich Village bäckt seine knusprig langen Laibe, bestreut mit Sesamkörnern, noch in den Backsteinöfen, welche die Familie vor hundert Jahren hier gebaut hat.

Denn diese Läden sind Familienunternehmen, ob der Clan Kalustyan heißt oder Manganaro. »Russ & Daughters« reichen die Kennerschaft in Räucherfischen vom Vater auf die Töchter, Schapira den Sinn für Tee und Kaffeebohnen über drei Generationen weiter. Balducci ist der typische Fall des New Yorker *Mom and Pop*-Store, ein Grünkramladen, der sich unter Anteilnahme und tätiger Mitarbeit der ganzen Sippe zum Feinkostunternehmen entfaltet hat, zu dem die Leute aus Riverdale und aus New Jersey pilgern wie zu einer Sehenswürdigkeit.

Das Italienische ist eine mediterrane Variante des New Yorker Geschmacks. Das kräftigste Ingredienz zur metropolitanen Speisekarte haben die Juden beigesteuert mit jenem Phänomen, das hierzulande Delicatessen heißt, doch nicht den deutschen Feinkostladen meint. Der »Deli« ist eine jüdische Erfindung; er offeriert die Breite der jiddischen Gastronomie: Saures, Scharfes und Gewürztes, Geräuchertes, Gepökeltes und Eingelegtes, Gurken, Zwiebeln, Knoblauch und Fisch in jeder Form – Schmalzhering, Räucherlachs, Gefilte Fish – sind in den Wannen der Deli-Theke geschichtet. *Lox and Bagel*, Räucherlachs auf Brötchen-Kringel ist ein New Yorker Nationalimbiß geworden wie *Pastrami*, das geräucherte, gepökelte Rindfleisch, das, mit Mostrich und sauren Gurken verzehrt, bei Juden und

Nicht-Juden gleichermaßen populär ist. *You don't have to be Jewish to love Levy's Rye Bread* heißt es auf einer weitverbreiteten Reklame, die Chinesen, Neger, Italiener beim Biß in »jüdisches« Roggenbrot zeigt. Das gleiche gilt von der gesamten jüdischen Küche; sie ist, anders als die Kost der Schwarzen, zum eigentlichen *soul food* von New York geworden. Sandwich oder Bagel aus dem Delicatessengeschäft behaupten sich gegen die Wellen anderer Moden, die dutzendweise Pizza-Buden, Gyro-Stände, Falafel-Wagen und Souvlaki-Theken aus dem Boden springen lassen. Sie alle liefern den Imbiß, manchmal an Theken, manchmal an kleinen Tischen im Ladeninnern eingenommen, mit dem viele New Yorker ihren Mittagshunger stillen. Dies ist die Subkultur der New Yorker Gastronomie, mit ebenso kräftig ethnischem Gewürz versetzt wie die Lokale an der Spitze der New Yorker lukullischen Hierarchie. Denn *Haute Cuisine* ist exklusiv französisch in New York, vom Vokabular der Speisekarte bis zum *Perrier* im Wasserglas. Sie hat ihre Kenner und Genießer, gelehrige Zöglinge des legendären Henri Soulé, dessen Luxusrestaurant Pavillon zur Hohen Schule der Yorker Tafelfreuden geworden ist. Seine Oberkellner, Captains, Saucen-Chefs haben nach und nach ihre eigenen Restaurants eröffnet, Kultstätten der New Yorker Schickeria, die Stammvater Soulé und seinen Pavillon überlebt haben. So ernst genommen wird hier Schlemmerei *à la français,* daß seriöse Politiker und Bankiers in Leserbriefwechseln darüber streiten können, ob die Sauce für die *Mousse de Sole* im Pavillon mit Champagner oder Weißwein gefertigt wurde, und ob die *Quenelles* mit Trüffelsplittern bestreut waren oder nicht.

Zwischen *Paté de faisan* und *Pastrami* breitet sich das Panorama der New Yorker Küche, im Zentrum die schmackhaften Hauptgerichte des Landes: das Rinder-Steak, auf die Sekunde genau nach Kundenwunsch gegrillt und mit gebackener Idaho-Kartoffel serviert, oder die Fülle der *Seafoods,* von *Clams* und *Scallops* bis zu *Sea Bass* und köstlich rotem *Snapper.* Wollen wir heute spanisch, italienisch, chinesisch essen? Skandinavisches Buffet oder japanische Sushi-Bar? Besuchen wir die Oyster-Bar in Grand Central Station oder den Palm Court im Plaza Hotel, beides New Yorker Sehenswürdigkeiten? In jeder Kategorie gibt es Billiges und Teures, die elegante Schlemmerhöhle mit Plüsch und schummriger Beleuchtung oder das herzlich intime Familienlokal. Ist uns nach Gartenlokal in Greenwich Village zumute oder nach einem der Aussichtstürme, die uns zum

Champagner den Funkelteppich von Manhattan zu Füßen breiten?

Es ist für jeden Geschmack gesorgt, und niemand sollte klagen, daß ihm keine Wahl bleibt als die triste Theke der Kettenrestaurants. Wir vertrauen uns den Kritikern der New Yorker Presse an, die für uns Probe essen und vorsortieren. Sie bewerten Gaststätten ausführlich und akkurat nach Küche, Preis, Dekor, von der Stampe bis zum Kultplatz der *Grande Cuisine*. Atmosphäre kommt nicht zu kurz; wir erfahren wie dicht die Tische stehen und ob sie mit echten oder Plastikblumen geschmückt sind, ob uns Musik berieselt und ob die Kellner höflich oder rüde sind. Doch anders als in Deutschland gilt als höchstes Lob für ein Lokal nicht die Empfehlung »Da sitzt man so nett«, sondern die Auskunft »Da ißt man so gut«. Der frohe Esser, nicht der Ästhet, hat hierzulande stets das letzte Wort.

Harlem
Kapitale der schwarzen Nation

Take the A Train! riet Duke Ellington in fröhlich synkopierten Rhythmen. Um 1930, als der »Duke« und sein Orchester allabendlich im Cotton Club von Harlem spielten, war die Untergrundbahnstrecke des *A Train* noch eine Verbindung in zwei Richtungen, von lebenslustigen Weißen hinauf nach Harlem, von Schwarzen herunter nach downtown befahren. »Man« ging nach Harlem, um die schwarzen Jazz-Musiker im eigenen Terrain zu hören, um ihnen in Smalls Paradise oder im Savoy Ballroom die flotten Tanzschritte von Black Bottom und Lindy Hop abzugucken, um auf *Rent Parties* der Prohibition abgetrotzten, heimlich hausgebrauten Alkohol zu trinken. Es war nicht nur das schiere Vergnügen, das die Leute in den zwanziger und frühen dreißiger Jahren nach Harlem lockte; es war der Reiz des Fremden und Exotischen, der wohlige Schauer beim Einblick in eine andere, kaum verstandene Welt, ein Unternehmen wie ein soziologischer Zoo-Besuch, treffend bezeichnet mit jenem unverfrorenen Schlagertitel der Epoche ›Let's Go Slumming‹.

Heute fährt kein Weißer mehr zum Slumming nach Harlem, kaum noch zum arglosen Besuch. »Lenox Avenue«, erklärt der schwarze Führer einer Besichtigungsfahrt durch Harlem, als sein Bus in die breite Straße einbiegt, »hierher kam früher jeder, der sich einen vergnügten Abend machen wollte. Jetzt kommt keiner mehr nach Harlem zum Vergnügen. Wir sind alle Opfer unserer eigenen Stadt geworden.« Weiße, die nicht Geschäfte dort haben, betrachten Harlem heute nur noch durchs Wagenfenster; vom Zug aus auf dem Wege in die Suburbs, vom Schnellbus, der Vorortbewohner zum Shopping fährt, auf der Rundfahrt von Sightseeing-Unternehmen. Die U-Bahnzüge in Richtung Harlem leeren sich von weißen Gesichtern, sobald sie die Stadtmitte verlassen, von der 96. Straße an sind die Passagiere beinahe ausschließlich schwarz. Wer die Columbia University ansteuert, wird auf Bahnhofsschildern gemahnt, den rechten Zug zu nehmen, um nicht unvermutet in Harlem zu landen; der Fußweg durch den Park auf die Höhen von Morningside Heights hat schon manchen Irrfahrer die Brieftasche gekostet.

Von der Höhe der Columbia-Akropolis breitet sich das Tal von Zentral-Harlem in dichtbebauten Straßenblocks, eine tafelflache Häuserlandschaft, zum Flußufer des Harlem River hin von Wohntürmen begrenzt und in der Mitte von dem weißgerippten Büroglashaus des Staates New York markiert. Diese Vogelschau aus der Höhe bezeichnet den Abstand, den die meisten New Yorker zu dem schwarzen Ghetto von Manhattan haben.

Denn ein Ghetto ist Harlem geblieben, obschon heute kein Gesetz mehr Neger in getrennte Siedlung zwingt. Ist die amerikanische Gesellschaft, fragen Optimisten, nicht konsequent gemischt? Leben in der Arbeitswelt Schwarz und Weiß nicht miteinander, in der U-Bahn, an der Theke, im Kaufhaus, im Büro?

Das private Leben indessen ist säuberlich getrennt. Selbst liberale New Yorker leben in einer rein weißen Welt. Von einem gelegentlichen schwarzen Künstler, Doktor, Studenten abgesehen, ist der gesellschaftliche Umgang weiß, und der persönliche Kontakt mit Schwarzen beschränkt sich auf die dienenden Berufe: schwarz ist das Mädchen, das die Wohnung fegt, der Butler, der die Drinks serviert, der *Super,* der den Müll ausleert, der Zeitungsbote, der Lieferjunge, der Parkplatzwächter. Dies sind die Schwarzen, die der Weiße zu kennen meint und von denen er doch nichts weiß, weil sie allabendlich heimkehren in ihre eigene Welt, die, nur eine Viertelstunde U-Bahnfahrt vom Times Square, entfernt ist wie ein anderer Kontinent. *9 mile from New York* steht auf einem kleinen Meilenstein aus dem Jahre 1769, der auf dem Grasvorplatz eines verfallenden Hauses auf der 152. Straße überlebt hat. Doch die Entrücktheit von Harlem ist mit Meilen nicht zu messen.

Anders als die Ghettos der Juden, als die Little Italys und Kleindeutschlands von New York ist das Ghetto von Harlem im New Yorker Organismus unverdaut geblieben; trotz aller liberalen Gesetze des Jahrhunderts ist es bis heute nicht integriert. Katholiken, Juden, Polen, Iren, Albaner und selbst Chinesen gelten als Amerikaner, voll assimiliert; Neger dagegen lösen im Unterbewußtsein der Nation noch immer Abwehrreaktionen aus, weil sich Amerika hartnäckig und aller bitteren Erfahrung zum Trotz als weißes Land versteht. »Amerika«, hat der schwarze Autor Ralph Ellison vor einem Senatsausschuß erklärt, »sieht Neger nicht wirklich als Amerikaner an, die Amerikas Eigenschaften und seine Geschichte teilen.«[44]

Doch Amerika ist kein weißes Land. Jenseits der Statistik, die

22 Millionen schwarze Amerikaner zählt – über zehn Prozent des Volkes –, sind Schwarz und Weiß in einem dreihundert Jahre umspannenden traumatischen Prozeß zu einer Schicksalsgemeinschaft verschmolzen, durch Leiden, Ängste, Schuldgefühle einander unlöslich verbunden. James Baldwin sieht im Neger die »Schlüsselfigur« Amerikas, »mit deren Zukunft die Zukunft des Landes steht und fällt«. Der weiße Amerikaner ist besessen vom Schwarzen wie von einem Alp, und Baldwin sieht für ihn als »einzigen Weg, auf dem er sich von der tyrannischen Gewalt des Negers über sich befreien kann, sein Einverständnis, gleichsam selbst schwarz zu werden, ein Teil dieses leidenden und tanzenden Landes zu werden, das er jetzt sehnlich von den Höhen seiner einsamen Macht herab betrachtet und das er, mit geistigen *Traveller's Cheques* bewaffnet, verstohlen nach Anbruch der Dunkelheit besucht«.[45]

Solange dieser Identifikationsprozeß nicht vollzogen ist, lebt das schwarze Volk für sich in dieser – nach Nigeria – zweitgrößten schwarzen Nation der Welt, deren Kapitale Harlem ist. Dieser Bezirk im nördlichen Manhattan, der fünfeinhalb Quadratmeilen umfaßt, ist nicht das einzige schwarze Ghetto von New York, das mit mehr als anderthalb Millionen – schon bald ein Viertel der Bevölkerung – als größte schwarze städtische Gemeinde des Landes gelten kann. Andere Stadtteile, vor allem Brooklyn, füllen sich mit Negern und haben bereits Harlem überholt. Doch Harlem ist mehr als ein bestimmter Stadtbezirk; Harlem ist da, wo immer Neger wohnen. Sie führen Harlem auf ihren städtischen Binnenwanderungen mit sich, denn Harlem ist mehr als Ortsangabe, es ist ein Zustand, »Szene und Symbol der dauernden Entfremdung des Negers in seinem Mutterland«, wie Ralph Ellison in seinem Essay ›Harlem ist Nirgendwo‹ geschrieben hat.

Doch Harlem ist auch ein genau umschriebener Ort, vom Nordrand des Central Park bis über die hundertsechziger Straßen hinauf zwischen Harlem River und Manhattans nördlichem Felsenrückgrat gebettet. Es erklettert unaufhaltsam die Klippen von Morningside Heights und Hamilton Heights, sickert nordwärts und dringt südlich vor. Erst 1873 eingemeindet, war Harlem ein entlegenes rustikales Gelände; obwohl die Randall-Kommission 1811 ihren Gitterrost bis zur 155. Straße hinauf plante, hielten ihre Mitglieder es für höchst unwahrscheinlich, »daß Harlem in den nächsten Jahrhunderten mit Häusern bedeckt sein« werde.

Peter Stuyvesant, der letzte holländische Stadtdirektor, hat das Dorf 1658 gegründet und ihm als salomonische Entscheidung den Namen Nieuw Haarlem gegeben, weil jeder Herr des Direktoriums seine Vaterstadt in der neuen Siedlung geehrt sehen wollte, keiner aber aus Haarlem war. Zwei Jahrhunderte lang blieb das Gelände Farmland. Eine Spur davon hat sich erhalten in dem eleganten Morris-Jumel Mansion, das, noch vor der Revolution als Sommersitz für einen englischen Offizier gebaut, dann zeitweilig zu Washingtons Stabsquartier nach der Schlacht von Harlem Heights verwandelt, inmitten seines kleinen Parks wie ein Fremdling aus südlicher Plantagenwelt hoch über dem Tal von Harlem thront.

Die Verstädterung von Harlem begann mit dem Anschluß an das New Yorker Verkehrsnetz im vorigen Jahrhundert. In den dreißiger Jahren erreichte die Harlem Railroad die Sommer- und Feriensitze der Aristokratie, etwas später folgte die Pferdebahn über Third Avenue. Doch die Zehn-Meilen-Reise von der Battery bis zur 120. Straße dauerte anderthalb Stunden, »falls kein Pferd scheute oder auf den Gleisen niederbrach«, und auch die Dampferfahrt Hudson-aufwärts ging nicht viel schneller. Wirklich erschlossen wurde Harlem erst, als um 1880 drei Hochbahnlinien des Rapid Transit Systems den frisch annektierten Vorort mit dem Zentrum von New York verbanden. Da wurde Harlem zur Spielwiese der eleganten Welt. Oscar Hammerstein eröffnete das Harlem Opera House, im German Pabst Harlem und anderen Biergärten speiste man zu Streichmusik, zu Füßen von Harlem Heights entstand ein Poloplatz, und sportliche New Yorker Herren ließen ihre Einspänner durch Central Park nach Harlem traben, um auf Harlem Lane (heute St. Nicholas Avenue) mit ihren schnellen Pferden zu protzen.

Die Hochbahn brachte die Bodenspekulanten in die ländliche Oase. In den letzten Jahrzehnten des Jahrhunderts wurde das Gelände von Ufer zu Ufer bebaut. Häuserzeilen krochen über die Höhenrücken, Sümpfe wurden ausgetrocknet und überbaut, Müllplätze in Wohnblocks umgewandelt; nur die breiten Avenues und kleinen Parks, die sich bis heute entlang des Felsrands schlängeln, erinnern noch an den grünen Ausflugsort, der Harlem einmal war.

Die Spekulanten hatten sich indessen mit Harlem verrechnet. Der neue Stadtteil wurde zu hastig und zu heftig bebaut. Die Häuser eilten dem Bahnanschluß voran, zu viele waren für zu teuren Kaufpreis entstanden, Neubauten blieben unvermietbar. Spätestens um 1905 wurde der Kollaps der Bauspekulation in Harlem offensichtlich. In dieser Situation boten leerstehende Wohnungen und das Geschick des schwarzen Maklers Philip A. Payton der Negerbevölkerung der Stadt eine einzigartige Chance: zum erstenmal und wie in keiner anderen Stadt zuvor konnten Neger in neue, solide gebaute Häuser ziehen.

Gewöhnlich liegen Negerviertel in verrottenden Quartieren oder »jenseits der Gleise« auf der »anderen«, schlechten Seite einer Stadt. Harlem indessen war ein neu erschlossener Stadtbezirk, für eine wohlhabende Bürgerschaft geplant und entsprechend attraktiv gebaut. Noch heute im Zustand des Verfalls lassen sich im Slum die Spuren ehemaliger Solidität ablesen. Denn Harlem besteht nicht nur aus lieblos aneinandergeklebten Mietskasernen, obschon es auch davon seinen Teil hat. Die Mehrzahl seiner Häuser ist im städtebaulichen Entwurf denen von downtown durchaus verwandt; die gleichen drei-, vierstöckigen Reihenhäuser mit Brownstone- oder Backstein-Fassaden, der gleiche Treppenvorbau des *Stoop*, die gleiche angenehme Proportion. Zu Seiten von Eighth Avenue mit ihren erloschenen Fenstern und ausgebrannten Läden reihen sich auf 138. und 139. Street die gelben Backsteinfronten von über hundert Bürgerhäusern, von den besten Architekten der Jahrhundertwende als Verkaufsmodelle gebaut und sinnvoll »Striver's Row« genannt, die Streber-Gasse.

In Harlem, so fand 1914 ein Bericht der Urban League, einer schwarzen Hilfsorganisation, seien »die Neger im ganzen ... besser untergebracht als in irgendeinem anderen Teil des Landes«. Aus den elenden und überfüllten Quartieren im westlichen Manhattan zogen sie in das neue Viertel. Die Expansion der schwarzen Massen nach Norden wurde beschleunigt dadurch, daß viele von ihnen ihre Wohnungen in den dreißiger und vierziger Straßen verloren, als die Bauarbeiten für Pennsylvania Station und Lincoln Tunnel begannen. Um 1914 wohnten bereits 50 000 Neger in Harlem, über die Hälfte aller schwarzen New Yorker.

Natürlich ging ihr Einzug in die neuen Häuser nicht ohne Widerstände vor sich. »Wir stehen vor einer Krise: Soll der weiße Mann oder der Neger Harlem regieren?« fragte ein erbitterter Verfechter weißer Vorherrschaft in Harlem, der zum Kampf für ein weißes Harlem gegen den »gemeinsamen Feind«, den Neger, aufrief. »Treibt sie raus«, riet ein Sprecher der weißen Grundbesitzer Harlems, »und schickt sie in die Slums, wo sie hingehören!«

New York, obschon ohne die »Jim Crow«-Gesetze des Südens, die Schwarz und Weiß im öffentlichen Leben unerbittlich trennten, war keineswegs die liberale Stadt, als die sie sich gern selbst verstand. Gewiß, es hatte keine Sklavenhaltung im großen Stil betrieben, und auf der »Underground Railroad« der entlaufenen Sklaven war New York eine wichtige Station. Doch seine Tradition war keineswegs durchgehend liberal, was Neger angeht. Zusammen mit dem Nachbarn New Jersey war New York der letzte Staat der Union, der die Sklaverei durch Gesetz abschaffte.

Obschon ihr merkantiler Charakter die Stadt und ihre Umgebung vom Feudalsystem des Südens unterschied, hat es auch in New York von Anfang an schwarze Sklaven gegeben. Als Peter Minuit 1626 Manhattan von den Indianern erwarb, verzeichneten die Dokumente bereits elf Neger in der Kolonie. Ihre Namen deuten auf iberische Herkunft: d'Angola, Portuguese, Congo, Francisco; vermutlich Seeleute im Dienst spanischer Schiffe, die gekapert worden waren. Der früheste erhaltene Stich von Nieuw Amsterdam aus dem Jahre 1642 zeigt am Bildrand schwarze Diener, die zu Füßen holländischer Herren Früchte auf Tabletts anbieten. Von Anfang an lebten offenbar die Schwarzen in Manhattan unter sich; eine Landkarte von »Manatus« für die Dutch West India Company verzeichnet an einer Stelle der Siedlung »das Quartier der schwarzen Sklaven der Firma«. Der zweite holländische Gouverneur, Van Twiller, beschäftigte Negersklaven auf der Tabakplantage, die er sich auf seiner *Bouwerie* (Farm) im heutigen Greenwich Village anlegte.

Doch die Holländer importierten Sklaven nicht im großen Stil, und manche schwarzen Diener wurden von holländischen Herren freigelassen. Der Handel mit Schwarzen als gesetzlich geregelte Institution begann erst in englischer Zeit. Der Herzog von York, neuer Herr und Namenspatron der Stadt, war prominentes Mitglied der English Royal African Company, die auf Sklavenhandel spezialisiert war. Er ließ den Import nach New York verstärken und gab den Sklavenschiffen besondere Privilegien für Ladeplätze und »Lagerhäuser«. 1709 wurde der erste Sklavenmarkt mit wöchentlichen Auktionen am Fuß von Wall Street eingerichtet, und vier Jahre später gab es den ersten Sklavenaufstand in New York. Die allmähliche Freilassung erfolgte in Etappen. Im Unabhängigkeitskrieg versprach das New Yorker Parlament allen Schwarzen die Freiheit nach drei Jahren Dienst in der Unionsarmee. Anfang des 19. Jahrhunderts waren von den 26000 Negern im Staat New York 4654 Freie. Um diese Zeit hatten die organisierten Bemühungen um Befreiung der Sklaven schon begonnen. Zuerst bei den Quäkern, dann in der Manumission Society von New York, der Staatsmänner und Gelehrte wie John Jay und Alexander Hamilton angehörten, schließlich in der großen Bewegung der Abolitionisten, die von Boston aus das Land ergriff.

Als 1827 der Staat New York die Sklaverei durch Gesetz beendete, zählte die Stadt New York 14083 Neger. Sie stellten das städtische Arbeitsreservoir, doch nicht mehr für lange. Von 1830 ab begann die Masseneinwanderung aus Europa, und die schwarzen Arbeiter erhielten Konkurrenz in den Iren, Italienern und Juden. Die Animositäten auf der untersten Ebene des Arbeitsmarkts haben sich bis heute erhalten in dem Elitegeist der Handwerks-Gewerkschaften, die Neger nur äußerst widerstrebend in ihre Organisation aufnehmen. Vor hundert Jahren entluden sie sich in den berüchtigten *draft riots* von 1863, als ein demagogisch geführter Mob wütender Iren Neger durch die Straßen hetzte, jeden Schwarzen, der ihnen in den Weg kam, niederknüppelte und lynchte und ein Waisenhaus für Negerkinder niederbrannte.

Die Jahre des Bürgerkrieges waren kein Ruhmesblatt für das angeblich liberale New York. Von der Wahl von 1860, die Abraham Lincoln (ohne die Stimmen der Stadt New York) zum Präsidenten machte, bis zur Entscheidungsschlacht von Appomattox hat New York, in den Worten eines Lokalhistorikers, »der Konföderation (der Südstaaten) mehr moralische Unterstützung und dem Krieg mehr Opposition geliefert als irgendeine andere wichtige Region des Nordens«.[46] Die Stadt war ein Schlangennest von *Copperheads;* das war das modische Schimpfwort für nördliche Demokraten, die den Kriegskurs des republikanischen Präsidenten mißbilligten, vorwiegend aus Geschäftsgründen. Denn New York war immer noch Handelsstadt und damit auf die Lieferungen von Baumwolle, Tabak und anderen Gütern von den Plantagen des Südens angewiesen. Wenn ein New Yorker Kaufmann unverblümt einem Abolitionisten erklärte: »Wir sind nicht so dumm, daß wir nicht wüßten, was für eine üble Sache die Sklavenhaltung ist... Doch das Geschäftsleben des Nordens wie des Südens ist darauf eingestellt. Millionen und Abermillionen Dollar aus dem Süden sind an die Händler und Handwerker allein in dieser Stadt fällig, und ihre Zahlung wäre durch jeden Bruch zwischen Norden und Süden in Frage gestellt. Wir können es uns nicht leisten, mein Herr, Sie und Ihre Gesinnungsgenossen die Sklaverei beseitigen zu lassen. Das ist für uns nicht eine Sache des Prinzips, sondern allein geschäftliche Notwendigkeit.«[47]

Ohne Sklaverei, meinte ein anderer Beobachter, würden in New York »die Schiffe in den Docks verfaulen, Gras würde auf Wall Street und am Broadway wachsen, und der Ruhm von New York würde verblassen wie der von Rom und Babylon«.[48] Diese Stimmung schlug sich nieder in politischer Aktion: Lincoln konnte die Stadt New York in beiden Wahlen nicht gewinnen, und 1860 lehnten die New Yorker Wähler ein Gesetz ab, das Negern das Wahlrecht verliehen hätte, ohne Grundbesitz vorweisen zu müssen. Erst 14 Jahre später wurden Neger voll stimmberechtigte Bürger.

Um diese Zeit waren die Wohnviertel der Stadt nicht anders als im Süden streng nach Hautfarbe getrennt. Die schwarzen New Yorker siedelten in Greenwich Village um den Washington Square, wo viele bei den wohlhabenden Familien in Dienst standen. Im Baedeker von 1893 sind die »Hauptkirchen für farbige Personen« auf Bleecker Street verzeichnet: St. Benedict the Moor und die Methodistische Episkopalkirche von Zion. Bleecker Street ist heute italienisch; von den neunziger Jahren an verdrängten die einströmenden Italiener die Neger aus den Straßen des Village. *Old Africa,* beobachtete damals Jacob Riis, *is now becoming a modern Italy.* Es begann die schwarze Wanderung über mehrere Stationen nordwärts, bis sie schließlich Harlem erreichte.

In siebzig Jahren schwarzer Besiedlung ist Harlem vom Gelobten Land zum Slum geworden, vom »Mekka des farbigen Volkes von New York« zu dem, was ein Situationsbericht dieser Tage kurzweg als Katastrophengebiet bezeichnet. Was ist geschehen? Wie wird ein begehrtes und begehrenswertes Wohnviertel zum Slum?

In einer klassischen Studie hat der Soziologe Gilbert Osofsky den Verfallsprozeß verfolgt (›Harlem: The Making of a Ghetto‹, New York 1963). Doch es bedarf keiner Professoren, um die Gründe aufzuzählen: Übervölkerung, Übertheuerung, Indolenz der Außenwelt. Die Oase wurde zur Falle, in der sich Tausende gefangen fanden, zum schwelenden Unruheherd, von dem die weiße Welt den Blick abwandte, bis es zur Explosion kam. Die

Elendsquartiere italienischer Einwanderer im »Mulberry Bend«, die »Sweat Shops« der russischen Juden hatte die Stadt, von wachsamen und aufgebrachten Journalisten alarmiert, beseitigen können. Das Problem von Harlem wuchs ihr über den Kopf. Es hat nicht nur die Stadt, es hat die ganze Nation vergiftet, das Klima im Lande verändert, und nur die nationale Anstrengung aller Bürger wird es bewältigen können.

Mit Beginn des Ersten Weltkriegs, vor allem aber in den Jahren danach begann eine große Binnenwanderung von Negern aus dem Süden in die Städte des Nordens. Die Verdrängung der Landarbeiter durch Maschinen auf Baumwollfeldern und Tabakplantagen und die aufblühende städtische Industrie waren Anstoß und Zugkraft dieser Volksbewegung, und der stärkste Magnet von allen war New York. Dies war die Stadt der unbegrenzten Möglichkeiten, das von den Spirituals verheißene Land, wo keine Rassenschranken existierten und wo der Neger endlich Freiheit finden sollte. 90000 Neger lebten 1910 in der Stadt, zehn Jahre später waren es 150000, drei Prozent der Stadteinwohner. In der folgenden Dekade verdoppelte sich die Zahl auf 327000. Nach dem Zweiten Weltkrieg war die Million erreicht, und heute hat New York mit 1,6 Millionen die größte schwarze Bevölkerung des Landes.

Aber die Neuankömmlinge fanden sich alsbald im Ghetto, das nicht durch Gesetz und Zwang begrenzt, doch durch Sitte und Gewohnheit nicht minder zwingend umschrieben war als die schwarzen Viertel südlicher Gemeinden. Man reiste nicht nach Chicago, man reiste auf die South Side, man wohnte nicht in Cleveland, sondern in Hough, und man fuhr nicht nach New York, man fuhr nach Harlem.

Binnen weniger Jahre war Harlem hoffnungslos übervölkert. Häuser, die für ein großzügigeres Leben in begüterten Verhältnissen vorgesehen waren, wurden nun randvoll mit Neuankömmlingen gefüllt. Hausbesitzer sahen in dem Zuzug die Chance zu unverhofftem Profit. Die weiträumigen Wohnungen des Viertels wurden unterteilt, die Häuser inwendig parzelliert, Familienresidenzen wandelten sich zu Mietskasernen, und die Mieten stiegen. In Harlem wurde anderthalbmal soviel Miete pro Quadratmeter verlangt wie in der übrigen Stadt. Dabei erhielten die Neger als ungelernte Landarbeiter die niedrigsten Löhne, weil sie meist nur in anspruchslosen Dienstberufen Arbeit fanden. In den zwanziger Jahren wurde Harlem zu dem Slum, der es noch heute ist.

Trotz zahlreicher Verbesserungen und Reformen im einzelnen hat sich diese Situation seither im Grunde kaum verändert. Obschon Harlems Bevölkerung in den letzten Jahren leicht zurückgegangen ist, sind noch immer über eine halbe Million Menschen in die fünfeinhalb Quadratmeilen gepreßt. In den schlimmsten Blocks ist die Besiedlung so dicht, daß man bei gleicher Wohndichte die gesamte Bevölkerung der Vereinigten Staaten in drei New Yorker Stadtbezirken unterbringen könnte.

Überfüllung und unzureichende sanitäre Anlagen haben die ehedem soliden Häuser verkommen lassen; sie zeigten sich dem Menschenansturm einfach nicht gewachsen. Die Gehsteige des Viertels in seinen schlimmsten Gegenden quellen über von Müll, der an windigen Tagen wie Herbstlaub durch die Straßen wirbelt. Die Abfallhaufen nähren Ratten, die, eine Schöpfung der New Yorker Slums, sogar ein Riesenexemplar der Gattung, die »Super-Ratte« zeugen. Bürgermeister La Guardia pflegte seinen Ratgeber für Negerangelegenheiten, einen schwarzen Pfarrer, nach den Wünschen der Harlemer zu fragen; er erhielt, so heißt es, stets die gleiche Antwort: »Mehr Häuser, Herr Bürgermeister, mehr Häuser.«

Wer von den Höhen des »Sugar Hill« mit seinen Wohnburgen des wohlhabenden schwarzen Bürgertums hinabblickt ins »Valley«, das Tal von Central Harlem, der sieht zu Füßen auf dem Gelände des ehemaligen Poloplatzes und entlang dem Ufer des Harlem River die Hochbauten wie rote Spargel aus dem Boden sprießen. Mit dem Ende der dreißiger Jahre ist der soziale Wohnungsbau in Harlem eingezogen, und neuerdings entstehen entlang der Achse von Lenox Avenue auch attraktivere Apartmenthäuser für die schwarze Oberschicht. Doch *Urban Renewal*, städtische Erneuerung, wird im Volksmund von Harlem nur allzu häufig zu *Black Removal*, Vertreibung von Schwarzen aus ungeliebten, doch billigen Häusern zugunsten moderner Behausungen, die sie sich nicht leisten können. So weichen die Ärmeren in die Slums von Brooklyn aus, was den Bevölkerungsverlust von Harlem erklärt und die Vermehrung der schwarzen Einwohnerschaft von Brooklyn um das Neunfache im letzten Jahrzehnt. Doch noch immer gilt ein Viertel aller Wohnungen von Harlem nach städtischer Bauvorschrift als abbruchreif, und das Bauen neuer Wohnblocks ist ein Wettrennen mit der Zeit; die alten Quartiere verrotten schneller, als neue nachwachsen können. Die Zahl von 2000 neugebauten Wohnungen seit 1950 wird von der Verlustsumme überholt; 3000

Wohnungen sind in der gleichen Zeit durch Abriß, Feuer und Verfall verschwunden.

Auf Fifth Avenue, nur zwei, drei Blocks von Central Park entfernt, auf dem Boulevard von Eighth Avenue und in den Seitenstraßen starren Hausruinen blicklos in den Tag; leere Fensterhöhlen, ausgebrannte Läden, in denen Rauschgifthändler nisten, Geschäfte, die mit Brettern vernagelt und mit Gittern verriegelt sind. Selbst die noch in Betrieb sind, wirken wie tot, und steckte nicht ein Schildchen *Open* im Gitter, man käme kaum auf den Gedanken, daß sich hier noch etwas regt. Ganze Straßenzüge sind *condemned,* zum Abbruch bestimmt, der auf sich warten läßt. Inzwischen spielen Kinder in den Trümmern, stöbern herrenlose Hunde durch den Schutt, lungern Rauschgiftsüchtige in dieser städtischen Verwüstung. Das Ghetto brütet Verbrechen aus. In einer Gesellschaft, die sich der Volleingliederung der Schwarzen so lange widersetzt hat, ist das Rauschgift zum Ausweg der Gescheiterten geworden. Die Willensstarken und Begabten bahnen sich den Weg nach draußen mit der Verzweiflung von Ertrinkenden. Für die Karriere der traditionell schwarzen Talente in Showbusineß, Musik und Sport ist oft der schiere Überlebenszwang der Motor gewesen. Wie ein Tier im Käfig habe er sich in Harlem gefühlt, schreibt James Baldwin: »Wäre ich nicht herausgekommen, ich wäre langsam erstickt.«

Der Slum lähmt die Energien seiner Bewohner. Was für Kräfte werden der schwarzen Mutter abverlangt, deren Kinder eben, sauber und adrett gekleidet, aus dem halbverfallenen Hause hüpfen! Die Eingangstür hängt locker in den Angeln, scharfer Uringeruch dringt vom Hausflur auf die Straße, das Obergeschoß hat keine Fenster, im Erdgeschoß sind sie mit Blech verklebt. Und doch sind die Kinder blitzsauber gekleidet, die Zöpfe der Mädchen mit blauen Schleifchen eingeflochten, die Hemden der Jungen frisch gewaschen und die Stiefel blank geputzt. Was für ein Sisyphus-Kampf gegen den Verfall in diesen scharfen Bügelfalten und gesteiften Röckchen!

Die Schwächeren geben eher auf. Erzwungene Untätigkeit ist die Wurzel des Verbrechens. »Johnny und seine Freunde sitzen tagein, tagaus auf der Treppe vor dem Haus«, klagt die Mutter eines jugendlichen Delinquenten. »Sie stecken die Köpfe zusammen und tuscheln, ich weiß nicht, was. Und dann stehen sie auf und verschwinden um die Ecke und bleiben die ganze Nacht weg.« Von allen Übeln, die New York heimsuchen, hat

Harlem mehr: mehr Arbeitslose, mehr Opfer von Verbrechen, mehr Verbrecher. Die Statistik sagt es schonungslos: Fast die Hälfte aller jungen Neger in New York ist gegenwärtig ohne Arbeit, und mehr als ein Viertel der schwarzen New Yorker – gegenüber nur 9,7 Prozent der Weißen – lebt von öffentlicher Wohlfahrt. Das heißt: ein Leben auf der Straße, Tage und Nächte vor dem Bildschirm verdämmert. Die Verzweifelten und die Gewitzten existieren jenseits des Gesetzes. Für den Slum-Bewohner ist das Gefängnis *a way of life*. Was der Außenwelt als kriminell gilt, ist für ihn nur eine Möglichkeit, seine Intelligenz nutzbringend anzuwenden. Einer, der sich in Jugendheimen und Strafanstalten gründlich auskennt, hat einem Kongreßausschuß den Lebensstil des Ghettos so erklärt: »Ich habe gar nicht die Absicht, das Gesetz zu brechen. Aber um zu existieren, wo ich lebe und wie ich lebe, da kann man jederzeit gegen das Gesetz verstoßen, ohne es zu wollen ... In Harlem und in den Harlems überall im ganzen Land, wenn da ein junger Neger das 21. Lebensjahr erreicht, da hat er schon eine Akte bei der Polizei, und die liegt ihm für den Rest seines Lebens im Wege für jedes berufliche Fortkommen.«[49] So viele Harlemer Bürger sitzen im Gefängnis, daß in der Negerzeitung ›Amsterdam News‹ ein Busunternehmer Tagesfahrten zu der Strafanstalt des Staates unter dem Motto *Visit a Loved One* inserieren kann.

Harlem is a poor man's land, heißt es in einem Stadtführer von 1939. Daran hat sich bis heute nichts geändert. Und doch sieht das Harlem von 1976 anders aus als damals, nicht nur im äußeren Bild. Was in den zwanziger und dreißiger Jahren von den Baumwollfeldern aus Alabama und Mississippi, von den Tabakplantagen North Carolinas und den Pfirsichgärten Georgias nach New York kam, war von der Sklaverei nur kurz entfernt. »Es gibt kaum einen Neger meiner Generation«, sagt der heute zweiundsechzigjährige Ralph Ellison, »der sich nicht durch einen oder zwei Großeltern sofort in die Sklavenzeit zurückversetzt sieht, so kurz ist das erst her. Wir haben alle noch in unseren eigenen Leben und in unseren Erinnerungen den Sinn für die Realität der Sklaverei und für die Versprechen der Emanzipation.« Diese Verheißungen, um die sie sich im Süden betrogen fanden, erhofften sich die Söhne und Töchter der Baumwollpflücker von den Städten des Nordens, und sie wurden bitterlich enttäuscht. Die erste städtische Generation von Schwarzen ist in der rauhen Ghetto-Wirklichkeit von Harlem gestrandet. Es ist bezeichnend, daß viele ihre Kinder heute den Weg zurück zur alten Heimat gehen. Seit 1970 nimmt die historische Wanderungsbewegung eine umgekehrte Richtung: mehr Neger sind in den letzten Jahren aus dem Norden südwärts gewandert als umgekehrt. Mit der Ergebenheit und Disziplin, die seit dreihundert Jahren das Erbteil schwarzer Sklaven war, hat diese erste städtische Negergeneration auf die Enttäuschungen des neuen Lebens reagiert. Doch die Jungen sind nicht mehr gewillt, das Ghetto hinzunehmen. Die Bitterkeit der Eltern verschmelzen sie mit dem Trotz des Großstadtbürgers zur politischen Aktion. Den seit dreihundert Jahren eingebleuten Minderwertigkeitskomplex hat die neue Generation abgelegt wie eine Fessel und proklamiert nun *Black Is Beautiful*. Madame C. J. Walker, die mit Haarglättungsmitteln zur Millionärin wurde und sich eine Villa in Harlem baute, fände heute kaum viel Kundschaft. Das schwarze Selbstbewußtsein ist erwacht, und in den Konvulsionen der sechziger Jahre hat es die Kontrolle der eigenen Geschicke den Weißen immer mehr aus der Hand gewunden. Noch ist der weitaus größte Teil der Geschäftsbesitzer in Harlem weiß. Blumstein, das Kaufhaus auf der 125. Straße, steht noch an gleicher Stelle, an der es 1896 eröffnet hat, und über den Warenhäusern und Möbelläden der Gegend stehen Namen wie Sachs und Cohen und Jagerman, hier wie überall in New York Zeugnisse deutsch-jüdischen Unternehmertums.

Doch zwischen ausgebrannten Läden und verschmierten Fassaden sind überall die Boutiquen des neuen Bewußtseins angesiedelt; da ist Oguoma Printing Press auszumachen und der Imbiß Pink Plate Soul Food, da bietet Liberty House die *Crafts of Freedom* an, Two Brothers from Georgia verkaufen Milchprodukte, und afrikanisch bunte *Dashikis* hängen in dem kleinen Laden mit dem langen Titel Your Black Man Right-On Boutique. Das weißgekachelte Hotel Theresa, in dem Joe Louis seine Siege feierte, in dem Fidel Castro hauste und Malcolm X. sein Hauptquartier hatte, ist seit 1966 zweckentfremdet und zum Bürohaus geworden, das Hilfsagenturen für den Bezirk beherbergt. Gegenüber an der Ecke, wo Lewis Michaux' African Bookstore ein Sammelpunkt des schwarzen Nationalismus war, steht jetzt der Glashochbau des Staates. Doch ein paar Ecken weiter dreht sich noch unermüdlich der Halbmond auf der hoffnungsgelben Kuppel von Moschee Nummer 7 der Black Muslim.

Harlem, bei aller romantischen Neugier der Golden Twenties, die dorthin zum Slumming gingen, ist ein unbekannter Kontinent geblieben, im toten Winkel des amerikanischen Bewußtseins, bis die Eruptionen des Ghettos das Augenmerk der weißen Welt erzwangen. Dreimal ist Harlem explodiert: 1935, 1943 und 1964. Jedesmal haben die Stadtväter eilig Kommissionen gebildet, Untersuchungen verordnet und Pläne vorgelegt, bestürzt und überrascht, wo doch das Menetekel lange an den Wänden sichtbar war. ›The Fire Next Time‹ hatte James Baldwin 1962 gewarnt, und zwei Jahre später war es soweit: auf den Straßen von Harlem entlud sich die angestaute Passion, und in den nächsten Jahren gingen die Ghettos anderer Städte in Flammen auf.

Seither ist Harlem nicht mehr zu übersehen. Es ist allgegenwärtig, durchfrißt als Krebsgeschwür die Stadt, vergiftet die Atmosphäre des Vertrauens, in der vor zwanzig Jahren Haustüren noch ohne Schlösser waren und Fenster ohne Scherengitter. »Die gefährlichste Schöpfung in jeder Gesellschaft ist der Mensch, der nichts zu verlieren hat«, schreibt Baldwin, und Harlem hat zu viele solcher Habenichtse.

Was ist zu tun? Wie kann das Problem Harlem bewältigt werden? Zwei Kräfte müßten miteinander wirken, das Ghetto abzutragen, die eine von innen, die andere von außen. Die eine hat mit dem schwarzen, die andere mit dem weißen Volksteil zu tun.

Eine prominente Harlemer Adresse heißt Lenox Terrace. In diesem umgrünten Hochhauskomplex auf Lenox Avenue wohnen wohlhabende und bekannte Mieter, darunter der einflußreiche Lokalpolitiker Percy Sutton, Präsident des Stadtbezirks Manhattan. Eine Umfrage der Hausverwaltung hat ergeben, daß 30 Prozent der Mieter aus den Suburbs und dem Stadtteil Queens nach Harlem zurückgezogen sind. Dies ist eine Möglichkeit, dem *poor man's land* stabiles Rückgrat einzuziehen: die Mittelklasse an Harlem zu binden. Niemand kann dem arrivierten Schwarzen die Flucht aus dem Ghetto verdenken; wer es sich irgend leisten kann, zieht in die Gartenstädte von Westchester County und Long Island und läßt Harlem hinter sich. Doch mehr als die Rassenintegrierung braucht das Ghetto die Klassenintegrierung.

Die Entwicklung im Süden hat gezeigt, wie stabilisierend sich eine breite Mittelklasse und Oberschicht auf die schwarze Gemeinde auswirkt. Ein junger Politiker wie Julian Bond in Atlanta, Akademiker der dritten Generation, strahlt die Sicherheit schwarzen Bildungsbürgertums aus. »Wir sind smarter und weniger emotionell als die Schwarzen im Norden«, meint, nur halb scherzend, der junge Abgeordnete, »weil die Rassentrennung uns gezwungen hat, unsere eigenen Institutionen aufzubauen.« Ein schwarzer Organisationspolitiker, von Atlanta nach New York gezogen und in der Gartenvorstadt wohnhaft, bekennt, nie einen Slum erlebt zu haben: »Mein Leben lang hatte ich mit schwarzer Aristokratie zu tun: mit Bankpräsidenten, Collegepräsidenten, Versicherungsdirektoren.« Zu einer Zeit, als in New York noch keine schwarze Bank existierte, gab es im Süden bereits einen blühenden schwarzen Kapitalismus und eine breite Mittelklasse, die auf schwarzen Universitäten ausgebildet war. Diesen wirtschaftlich, seelisch und politisch stabilisierenden Einfluß einer Mittelschicht hat das Ghetto des Nordens dringend nötig, und die Anzeichen sprechen dafür, daß Harlem für diese Schichten neuerdings attraktiv wird: New York besitzt gegenwärtig den am schnellsten wachsenden schwarzen Mittelstand des Landes.

Den wichtigeren Beitrag indessen muß das weiße Amerika leisten. Mit Gesetzen allein ist es nicht getan. Die stehen alle zu Buche und haben doch weniger verändert als erwartet wurde. Der Slum ist auszumerzen nur durch eine ungeheure finanzielle Infusion ähnlich der nationalen Bürde, die das Land zur Wiederaufrichtung Europas nach dem Krieg auf sich genommen hat. Einen »Nationalen Marshall-Plan« für die Slums des Landes hat Whitney Young von der Urban League als erster gefordert, und seither ist die Idee, als »Economic Bill of Rights«, als »Freedom Budget« oder einfach als Reparationsleistung für dreihundert Jahre unbezahlter Arbeit von vielen schwarzen Politikern und manchen Weißen, zum Beispiel Senator Humphrey, aufgenommen worden. Weniger ist nicht möglich, eher mehr: endgültig wäre Harlem als Slum und Ghetto nur zu beseitigen durch eine massive Bewußtseinsänderung. Erst wenn der Schwarze ganz als Amerikaner verstanden wird, erst wenn die Nation sich nicht mehr als lilienweißes Land empfindet, kann das Ghetto verschwinden.

Die Schwarzen haben, bei aller afro-amerikanischen Rhetorik, den Schritt zum Amerikanertum längst getan. In der Auseinandersetzung mit dem schwarzen Nationalisten Marcus Garvey, einem Vorläufer der Black Muslim aus den zwanziger Jahren, schreibt der schwarze Autor James Weldon Johnson 1930:

»Die Zentralidee von Garveys Plan war absolute Abwendung von Amerika und die als Tatsache genommene Behauptung, daß dies ein Land des weißen Mannes sei, in dem der Neger weder Platz noch Rechte, weder Chance noch Zukunft habe. Diese Idee will und wird die überwältigende Mehrheit der einsichtigen Neger Amerikas nicht akzeptieren.«[50]

Schärfer und zuversichtlicher für das Gewissen des weißen Amerika hat die gleiche Überzeugung Ralph Ellison 1966 formuliert: »Wenn der amerikanische Neger seine optimistische Haltung zu den Verheißungen Amerikas verliert, dann ist die ganze Nation im Argen. Denn ironischerweise waren wir immer eine der Hauptstützen des amerikanischen Optimismus. Solange wir Neger an die Möglichkeit glauben, Ordnung aus diesem Chaos verschiedener Rassen, Religionen und Regionen entstehen zu lassen, kann jeder Glauben haben.«[51] Wenn der Neger, in Baldwins Vision, die Schlüsselfigur des Landes ist, mit der Amerikas Zukunft steht und fällt, dann ist Harlem die Unruhe, die den Gang des Uhrwerks regelt.

Puerto Rico en Nueva York
Das spanische Element

Die Biermarke, über die ganze Höhe einer Hauswand angepriesen, klingt vertraut; das Produkt indessen heißt hier nicht wie landesüblich *Beer,* sondern *Cerveza.* Humphrey's Allheilmittel verheißen *Alivio Rapido,* schnelle Erleichterung, und im Kino muß Carmen Sevilla *Morir Por Su Amor,* für ihre Liebe sterben. Man braucht in dieser Gegend kaum *Se Habla Español* ans Ladenfenster zu schreiben. Die Schlächterei heißt ohnehin *Carniceria,* und im Gemüseladen sind die grünen Koch-Bananen, *Plantains,* gestapelt und das flachblättrige *Cilantro*-Kraut, das einen scharfen Sellerie-Duft ausströmt. Die Bodega bietet *Boliche Asado* und *Sopa de Choros* an, der *Abogado* verhilft dem Bürger zu seinem Recht und die Iglesia Alianza Cristiana y Misionara betreut die Seele. Dies ist portorikanisches Revier.

Über die ganze Stadt verstreut sind solche Siedlungen, die New York sein lateinisches Element beimischen. Wo die zweite Generation früherer Immigranten in bessere Quartiere abgewandert ist, ziehen die Portorikaner ein. Auf dem Straßenbasar von Orchard Street hat Spanisch das Jiddische verdrängt. Die 14. Straße ist zum spanischen Einkaufskorso geworden. In dem Block, der früher einmal Tiffany's Gußeisenpalast am Union Square beherbergte, ist heute Banco Credito eingezogen, eine von vier portorikanischen Banken in New York. Ihr Werbeplakat in der Untergrundbahnstation versichert, daß ihr Personal zweisprachig sei.

Drei Dutzend Kinos, über die ganze Stadt verteilt, zeigen ausschließlich spanische Programme. Von der unteren Ost- bis zur oberen Westseite von Manhattan ißt man *Arroz con Pollo* in Lokalen, an denen die Aufschrift *Comidas Criollas* verheißt, daß hier die heimische Küche eine Stätte hat. 200 000 Portorikaner wohnen allein in Brooklyn, 250 000 in Bronx, doch die Kapitale von *Puerto Rico en Nueva York* ist *El Barrio* im oberen Manhattan. 163 000 Portorikaner, die in diesen früher vorwiegend italienischen Bezirk vorgedrungen sind, haben Ost-Harlem zwischen 96. und 116. Street zu *Spanish Harlem* gemacht.

Doch der spanische Sprachklang dringt weit über die verschiedenen Barrios hinaus. Was weder dem jüdischen Stetl noch der italienischen Communità, noch Kleindeutschland gelungen ist, das haben die Portorikaner fast absichtslos geschafft: sie haben New York ihre Sprache aufgezwungen. Spanisch ist heute zur zweiten Amtssprache von New York geworden. Beim Notruf der Polizei sorgt der Satz *No hablo inglés* dafür, daß ein spanischsprechender Polizist am anderen Ende der Leitung zum Hörer greift. Von *El Catarro* bis zu *Nueve Meses de Viaje* (Neunmonatsreise) berät das städtische Gesundheitsamt den spanischsprechenden Bürger mit Broschüren. Die Stelle für Familienplanung, die schnelle und medizinisch einwandfreie Abtreibung vermittelt, verkündet in der U-Bahn ihre Botschaft in beiden Sprachen. Es wird auf spanisch davon abgeraten, die Türen gewaltsam zu öffnen oder auf die Gleise zu springen, und um Dämpfung des Transistorradios gebeten. *Mate de hambre a una rata, hoy!* (Hungere heute eine Ratte aus) rät, nicht ohne Grund, die Müllabfuhr dem Slumbewohner. Jeder Polizist trägt ein Heftchen spanischer Redensarten in der Uniform, und in vielen Stadtbezirken sind Mitteilungen der Schulverwaltung an die Eltern in zwei Sprachen abgefaßt. 1,3 Millionen Portorikaner im New Yorker Metropolitangebiet haben die Riesenstadt sich angepaßt, statt umgekehrt; zusammen mit den Gruppen anderer Südamerikaner, die neuerdings in Scharen kommen, machen sie New York zur Hauptstadt der *Hispanics* in Amerika.

Von allen Einwanderergruppen vor ihnen unterscheiden sich die Portorikaner durch zwei entscheidende Faktoren, die ihnen das Leben in Amerika zugleich erleichtern und erschweren: sie kommen als Bürger der Vereinigten Staaten ins Land, also ohne Paß und Visum und frei von Einwanderungsquoten. Sie haben ferner die Verbindung zur Heimat nicht abgeschnitten, von der sie nur um 60 Dollar und drei Flugstunden entfernt sind und zu der sie, wie einer von ihnen sagt, eine stete, im Bewußtsein allezeit präsente »Nabelschnur-Verbindung« unterhalten *(There is an everpresent umbilicalism in our situation here).*

Puerto Rico, von Columbus entdeckt, von Ponce de Leon für die Spanier kolonisiert, gehört seit dem Ende des Spanisch-Amerikanischen Krieges 1898 zu den Vereinigten Staaten von Amerika, zunächst als Territorium der Union, seit 1952 als Commonwealth mit eigenem Gouverneur. 1917 erhielten die Portorikaner amerikanisches Bürgerrecht. Als Estado Libre Asociado ist die Insel den Vereinigten Staaten durch gemeinsames Währungs- und Marktsystem, durch (von Washington wahrgenommene) Außen- und Verteidigungspolitik verbunden, hat aber ihre eigene Verfassung und freie Wahlen. Seit Jahren entscheidet sich das portorikanische Volk bei jeder Wahl erneut mit hoher Mehrheit für die Fortdauer dieses Zustandes.

Das geschickte Wirtschaftsprogramm des langjährigen Gouverneurs Louis Muñoz (»Operation Bootstrap«) und die Investitionen der Vereinigten Staaten haben diese kleinste und östlichste der Großen Antillen zu einem Modell erfolgreicher Wirtschaftshilfe gemacht. Dennoch kann die Insel nicht ihre Einwohner ernähren, und so ergießt sich ein steter Strom von Portorikanern aufs Festland. Seit dem Ende des Zweiten Weltkriegs sind sie in einer Massenwanderung gekommen, die dem Völkeransturm des 19. Jahrhunderts gleicht. Der Ausbau des regelmäßigen Flugverkehrs zwischen San Juan und New York in den fünfziger Jahren hat den Strom mächtig schwellen lassen. Seit 1956 gibt es auf dieser Route Sonderpreise; aus den großen Düsenmaschinen sind für den *Thrift Flight* nach Puerto Rico die Trennwände aus der Passagierkabine entfernt, so daß mehr Menschenfracht die 60-Dollar-Reise antreten kann. 45 000 Portorikaner kamen im Jahresdurchschnitt in den fünfziger Jahren aufs Festland, und die meisten, nahezu 70 Prozent, blieben in New York.

Doch die Wanderungskurven folgen den Fluktuationen des Arbeitsmarkts; gerät die Wirtschaft auf dem *Mainland* in Krisenstadien, setzt die Rückwanderung auf die Insel ein. So verzeichneten die rezessiven sechziger Jahre nur noch einen Jahresdurchschnitt von 20 000 portorikanischen Neuankömmlingen, und in den siebziger Jahren wurde die Bewegung vollends rückläufig; die Zahl der Rückwanderer übertrifft die der Zuwanderer um fast 4000 jährlich. Obwohl die Arbeitslosenrate in Puerto Rico höher ist als auf dem Festland, läßt sich Armut auf der Insel noch immer besser ertragen als in New York.

Doch weit über eine Million Portorikaner, fast die halbe Zahl der Inselbevölkerung, siedelt trotz temporärer Abwanderungen immer noch in New York. *El Barrio,* Spanisch-Harlem, ist eine kompakt portorikanische Gemeinde. In der Ferne begrenzen die Klippen von Morningside Heights den westlichen Horizont wie eine fremde Stadt. Was hier im Barrio in die Höhe ragt, sind nur die zahllosen *Projects* des sozialen Wohnungsbaus. Ihre lieblosen staubig-rosa Türme mit wenig Grün dazwischen geben sogar den verrotteten Wohnblocks zu ihren Füßen noch eine Spur von Intimität. Von den Stufen der *stoops* in den Seitenstraßen, aus offenen Fenstern und Läden dringen lateinamerikanische Rhythmen aus abertausend Radios. Die Straße wird zum Teil der Wohnung. Auf Abfalleimern und umgestülpten Kisten hockend, vertiefen sich vier Männer in ein Brettspiel, von Kiebitzen umlagert. Junge Leute tänzeln zum Rhythmus der Radiomusik.

Ein handgeschriebenes Schild vor einem Kellereinstieg verweist zwischen Mülltonnen auf ein *Centro Espiritual el Salvador*, das täglich abendliche Erbauung verheißt. Die kleine Bäckerei um die Ecke mit dem Schaufenster voller Schmalzgebackenem nennt sich *La Secunda Reina*. Aus dem Schnellimbiß daneben strömt der scharfe Fettdunst von *Cuchifritos*, dem allgegenwärtigen Sortiment von gebratenem, scharf gewürztem Hackfleisch, Bananen und Schweinsinnereien. Es wimmelt von Carnicerias, Botanicas, Bodegas.

Das Gros der Einwanderer von der »Insel« arbeitet in der New Yorker Textilindustrie und im Hotelgewerbe; doch sobald der Portorikaner genügend Geld gespart hat, kauft er sich gern sein eigenes Geschäft. Amsterdam Avenue ist von solch »spanischen« Läden gesäumt. Erstaunlich viele Kleinunternehmer behaupten sich gegen die Konkurrenz der Supermärkte, die sich in den Ladengeschossen der Neubauprojekte angesiedelt haben. Die städtische Erneuerung ist der Feind des kleinen Kaufmanns, der in die Slum-Quartiere zurückverwiesen wird, wo er die Kundschaft unter seinen Nachbarn findet.

Die 116. Straße östlich von Fifth Avenue ist die breite Hauptstraße des Barrio. Hier sind Kinos und Lokale, »das« Restaurant der Gegend, Ponce de Leon, Einrichtungsläden, Beratungsstellen und Kommunalorganisationen, darunter ein Ärztekollektiv. Doch die Seele des Barrio offenbart sich dem Besucher am unverhülltesten auf dem Marktplatz der Gemeinde, *La Marqueta*. Über fünf Blocks von Park Avenue, da, wo sie nicht mehr elegant ist, erstreckt sich dieser spanische Basar. Hier ist die Eisenbahn aus ihrem Tunnel unter dem Zentrum von Manhattan aufgetaucht und überbrückt die Straße. Eingeschlossen unter ihren Gleisen liegt zwischen 111. und 116. Street der Straßenmarkt des Barrio, ein tumultuöses Einkaufsparadies. Gemüse, Trockenfisch, seltsame Früchte, Gebackenes und Gesottenes, Flaschen mit süßem Tamarindensaft, Säcke mit Reis, Tonnen voller rosa, weißer, schwarzer Bohnen, Kokosnüsse, Sellerieknollen, frische Minze, trockene Kräuter – alles für die spanische Küche ist hier zu haben. Zwischen den Ständen die kleinen Buden der *Botanicas:* Fläschchen mit bunten Wässern und geheimnisvollen Ölen, Tüten mit Pulvern gegen allerart physische und Seelenleiden, Amulette gegen den bösen Blick, kleine Heiligenfiguren, Weihrauchkerzen, Heftchen mit spanischen Sprüchen. Daneben Knöpfe, Spitze, Baumwolltücher, Stoffe, Korsette, Herrensocken. Der letzte Block ist den Fischen vorbehalten; Flundern, Heilbutt, rosige Pompanos stapeln sich neben Muscheln, Scallops, Tintenfischen. Der Boden ist glitschig, und Schilder raten, sich am Geländer festzuhalten. Die Marqueta quillt nach draußen über. Die 116. Straße ist noch einen Block lang Kleidermarkt mit Wühltischen voller Blusen und Pullover, Röcken, Kleidern, Hosen, die über den Köpfen der Passanten flattern. Vor einem geparkten Auto reihen sich Plastik-Heilige in Cellophan verpackt, auf einem anderen sind künstliche Blumenarrangements aufgebaut. Ein roter Sweater mit dem Aufdruck *Vote* ist im Ausverkauf zu haben, weil die Wahl schon längst vorbei ist.

Wo irgend Platz ist in diesem dichtbebauten Revier, in Läden, Kellern, verlassenen Garagen, sind eingezwängt die kleinen *Storefront*-Kirchen der Evangelisten und *Pentecostal*-Sekten. Manche sind fröhlich bunt bemalt, andere flüchtig angekündigt wie Bauchläden fliegender Händler, die jederzeit woanders ihren Platz aufschlagen können. Jemand hat in Spanisch-Harlem allein 135 Kirchen gezählt; das sind mehr, als alle amtlichen und privaten Unternehmen des Stadtteils zusammengenommen. Diese Vielzahl vorwiegend protestantischer Gotteshäuser zeigt eine Entwicklung an, welche die portorikanische Gemeinde von den anderen katholischen Einwanderergruppen der Stadt unterscheidet.

Fast 400 Jahre spanischer Kolonisation haben Puerto Rico zu einer katholischen Insel gemacht; etwa 90 Prozent aller portorikanischen Einwanderer nach New York sind katholisch getauft. Doch die portorikanischen Neuankömmlinge haben eine fremdartige Kirche vorgefunden. Die katholische Kirche von New York ist, obschon im 18. Jahrhundert unter spanischer Assistenz gegründet, ein Werk der Iren. Sie haben sie aufgebaut, für mehr als ein Jahrhundert beherrscht und ihr ihren spezifischen Charakter gegeben. Zwar haben später eintreffende Völkergruppen dem katholischen System »nationale« Gemeinden abgerungen, in denen in den jeweiligen Landessprachen gepredigt wurde. Um die Jahrhundertwende gab es im Erzbistum New York 13 deutsche Gemeinden, elf italienische, vier polnische und eine spanische; bis zum Ersten Weltkrieg entstanden neun weitere italienische und eine spanische Gemeindekirche. Doch der irische Charakter der New Yorker Kirche ist nach wie vor evident. »Es ist eine Kirche, in der wir uns nicht zu Hause fühlen«, wie ein (katholisch getaufter) Portorikaner bekennt.

Als die portorikanische Masseneinwanderung nach New York begann, gab es in Harlem bereits zwei spanische Kirchen, doch in East Harlem, wo die Portorikaner seßhaft wurden, war die katholische Gemeinde bis in die fünfziger Jahre noch vorwiegend italienisch. Kardinal Spellman richtete 1953 eine Spanische Aktion bei der Erzdiözese ein – eine andere gibt es im Bistum Brooklyn – und wechselte die Priester in manchen Gegenden gegen solche aus, die Erfahrungen in Lateinamerika gesammelt hatten.

Im Gegensatz zu Iren, Italienern und Polen brachten die Portorikaner keine eigenen Priester mit. Schon auf der Insel gab es stets wenig einheimischen Klerus, so daß die Priester zum größten Teil aus Spanien kamen. Anders als die irischen Familien, die dem katholischen Klerus in Amerika ganze Generationen von Söhnen zur Verfügung stellten, haben die Portorikaner wenig Neigung zum Priesterberuf. Als Folge gibt es zur Zeit unter New Yorks 2000 Priestern nur eine Handvoll Portorikaner. Statt dessen entsendet die Diözese Priester spanischer oder lateinamerikanischer Herkunft in die portorikanischen Gemeinden und schickt amerikanische Priester zu Sprachstudien nach Puerto Rico, Bogotá und in die Dominikanische Republik, um die New Yorker Portorikaner mit spanischsprechenden Klerikern zu versorgen. Das Problem wird immer drängender, denn bereits über die Hälfte aller New Yorker Katholiken spricht spanisch.

Die Abwanderung zum Protestantismus ist erheblich. Genaue Zahlen gibt es nicht, doch katholische Schätzungen rechnen mit einem Verlust von zehn Prozent aller Neuankömmlinge an die Evangelistensekten, während soziologische Studien die Konfessionen von Spanish Harlem mit 57 Prozent katholisch und 35 Prozent protestantisch errechnen. Wie das Zahlenverhältnis auch sein mag, sicher ist, daß die Portorikaner in New York sich sehr viel stärker als andere Gruppen katholischer Herkunft zum Protestantismus hingezogen fühlen.

Die Gewinner sind nicht nur die etablierten Kirchen, sondern vor allem die Sekten und Erweckungsgemeinden. Ihr Magnetismus liegt auf der Hand. Die lockere, volkstümliche Art des

Gottesdienstes in den »Pentecostal Churches«, die nachbarliche Zugänglichkeit ihrer »Ladenfronten« und ihr Mangel an Formalität machen sie zum Seelentrost der armen Leute, zum Rettungsanker der im Slum Gestrandeten. Hier wird die Heilsbotschaft noch ernst genommen, das Evangelium wörtlich verstanden, hier gründet der Kultus fest im Bibelwort. Die Priester sprechen die Sprache und teilen Herkunft und soziale Lage der Gemeinde, die mit Händeklatschen und Füßestampfen, mit Tamburinen und Gitarren und dem rhythmischen Geklapper der *Guiros* am Gottesdienst partizipiert, so wie der Geist sie treibt. Man ist hier unter sich, bei Gleichgesinnten, nichts schüchtert ein. Die Kirche ist nicht entfernt, im Gegenteil: sie hat sich beherzt in den Slum begeben und nimmt sich seiner Probleme an.

Eine Vielzahl der 500 Evangelistenkirchen von New York hat sich kürzlich zu einer Civic Action Coalition zusammengetan. Pfingstsekten gründen Kindertagesstätten und vermitteln Jobs, sie verhandeln mit Hausverwaltungen und mit der Müllabfuhr. Sektenpfarrer besuchen Sonderkurse, die theologische Hochschulen für Minoritätengeistliche eingerichtet haben – für viele von ihnen die erste Begegnung mit formaler Ausbildung. Zahlreiche Gemeinden halten strenge Disziplin; es wird weder geraucht noch Alkohol getrunken, man schminkt sich nicht und bleibt dem Kino fern, alles strikt nach biblischem Gebot. Dieser Verzicht auf die Reize der Konsumwelt mit ihrem Ablenkungs- und Fluchteffekt fordert dem Ghettobewohner wahren Heroismus ab. Kraft, Zusammenschluß und sozialer Einsatz der Erweckungskirchen wird sich, so meint ein portorikanischer Beobachter, als der bleibende Beitrag der Portorikaner zum amerikanischen Leben erweisen.

Von den Pentecostalisten abgesehen, sind die Portorikaner nicht so gewissenhafte Kirchgänger wie etwa New Yorks Polen oder Italiener. Nur die Hälfte aller portorikanischen Protestanten geht regelmäßig zum Gottesdienst, bei den Katholiken ist es sogar nur ein Viertel der Gläubigen. Doch ist das Verhältnis zur Kirche selbst bei denen, die nicht zur anderen Konfession abwandern, ohnehin recht locker. Die Kirche ist für die hohen Feiertage da, für Taufe, Hochzeit und Begräbnis. Im übrigen betet man zu dem Heiligen seiner Wahl, dem man winzige Hausaltäre errichtet und den man im Abbild noch im Auto bei sich führen kann. Im New Yorker Stadtverkehr lassen sich portorikanische Fahrer daran erkennen, daß ihre Armaturenbretter mit winzigen Heiligenfiguren aus Plastik, magnetisch festgehalten, bestückt sind.

Gewiß sind von allen Christen in New York die Portorikaner, neben den Haitianern mit ihrem Voodoo-Kult, dem magischen Zauberwesen noch am nächsten. Die *Botanicas,* von denen ein Reporter 6500 in der Stadt gezählt hat, sind voller Wundermittel und Amulette. Man kann guter Katholik sein und trotzdem an die *Espiritus,* an die Geister glauben. Heiligenkult verschmilzt mit Geisterkulten auf Séancen im Freundes- und Familienkreise, die sich, obschon nicht verboten, nach alter, aus spanischer Kolonialzeit mitgeschleppter Tradition im Geheimen abspielen. Die Geister der Verstorbenen fahren in Medien, welche in Ekstase geraten und die Anweisungen der Jenseitigen an die Ratsuchenden weiterleiten. »Die Hoffnungen der Lebenden in Spanish Harlem sind zutiefst auf die Geister der Toten gerichtet«, schreibt einer, der es wissen muß.[52]

Mit den Negern teilen die Portorikaner alle Probleme, die in dieser Stadt stets das Los der Zuletztgekommenen gewesen sind. Sie wohnen in Slumquartieren, aus denen die Immigrantengeneration davor ausgezogen ist, sie erhalten die niedrigsten Löhne, die dürftigsten Jobs und sind die ersten, die entlassen werden, wenn Krisen kommen oder wenn Automatisierung Arbeitskräfte verdrängt. *Last hired, first fired,* die altberüchtigte Devise betrifft vor allem diese Parias der Arbeitswelt. Das drastische städtische Sparprogramm von 1975/76 hat die Hälfte aller Angestellten mit spanischen Namen ihre Jobs gekostet.

An allem sollen sie schuld sein, worunter die Stadt zu leiden hat: Schmutz, Verfall, Verbrechen. Die Hälfte aller Familien, die von öffentlicher Wohlfahrt leben, ist portorikanisch, und 20 bis 30 Prozent aller, die mit dem Gesetz in Konflikt geraten, sprechen spanisch. Das heikle Verhältnis der Portorikaner zur Polizei war Diskussionsstoff nicht erst seit »West Side Story«, wo Officer Krupke, der Streifenpolizist, in die Straßen und Probleme des übervölkerten Ghettos gerät: jugendliche Banden, Diebstahl, Messerstechereien, Zerstörungswut und Handel mit Rauschgift, der Betäubungsdroge der Verzweifelten.

Das Verständigungsmittel zwischen denen, die sich sprachlich nicht verständigen können, ist zu oft die Waffe. Anfang der sechziger Jahre waren mehrfach junge Portorikaner Opfer von schußfreudigen Polizisten geworden, es gab so explosive Zusammenstöße zwischen Bevölkerung und Polizei, daß die Polizeibehörde seither den Versuch macht, Brücken in diese fremde

Welt zu schlagen. An der Polizeiakademie gibt es jetzt Kurse in spanischer Sprache und in Geschichte und Kultur von Puerto Rico, ein spanisches Wörterbuch gehört zur Dienstausrüstung des Streifenpolizisten, und auf Druck der spanischsprechenden Bevölkerung wurden portorikanische Polizisten eingestellt. Bis zur Entlassungswelle von 1976 waren 600 von New Yorks rund 30 000 Polizisten Portorikaner, und auch die Feuerwehr hatte auf Drängen portorikanischer Verbände 60 Portorikaner eingestellt.

Nicht nur die fremde Sprache unterscheidet die *Hispanics* von den Negern. Die Portorikaner kommen von einer Insel, auf der Rasse kein Problem ist. Sie sind »The Rainbow People«, deren Hautfarbe von weiß bis schwarz reicht mit allen Kakao-Spielarten dazwischen. In der rassebewußten Welt des Mainland finden sie sich einem neuen Wertsystem ausgesetzt, das weiße Farbe akzeptabel macht und schwarz verpönt. Die Portorikaner, vor allem die dunkelhäutigen, wollen indessen keine »Neger« sein, und so flüchten sie betont in ihr spanisches Idiom, um sich vom amerikanischen Neger abzusetzen. Gelten sie damit als *Latins?*

Die Portorikaner finden sich in einer schizophrenen Situation: zwischen zwei Kulturzonen stationiert, von denen keine sie ganz akzeptiert. Wie einer ihrer Sprecher bündig sagt: »(New Yorks Portorikaner) haben keine Identität«.[53] Sie haben vielmehr nach den Worten eines anderen Portorikaners, des Autors Federico Ribes Tovar, einen Minderwertigkeitskomplex gegenüber anderen Lateinamerikanern. Der New Yorker Bevölkerung gelten sie als Latinos, als Hispanics, dem gleichen Kulturkreis zugehörig wie die übrigen 800 000 spanischsprechenden New Yorker. Aber die Kubaner, Bolivier, die Leute aus El Salvador und der Dominikanischen Republik betrachten die Portorikaner nicht als Lateinamerikaner im strengen Sinne, sondern als Amerikaner, die spanisch sprechen. *Puerto Ricans aren't Latins,* hat der Besitzer einer Galerie lateinamerikanischer Kunst erklärt als Begründung dafür, daß er keine Portorikaner ausstellt.

Zusätzliches Kopfzerbrechen bereitet den Portorikanern der Tatbestand, daß ihnen weder die spanischsprachigen Medien noch die Großunternehmen des spanischen Markts in New York gehören. Weder die angesehene Tageszeitung ›El Diario‹ noch die (inzwischen eingestellte) ›El Tiempo‹ sind in portorikanischem Besitz, ebensowenig wie die beiden Fernsehstationen, die auf UKW-Kanälen spanische Programme für New York ausstrahlen.

Nach vierhundert Jahren Kolonialzeit in die Selbständigkeit entlassen, an der Peripherie zweier Kulturen aufgewachsen, bemühen sich New Yorks Portorikaner, das Dilemma durch betonten Rückgriff auf die eigene Nationalität zu überwinden. Sie nennen sich nach dem alten, vor-spanischen Inselnamen Borinquen *Boricuas;* das kleine private College, das sie 1973 in Brooklyn mit Stiftungsgeldern gegründet haben, heißt stolz Universidad Boriqua. Dem New Yorker Schulsystem haben sie nach langem Kampf und einem erfolgreichen Prozeß nicht nur mehr Unterricht in Geschichte und Kultur der »Insel« abgerungen, sondern auch zweisprachigen Unterricht. Zwar hat es in einigen spanischsprechenden Bezirken gelegentlich schon Klassen gegeben, in denen der Lehrstoff in spanischer Sprache vermittelt wurde. Doch das waren eher Ausnahmen, der Initiative unternehmender Direktoren entsprungen oder durch Elterndruck erzwungen. 70 Prozent der portorikanischen Kinder scheren aus der Schule vor dem Abschluß aus, in der Mehrheit, weil sie dem Unterricht aus Mangel an Englisch nicht folgen können. Nur 15 Prozent aller New Yorker Portorikaner über 25 Jahre sind auf die höhere Schule gegangen, im Gegensatz zu 53,4 Prozent der weißen New Yorker.

Seit dem Ersten Weltkrieg, als das bis dahin noch als Lehrsprache zugelassene Deutsch verboten wurde, ist es in New York durch Gesetz untersagt, in anderen als der Landessprache zu unterrichten. Doch der Massenansturm portorikanischer Kinder auf das öffentliche Schulsystem und ihr Scheitern schon auf der Grundschulstufe war so erheblich, daß sich der Bann jeder *Bilingual Education* schon Ende der sechziger Jahre zu lockern begann. Für eine Artikelserie über ›Erziehung im Ghetto‹ schrieb damals ein Schuldirektor in der Zeitschrift ›Saturday Review‹: »Ich wünschte, daß Schulen in spanischsprechenden Gegenden ... gezwungen würden, Schilder mit der Aufschrift *Se Habla Español* ebenso geschwind anzubringen, wie das jeder Kaufmann in der Gegend tun muß, der im Geschäft bleiben will.«[54] Nach einem Prozeß portorikanischer Bürgerrechtsorganisationen verfügte das Gericht, daß das New Yorker öffentliche Schulsystem ab 1975 zweisprachigen Unterricht einzuführen habe. Ein Viertel der 1,1 Millionen Kinder, die öffentliche Schulen in New York besuchen, kommt aus spanischsprechenden Familien. Schätzungen setzen die Zahl derer, die kein oder wenig Englisch sprechen, zwischen 25 000 und 100 000 an. Diesen Kindern soll fortan das Lesen, Schreiben, Rechnen auf spanisch beigebracht werden. Daneben erhalten sie Unterricht in Englisch, um sie so bald wie möglich in die englischsprachigen Klassen zu integrieren.

Für manche New Yorker ist dies ein entscheidender, ja tragischer Bruch mit der Tradition. Durch die »Annahme des Spanischen als permanenter und offizieller Sprache eines großen Bevölkerungsteils der Stadt« bestünde die Gefahr, so schreibt ein aufgebrachter Leser an die ›New York Times‹, daß die Stadt sich alsbald in zwei getrennte Gesellschaften zerteile, was die Eingliederung der Portorikaner in den Hauptstrom kommunalen Lebens nur erschweren, wenn nicht sogar verhindern müsse. Dagegen halten die Portorikaner die Aufwertung, die das Schuldiplom über die letzten zwei Generationen erfahren hat. Kindern früherer Immigranten war es noch möglich, im Leben voranzukommen, selbst wenn sie wegen Sprachschwierigkeiten frühzeitig die Schule verließen. In der hochtechnisierten Gesellschaft von heute indessen ist ein Abschlußzeugnis unerläßlich noch für den bescheidensten Job. Ohne Schule ist jeder Beruf so gut wie ausgeschlossen. Der Spanisch-Unterricht soll als Krücke bis zur – nach wie vor angestrebten – Geläufigkeit im Englischen dienen.

Die Portorikaner sehen die Konzession, die sie der Schulbehörde abgewonnen haben, nur als die logische Konsequenz aus der Einsicht der sechziger Jahre, daß die Theorie vom Schmelztiegel endgültig zu den Akten zu legen ist. »Jeder muß mittlerweile eingesehen haben«, meint ein portorikanischer Politiker, »daß wir nicht alle zu einer Art WASP-Herrenrasse eingeschmolzen werden können. Amerika ist eine pluralistische Gesellschaft. Selbst das Schulamt muß das schließlich begreifen.« Schon ist davon die Rede, demnächst auch den chinesischen, griechischen, italienischen Schulkindern in New York Unterricht in ihrer Heimatsprache zu geben. »Amerikanisch sein heißt nicht, die Herkunft verdrängen zu müssen«, meint Joseph Erazo, ein Mitarbeiter des Bürgermeisters; »wir können nicht alle blonde, blauäugige, protestantische Angelsachsen sein.«

Für dieses zugespitzte ethnische Selbstbewußtsein haben zweifellos die Neger als Auslöser und Provokanten gedient. Auch die Entwicklung politischer Taktiken haben die Portorikaner von den Negern gelernt. Zwar hat es schon seit den zwanziger Jahren politische Klubs portorikanischer New Yorker gegeben; doch diese blieben im Rahmen der etablierten politischen Parteien. Sonst war Organisation vorwiegend regional; man fand sich in *Social Clubs* zusammen, die Leute aus der gleichen Ortschaft vereinten. Portorikanische Aktionsgruppen, Kommunalvereine und Bürgerrechtsverbände sind im wesentlichen erst in den sechziger Jahren nach schwarzem Modell entstanden. Auch hier wurden alle Spielarten von Nachbarschaftshilfe bis zu radikalen Druckmethoden nachgebildet; das Spektrum reicht von der Organisation ASPIRA, 1961 gegründet, die vorwiegend Bildung und Weiterbildung ermutigen will, über die 1968 nach schwarzem Vorbild entstandenen *Young Lords,* die mit »Besetzungen« Zugeständnisse von Kirchen, Krankenhäusern, Colleges erzwangen, bis zu Terrororganisationen, die mit Brand- und Explosionsbomben die Unabhängigkeit der Insel zu beschleunigen glauben.

Auch für die Portorikaner sehen besonnene Beobachter indessen ebenso wie für die Neger eine dauerhafte Einflußnahme und Integration in das politische Gewebe der Stadt nur auf dem Wege über das etablierte System. Im letzten Jahrzehnt ist eine Reihe jüngerer, in New York aufgewachsener Politiker hervorgetreten, die das portorikanische Element nicht nur in der Lokalpolitik, sondern darüber hinaus auf nationalem Felde zur Geltung gebracht haben. Die New Yorker portorikanische Gemeinde, die immerhin ein Achtel des New Yorker Wahlvolks ausmacht, ist neuerdings durch einen der ihren, Herman Badillo, im Kongreß vertreten. Der Demokrat Badillo, auf der Insel geboren, doch seit seinem zwölften Lebensjahr in New York ansässig, hat sich seit 1962 erst als Mitglied der Stadtregierung, dann als Präsident des Bezirks Bronx einen Namen gemacht. Nach einem vergeblichen Anlauf auf das Bürgermeisteramt wurde er 1970 mit großer Mehrheit zum Abgeordneten gewählt. Der Status von Puerto Rico als Commonwealth der Vereinigten Staaten gibt der Insel eine Vertretung im amerikanischen Kongreß durch einen *Resident Commissioner,* der indessen nur in Ausschußsitzungen stimmberechtigt ist; mit Herman Badillo sind zum erstenmal die Festland-Portorikaner repräsentiert.

Stadt der Angst
Leben am Rande des Dschungels

Krachendes Gepolter und Scherbenklirren hat uns aus dem Schlaf geweckt. Es ist vier Uhr morgens, der Lärm ist von der Eingangstür gekommen. Keine Täuschung ist möglich: auch die Katze ist vom Bett gesprungen und kauert mit gesträubtem Fell am Boden, den Blick zur Tür gerichtet. Es ist soweit; jetzt wird es uns erwischen.

Unser erster Gedanke ist nicht: was tun?, sondern: wie ist das möglich? Die Tür ist mit zwei Schlössern und einer Kette gesichert, der Zugang zur Wohnung, die im Erdgeschoß eines alten Brownstone liegt, mit einem verschlossenen Eisentor vergittert. Alle Fenster liegen hinter Eisenbarren wie Gefängniszellen, und die Tür zum Garten ist durch verriegelte Läden geschützt. Überdies sind alle Fenster und Türen an eine elektrische Alarmanlage angeschlossen, und der weiße Zettel mit dem Polizei-Emblem, der den transportablen Inhalt der Wohnung – Kameras, Radios, Fernsehapparat, Tonbandgerät und Schreibmaschine – mit elektrischem Polizeistift geritzt und registriert ausweist, klebt überall. Trotzdem muß jemand die Tür aufgebrochen oder eingetreten haben, jemand, der jetzt mit Messer oder Flinte im Hausflur auf uns lauert.

Minuten sind vergangen, der Einbrecher verhält sich so mäuschenstill wie wir. Vielleicht hat ihn der Krach auf die Straße zurückgescheucht? Noch immer steif vor Schreck erheben wir uns, schauen vorsichtig durchs Gartenfenster. Vielleicht kam der Lärm doch von draußen? Schon mehrmals sind Leute über die Gartenmauer eingestiegen. Doch draußen ist alles ruhig; Scheinwerfer, als Diebesschutz an die Hauswand montiert, beleuchten taghell die pastorale Szene. Barfuß schleichen wir auf Zehenspitzen durch die Wohnung, drehen alle Lichter an, blikken durch die Fensterläden auf die Straße. Auch da alles still, kein Mensch zu sehen, Müllkästen warten auf die morgendliche Entleerung, das Gittertor zur Wohnung ist verschlossen. Vom Korridor her kein Geräusch, wir öffnen schließlich beherzt die Tür zum Flur – und das Wohnzimmerlicht beleuchtet die Bescherung: das große Bild gleich neben der Eingangstür ist von der Wand gefallen, erst auf die Bank, dann auf den Boden gekracht. Ein Haken hatte sich nach zwanzigjähriger Lebensdauer vom Rahmen gelöst. Selten haben wir so erleichtert Scherben zusammengefegt.

Die hysterische Reaktion ist eine New Yorker Mitgift. Anderswo fallen Bilder von der Wand, ohne daß man gleich um sein Leben fürchtet. Der New Yorker ist fortwährend aufs Schlimmste gefaßt, nicht ohne Grund. Sind sie nicht eben bei der Freundin über die Feuerleiter eingestiegen, haben sie nicht den Kollegen im Fahrstuhl ausgeraubt? In dieser Woche wurde eine junge Frau im Hause gegenüber von einem, der sich als Gasmann ausgab, auf ihrem Bett gefesselt und vergewaltigt. Zwei Tage später wurde unserm Nachbarn die Wohnung ausgeräumt, und alle Blockanwohner warnt die Polizei vor zwei eleganten Schwarzen, die einem vom Einkauf in die Haustür folgen und unter Waffendrohung alles Transportable mit sich nehmen. Kein Wunder, daß wir schreckhaft sind.

Jeder New Yorker kann mehr Fälle von Gewalttat aus seinem Bekanntenkreis aufzählen, als er Finger an den Händen hat. Unserer Schneiderin hat einer das Messer an die Kehle gehalten, als sie mit Einkaufstüten beladen nach ihrem Hausschlüssel fingerte, und ihr die Handtasche abgenommen. Unser Kaufmann hat seinen Gehilfen von der Nachtschicht eingebüßt, weil der drei Kassenüberfällen in einem Monat nicht gewachsen war. Die junge Diplomatenfrau wurde beim Umzug, allein in der neuen Wohnung, überfallen und vergewaltigt; unserer Freundin stürmten Schulkinder nach, als sie in ihr Auto stieg, und rissen ihr die Tasche fort.

Gewalttat macht vor Namen nicht halt. Hannah Arendt hat ein Junge im Fahrstuhl die Handtasche abgefordert, Museumsdirektor Rousseau wurde in seinem Hauseingang von einem Mann, der ihn ein Namensschild zu lesen bat, zusammengeschlagen und so zerstampft, daß plastische Gesichtschirurgie nötig wurde. Einer seiner Kuratoren wurde auf dem Weg nach Hause niedergestochen, haarscharf an der Lunge vorbei. Den Rechtshistoriker Wolfgang Friedmann brachten junge Strolche auf dem Wege von der Columbia University in seine Wohnung auf offener Straße um.

Alle sieben Minuten wird in New York, so verrät die neueste Statistik, jemand überfallen, alle zwei Stunden eine Frau vergewaltigt, alle sechs Stunden einer ermordet. Dies sind nur die gemeldeten Verbrechen; das wirkliche Ausmaß der Kriminalität ist weit erschreckender. Die Zahlen überraschen uns indessen kaum. Wüßten wir nicht von den Schrecken des New Yorker

Straßendschungels aus eigener Erfahrung, wir könnten täglich darüber in der Zeitung lesen.

Daß eine Handvoll smarter Diebe die Safes im Hotel Pierre aufknackt, daß Superreiche bei der Heimkehr von der Kreuzfahrt sich um Geschmeide und Picassos erleichtert finden, daß eine Diva in ihrer Limousine mit Ganoven ringt, die ihr das Collier abnehmen – solches rührt uns kaum. Derart durchdachte Gaunerstücke gibt es in jeder besseren Großstadt, sie gehen nicht an den New Yorker Nerv. Das typische New Yorker Verbrechen schlägt ungezielt und wahllos zu, und es trifft immer die Wehrlosesten. Was auf den Straßen von New York passiert, das greift ans Herz, das löst den Aufschrei der Empörung aus und treibt uns Flüche gegen die Dschungelstadt auf die Zunge.

Opfer des New Yorker Dschungels sind der kleine Kaufmann, der Auschwitz überlebte und der sich gerade nächste Woche zur Ruhe hatte setzen wollen; der Musterschüler, der in der überfüllten Untergrundbahn von fremden Altersgenossen erstochen wurde; der greise Jude, dem ein Einbrecher die Wohnung demolierte, um ihn dann mit dem eigenen Scheitelkäppchen zu ersticken; die alte Frau, die von drei Jungen, die ihr die Wohnungstür aufstemmten, buchstäblich zu Tode erschreckt wurde.

Das typische New Yorker Opfer ist Arnold Roth, der Schuster auf der Lower East Side war. Alle, die ihn kannten, beschreiben ihn als einen freundlichen, heiteren, stets hilfsbereiten Mann. Mit seiner Arbeit ernährte er eine greise Mutter und zwei Schwestern. Arnold Roth war einer, auf den die Synagogen der Gegend zählen konnten, wenn sie den zehnten Mann zum Quorum für den Gottesdienst brauchten. Der fünfundvierzigjährige Schuster war ein Wohltäter seiner Umwelt. Er erledigte Besorgungen für Bettlägerige, begleitete ängstliche alte Leute von und zur Synagoge, schenkte Kindern bescheidenes Spielzeug und war von jedermann geliebt. Eines Sommerabends saß Arnold Roth auf der Treppe neben seinem Lädchen und kühlte sich an der Abendbrise, als ein junger Schwarzer auf ihn zutrat. Wortlos und ohne Warnung begann der Fremde, den Schuster brutal zusammenzuschlagen, bis er reglos am Boden lag. Dann durchsuchte er ihm die Taschen, in denen er kein Geld fand. Nachbarn, die zu Hilfe eilten, hielt er sich mit dem Messer vom Leib, dann verschwand er leichtfüßig, wie er gekommen war. Arnold Roth kam nicht mehr zu Bewußtsein, er starb noch in der gleichen Nacht. Bei der Trauerfeier für den Erschlagenen sagte Rabbiner Elias Heftler: »New York ist zum Schlachtfeld geworden. Der einzige Unterschied zur richtigen Schlacht ist, daß dort beide Seiten bewaffnet sind. Hier hat nur eine Seite Waffen, während die andere ohne alle Verteidigungsmöglichkeiten ist.«

Was hat New York zum Dschungel gemacht? Rauschgift, der leichte Zugang zu Schußwaffen und ein unzulängliches Justizsystem.

Über die Hälfte aller Rauschgiftsüchtigen des Landes lebt in New York. Diese – meist jungen – Leute sind »festgehakt« an ihre regelmäßige Dosis Heroin und brauchen täglich Geld für die nächste Spritze. Antriebsmotor fast aller Straßenverbrechen in New York ist die Sucht. Menschen werden nicht umgebracht aus schierer Mordlust; sie werden erstochen, erschossen, niedergeknüppelt, weil der Täter es auf ihre Handtasche, Brieftasche, Ladenkasse abgesehen hat. Er will ihr Geld, nicht ihr Leben; doch Geld ist ihm so verzweifelt lebenswichtig für das weiße Pulver, das ihm die erlösende Injektion verschafft, daß ihm das Leben seiner Opfer nichts bedeutet. Wer sich wehrt, ist verloren, er wird erbarmungslos »beseitigt«, wenn er sein Geld nicht fahrenläßt.

Mordwaffen sind Messerklingen und Revolver. Aufgeschreckt von den politischen Attentaten der letzten Dekade, versuchen umsichtige Abgeordnete im Kongreß seit Jahren, den Waffenhandel im Lande einer schärferen Kontrolle zu unterwerfen, vergeblich. Immer wieder scheitern solche Bemühungen an dem massiven Widerstand einer mächtigen, gut organisierten und finanzkräftigen Lobby, welche sich auf die Verfassung berufen kann, derern »Bill of Rights« jedem Amerikaner das Recht auf Waffenbesitz *(the right of the people to keep and bear Arms)* zugesteht.

So werden auch in New York Schußwaffen ohne zu gründliche Fragerei über den Ladentisch verkauft, weit häufiger aber in der Unterwelt gehandelt. »Saturday Night Specials«, von außerhalb bezogen, bieten handliche Waffen jeden Fabrikats zu Sonderpreisen schon für fünf Dollar an, und jugendliche Banden haben, nach der Polizeistatistik zu schließen, nicht die geringste Mühe, sich mit Waffenarsenalen zu versehen.

Weit schwieriger ist es für den Ladenbesitzer, auf legalem Wege einen Revolver zur Verteidigung zu erhalten. »Für einen Candy Store kann man keine Waffenlizenz bekommen, nur

Bars und Liquor Stores erhalten Genehmigung für Pistolen«, klagt der Kaufmann George Sidoti, dessen Bonbon- und Zeitungsladen in East Bronx elfmal in sechs Jahren überfallen wurde. Wie viele seiner Kollegen hat sich Sidoti einen scharfen Schäferhund zur Bewachung der Ladenkasse angeschafft.

Anders Felix Toro in Queens, der einen kleinen Lebensmittelladen in einer stark portorikanisch besiedelten Gegend hat. Als ehemaliger Privatdetektiv und Wachmann darf er eine Waffe tragen. Drei Banditen hat er mit seinem Revolver erschossen und vier verwundet bei acht Überfällen in elf Monaten. »Ich habe mir diesen Laden zu schwer verdient«, sagt der fünfunddreißigjährige Portorikaner, »und ich arbeite zu hart dafür, um mein Geld je kampflos herzugeben.« Seine bedenkenlose Gegenwehr hat Toro massenhaft Verehrerpost eingebracht. Selbstjustiz ist populär in einer Stadt, die viele ihrer Bewohner als Dschungel sehen, in dem die Bestie König ist. Kein Wunder, daß Charles Bronsons Film ›Death Wish‹ (›Ein Mann sieht rot‹) über den amoklaufenden Bürger mit der Flinte so erfolgreich war.

Scharfe Schäferhunde im Geschäft, illegale Waffen in der Ladenkasse, Sicherheitspatrouillen mit oder ohne Revolver, Eskortendienst für Spätarbeiter – das sind die Zeichen eines niedergebrochenen Vertrauens in die Justiz. Das Spiel heißt hier nicht ›Räuber und Gendarm‹; es ist todernst, und seine Positionen sind mit »Räuber und Bürger« besetzt, nicht so sehr, weil die Polizei dem Ausmaß des Verbrechens nicht gewachsen ist, sondern weil sie sich allzuoft nur als überflüssige Durchgangsstation zwischen Straße und Gericht empfindet in einem Prozeß, der den Räuber alsbald wieder aus den Händen der Justiz auf die Straße zurückbefördert, wo er seinem Geschäft mit neuer Inbrunst nachgeht.

Nur ein Bruchteil der tatsächlich begangenen Verbrechen wird in New York gemeldet; der Rest wird aus Angst vor Rache oder aus Zweifel an der Wirksamkeit von Polizei und Gerichten verschwiegen. Wird ein Gewalttäter verhaftet, so kommt er nur in einem von fünf Fällen vor Gericht. Die Gefängnisse sind überfüllt, die Gerichte mit Prozessen so überladen, daß eine Wartezeit von sechs Monaten als prompte Erledigung gilt. Die meisten Fälle werden durch »plea bargaining« erledigt, einen legalistischen Tauschhandel, der dem Täter gegen das Eingeständnis eines minderen Vergehens Prozeß und Strafe für das größere Verbrechen erspart. Das Justizsystem ist eine Drehtür, die den Übeltäter nach kurzer Pause wieder auf die Straße entläßt.

Das gilt vornehmlich für die jugendlichen Verbrecher, deren Zahl erschreckend zunimmt. Der Bericht des Polizeioffiziers Tom Walker über »Fort Apache«, New Yorks schlimmstes Revier in South Bronx, das von jugendlichen Banden terrorisiert wird, läßt mit Details von Grausamkeiten und Brutalität das Blut erstarren.[55] Diese zerstörungswütigen Kinder wissen, daß ihnen, bis sie 16 Jahre werden, ernstlich nichts geschehen kann; sie fallen unter Jugendgerichtsbarkeit, die sie dem »Family Court« überliefert, der sie nach kurzem Aufenthalt auf einer Reformfarm, öfter noch ohne diesen Umweg, in die »Obhut« ihrer Eltern zurückgibt. Jugendliche Verbrecher »lachen der Polizei und den Gerichten ins Gesicht«, sagt der Staatsanwalt des Bezirks Bronx, Merola, der als wichtigste Ursache der enormen Zunahme von Verbrechen in städtischen Gebieten nach Rauschgift und Waffenzugang die Jugendkriminalität nennt. Von 25 000 jugendlichen Verbrechern – darunter 54 Mörder –, die im Jahre 1975 vor den Family Court von New York gebracht wurden, befinden sich ein Jahr später weniger als 1000 in Gefängnis oder Reformanstalt.

So wird nicht nur die Straße zum Kampfgelände, sondern auch die Schule. Schüler werden von Mitschülern auf dem Schulweg oder im Gebäude überfallen, und auch die Lehrer leben gefährlich. Viele werden vor allem in den rauheren Bezirken von ihren Schülern tätlich angegriffen. 1200 Lehrer in New Yorker Schulen sind im vergangenen Schuljahr zusammengeschlagen worden, manche davon schwer verletzt; einer Lehrerin haben Schülerinnen das Kleid in Brand gesetzt, eine andere wurde im Klassenschrank vergewaltigt. Schulen werden zerstört und ausgeraubt, der Schaden an Fensterglas, Möbeln und technischem Gerät, der Diebstahl von Projektoren, Bandgeräten, Schreibmaschinen geht in die Millionen. In einer besonders übel zugerichteten Schule in South Bronx werden oft sogar die Lebensmittelkartons für die Schulspeisung abgeschleppt; »vieles verschwindet, kaum daß es eingetroffen ist«, klagt die Direktorin.

Der Zustand der öffentlichen Schulen, in denen weniger gelernt, als eine prekäre Ordnung gehalten wird, ist für viele Eltern der Anstoß zum Umzug in die Suburbs. Irgendein Schockerlebnis ihrer Kinder treibt junge Ehepaare, die zu den enthusiastischsten Verfechtern des städtischen Lebens gehören, widerstrebend zur Flucht aus New York. »Wir sind Liberale und glauben an das Nebeneinander von Schwarz und Weiß, von arm und reich«, erklärte uns ein Elternpaar, »aber wir können unsere Überzeugung nicht von unseren Kindern bezahlen lassen.« Gerade war ihre kleine Tochter einem anderen Kind, das ihr die Tasche stehlen wollte, mit knapper Not entkommen. »Was passiert nächstes Mal, wenn der Junge schneller ist als Susan und wenn er außerdem ein Messer hat?« Ein Vater schärft seinem Sohn ein, das nagelneue Fahrrad kampflos herzugeben, wenn einer es ihm stehlen wolle – ein wunderlicher Elternrat, doch sinnvoll angesichts der Radler im Central Park, die den Kampf um ihr Fahrrad mit dem Leben bezahlten. »Ist es nicht grotesk«, fragt eine junge Frau beim Umzug von Manhattans Upper West Side in das pastorale Hügelland der Berkshires, »daß meine Großeltern aus Rußland nach New York gekommen sind, damit sie nicht mehr um ihr Leben zu fürchten brauchten und ihren Kindern und Enkeln ein besseres Dasein geben konnten, und daß wir nun aus demselben Grund New York verlassen?«

Nicht jedem steht solcher Fluchtweg offen. Die alten Leute sind Gefangene der Stadt, sie scheuen die Mühe des Umzugs und trennen sich ungern von einer Umgebung, mit der sie ein Leben lang vertraut sind, selbst wenn diese sich zur Unkenntlichkeit gewandelt hat. »Sie hat immer behauptet, sie sei zu alt, um umzuziehen.« Damit erklärte der Schwiegersohn der siebenundsiebzigjährigen Lena Perlman, die man im Korridor ihres Mietshauses in West Bronx ermordet auffand, die Weigerung der alten Frau, zu ihren Kindern nach Long Island zu ziehen.

Viele der Alten, die in den ehemals kompakt jüdischen, italienischen oder irischen Vierteln der Stadt zurückgeblieben sind, wagen sich selten auf die Straße. Nur zu einem Gang zum Lebensmittelhändler, um die Zeitung zu holen oder den Müll hinauszustellen, pflegte der dreiundachtzigjährige Joseph Braunstader seine Wohnung in der Davidson Avenue zu verlassen. Als er an einem Samstagabend mit der Zeitung zurückkam, wurde er im Hausflur von vier Jugendlichen totgeschlagen.

Wo immer es möglich ist, rücken die Alten zusammen, um ihrem kargen Lebensabend ein bißchen Licht und Luft und Unterhaltung abzuringen. Man sieht sie auf den Bänken über den Ventilationsgittern der U-Bahn am oberen Broadway sitzen, vom Verkehr umflossen, von Abgasen eingenebelt, rührende, vom Leben hart mitgenommene Figuren. Oder sie hokken auf den Klappstühlen vor den Fassaden der »Nursing Homes«, liebloser Altersheime, die in den letzten Jahren massenweise entstanden sind, seit die ersten bescheidenen Ansätze einer medizinischen Altersversorgung durch den Staat fixen Unternehmern Profit verheißen. Alt zu sein ist hier eine schwerere Bürde als anderswo. Wer einsam ist und alt, arm oder krank, für den ist New York ein grausamer Ort.

Ohne daß wir es recht gewahr geworden sind, haben wir die Stadt zur Festung umgebaut. Wir leben hinter Schloß und Riegel, versehen uns mit Wachhund und Alarmanlage. Wir meiden nachts gewisse Straßen und führen wenig Bargeld mit. Viele Geschäfte halten ihre Tür verschlossen und öffnen dem Kunden nur auf Klingelzeichen und manchem gar nicht. Delicatessen, die früher 24 Stunden geöffnet waren, schließen jetzt oft um Mitternacht oder früher. In mancher Gegend gehen Vorsichtige bei Dunkelheit nicht auf die Straße; »mein Hund wird nach sechs Uhr abends nicht mehr ausgeführt«, sagt eine junge Frau in Brooklyn. Eine andere im gleichen Bezirk behauptet: »Wer in der Gegend von Cadman Plaza seine Handtasche bei sich trägt, ist selbst schuld, wenn es Ärger gibt.« Wir lassen keinen unbekannten Lieferanten in die Wohnung. Die Elektrizitätsgesellschaft klagt, daß ihre Zählerleser oft abgewiesen werden, und unser Blumenhändler ist daran gewöhnt, daß seine Sträuße oft den Empfänger nicht erreichen, weil man dem Boten die Tür nicht öffnet. Die Prophezeiung der Nationalen Untersuchungskommission über Ursache und Verhinderung von Gewalttat aus dem Jahre 1969, welche die Städte der Zukunft als befestigte Bastionen sah, ist hier schon eingetroffen. New York in den siebziger Jahren des 20. Jahrhunderts, hat einer seiner Bewohner gesagt, sei wie das London der Restaurationszeit oder wie François Villons Paris: dreckig und gefährlich, aber die Leute werden noch nach Jahrhunderten von dieser Zeit zu reden haben.

Flucht führt nicht immer in die Suburbs. Für viele ist der Griff zur Flasche ein Ausweg. Auf der Bowery sammeln sich die Opfer der städtischen Gesellschaft, Männer und Frauen, die ausgestiegen sind aus einer Welt des ständigen Drucks, der permanenten Spannung und Bedrohung. Früher vegetierten sie im Schattenreich der Hochbahn, von Zügen überrattert. Seit die Third-Avenue-»El« als letzte der städtischen Hochbahnlinien Ende der fünfziger Jahre abgebrochen wurde, liegt die Existenz der

Stadtstreicher offen und von Neonlicht beleuchtet vor aller Augen.

Auf den Bürgersteigen der Bowery, in Hauseingängen und vor Ladentüren liegen sie zusammengerollt, hocken in Gruppen, reichen einander kameradschaftlich die Flasche mit dem billigen Fusel in der braunen Papiertüte. Sie stehen schwankend an den Kreuzungen der Bowery und wischen schmutzige Lappen über die Windschutzscheiben der Autos, die vor der roten Ampel halten, als matte Geste, sich einen Nickel, einen Dime zu verdienen. In kurzen Pausen der Ernüchterung suchen sie Arbeit als Laufburschen für Geschäfte, helfen bei der Entladung von Lastwagen oder fegen die Böden der Stätten, die den Heimatlosen Mahlzeit oder Unterkunft gewähren: Heilsarmee, kirchliche Stadtmissionen oder das Asyl der öffentlichen Wohlfahrt.

Vier- bis fünftausend apathischen, vom Leben zermürbten Menschen ist die Bowery zur Heimat geworden, vorwiegend Männern, vorwiegend Weißen, denen sich immer mehr Schwarze zugesellen. Auch Frauen leben auf der Bowery, doch die bevorzugte Sammelstätte der *bag ladies*, die alle Habe in papierenen Einkaufstaschen bei sich tragen, ist die Gegend um Grand Central Station. In den Nischen der Gewölbe und auf den Wartebänken hocken sie, in Tücher und Decken gewickelt, schlafend oder murmelnd Selbstgespräche haltend. Wenn der Bahnhof um Mitternacht geschlossen wird, breiten sie ihre Zeitungen und Lappen in den Eingängen von Banken und Geschäften der Lexington Avenue aus und legen sich dort zum Schlaf, von niemandem gestört. Der späte Passant nimmt die vermummten Menschenbündel wahr, Strandgut und Menetekel des New Yorker Lebens.

Der New Yorker hat gelernt, mit dem Anblick regloser Körper auf der Straße zu leben, so wie er sich auf die allgegenwärtige Bedrohung eingerichtet hat. Igor Strawinsky, der gern hier lebte, hat den New Yorker verglichen mit dem »Mann im Stummfilm, der auf den Eisenbahnschienen festgebunden ist. Er kann nur den Ausgang des Wettrennens zwischen dem wahrscheinlich zu späten Retter und der unaufhaltsamen Lokomotive abwarten«.[56] Warum der Komponist dann, wollte sein Befrager wissen, trotzdem aus Evian-les-Bains, wo die Luft rein und die Bedrohung durch Messer und Pistolen gleich Null ist, nach New York zurückgekommen sei? »Weil ich inzwischen an die vergiftete, pestilenzialische Luft, an die Phon-Stärke des

Lärms, an die herzbedrohende Angsterwartung gewöhnt und darum zu einem gewissen Grade davon abhängig bin.« Totale Stille, absolut saubere Luft und das Fehlen jeglicher Spannung können, so fühlt der echte New Yorker mit Strawinsky, für den, der nicht daran gewöhnt ist, nur schädlich sein. Erhöhtes Risiko erhöht das Lebensgefühl. New York wird seinen Bewohnern zum Abenteuer, das es zu bestehen gilt.

Der New Yorker
Die Stadt der Überlebenden

New York ist eine Stadt der Überlebenden. Wie in Noahs Arche hat sich hier gesammelt, was Verfolgung und Hungersnot entronnen ist: Flüchtlinge vor zaristischen, kommunistischen, nationalsozialistischen und religiösen Verfolgungen, armenischem Massaker und kubanischer Gleichschaltung, vor Konzentrationslager, Verhaftung und Enteignung, irischer Kartoffeldürre und sizilianischer Misere entronnen, Davongekommene allesamt. Sie haben die Strapazen und Gefahren wochenlanger Ozeanreisen überlebt, aber auch den Aufbruch aus dem Erstickungsklima des Rassenghettos und aus der geisttötenden Enge der Provinz. Und damit nicht genug; sie müssen weiter auf der Hut sein, Pfadfinder im Asphaltdschungel, Belagerte in einer feindseligen Umwelt, wachsam im städtischen Guerillakrieg, jeder ein potentielles Opfer.
Der New Yorker bewegt sich mit Vorsicht auf der Straße, hellhörig wie ein Reh auf Wildpfad, auf böse Überraschung stets gefaßt. Er meidet dünn besetzte U-Bahnwagen und schlecht beleuchtete Nebenstraßen, hält sich entfernt von Nischen und dunklen Hauseingängen, die Hauptstraße wird bevorzugt, die Handtasche fest unter den Arm geklemmt. Zweimal täglich wird der Arbeitsweg zum Nahkampf im Stoßverkehr der Untergrundbahn oder zur Ameisenfolter auf verstopften Zufahrtsstraßen. Kreischend schleudert der Zug die eingepferchte Masse über holperige Gleise, keiner kann mehr herein, keiner auch hinaus, ein ungewisser Halt im Tunnel dehnt sich minutenlang, zeugt stumme Panik, nun ruckt es weiter, die Bremsen kreischen, die Türen öffnen sich, die Masse stößt uns aus: Wir sind noch einmal davongekommen.
Dies ist keine Stadt für Dünnhäutige. Die rauhen Ecken des New Yorkers sind ein Produkt der städtischen Widrigkeiten, seine Schutzschicht gegen die Unbilden von Stadt und Natur. Denn auch das Klima setzt dem New Yorker zu mit jähen Wetterstürzen und extremen Temperaturen, mit Winter-Blizzards und sommerlicher Tropenschwüle. Man hält sich hier nicht lange mit Höflichkeiten auf; nichts von der lässigen Grazie des Südens ist in New York zu finden. Der Ton ist rauh und kurz, oft patzig oder mürrisch. Einer möchte ein Pepsi-Cola,

doch der Verkäufer hat nur Coca auf Lager; »Whatya wanta Pepsi for?« herrscht er den Kunden an. Die Frage nach einem Tonband deutschen Fabrikats provoziert bei einem Händler am Times Square einen Wutanfall; mit brüllendem »Heil Hitler!« schmeißt er den arglosen Touristen aus dem Laden. Erfahrungen mit groben Taxifahrern sind legendär.

Doch die Rauheit schlägt unvermittelt in Sanftmut um. Der übellaunige Händler, dem wir das beschädigte Kochgeschirr zum Umtausch wiederbringen, reicht uns ein neues widerstrebend, doch plötzlich hellt sich seine Miene auf: *Now get a steak and let's have a nosh.* Für jeden Rüpel läßt sich einer finden, der freundlich ist und hilfsbereit. Die Touristin, die ein Taxifahrer rüde übers Ohr schlug, wurde, nachdem ihr Mißgeschick bekannt war, von hundert seiner Kollegen zu Rundfahrt und Dinner eingeladen. Einer warf uns aus dem Auto, weil er die angegebene Adresse nicht finden konnte, doch ein anderer brachte uns den verlorenen Handschuh anderntags ins Haus.

Die Stadt kann sich rüde und borstig geben, und sie ist oft brutal. Doch die Begegnung mit Brutalität färbt nicht in jedem Falle ab, im Gegenteil: vielen New Yorkern entlockt gerade der tägliche Umgang mit der Härte die sanfte Gegenreaktion. Gestern schien uns die Stadt von Zerstörungswut besessen, jedermann entschlossen, uns das Leben schwer zu machen. Heute ist sie ein Hort von Samaritern, jeder überbietet sich, uns zur Hand zu gehen. Gewiß: gerade haben sie einen festgenommen, der hat acht ältere Damen umgebracht, und Miß Mabel hat man eben ihr zweites Fahrrad gestohlen. Doch jetzt liefert uns ein Taxifahrer vor der Haustür ab, der verweigert das Trinkgeld, obwohl er doch, ein junger Grieche, von seinem Verdienst ein Haus auf Rhodos bauen will. Den Doorman um die Ecke haben zwei finstere Burschen zusammengeschlagen, doch in unserer Straße, vor einem Mietshaus gleich neben Garagenausfahrt und U-Bahneingang nach New Jersey, da stehen zwei Pfirsichbäume mit Früchten vollbehangen, gänzlich unbeklaut.

In unserem Nachbarschaftsrevier, da haut uns keiner übers Ohr, im Gegenteil: Herr Arno aus Berlin rät uns von den Zinnien ab, nach denen uns der Sinn steht, weil sie den Tag nicht überleben würden. Joel Schapira tauscht uns die versehentlich gemahlenen Kaffeebohnen gegen frische um, und in Bigelow's Drugstore wechseln sie den falsch gegriffenen Cremetopf gegen einen größeren aus, ohne Zuschlag zu verlangen. Mr. Lafayette gibt uns die frischgewaschene Wäsche mit, obwohl wir den fälligen Zehndollarschein zu Hause gelassen haben, der Laden in fünf Minuten zumacht und wir morgen die Stadt für einige Wochen verlassen. »Macht nichts«, sagt er, »Sie werden ja wiederkommen.« Die herrenlose Katze, die unseren Bürgersteig zum Heim erkoren hat, wird vom ganzen Block gefüttert; straßauf, straßab sind Dosenfutter und Wassernäpfchen auszumachen. Um den entlaufenen Hund, den wir um Mitternacht vor unserer Haustür finden, sammeln sich drei Nachbarn, zwei Doormen und ein Zeitungsjunge, die bis zur Morgendämmerung ausharren, als ihn einer mit nach Hause nimmt. Wer sagt, daß die New Yorker herzlos seien?

Brutalität und Menschenfreundlichkeit, Wegelagerer und gute Samariter, arm und reich, Dörfler und Kosmopoliten siedeln hier dicht beieinander. New York ist eine Stadt der Paradoxe und Extreme, und alles, was hier geschieht, ist sichtbarer als anderswo. Die Statistik mag noch so schlüssig beweisen, daß auf der Liste der Verbrechen New York unter den 25 größten Städten Amerikas an 16. Stelle für Morde rangiert, weit hinter Atlanta und New Orleans, und daß es bei Diebstählen gar an vorletzter Stelle liegt; die ungewöhnliche Publizität, die alles in dieser Stadt beleuchtet und vergrößert, läßt sie als Kapitale des Verbrechens erscheinen.

Kontraste verschärfen. Wer hier arm ist, ist ärmer als anderswo. Das Angebot des Markts ringsum, die ungeheure Fülle der Möglichkeiten schraubt die Erwartungen so hoch, daß die eigene Mittellosigkeit schärfer empfunden wird. Fifth Avenue verbindet Luxus und Slum. An ihrer Mittelstrecke siedeln die teuersten Geschäfte und Wohnungen der Welt, ihr Ende verläuft in den Elendsquartieren von Harlem.

Dem scheußlichen Verbrechen folgt die Geste der Hilfsbereitschaft. Ein junger Vater von sechs Kindern, eben Witwer geworden, eilt, selbst auf Krücken, einem Polizisten zu Hilfe, den ein Häftling bedroht, und wird dabei von dem Angreifer erschossen. Eine Aufwallung tätigen Mitgefühls ergreift die Stadt. Dollarnoten, Schecks, Geschenke, Adoptionsofferten für die Kinder gehen ein, Ärzte bieten freie Behandlung, Kinder ihr Spielzeug und ihr Spargeld an, binnen Tagen sind 100000 Dollar aufgebracht, und der Bürgermeister versieht die Waisen mit einer städtischen Pension; die »Walker Children« werden adoptiert von der Millionenstadt.

Die Schreckensnachricht in der Tageszeitung wird zum Katalysator. Die 38 Menschen in einem gutbürgerlichen Viertel von

Queens, die in einer Märznacht des Jahres 1964 den Mord an einer jungen Frau erlebten, ihre Schreie hörten, den Mörder sahen, ohne einen Finger zu rühren, sind weithin zum Symbol der New Yorker Apathie geworden, ein Trauma, das die Gewissen der New Yorker heimsucht bis auf den heutigen Tag.

Doch dieser Fall Kitty Genovese ist nur die schreckliche Kehrseite jener Anonymität, die des New Yorker Bürgers höchstes Gut ist. Was der Besucher für Kälte nimmt, ist in Wirklichkeit nur die eifersüchtig bewahrte *privacy*. Vielen gilt die Möglichkeit, unangefochten und ungekannt nach eigenem Geschmack für sich zu leben, ohne die permanente Nachbarschaftlichkeit der Suburb, als das eigentliche Signum der Großstadt, ihr kostbarstes Geschenk. »Jedem, der diese seltsamen Gaben wünscht, wird New York das Geschenk der Einsamkeit und der Privatheit gewähren«, hat E. B. White in seiner Ode an New York geschrieben.[57] Jeder kann untertauchen und schwimmen in diesem Ozean der Anonymität, sein eigener Mann sein, seine eigene Frau.

Vielen ist diese Einsamkeit in der Masse nicht Erfüllung, sondern Last und Fluch. Für jeden, der an dieser Stadt gewachsen ist, gibt es einen anderen, der an ihr strandet. Aus manchen holt sie das Beste heraus, entfaltet Talente, die anderswo verborgen geblieben wären; andere finden sich hier behindert und erdrückt, in ihrem Wert gemindert und verkannt. New York ist eine Herausforderung, an der man sich beweisen muß. Auswärtiger Ruhm, bisherige Karriere gelten hier wenig, jeder muß von vorn beginnen. Berühmtheit wird mit Gleichmut abgetan, zu viele Berühmte siedeln hier. Ob er berühmte Kunden habe, wollte einer von dem Bäcker Marvin Rosen in Brooklyn wissen, dessen Käsekuchen als bester in der Stadt gepriesen wird: »Nicht daß ich wüßte«, entgegnete der Preisgekrönte, »es sei denn, Sie halten Bürgermeister Beame und Norman Mailer für berühmt.« Seit die Konfetti-Parade auf dem Broadway abgeschafft ist, nehmen die Bürger kaum Kenntnis mehr von Würdenträgern auf Besuch, außer wenn besondere Schutzmaßnahmen den Verkehr noch mehr als sonst erstarren lassen.

Der Neuankömmling in New York muß ertragen können, daß die Stadt keine Notiz von ihm nimmt, obwohl er in der Heimatstadt doch »Jemand« gewesen ist. Nicht jeder ist bereit, sich gegen Hochmut und Gleichgültigkeit dieser Stadt derart zu behaupten. So flüchten viele unter die Gluckenflügel der Suburbs oder in die mildere Atmosphäre der Provinz, die für den New Yorker jenseits des Hudson beginnt.

Nicht jedem ist solche Fluchtmöglichkeit gegeben; viele fühlen sich in New York in einer Falle, verwundet, geschunden und zerrieben von der Stadt. Wie viele zerbrochene Existenzen mag sie verschuldet haben? Ihre gelassensten Opfer sind auf der Bowery zu sehen, dem Boulevard der Gescheiterten. Die Männer, die auf ihrem Pflaster, in ihren Türeingängen leben, haben das Ringen aufgegeben. Sie sind eingegangen in eine alkoholselige Dämmerzone, aus der Druck und Zwang verschwunden sind. Dies ist der Gegenpol der Leistungswelt. Andere Opfer sind weniger sichtbar, und viele weniger friedlich. Wieviel Verzweiflung über ein verlorenes Leben zu New Yorks Verbrechensstatistik beiträgt, ist nur zu ahnen.

Es ist ein ständiger Balanceakt, den der New Yorker zu leisten hat. Freiwilliges Eremitendasein darf nicht in Einsamkeit, intellektuelles Vergnügen nicht in Seelenkälte ausarten, Grobheit muß mit Herzensgüte, jeder Fluch mit einem *honey* oder *darling* aufgewogen werden. Es gilt, sich vollzusaugen wie ein Schwamm, ohne ausgequetscht zu werden. Die Einsätze sind hoch, doch die Gewinne ebenso. Der wahre New Yorker liebt dies Roulette, das täglich neu beginnt.

Jedermann kann schnell New Yorker werden. Ein paar Wochen mit offenen Augen die Stadt durchwandert, und die untrüglichen Zeichen stellen sich ein; New Yorker ist, wer weiß, daß Hemingway eine Umzugsfirma, Castro eine Bettcouch, Potamkin ein Autohändler ist. Der New Yorker genießt den Großstadtwitz, mit dem ein Dachdecker auf sein Lieferauto den Satz gemalt hat *See THIS Fiedler on YOUR Roof.* (›Fiddler on the Roof‹: der Originaltitel des Musicals, das als ›Anatevka‹ auch in Deutschland ein großer Erfolg war.)

Eines Tages hört man sich eine Verkehrsauskunft geben, die Außenstehenden als reines Kauderwelsch erscheinen muß: »Nehmen Sie den B-Train, der auf dem F-Gleis läuft, aber bei *Rush Hour* müssen Sie in den KK, weil der B dann wie der D fährt, alle auf IND Sixth, oder nehmen Sie auf Eighth den A und dann den *Crosstown*-Bus East auf 57.« Versteht man das, dann ist man »angekommen«; dann hat man bereits »sein« Lokal in Greenwich Village, »seinen« Jazz-Schuppen, ein Geheimtip, »seine« Kirche in Harlem, wo sie so schön Gospel singen. Dann zahlt man auf eine rüde Antwort mit einer patzigen zurück, kassiert Zumutungen knapp und mundfaul mit *You crazy?*, wohl verrückt? Dann spricht man das kurze Staccato des New Yorkers und beherrscht die Einkaufsstrategie. Dann spielen wir auf der Stadt wie auf einem Instrument, schwimmen mit dem Strom oder unterlaufen ihn gewitzt.

Der New Yorker entwickelt den Kampf mit den Unbilden der Stadt zum Sport, er fühlt sich »Up Against New York«, wie der Titel eines Ratgebers heißt. Er schlägt dem System ein Schnippchen, überquert die Straße gelassen bei Rot, weiß, wie man das Auto aus Manhattan steuern kann, ohne Brücken- oder Tunnel-Zoll zu zahlen. Er kann lange Strecken laufen, ohne seinen Fuß auf Straßenpflaster zu setzen: durch Banken, Läden, Bürovorhallen und Hotels und untergrund im Labyrinth von Rockefeller Center, was sich bei Regen sehr empfiehlt. Es hat Leute gegeben, die auf diese Weise vom Empire State Building bis zum Central Park gelangt sind, über zwanzig Blocks und niemals auf der Straße.

Den echten New Yorker kann nichts erstaunen. Ohne Wimperzucken, ohne auch nur hinzusehen, nimmt er Moondog, den blinden Poeten in gehörntem Helm mit Speer und roter Toga wahr, der regungslos wie eine ausgestopfte Puppe an seiner Ecke dem Hilton gegenüber steht; ohne Erstaunen sieht er die Dame mit zwei riesigen Papageien auf der Schulter sich auf dem Fahrrad durch die Autos schlängeln, begegnet einem bleichen Jüngling im Astrologen-Spitzhut und einem anderen, der sich als spanischer Grande kostümiert hat. Mag in anderen Städten ein Inder im Turban den Verkehr zum Stocken bringen, wir weichen nur lässig aus, wenn ein greiser Neger im Tirolerhütchen über die Fahrbahn radelt, im Schlepptau einen Knaben auf dem Dreirad, der seinerseits diverse Roller voller Katzen, alle artig sitzend, hinter sich herzieht als privaten Zirkusakt.

Nicht jeder indessen ist entschlossener Kosmopolit. Wie jeder Großstädter ist auch der New Yorker in hohem Grade Dörfler; die Riesenfläche der Millionenstadt zerlegt sich ihm übersichtlich in die Summe der Dörfer, der *neighborhoods,* von denen eines seine engere Heimat ist. Für viele ist dies Dorf identisch mit New York. Nach Manhattan fahren sie zur Arbeit, zu Hause sind sie in der *neighborhood* in Brooklyn oder Queens. Manche brauchen nicht einmal Manhattan zum Lebensunterhalt; 40 Prozent der Einwohner von Brooklyn und von Staten Island arbeiten auch im Heimatbezirk. Es gibt in Staten Island Leute, die nie im Leben in Manhattan gewesen sind, obschon sie gelegentliche Ausflüge nach New Jersey unternommen haben.

Fast 300 »Nachbarschaften« verzeichnet die städtische Planungskommission im New Yorker Stadtgebiet, von Jamaica (Queens) bis Clinton (Manhattan), das bis vor kurzem noch Hell's Kitchen hieß. Manche dieser Gegenden sind Nachbarschaft im wörtlichen, und das heißt hier: im Stammes-Sinne, verbunden durch gemeinsame Herkunft und Sprache. Es gehört zu den New Yorker Paradoxen, daß man zwar schnell New Yorker wird, doch dabei zäher als anderswo an der Herkunft festhält. New Yorker sind immer zugleich Iren, Italiener, Chinesen, Griechen.

In den Ämtern sitzen Leute mit Namen wie Impellitteri, Schuldiner, McGillicuddy, Dziewiontkowski, die Würstchenverkäuferin an der Ecke heißt Spiridoula Karlamboboulos, und das Telefonbuch von Manhattan reicht von John Aab bis Archimedes Zzzyndottie. Manchmal erinnert nur noch eine einsame Kirche, zu der die Gemeinde allsonntäglich zurückkehrt, daran, daß eine Gegend einmal ethnisches Gelände war. Zu Füßen des World Trade Center und hart an der Rampe des West Side Highway ist auf einem Parkplatz die winzige griechisch-orthodoxe Kirche des heiligen Nikolaus die einzige Erinnerung daran, daß es einmal eine griechische Kolonie, durchsetzt mit vielen Syrern, an der Südspitze von Manhattan gab. Wie vom Mittelmeer hierher verschlagen wirkt die weißverputzte Fassade mit dem Glockengiebel. Man muß die österliche Mitternachtsmesse mit den Gläubigen mitmachen, um das insulare Eigenleben der New Yorker Völkerstämme zu begreifen: Kerzenglanz vor goldenen Ikonen, großäugige Kinder, alte Frauen, in schwarzes Tuch gehüllt wie auf Chios oder Delphi, und um Mitternacht, wenn alle Lichter gelöscht sind, erscheint der Priester mit der Auferstehungsbotschaft; die Kerzen entflammen sich aneinander und die Gemeinde jubelt *Christos anesti*. Zur gleichen Stunde pocht der Pope ans Portal der ukrainischen St. Georgskirche im East Village mit der Osterbotschaft, und *Chrystos voskres* schallt es hinauf bis in die vollbesetzten Galerien, wo sich Frauen im bunten Kopftuch drängen. Fünf Blocks weiter leuchten die Kerzen und Ikonen der russischen Kathedrale auf der 2. Straße in einer Landschaft, die sonst unsicher gemacht wird von den Messern der Rauschgiftsüchtigen und den heulenden Maschinen der Motorradbanden.

200 000 New Yorker feiern in dieser Nacht das Osterfest nach dem Julianischen Kalender, anders als die Mehrheit ihrer Mitbürger. Diese Russen, Ukrainer, Griechen, Serben sind über die

ganze Stadt verteilt, in jeweils kleinen Kolonien siedelnd, von denen die größte, 60 000 Köpfe stark, die griechische Gemeinde von Astoria (Queens) ist. Diese Gemeinden sind um Kirchen, Klubs und Restaurants gesammelt, und ihre Straßen klingen wider von der Heimatsprache. Sie bewahren die Unversehrtheit der alten Heimat in der Neuen Welt. Nicht alle sind so sichtbar wie Chinatown oder die vielen Little Italys der Stadt. Wer würde denken, daß das Metropolitangebiet 20 000 Albanier beherbergt, die sich in drei Konfessionen teilen. Für 8000 albanische Muslim gibt es in Brooklyn eine Moschee. Imam dieses Gotteshauses ohne Minarett und Muezzin ist der greise Isa Hoxha, der kein Englisch spricht. Ebenso wie die Albanier sind die 50 000 Kroaten vor den Kommunisten nach New York geflüchtet, die sich kürzlich ein Sommerlager in den Hügeln von New Jersey anlegten, das sie *Hravtska Semlja* (kroatisches Gelände) nennen; zur Eröffnung wurden 120 Lämmer, 14 Ferkel und unzählige Cevapcici am Spieß gebraten.

Entlang Atlantic Avenue in Brooklyn siedeln Araber, in Greenpoint (Brooklyn) 15 000 polnische Familien, Skandinavier wohnen in Sunset Park und Bay Ridge (Brooklyn). Die Armenier, von denen New York 80 000 zählt, haben auf Second Avenue in Manhattan die Diözesankirche St. Vartan für den nordamerikanischen Kontinent gebaut. Ihre goldene Pyramidenkuppel, die von der alten Kathedrale in Etschmiadsin kopiert ist, leuchtet über dem Gulbenkian Cultural Center und den Läden der Berberian und Kalustyan als eindrucksvolles Zeichen armenischer Präsenz.

Das Dorf, in dem der New Yorker seine engere Heimat in der Metropole findet, ist indessen nicht immer Stammeskolonie. Es kann auch durch Beruf, Interessen, Gesellschaftsstand gegeben sein, kann sich als Klasse oder Kaste definieren. Es gibt Cliquen in New York wie überall, nur daß sich hier die Grenzen häufiger überschneiden. Wer mag, kann sich ausschließlich unter Ärzten, Malern, Fußballspielern, Konfektion, Theater, Jet Set bewegen. Die Clique kristallisiert sich um ihr Stammlokal. Die abstrakten Expressionisten trafen sich in der Cedar Tavern und die Bohème der fünfziger Jahre im Café San Remo und der White Horse Tavern in Greenwich Village; die schreibenden Jungtürken um ›Esquire‹ und ›New York‹ sammeln sich heute um die Spaghetti von Elaine, einer so üppigen wie groben Wirtin. Die Konfektion luncht teuer im Grenouille, und die Theaterleute feiern die Premiere bei Sardi's; Off-Broadway steigen

Feierlustige über die *bums*, die im Eingang zu Phebe's auf der Bowery schlummern, und die Schickeria zigeunert von einem frischentdeckten Lokal zum andern, wie die Saison es befiehlt.

New Yorks Oberschicht ist so gut wie unsichtbar. Die gute Gesellschaft addiert sich hierzulande aus den »alten« Familien, deren Stammbäume bis in die holländische Gründerzeit zurückreichen, also über dreihundert Jahre nachweisbar sind, und der Geldaristokratie. Um die Jahrhundertwende galten als gesellschaftliche Elite die vierhundert Personen, die Mrs. Astors Ballsaal fassen konnte. Die Lebensweise dieser Oberen Vierhundert war genau geregelt; es waren alles Leute, »die Kutschen halten, nördlich Bleecker Street wohnen, Opernabonnenten sind, in die Grace Church gehen, neben ihrem Town House ein Country House haben und Bälle geben«.[58] Das *Social Register* von heute ist großzügiger; es umfaßt 934 Oktav-Seiten und reicht von Miß Paige E. Aaron bis Prc. Karl V. zu Wied.

Doch sind Macht und Gesellschaft hierzulande ebensowenig identisch wie anderswo. Zu den einflußreichsten New Yorkern, die das Magazin ›New York‹ regelmäßig auswählt, gehören Bankiers, Gewerkschaftsführer, Zeitungsverleger, Grundstücksmakler, Leute also, die wenig Stoff für Phantasie und Klatschspalten hergeben. Dafür bietet die bunte Mixtur der gesellschaftlichen Halbwelt schmackhafteres Futter. *Café Society* sitzt hierzulande ihrer Bezeichnung zum Trotz nicht im Café, sondern an der Bar und am liebsten auf den Zebrapolstern von El Morocco. Dies ist nach dem Ende von Stork Club und Copacabana der letzte Überlebende der Nightclub-Ära.

Der neue Schick ist formloser, wenngleich nicht weniger zwingend als der alte; seine Adepten füllen lärmende Diskotheken, laden sich in überdekorierte Salons oder untermöblierte Werkstatt-Studios und versäumen nie, die Presse einzuladen. Nicht immer geht das gut aus. Die berühmte Party, die Leonard Bernstein 1970 für die Schwarzen Panther gab, wurde von den anwesenden Journalisten mit feinem Hohn beschrieben und lieferte dem Sozialreporter Tom Wolfe die Elemente für die Entdeckung des »radikalen Schick«. Die Symbiose von Mode, Geld, Bohème, progressiver Kunst und linker Politik, in den sechziger Jahren so beliebt, glückt nicht immer. Auch versorgt die Schickeria sich mit Bedacht aus jedem Zweig der Kunst mit einem Liebling, den sie adoptiert. So darf man bei jeder besseren Party auf bestimmte Künstler und Professoren rechnen; Truman Capote vertritt die Literatur, »Lenny« Bernstein die Musik, Andy Warhol Kunst und Philip Johnson Architektur, während die akademische Welt mit Kenneth Galbraith und Arthur Schlesinger repräsentiert ist, alle neben den einschlägigen Innenarchitekten, Fotomodellen und Konfektionsstars unerläßlich für jede Gästeliste, die nach Anerkennung durch die Klatschkolumne strebt. Die schicken Reichen leben in Ritus und Redeweise im Grunde nicht weniger dörflich, wenngleich bedeutend hektischer und teurer als das simple Volk.

Die Bande zwischen Dorf und Stadt sind nicht immer eng, und oft ist das Verhältnis eher feindlich. Daß das Dorf, als Gruppenwesen, politisch aktiv in Erscheinung tritt, ist neu. Das liberale Klima der sechziger Jahre, in denen der *underdog* das Lieblingskind der amtlichen Politik war, hat im Bürger – in jedem Bürger, nicht nur bei den Minderheiten – Ansprüche auf Teilnahme am Entscheidungsprozeß geweckt. Die Regierung Lindsay ermutigte diese partizipatorische Demokratie, die Macht auf die Gemeinden, die *neighborhoods*, verteilte. Lokale Kontrolle über lokale Instanzen wie Schule, Polizei, Spielplatz oder Planung der engeren Umgebung wurde in schwarzen wie weißen Gegenden verlangt und führte zu Zusammenstößen mit der umfassenderen urbanen Welt.

Es erwachte ein kommunaler Gemeinsinn, der sich oft egozentrisch und provinziell begrenzt gab. Weiße Gemeinden wehrten sich gegen Sozialbauten, Heilanstalten für Rauschgiftsüchtige, Müllverarbeitungsanlagen; schwarze Gemeinden wollten in ihren Schulen keine weißen Lehrer oder Direktoren und verlangten Kontrolle der Eltern über den Lehrplan, damit in Konflikt mit der Lehrergewerkschaft geratend, die in Streik trat. Die bewegte New Yorker Szene bot einen Spiegel dessen, was sich anderswo zwischen Stadtkern und Surburbs abspielte: die Weigerung wohlhabender Regionen, den Ärmeren die Bürde tragen zu helfen, und der Machtanspruch des erweckten schwarzen Selbstbewußtseins.

Doch der neue Gemeinsinn steuert nicht nur auf Kollisionskurs mit der Zentralgewalt, er geht ihr auch zur Hand und hilft da aus, wo sie versagt. Je unzulänglicher die öffentlichen Dienste werden, desto entschlossener greifen die Bürger zur Selbsthilfe. Zuerst aus schierem Selbsterhaltungstrieb, dann aus Vorsorge, Umsicht und als Akt der praktischen Vernunft begannen die Bürger sich straßenweise zu organisieren, um nicht Opfer des städtischen Verfalls zu werden. Seit Beginn der siebziger Jahre schießen *Block Associations* aus dem New Yorker Boden und verbreiten sich rapide über die ganze Stadt. Streifendienste werden eingerichtet, Sicherheitspatrouillen engagiert, leuchtkräftigere Straßenlaternen gekauft, Kontakt mit örtlicher Polizei und Müllabfuhr gesucht und schließlich der Block verschönert: die Anwohner pflanzen Bäume und Blumen und bitten die Hundehalter um Schonung des frischen Grüns. Das alles geschieht aus freier Initiative der Bürger und ohne Zutun, doch mit wohlwollender Ermunterung der Stadt. Gelder werden auf *Block Parties, Bake Sales, Street Fairs* aufgebracht und aus bescheidenen Mitgliedsbeiträgen, die gewöhnlich kaum mehr als zwei, drei Dollar jährlich ausmachen.

Anwohner, die sich nie kannten, finden sich nun zum Kampf gegen Lärm, Verbrechen, Schmutz und Luftverpestung zusammen und grüßen einander in frischerworbenem Gemeinsinn, ohne dabei in geselligen Umgang zu geraten; man versteht sich nur als Notgemeinschaft, die so innig geschätzte Privatheit wird nicht aufgegeben und allseits respektiert. Man ist Mitbürger und Nachbar, nicht weniger, nicht mehr; als Reservoir von Freunden reicht der Block nicht aus, da braucht der wahre New Yorker die Auswahl unter acht Millionen Menschen.

Genau gesagt, sind es nur 7 895 563. Der Census, die große, jedes Jahrzehnt stattfindende Volkszählung des Landes, verzeichnet für 1970 nur 3606 Menschen mehr, als vor 20 Jahren in New York lebten. Das ist, bei scheinbarer Stabilität, ein Bevölkerungsverlust. Denn hielte New York mit dem allgemeinen Bevölkerungswachstum des Landes mit, das sich in diesen 20 Jahren um mehr als ein Drittel vermehrt hat, müßte es jetzt eigentlich zehn Millionen Einwohner zählen. Doch seit den fünfziger Jahren sind New Yorker, vor allem aus der weißen begüterten Mittelschicht, zunehmend in die Suburbs abgewandert, und die Neuankömmlinge haben die Verluste nicht aufgewogen; rund 60000 Menschen hat die Stadt in den letzten 15 Jahren an die Suburbs verloren.

Die Zuwanderer kommen vor allem aus dem Süden des Landes und aus jenen Gegenden, die das neue Einwanderungsgesetz begünstigt: aus der Karibik und aus Südamerika, aus Asien und vom Mittelmeer. Was jedem Beobachter vertraut ist, bestätigt die Statistik: Die schwarze Bevölkerung der Stadt hat sich seit 1950 mehr als verdoppelt, so daß sie heute 1,6 Millionen oder über ein Fünftel der Stadtbewohner ausmacht. In der gleichen Zeit haben sich die Gruppen, die das Stichwort *Hispanic* umfaßt, verfünffacht; für 1,2 Millionen New Yorker oder 15 Prozent der Bevölkerung ist Spanisch die Muttersprache. Gleichzeitig ist der Anteil der Weißen, die selbst oder deren Eltern in Übersee geboren sind, zum erstenmal in diesem Jahrhundert unter die absolute Mehrheit gesunken; die Ethnics machen nur noch 35 Prozent aller New Yorker aus, 2,7 Millionen, freilich noch immer die größte Gruppe in diesem Vielvölkerstaat.

Die Bevölkerungswanderung hat die finanzielle Situation der Stadt verändert. Die Steuern der arbeitenden Mittelklasse kommen nun zum großen Teil nicht mehr New York, sondern den Gartenvorstädten zugute, ein empfindlicher Verlust für die Stadtkasse. Gleichzeitig hat sich der Volksteil, der von der öffentlichen Wohlfahrt lebt, vervierfacht. Über eine Million zählt heute die *Welfare population* der Stadt, mit anderen Worten: Jeder achte New Yorker lebt von Unterstützung. Über die Hälfte dieser Wohlfahrtsempfänger sind Kinder, und das heißt wiederum: Jedes dritte New Yorker Kind ist auf der Liste des Sozialamts.

Doch die Statistik verrät mehr, als der bloße Eindruck wahrnimmt. New York hat sich verjüngt. 28 Prozent aller New Yorker waren 1970 noch keine 18 Jahre alt. Gleichzeitig hat die Zahl der Haushalte, die als Familienstand *single* angeben, kräftig zugenommen; ein Drittel aller Haushalte bezeichnet sich als »alleinstehend«, und in Manhattan, dem Paradies der Junggesellen, ist es sogar mehr als die Hälfte. Zudem warten junge Ehepaare heute beträchtlich länger mit der Familiengründung, wenn sie nicht überhaupt ganz auf Kinder verzichten.

Da der Grund des Abzugs in die Suburbs gewöhnlich die bessere Schule für die Kinder ist, bedeutet diese neue Kinderlosigkeit ein Verbleiben junger Ehepaare in New York. Damit erweitert sich die junge, kosmopolitische Kaste, von der die Großstadt lebt.

Denn die Stadt und ihre Kosmopoliten sind aufeinander angewiesen. Ohne Menschen, welche die urbanen Möglichkeiten in vollen Zügen nutzen und genießen, verkümmert die Metropole. Der Kosmopolit dagegen wächst an der Stadt. Sie fordert ihn heraus, verlangt ihm Geistesgegenwart und Phantasie ab, sie schärft ihm Sinne, Verstand und Temperament. Wie viele Talente wären unentfaltet geblieben ohne New York, wieviel Begabung hätte sich nie gezeigt!

Das Aparte und Spezielle, alles, was abseits des »Normalen« liegt, findet nur in der Millionenstadt seine natürliche Umgebung. Was in der Provinz als Schrulle gälte oder als pervers, wird hier gleichmütig hingenommen und hat alsbald Gesellschaft. Jede Spezialität stößt auf Interesse, jede Lebensansicht findet Gleichgesinnte. Der Liebhaber japanischer Bonsai-Bäumchen entdeckt achthundert andere Enthusiasten. Schachspieler wissen ein Dutzend Schach-Cafés, wo jederzeit ein Partner wartet und kein Kellner stört. Hunderte von Schulen, Kursen, Vereinen, Seminaren füttern jedes Steckenpferd, bieten einen neuen Tanzschritt an oder eine neue Philosophie. Linkshänder, Übergrößen, Amputierte finden Sonderläden. Homosexuelle haben ihre Lokale und Promenaden, und keiner gafft sie an. Das Reservoir der Fertigkeiten und Talente ist unerschöpflich. Für das sommerliche Mozart-Fest wird ein Chor gebraucht – kein Problem; der Mozart Festival Chorus entsteht gleichsam über Nacht, und nach der Aufführung ist in der ›Times‹ zu lesen: »Es war eines dieser phantastischen *ad hoc*-Ensembles, die sich aus New Yorks riesigem Angebot professioneller Sänger gewinnen lassen, die fähig sind, eine großartige Aufführung mit kurzer Probenzeit zustande zu bringen.«[59]

Nur der Markt der Acht-Millionen-Stadt kann das Aparte ernähren: den Laden für antike Standuhren oder einen für mexikanische Hängematten, einen Make-up-Salon für Männer und die Dutzende von Geschäften, die nur Kräuter und Gewürze oder nur Tee und Kaffeebohnen führen. New Yorker finden ihren Lebensunterhalt mit Phantasie und Kennerschaft im Großstadt-Kosmos. In den Morgenstunden auf Park Avenue sieht man die energischen Mädchen mit assortierten Hunderudeln an Leinenbündeln, *dog walkers,* die den Hunden der Büromenschen Auslauf im Central Park verschaffen. Unser Nachbar vermietet seinen hübschen Eßsaal für die Dinner-Parties fremder Leute, komplett mit Bedienung und erlesenem Menü. *World Courier Service* bringt unsere wichtigen Dokumente garantiert zum nächsten Tag nach Übersee. Die kleinen Anzeigen der Lokalpresse zeugen vom New Yorker Unternehmergeist: Eine junge Dame macht Hausbesuche zu erkrankten Pflanzen, eine andere bietet sich der unabkömmlichen Karriere-Dame als private Einkäuferin an. Die *Chuzpe-Girls* erledigen alles, von der Party-Planung bis zum Reisevorschlag, was »moralisch, legal und freundlich« ist. Unfreundliche hingegen können sich der Agenten des *Pie-Kill Service* bedienen, die dem Feind, mag er übler Boß, treuloser Schatz oder hämischer Kritiker sein, eine Torte ins Gesicht schmeißen (Zusatz von Wasserpistole und Selters – Barrage erfordert einen Aufschlag). Sanftere Gemüter lassen der Liebsten vom *Rosenkavalier Service* für 25 Dollar eine Seidenrose überbringen.

Welche Möglichkeiten zur Selbstverfeinerung, Belehrung oder schierer Unterhaltung, wenn wir nur Zeit und Dollars investieren wollen! Messingbetten, geschnitzte Walfischzähne oder Cembalos zum Selberbasteln, wir brauchen nur zuzugreifen. Die japanische Tee-Zeremonie in bloß zehn Stunden, für welche die Meister ganze zehn Jahre brauchen, wird sich inklusive Fächer, Seidentuch und Reispapier außerhalb Tokios nie so günstig lernen lassen. »Feiern Sie das Jahr des Tigers, indem Sie bei uns chinesisch kochen lernen« oder »Gehen Sie auf eine griechische Party, komplett mit Tänzern und Buzuki-Musik«, alles nur einen Telefonanruf entfernt. Einer erklärt sich bereit, unsere Persönlichkeit durch einen Kurs in *Mind Control* zur vollen Entfaltung zu bringen, ein anderer fördert unser menschliches Potential durch ein Seminar in *Transactional Analysis/ Gestalt*. Aber vielleicht ist uns praktischer zumute und wir nehmen lieber den Kurs »Tischlerei für Frauen«? Als Dame wird man besser bedacht denn je: Wir können, ganz unter uns, Automechanik und elektrische Reparaturen lernen und »Überleben in der Stadt durch Selbstverteidigung« mittels Judo und Karate. Wo anders bringt man uns auf Anruf das Frühstück ans Bett, komplett mit Sekt und frischen Croissants? Wo liefert man uns das Steak nach Wunsch gegrillt im Lieferauto, wo schickt man uns noch mitternachts das *Pastrami*-Sandwich in die Wohnung? Mögen wir auch nie zur Kundschaft von *Rosenkavalier* oder *Pie-Kill* zählen – gepriesen sei die Metropole, in der Geschäftssinn und Phantasie sich zum Vergnügen der Bürger so schön vereinen.

Dem New Yorker genügt es, von Möglichkeiten umringt zu sein. Er versteht sich als potentieller Empfänger sämtlicher Offerten, welche die Metropole anzubieten hat, auch wenn er sie nie nutzt. Im gegebenen Moment, so weiß er, sind sie alle sein. Diese Gewißheit gibt ihm sein Hochgefühl, mitunter auch einen Anflug von Hochmut und Arroganz. Doch New Yorker halten sich nur ausnahmsweise damit auf, ihre Überlegenheit gegenüber dem Provinzler auszuspielen. Sie sind zu sehr mit sich beschäftigt und mit ihrer eigenen Umwelt. Der typische New Yorker ist auf kosmopolitische Weise provinziell: in seinen eigenen Kosmos eingesponnen.

Gibt es den typischen New Yorker? Statistiker und Soziologen mögen eine Demonstrationsfigur aus den acht Millionen destillieren – vor unseren Augen wechselt der typische New Yorker je nach Temperament und Stimmung des Betrachters. Jeder hat seine Lieblingsliste, und am Ende mag der Sonderfall am typischsten erscheinen: Der Geschäftsmann, der mit seinen acht Angestellten beschließt, dem Bürgermeister 50000 Dollar zinsfrei zu leihen, »weil wir der Stadt etwas Gutes antun wollten«; die alte Dame, die täglich und bei jedem Wetter die Katzen füttert, die in einer Gußeisenbrücke im Central Park hausen; der Busfahrer, der von der Route abweicht, um eine alte Dame an der rechten Adresse abzusetzen; die blinde Straßensängerin, die sich ihr Tagesfixum an Münzen verdient und alles, was darüber hinausgeht, an blinde Bettler abgibt; die adretten Damen in ihren *Guccis* und *Puccis,* die frühmorgens zum öffentlichen Hearing ins Rathaus fahren, um, artig über Stunden wartend, zum gegebenen Zeitpunkt herzklopfend ihr energisches Wort zu einem städtischen Vorhaben mitzureden; der Taxifahrer, der mitten im dichtesten Verkehr Ecke Park Avenue und 57. Street den Wagen anhält, aussteigt und einem jungen Mädchen die Geldscheine auflesen hilft, die aus der Handtasche geflattert sind; die rüstige Dame, die eines Wintermorgens einen Vagabunden auf der Straße liegen sieht, im nächsten Laden ein paar warme Socken kauft und sie dem Schlafenden über die nackten Füße zieht. Ob typisch oder nicht: es sind die Gesten des unverhärteten Gemüts, die Gelassenheit der Erfahrenen, die sich Sanftheit leisten können, die uns den wahren New Yorker zeigen.

Gebrauchsanweisung für New York

Für die Erkundung von New York bieten sich handliche Führer an: ›Baedekers USA‹ mit einem so sachkundigen wie ausführlichen New York-Kapitel, der grüne Michelin ›New York City‹, in allen Sprachen erhältlich, und ›New York in Flashmaps‹, jährlich neuverlegt, ein verläßliches Verzeichnis von Theatern, Museen, Verkehrsnetz, Restaurants. Einen kostenlosen Stadtplan samt Hotelverzeichnis verteilt das New York Convention & Visitors Bureau in seinem Auskunftspavillon am Times Square, wo auch allerart nützliche Broschüren ausliegen. Wöchentliche Veranstaltungskalender sind in den Wochenschriften ›New York‹, ›New Yorker‹, ›Cue‹ zu finden und in Section 2 (›Arts and Leisure‹) der Sonntagsausgabe der ›New York Times‹.

Einen Plan des U-Bahnliniennetzes erhält man kostenlos an den Wechselgeldschaltern der U-Bahnstationen. Er findet sich auch in den diversen Stadtführern sowie in den *Yellow Pages*, dem Branchentelefonbuch von Manhattan. Dieser dicke Band mit den gelben Seiten ist eine Fundgrube von Informationen. Er bietet nicht nur einen Rechenschlüssel, mit dem sich jede Adresse auf Avenues und numerierten Straßen leicht ermitteln läßt. Er führt auch die Restaurants der Stadt auf, nach nationaler Küche oder Gruppen wie Milchprodukte, Koscher, Fisch geordnet. Hilfestellung in der Preis- und Gütewahl der Gaststätten leistet ferner die lokale Presse mit so verläßlichen wie kennerisch geschriebenen Restaurant-Kritiken. Darüber hinaus bietet jeder Drugstore dem ermatteten Wanderer eine Theke zu schneller Erfrischung an. Wer seine Mahlzeit lieber ambulant, auf Parkbänken, Mauern oder den Stufen der Public Library verzehrt, der kann sich in jedem »Delicatessen« Sandwiches nach Wahl zusammenstellen und Kaffee in Pappbehälter füllen lassen. Buden und Wägelchen offerieren Imbisse für unterwegs und aus der Hand zu essen: Pizza, Shish Kebab, Souvlaki, Tacos, Brezeln, Gyros, Hühnerbeine.

Eine Anmerkung zu den hiesigen Sitten und Gebräuchen mag hilfreich sein. Es ist nicht üblich hierzulande, beim Betreten eines Lokales direkt auf den gewünschten Tisch loszusteuern. Der Eintretende verharrt am Eingang, bis eine Hosteß (in feineren Restaurants der *Maître d'*) sich ihm nähert und ihm einen

Tisch zuweist, damit dem Personal die gerechte Arbeitszuteilung sichernd. Außer in Zeiten akuter Wassernot kann der Gast immer mit einem Glas Wasser zum Gedeck rechnen, und jedes bestellte Getränk wird mit Eisstücken vollgepackt, wenn man nicht ausdrücklich wenig oder *no ice* erbittet. Ein Trinkgeld ist in der Gaststättenrechnung nicht enthalten; es wird ein Zuschlag von 15 bis 20 Prozent erwartet, eine Faustregel, die auch für das Taxi gilt. Dafür ist zu jedem Ladenpreis eine Warensteuer zu addieren, die gegenwärtig bei acht Prozent liegt; sie ist zu umgehen, wenn die Ware vom Geschäft direkt an eine Adresse außerhalb des Staates versandt wird. Kleingeld wird selten mit seinem Nennwert bezeichnet; der Ortsunkundige tut gut, sich die Vokabeln *Quarter* (25 Cent), *Dime* (10 Cent), *Nickel* (5 Cent) und *Penny* (1 Cent) einzuprägen; wem ein *Grand* (oder schlicht G) abverlangt wird, der weiß gewöhnlich, daß es sich um 1000 Dollar handelt.

Das schnellste und bequemste Mittel, Manhattan zu erkunden, ist die Stadtrundfahrt. Doch ehe der Besucher sich in die Straßen begibt, sollte er sich von einem der Aussichtstürme einen Überblick aus der Höhe verschaffen. Empire State Building, World Trade Center und Observation Roof des RCA Building im Rockefeller Center sind teilweise bis Mitternacht geöffnet, und dem Liebhaber des grandiosen Panoramas fällt die Wahl zwischen Tag- und Nachtblick schwer. Am besten, man erlebt beides, auf verschiedene Aussichtsposten verteilt. Oder man umfliegt im Hubschrauber die Felseninsel; dies spektakuläre Abenteuer kann von fünf Minuten zu acht Dollar (»River Run«) über den »Skyscraper Run« bis zum »Photographer's Delight« (20 Minuten zu 32 Dollar) gesteigert werden. Bei mehr Zeit empfiehlt sich eine Schiffsrundfahrt um Manhattan. Sie dauert drei Stunden, gibt einen unvergleichlichen Eindruck von Stadt-Panorama und Hudson-Landschaft und unterfährt die schönsten Brücken. Wer die lange Flußreise scheut, sollte wenigstens einen Ausflug mit der Fähre von der Battery nach Staten Island unternehmen. Für einen Quarter ist dies noch immer das billigste Vergnügen der Stadt. Das Felsmassiv des südlichen Manhattan bietet sich hier dem Blick so imposant wie bei der Einfahrt in den Hafen.

Für Busfahrten stehen sechs Linien zur Verfügung, die gleiche Routen anbieten und alle in der Gegend um den Times Square starten. Manche bieten Führungen in fremden Sprachen an. Wer nur für eine der angebotenen Besichtigungsrunden Zeit hat, der sollte sich für Tour Nummer I entscheiden, die downtown-Strecke, auf der man Manhattan am konzentriertesten erlebt. Harlem läßt sich am besten mit einem von Schwarzen betriebenen Unternehmen erkunden, den *Penny Sightseeing-Tours*, die dreimal wöchentlich, gleichfalls von der Times Square-Gegend aus, einen guten (dreistündigen) Überblick bei kompetenter Führung verschaffen.

An Wochenenden und Feiertagen hält die Stadt ihr eigenes, vorzügliches und billiges Rundfahrtmittel bereit: den Kultur-Bus. Klimagekühlt und für nur 1.25 Dollar hat man die Wahl zwischen zwei ausgedehnten Strecken: *Culture Loop I*, der uptown führt, um Central Park herum und am Rand von Harlem entlang, und *Culture Loop II*, downtown durch Greenwich Village und den Finanzdistrikt und hinüber nach Brooklyn und zurück. Die Busse verkehren alle Viertelstunde, der Reisende kann aus- und zusteigen, so oft er will, und die Verkehrsbehörde liefert zur Fahrt eine kostenlose Broschüre mit Informationen über die Sehenswürdigkeiten der Strecke.

Die öffentlichen Verkehrsmittel von New York sind verwirrender und schwieriger zu beherrschen als vergleichbare Großstadtsysteme. Sie sind voller Überraschungen auch für den geübten New Yorker, der gelegentlich in Queens landet, wenn er an den oberen Broadway wollte. Sie haben ungewöhnlich dürftige Markierungen, und alle Versuche, Untergrundbahnnetz oder Autobus-Strecken graphisch übersichtlich darzustellen, sind bisher unbefriedigend geblieben. Ein klares Streckennetz der jeweiligen Linie findet man gewöhnlich erst, wenn man im falschen Zug sitzt. Die Schwierigkeiten hängen damit zusammen, daß die Behörde Untergrundbahn- und Bussystem von privaten, jeweils nur gewisse Strecken bedienenden Gesellschaften übernommen hat. So muß man sich versichern, ob man die IRT, die IND oder die BMT-Linie zu benutzen hat, über welche Avenue die Fahrt geht und welchen Buchstaben, welche Nummer der Zug hat. Mag sein, daß eines Tages das System vereinfacht und übersichtlicher bezeichnet wird. Doch im New Yorker Sprachgebrauch werden die gewohnten Benennungen so lange erhalten bleiben wie das *Wanamaker Terminal* in Greenwich Village, eine Busstation, welche das längst verschwundene Kaufhaus gleichen Namens um Jahrzehnte überdauert hat.

Wichtig ist, zu erkunden, ob der gewünschte U-Bahnhof ein *Express-Stop* oder nur ein *Local* ist. Expreß-Züge fahren an

Local-Stationen vorbei, und wem nicht klar ist, daß Columbia University zum Beispiel an einem Local-Stop liegt, der rast 72 Blocks lang wie in einer unterirdischen Rakete weit übers Ziel hinaus. Für kurze Strecken und des Nachts ist der Bus vorzuziehen, der sich gewöhnlich im Schneckentempo und in Herden voranbewegt, von Ampeln an jeder Straßenkreuzung aufgehalten. Die Reise geht nicht immer so geradlinig, wie sie sich auf dem Richtungsschild des Busses ausnimmt; der Fahrgast muß auf jähes Abbiegen gefaßt sein. So sibyllinisch die Fahrtroute ist, so geheim werden Bus-Stops und U-Bahnstationen oft im Straßenbild gehalten, die ersten an einer gelb gemalten Bordkante verläßlich zu erkennen, die U-Bahntreppen oft in Hauseingängen versteckt. Beide haben den gleichen Fahrpreis (gegenwärtig 50 Cent), dem ständig Erhöhung droht. In der U-Bahn erwirbt man einen *Token*, die Einwurfmünze für das Drehkreuz, die auch im Bus gilt, für den man sonst den Fahrpreis in exaktem Kleingeld bereithaben muß. Der Fahrer hat kein Wechselgeld; zu häufige Überfälle haben ihm eine versiegelte Kasse aufgenötigt.

Taxis sind verhältnismäßig billig und ihre Fahrer eine unersetzliche Konversationsquelle. Taxistände sind in Manhattan eine Seltenheit, man muß sich ein kreuzendes Taxi durch Winken oder Brüllen sichern oder durch den Doorman des Hotels. Wenig annonciert, doch reichlich vorhanden sind Funktaxis. Es gibt diverse Gesellschaften, alle mit leicht eingänglichen Telefonnummern versehen, die an Funknetze angeschlossen und deren Wagen gewöhnlich binnen Minuten verfügbar sind. Man findet sie in den *Yellow Pages* unter »Taxicab Service«. Wer sich den Luxus eines Privatwagens leisten will, hat mehrere »Limousine Services« zur Auswahl, die den Cadillac samt Chauffeur vor die Haustür senden und deren Preise nach Stunden oder Strecken berechnet werden. Natürlich kann man sich bei den einschlägigen Firmen auch selbst ein Auto mieten, was vor allem für Fahrten in die Umgebung zu empfehlen ist. Der deutsche Führerschein – nicht dagegen der internationale – wird anerkannt.

Schließlich finden sportlichere Typen 14 Kilometer Radfahrwege in Manhattan. Das Fahrrad wird, auch als Vehikel für den Arbeitsweg, populärer in New York von Jahr zu Jahr. Ob Broadway oder Fifth, überall schlängeln sich Radfahrer durch den Verkehr. Der Central Park ist tagsüber und an Wochenenden für den Autoverkehr gesperrt und gehört allein Fußgängern und

Radfahrern, die am Bootshaus, aber auch in vielen Radsportläden Räder mieten können. Vor Büros und Warenhäusern sind neuerdings Fahrradständer angebracht, und eine Broschüre verzeichnet *Bikeways* in Manhattan. In Sommernächten können Nachteulen sich an *Insomniacs' Bicycle Tours* beteiligen, die gegen Mitternacht beginnen und bis zu tausend Radfahrer die Stadt durchschwärmen lassen, um schließlich beim Picknick auf der Brooklyn Bridge den Sonnenaufgang zu feiern.

Eine Bemerkung noch zum New Yorker Wetter. Die beste New Yorker Jahreszeit ist der Herbst. Im September, wenn *Indian Summer* herrscht, sind die Temperaturen noch spätsommerlich warm, und der Himmel hat die intensive Bläue, die daran erinnert, daß New York auf dem Breitengrad von Neapel liegt. Im Oktober beginnen die Blätter sich zu färben, und von Kanada bis hinunter nach Georgia entflammt die Atlantikküste in einem intensiven Farbenrausch, dem *turning of the leaves*, der alle Laubbaumfärbung in Europa übertrifft. Der Besucher muß auf extreme Temperaturen und jähe Wetterwechsel gefaßt sein, und auch das Innenklima von Hotels und Büros fordert dem Europäer Umgewöhnung ab: während im Winter eisige Winde durch die Avenues fegen, sind die Räume überheizt. Sobald die letzte Schneeflocke gefallen ist, beginnt dagegen drinnen die wahre Eiseskälte: Mit Beginn des Sommers laufen die *Air Conditioner* auf Hochtouren, als gäbe es keine Regulierungsschalter. Während draußen dumpfe Tropenschwüle brütet, lassen drinnen eisige Ströme Hirn und Haut erstarren – kein Wunder, daß so viele New Yorker im Sommer an Katarrhen leiden. Die Sommersaison liegt hier kalendarisch fest. Sie beginnt am letzten Tag des Mai mit dem *Memorial Day* und endet am ersten Montag im September mit *Labor Day*. In diesen drei Monaten werden die Zeitungen dünner und die Kleidung lässig, Pelze werden eingemottet, Schlipse abgelegt, Frauen und Kinder entschwinden in Häuser an der See, viele Läden und Lokale machen samstags zu, und das New Yorker Leben spielt sich im Freien ab wie in einer Stadt am Mittelmeer. Der Frühling fällt hier gewöhnlich aus. Die Temperaturen springen von winterlicher Kühle direkt in Sommerhitze, das Kostüm, in Europa unentbehrlich, kommt hier kaum zum Zuge, und wären nicht die blühenden Bäume im Central Park, der New Yorker wüßte kaum, was Frühling ist.

Wer die Lokal- und Weltereignisse verfolgen möchte, der findet die örtliche Tagespresse an Kiosken und in »Candy Stores«.

Was er nicht findet, ist die Auslandspresse. Nicht einmal die bedeutenden Hotels führen die großen Zeitungen von Übersee an ihren Ständen. Zu den wenigen Orten in New York, wo sich Auslandspresse kaufen läßt, gehört Hotalings Zeitungsladen am Times Square und die Buchhandlung Rizzoli auf Fifth Avenue.

Auf einen Fernsehapparat darf jeder Hotelgast rechnen. Es gibt 14 verschiedene Kanäle und zwei Kabelfernsehsender im New Yorker Stadtgebiet, dazu zahllose Rundfunkstationen, von denen einige, wie die UKW-Stationen WNCN und WQXR, vorwiegend klassische Musik senden. Die Hauptnachrichtensendungen des Tages finden auf den drei wichtigsten Fernsehkanälen 2 (CBS), 4 (NBC) und 7 (ABC) gleichzeitig um 19 Uhr statt. Vorher werden ein bis zwei Stunden lang Lokalsendungen ausgestrahlt. Der Rest ist Unterhaltungsprogramm, unentwegt von *Commercials* (Werbe-Spots) unterbrochen. Kanal 13 ist der Fernsehsender der Anspruchsvollen, der Diskussionen, Dramen, Tanz, Konzerte und politische Gespräche bietet. Die *Talk Shows* finden allmorgendlich und mitternächtlich statt, darunter die zwei populärsten Programme, auf denen von Kabinettsmitgliedern bis zu Zirkusakrobaten jeder, der einen Namen hat oder haben möchte, irgendwann einmal auftritt: die *Today Show* (NBC) von sieben bis neun Uhr morgens und Johnny Carsons *Tonight Show* (gleichfalls NBC) von 23 Uhr 30 bis ein Uhr früh. Schlaflose können sich bei alten Filmen wachhalten bis zum Sonnenaufgang.

Der Besucher mag New York bedrückend oder häßlich finden, langweilen wird er sich hier nicht. Irgend etwas gibt es immer zu sehen und zu tun, das Angebot ist unerschöpflich. Am Ende wird der Gast vielleicht dem Ehepaar aus Los Angeles zustimmen, das an die Zeitung schrieb: »Was kann wohl auszusetzen sein an einer Stadt, in der es Bloomingdale's gibt und die ›New York Times‹?«

Nachfolgend einige Stadt- und Reiseführer, die praktische Ratschläge für New York bieten. Manche Bände sind gegenwärtig vergriffen, doch in Antiquariaten noch aufzutreiben, von anderen werden Neuauflagen vorbereitet; alle gehen dem Besucher wie dem Bewohner mit nützlichen Hinweisen und Informationen zur Hand:

Gabriele von Arnim und Bruni Mayor, New York, in der Serie ›Richtig reisen‹, DuMont Buchverlag 1978

Dore Ashton, New York; ein Kunstführer, deutsch: in der Reihe ›Buchers Führer zu den Zentren der Kultur‹ 1973

AIA Guide to New York City, revised Edition 1978; ein ausgezeichnetes Architekturhandbuch des American Institute of Architects, das auf architektonischen Wanderwegen durch die Stadt führt

Baedekers USA, Baedeker Verlag 1974

Anita Daniel, Ich reise nach New York, vollständig revidierte Neuauflage, Birkhäuser Verlag 1975

Milton Glaser and Jerome Snyder, The Underground Gourmet, 3. Edition, Simon and Schuster 1977; ein Führer durch die billigen Restaurants der Stadt, der gleichfalls ständig neu erscheint

Hart's Guide to New York City 1964; ein teilweise überholter, doch noch immer nützlicher Stadtführer

Fred W. McDarrah, Museums in New York, Dutton 1973

Michelin, New York City, 4. Edition, Michelin Tire Corporation 1976

New York City Guide (1939), neu aufgelegt bei Octagon Books 1972; eine umfassende Darstellung der einzelnen Stadtviertel.

New York in Flashmaps; ein jährlich neu erscheinender Instant Guide to Every Place in Town, eine handliche Kartensammlung im Broschürenformat

Margot Scharpenberg, Einladung nach New York, Langen-Müller 1972

Kate Simon, New York, Places & Pleasures, 4. completely revised Edition, Harper & Row 1971

Ellen Telzer and Sharon Greene, The Lower East Side Shopping Guide, Allen Advertising Co. 1973

The New York Times Guide to Dining Out in New York, Atheneum 1972; ein Restaurant-Führer, der ständig revidiert neuaufgelegt wird

The Passionate Shopper, A New York Guidebook, Dutton 1972

Gerard R. Wolfe, New York, A Guide to the Metropolis, Walking Tours of Architecture and History, New York 1975

Bildbände über das alte und das neue New York:

Mary Black, Old New York in Early Photographs, Dover 1973

John A. Kouwenhoven, The Columbia Historical Portrait of New York, Harper & Row 1972

New York Perceived, Fotos von Evelyn Hofer, Text von V. S. Pritchett, Harcourt, Brace & World 1964; deutsch: New York, Herz und Antlitz einer Weltstadt, Droemer 1965

Nachweise

1 Le Corbusier, Quand Les Cathédrales Etaient Blanches, 1937
2 Henry James, New York Revisited, 1906
3 zitiert in: Charles Lockwood, Bricks & Brownstone, McGraw-Hill, New York 1972, p. 3
4 John Canaday in ›The New York Times‹, 16. 1.1971
5 1852, zitiert in: John A. Kouwenhoven, The Columbia Historical Portrait of New York, Harper & Row 1972, p. 207
6 Hart Crane, To Brooklyn Bridge, aus dem Zyklus ›The Bridge‹ (1930)
7 Adrian van der Donck, Description of New-Netherlands, zitiert in: Elizabeth Barlow, The Forests and Wetlands of New York City, Little, Brown and Co., Boston 1971, p. 9
8 1864, zitiert in: Henry Hope and Sophia Duckworth, Central Park, Clarkson N. Potter, Second Edition 1972, p. 94
9 Edith Wharton, A Backward Glance, New York 1934
10 Le Corbusier, Quand Les Cathédrales Etaient Blanches, 1937
11 Henry James, New York Revisited, 1906
12 James Bryce, The American Commonwealth, 1914
13 Nathan Glazer and Daniel P. Moynihan, Beyond the Melting Pot, M.I.T. Press Cambridge, Mass., Second Edition 1970, p. LXXV
14 Theodor Wilhelms, New Yorker Reime, New York 1878
15 in: Otto Spengler, Das deutsche Element der Stadt New York 1913, S. 16
16 Otto Spengler, a. a. O., S. 14
17 Otto Spengler, a. a. O., S. 15
18 Otto Lohr, Das New Yorker Deutschtum der Vergangenheit, in: Otto Spengler, a. a. O., S. 6
19 100-Jahres-Festschrift New York Turn Verein, 1950
20 *New York*, 9. 7. 1973
21 Peter Viereck, zitiert in: Glazer-Moynihan, a. a. O., p. 231
22 Denis Brogan, zitiert in: Glazer-Moynihan, a. a. O., p. 276
23 ›The New York Times‹, 23. 4. 1975
24 James Bryce, The American Commonwealth, 1914
25 Rev. Samuel Osgood, 1866, zitiert in: Moses Rischin, The Promised City, Corinth Books, New York 1962, p. 4
26 Joachim Prinz, zitiert in *Look*, 20. 4. 1971; Eugene Borowitz in ›The New York Times‹, 9. 10. 1972
27 A Bintel Brief, Sixty Years of Letters from the Lower East Side to the Jewish Daily Forward, edited by Isaac Metzker, Doubleday, New York 1971, p. 31
28 Marshall Sklare in ›Commentary‹, Januar 1968
29 ›Yiddishe Gazetten‹, April 1894, zitiert in: Rischin, a. a. O., p. 104
30 ›The Wall Street Journal‹, 1. 2. 1973
31 Arnold Bennett, Your United States, 1912, zitiert in: Rischin, a. a. O., p. 79
32 Moses Rischin, a. a. O., p. 82
33 Moses Rischin, a. a. O., p. 116
34 Gus Tyler in ›New York‹, 1. 5. 1972
35 A Bintel Brief, Sixty Years of Letters from the Lower East Side to the Jewish Daily Forward, edited by Isaac Metzker, Doubleday, New York 1971
36 zitiert in: Brooks Atkinson, Broadway, MacMillan, New York 1970, p. 67
37 Cy Feuer, zitiert in ›The New York Times‹, 21. 6. 1965

38 John Russell in ›The New York Times‹, 12. 12. 1974
39 Barbara Goldsmith in ›New York‹, 16. 4. 1973
40 Max Arons, Präsident of Musicians Union Local 802, zitiert in ›The New York Times‹, 28. 2. 1975
41 Meinungsumfrage des National Research Center of the Arts, ausgeführt von der Louis Harris Organisation im Frühjahr 1974. Ergebnis berichtet in ›The New York Times‹, 4. 4. 1974
42 ›The New York Times magazine‹, 16. 7. 1939
43 Dwight MacDonald, ›The New York Times‹, alas; in: *Esquire*, April 1963
44 August 1966, Protokoll in ›The New Leader‹; 26. 9. 1966, p. 31
45 The Fire Next Time, 1962
46 A Short History of New York State, zitiert in: Edward Robb Ellis, The Epic of New York City, Coward-McCann, New York 1966, p. 297
47 zitiert in: Ellis, a. a. O., p. 236
48 James D.B.De Bow in ›The Times‹, zitiert in: Ellis, a. a. O., p. 287
49 Arthur Dunmeyer, Senate Hearings August 1966, in ›The New Leader‹, 26. 9. 1966, p. 4, 16
50 James Weldon Johnson, Black Manhattan, Knopf, New York 1930, p. 258
51 ›The New Leader‹, 26. 9. 1966, p. 31
52 Federico Ribes Tovar, Handbook of the Puerto Rican Community, New York-San Juan, P.R. 1970, p. 154
53 William Colón in ›New York‹, 10. 2. 1975
54 zitiert in: Federico Ribes Tovar, a. a. O., p. 911
55 Tom Walker, Fort Apache, ed. by Rodger Huehner, Thomas Crowell Comp., New York 1976
56 ›New York Review of Books‹, 22. 10. 1970
57 E. B. White, Here is New York, Harper & Brothers, New York 1949, p. 9
58 ›Home Journal‹ 1880, zitiert in: Harmon H. Goldstone and Martha Dalrymple, History Preserved, A Guide to New York City Landmarks and Historic Districts, Simon and Schuster, New York, p. 127
59 ›The New York Times‹, 25. 8. 1974

Ausgewählte Literatur

Zur gründlicheren Information über New Yorker Einzelthemen seien hier, in der Reihenfolge der Kapitel, einige der für dieses Buch benutzten Bücher empfohlen:

John Kieran, A Natural History of New York City, Natural History Press 1971
Henry Hope Reed and Sophia Duckworth, Central Park, A History and a Guide, Clarkson N. Potter 1972
New York Walk Book, Doubleday/Natural History Press 1971
Harmon Goldstone and Martha Dalrymple, History Preserved, A Guide to New York City Landmarks and Historic Districts, Simon and Schuster 1974
Charles Lockwood, Bricks & Brownstone, McGraw-Hill 1972
Nathan Silver, Lost New York, Schocken 1971
Alan Burnham, New York Landmarks, Wesleyan University Press 1963
Margot Gayle and Edmund V. Gillon jr., Cast-Iron Architecture in New York, Dover 1974
Edward Robb Ellis, The Epic of New York City, A Narrative History from 1524 to the Present, Coward-McCann 1966
Susan E. Lyman, The Story of New York, Crown 1964
Nathan Glazer and Daniel P. Moynihan, Beyond the Melting Pot, 2. edition, M.I.T. Press 1970
Stephen Birmingham, Our Crowd, Dell 1967, deutsch: In unseren Kreisen. Die großen jüdischen Familien New Yorks, Ullstein 1969
Moses Rischin, The Promised City, New York's Jews 1870–1914, Corinth 1962
Ronald Sanders, The Downtown Jews, 1969
Hutchins Hapgood, The Spirit of the Ghetto (1902), Schocken 1966
Brooks Atkinson, Broadway, MacMillan 1970
Gilbert Osofsky, Harlem: The Making of a Ghetto, Negro New York 1890–1930, 2. edition, Harper Torchbooks 1971
Andrew Hacker, The New Yorkers, A Profile of an American Metropolis, Mason/Charter 1975

Register

Academy of Music 162
Acht (New Yorker Kunstschule) 84
Adams, Maude 163
Albee, Edward 166, 175
Albers, Josef 176
Al Capone 122
Alexander's 211, 214, 217f.
Altman, Benjamin 215f.
American Museum of National History 33, 177ff., 219
›Amsterdam News‹ 236
Anda, Van 204, 206
Anderson, Maxwell 166
Ansbach, Peter 98
Arendt, Hannah 210
Asch, Shalom 142
Astor, Johann Jacob 95, 216
Auden, W. H. 175
›Aufbau‹ (Wochenblatt deutscher Juden) 101, 192

Badillo, Herman 252
Bailey, Pearl 167
Balanchine, Georges 181
Balducci's 116ff., 222
Baldwin, James 227, 235, 238, 240
Barnum, P. T. 179
Barr, Alfred 180
Barrie, James 163
Baruch, Bernard 184
Battista, Vito 120
Beame, Abraham 107, 184, 266
Beckett, Samuel 189
Beckmann, Max 180
Behrman, S. N. 166
Belmont, August 202
Benchley, Robert 194
Bennett, James G. 195f.
Bergdorf Goodman 211, 216f.
Berlin, Irving 167
Bernhardt, Sarah 163, 165, 219
Bernstein, Eduard 143
Bernstein, Leonard 271
Bintel Brief 144ff.
Birchell, Frederick T. 206
Birmingham, Stephen 130
Black Muslim 237, 239
Block, Adrian 97

Bloomingdale 133, 211, 213f., 216ff., 222, 283
Blum, Léon 143
Bogardus, James 55
Bond, Julian 238
Brandeis, Louis 152
Breslin, Jimmy 194
Breuer, Marcel 56, 181
Brevoort, Hendrick 88
Bronson, Charles 257
Brook, Peter 172
Brooklyn Museum 175f., 219
Brooks, Bobbie 157
Broun, Heywood 194
Brown, Cyril 205
Bryant, William Cullen 35, 37
Bund (jüdischer Arbeiterverband) 134
Bury, Pol 176

Cahan, Abraham 96, 136f., 140f., 143–146
Capote, Truman 13, 175, 210, 218, 271
Carson, Rachel 210
Castro, Fidel 237
Catledge, Turner 208f.
Chagall, Marc 25
Chase Manhattan Bank 65, 176
Christians, Heinrich 97
Chrysler Building 48f.
Churchill, Winston 197
City College 19, 183ff.
Civic Action Coalition 247
Cleaver, Eldridge 210
Cloisters Museum 26, 176
Cohan, George M. 163f.
Cole, Thomas 37
Coleman, Glenn 85
Colombo, Joe 123
Columbia University 46, 93, 175f., 181ff., 185, 188, 191, 225, 254
Constable, Arnold 215f.
Cooper, James Fenimore 53
Cornfeldt, Bernie 210
Cosa Nostra 122f.
Council of the Arts 189
Council of Jewish Federations and Welfare Funds 133
Crane, Hart 28

289

Cunard Building 65
Cushing, Richard 106

›Daily News‹ 49, 193
Daley, Richard 111
Darwin, Charles 141
Davis jr., Sammy 175
Day, Benjamin 195 f.
Debs, Eugene V. 96
De Sapio, Carmine 119
Deutschamerikanischer Nationalbund 92 f.
›Deutsche Staatszeitung‹ 91
Dinkeloo, John 56
Donato, Pietro di 119
Donovan, Wild Bill 109
Downing, Andrew Jackson 35 f.
Dreiser, Theodore 84
Dubinsky, David 137, 149 f.
Dubuffet, Jean 66
Duncan, Isadora 163
Durand, Asher 37
Duranty, Walter 206
Duse, Eleonora 163
Dutch West India Company 15, 60, 70, 97, 127, 230

Eastman, Max 85
Educational Alliance (vormals Hebrew Institute) 132, 137, 141
Einstein, Albert 204
Eisenhower, Dwight D. 110
Ellington, »Duke« 225
Ellison, Ralph 226 f., 236, 240
Empire State Building 48–51, 71, 216, 268, 279
Engels, Friedrich 141
Equitable Building 48, 65
Erazo, Joseph 251
›Esquire‹ 209, 270
›Evening Post‹ 35

Fitch, Clyde 163
Flatiron Building 44, 55
Fonteyn, Margot 175
Ford, Gerald 193
Frankenthaler, Helen 176
Frankfurter, Felix 184
Franklin, Benjamin 195
Freud, Sigmund 85
Frick Collection 26, 176, 179 f., 185, 190

Friedrich, Caspar David 37
Frohman, Charles 163
Frost, Robert 110

Gable, Clark 168
Galbraith, Kenneth 272
Garibaldi, Giuseppe 112
Garvey, Markus 239 f.
General Electric-Building 49
George, Henry 134
George, Manfred 101
Gershwin, George 167
Gibbs, James 62
Gielgud, Sir John 175
Gilbert, Cass 48
Gilels, Emil 175
Gillette, William 163
Gilroy, Frank 170
Gimbel 217 f.
Glackens, William 84
Glazer, Nathan 79, 126
Golden, Harry 129
Goldmann, Marcus 128
Gompers, Samuel 96, 150
Gorki, Maxim 85
Grace, William 108
Grant, Ulysses 130
Greeley, Horace 194–197
Gris, Juan 190
Guggenheim-Museum 56, 175 f., 181
Guthrie, Tyrone 172

Hamilton, Alexander 62 f., 231
Hamilton, Andrew 195
Hammerstein, Oscar 228
Harkavy, Alexander 142
Harlem Opera House 228 f.
›Harper's‹ Magazin 46
›Harper's Weekly‹ 16 f., 108, 197
Havel, Hippolyte 85
Havemeyer, William 89
Hearst, William Randolph 194 f., 198 ff.
›Hebrew Standard‹ 131
Heidegger, Martin 182
Hendricks, Harmon 128
Henri, Robert 84
Hepburn, Audrey 218
Hepburn, Katherine 168
Hepworth, Barbara 25
›Herald Tribune‹ 209
Hersey, John 210

Hester, James M. 188
Hewitt, Abram Stevens 15
Holmes, Oliver Wendell 40
Hone, Philip 95
Hoover, Herbert C. 49, 109
Hoving, Thomas 190
Howe, Elias 139f.
Hudson, Henry 30, 59
Hudson River School 27, 36
Hughes, John 106
Humphrey, Hubert H. 239

›Il Progresso Italo-Americano‹ 119, 192
Impellitteri, Vincent 119
International Ladies' Garment Workers' Union 137, 149, 152f., 158f.
Irving Trust Company 65
Italian-American Civil Rights League 123

James, Henry 13, 18, 31, 43f., 51, 58, 73, 82
James, Edwin L. 205
Jaspers, Karl 182
Jay, John 231
Jefferson, Thomas 12
›Jewish Daily Forward‹ (›Forverts‹) 142–146, 150, 193
Joffrey, Robert 181
Johnson, James W. 239
Johnson, Lyndon B. 189
Johnson, Philip 56, 272
Jolson, Al 163
Joplin, Janis 209
Judson Memorial Church 56, 84

Kahn, Otto 129
Kandinsky, Wassilij 175, 181
Katz' Delicatessen 138
Kautsky, Karl 143
Kennedy, John F. 110, 135, 207
Kingsland, Ambrose 35, 37
Kirche
 katholische 105ff., 245f.
 protestantische 246f.
 freie 246f.
Kirkland, Jack 162
Kissinger, Henry 201
Knyphausen, Baron Wilhelm von 98
Kopit, Arthur 166

Kossuth, Lajos 61
Krafft, Philip von 98

Lafayette, Marie Joseph de Motier, Marquis de 61, 81, 219
La Guardia, Fiorello 77, 109, 119ff.
Lassalle, Ferdinand 141
Lazarus, Emma 11
Leary, Timothy 209f.
Le Corbusier 12f., 25, 46, 57f.
Ledner, Albert 56
Léger, Fernand 25
Lehman, Mayer 129
Lehmann, Heinrich 128
Leisler, Jakob 97
Lemlich, Clara 151
L'Enfant, Pierre 63
Liebling, A. J. 194
Lincoln, Abraham 231f.
Lincoln Center 24, 187, 189
Lind, Jenny 61
Lindsay, John V. 41, 51, 71, 77, 79f., 110f., 114, 120, 135, 173, 272
Lippmann, Walter 194
Lippold, Richard 176
Loeb, Solomon 128
Loesser, Frank 167
Logan, Jonathan 157
Lohr, Otto 96
London, Meyer 134, 152
Lord & Taylor 46, 217
Louis, Joe 237
Luciano, »Lucky« 121
Lüchow's 90
Lukas, Anthony 207

MacDonald, Dwight 208
Macy's 133, 153, 217
Madison Square Garden 55
Mailer, Norman 88, 174, 210, 266
Malcolm X. 237
Marchi, John 79f., 120
Marin, John 58
Marlowe, Julia 162
Marx, Karl 141, 198
›Masses‹ 85f.
McBean, Thomas 62
McGill, William 188
McKinley, William 199
Meir, Golda 77, 126
Melville, Herman 84
Mencken, Henry Louis 93, 194

Menuhin, Yehudi 175
Merrick, David 167
Metropolitan Museum of Art 55, 89, 93, 175–178, 185–190, 219
Metropolitan Opera House 24, 26, 162, 174f., 181, 185–188, 191
Meyer, Nikolaus 95
Middleton, Drew 194
Miller, Arthur 166
Minuit (Minnewit), Peter 60, 97
Morgan Library 14, 180, 185
Morgan, Pierpont 180, 202
Morse, Samuel 61
Moynihan, Daniel Patrick 79
Mugavero, Bischof Francis J. 20, 115
Mumford, Lewis 13
Museum of Modern Art 26, 176, 180, 185, 190
Museum of the American Indian 177, 219

Nast, Thomas 197
Nathan, Abie 133
National Endowment for the Arts 189
Neuhaus, Max 174
›New York‹ 209f., 214, 271, 278
›New Yorker‹ 194, 210, 278
›New Yorker Staats-Zeitung und Herold‹ 101f.
›New York Herald‹ 15, 196
›New York Herald Tribune‹ 194–198, 200, 209
New York Historical Society 98
›New York Morning Journal‹ 198ff.
›New York Post‹ 193f.
New York Public Library 37, 188
New York Stock Exchange 64
›New York Sun‹ 194, 196f., 200
›New York Times‹ 94, 108, 132, 161, 171, 176, 192f., 200–209, 278, 283
New York University 86, 176, 181ff., 185f., 188
›New York World‹ 144, 194, 198ff., 208
Nilsson, Birgit 175
Nixon, Richard 125, 189
Noguchi, Hideyo 66, 176
Norell, Norman 157
Nurejew, Rudolf G. 174

Ochs, Adolph Simon 161, 195, 201–204, 208f.

Odets, Clifford 166, 175
Off-Broadway 86f., 171ff.
O'Hara, John Henry 14
Oldenburg, Claes 86
Olmsted, Frederick Law 34, 36–42
O'Neill, Eugene 84, 86, 165f., 171
O'Neill, Hugh 215
Osofsky, Gilbert 232
Outcault, Richard 200

PanAm Building 44, 176
Park Row Building 200
Pastorius, Franz 96
Payton, Philip 229
Pegler, Westbrook 194
Pei, I. M. 84
Pennsylvania-Bahnhof 46
Pernicone, Bischof J. M. 115
Picasso, Pablo 84, 180f.
Pilat, Ignaz Anton 39
›Plattdeutsche Post‹ 101
Plaza Hotel 214, 223
Poe, Edgar Allan 84
Pollock, Jackson 86
Pompidou, Georges 125
Porter, Cole 167
Prinz, Joachim 126
Procaccino, Mario 79f., 111, 119f.
Pulitzer, Joseph 194f., 198ff., 208

Quill, Michael 71

Randall (-Kommission) 44f., 227
Rauschenberg, Robert 86
Raymond, Henry 196
Reed, John 85
Reinhardt, Max 166
Remington, Frederic 199
Renwick, James 54
Reston, James 194
Rice, Elmer 166f., 172
Riis, Jacob 144, 197, 223
Rischin, Moses 141
Roche, Kevin 56
Rockefeller Center 24, 49f., 103, 279
Rockefeller, David 65f., 193
Roebling, John A. 28
Roebling, Washington 28
Rohe, Mies van der 50, 56
Roosevelt, Franklin D. 109f., 120, 143, 208
Rosa, Salvator 37

Ross, Harold 210
Roth, Arnold 255
Rubinstein, Arthur 175
Runyon, Damon 13
Rusk, Dean 207
Russell, Bertrand 85

Saarinen, Eero 56
Sachs, Joseph 128
St. Andrew-Kirche 200
St. Bartholomew 56
St. Mark's in the Bowery 81
St. Martin's in the Fields 62
St. Patrick-Kathedrale 50, 54, 103ff., 216
St. Paul 44
St. Vincent Millay, Edna 84
Saks 213f.
Salk, Jonas 184
Salomon, Haym 128
Sandburg, Carl 85
Saroyan, William 166
Schaller & Weber 100
Schiff, Dorothy 193
Schiff, Jacob 93f., 129, 193, 202
Schisgal, Murray 170
Schlesinger, Arthur 272
Schlesinger, John 173
Schrader, Abe 155f.
Schultz, Carl 91
Scott, Sir Walter 54
Seligman, Joseph 128
Shakespeare, William 163, 172
Shaw, Bernard 151, 163f.
Sherwood, Robert 166
Shubert, Gebrüder 169
Siegel-Cooper 215
Simon, Neil 172
Singer, Isaac 139
Singer, Isaac Bashevis 142
Sloan, John 84f.
Smith, Al 110
Smith, David 190
Sothern, E. H. 162
Soulé, Henri 223
Spellman, Kardinal Joseph 106, 246
Speyer, James 93
Standard Oil 65
Stanwyck, Barbara 169
Steffens, Lincoln 144
Steinitz, Hans 101
Steinway 98f.

Steuben, Baron Friedrich von 98
Stewart, A. T. 215
Stone, Edward Durell 56
Straus, Gebrüder 217
Stuyvesant, Peter 61, 81, 127, 228
Sullivan, Louis H. 52
Sutton, Percy 238

Talese, Gay 106, 194
Tammany Hall 46, 107, 119, 134
›Telegram‹ 194
Terry, Ellen 163
›The Villager‹ 88, 193
Tiffany 213, 218, 241
Tovar, Federico R. 249
Trinity Church 44, 47, 54, 62
Trotzki, Leo 143
Tucker, Sophie 165
Twain, Mark 84
Tweed, William Marcy »Boss« 108, 197
Twiller, Van 81

United Fruit Company 68f.
United Labor Party 134
United Nations 24f., 30, 219
Universidad Boriqua 250
Upjohn, Richard 47, 54
Urban League 229, 239

Valachi, Joseph 122
Valera, Eamon de 109, 120
Vaux, Calvert 36ff. 40, 42
Verrazano, Giovanni da 59
Village Independent Democrats 88
›Village Voice‹ 88, 193

Wagner, Robert F. 94
Waldorf-Astoria Hotel 216, 219
Walker, James 77, 108f.
›Wall Street Journal‹ 133, 193
Warburg, Felix 129
Warhol, Andy 86, 174, 209, 272
Warren, Sir Peter 81
Washington, George 36, 52, 63, 128, 219
Weber, Max 182
Weber, Simon 142
Weber & Fields 96
Weill, Kurt 167
Welles, Orson 166, 199
Wharton, Edith 43, 51

293

White Anglo-Saxon Protestants (WASP) 70f., 77, 251
White, E. B. 13
White, Stanford 56
Whitman, Walt 13, 27, 58
Whitney, Gertrude Vanderbilt 84f.
Whitney Museum of American Art 56, 181, 190
Wilder, Thornton 166, 168
Williams, Tennessee 86, 166
Wilson, Woodrow 109, 114
Winchell, Walter 194
Winters, Shelley 172

Wolfe, Tom 209, 271
Woman Suffrage Party 151
Women's Trade Union League 151
Woolworth Building 48, 65, 91
World Trade Center 32, 44, 50f., 62, 65, 69, 279
Wright, Frank Lloyd 52, 56

›Yiddisher Zhurnal‹ 126
Young, Whitney 239

Zenger, Peter 97, 195
Zuntz, Alexander 98

BESSER REISEN.

Der Reiseführer von MERIAN

Die 84 lieferbaren Reiseziele in geographischer Übersicht

Deutschland
Berlin
Bodensee
DDR
Hamburg
Köln-Bonn
Mecklenburg-Vorpommern
München
Oberbayern
Sachsen-Dresden-Leipzig
Schwarzwald
Sylt-Amrum-Föhr

Österreich
Salzburg
Wien
Kärnten

Frankreich
Bretagne
Burgund
Elsaß
Franz. Atlantikküste
Paris
Provence
Straßburg
Côte d'Azur
Korsika

West- und Nordeuropa
Amsterdam
Irland
Schottland
London
Schweden
Norwegen

Italien
Florenz
Gardasee
Ital. Adria
Mailand
Sardinien
Toskana
Rom
Venedig
Südtirol

Spanien/Portugal
Algarve
Andalusien
Barcelona
Costa del Sol
Gomera-Hierro-La Palma
Gran Canaria
Ibiza-Formentera
Lanzarote-Fuerteventura
Madrid
Mallorca
Teneriffa

Griechenland
Ionische Inseln
Kreta
Kykladen
Peloponnes
Rhodos

Östliches Mittelmeer/Malta
Israel
Jerusalem
Türkei
Istanbul
Malta
Zypern

Osteuropa/Sowjetunion
Budapest
Leningrad
Moskau
Prag

Afrika
Ägypten
Kenia
Marokko
Tunesien

Asien
Bali
Hongkong
Indiens Norden
Nepal
Thailand

Amerika
Brasilien
Florida
Hawaii
Kalifornien (Norden)
Kalifornien (Süden)
Karibik/Gr. Antillen
Karibik/Kl. Antillen
Mexiko
New York
Rio
USA-Ostküste

Jeder Band 96 Seiten, im Taschenformat, DM 9,80. In jeder Buchhandlung.